青春を奪った統一協会

青春を返せ裁判(東京)の記録

青春を返せ裁判(東京)原告団・弁護団　編著

緑風出版

まえがき

神学博士・元東北学院大学教授　浅見定雄

　画期的な本が出ることとなりました。私たちはいま初めて、日本国の法廷で統一協会元信者の方々が陳述し証言した生の言葉と、それに対する統一協会最高幹部たちの言い逃れの証言の言葉を、単行本の形で手にするのです。

　統一協会とその内部生活の実態については、「手記」の形でならば今までにもいろいろ読むことができました。しかしここには、元信者の方々が法廷に出した陳述書や直接語った証言が収録されています。これを読むのは、切なくつらいことです。私はもう何十年もこういう話をご本人たちから聞かされているのですが、それでもまた、改めて涙を禁じえませんでした。こんな残酷なことがこの国で「宗教」の名のもとに罷り通ってきた、いや今でも罷り通っている。オウム真理教事件もライフスペース事件も法の華三法行事件も、その延長線上で起こったものだと私は考えます。カルト問題の原点として私たちは今後も統一協会を監視し、その実態を暴露しつづけなければならないと思います。統一協会は今なお、多くの若者や主婦の人生を狂わせ、また億単位の被害をもたらしつづけているからです。

　それだけではありません。最近統一協会は、ここに報告されている「青春を返せ裁判」や霊感商法・合同結婚をめぐる裁判で守勢に立たされつづけてきたことへの反撃のつもりでしょうか、救出活動にたずさわる牧師を「拉致監禁」「強制改宗」などの名目で逆告訴するという戦法に出てきています。そういう動きに対しても、この裁判記録は重要な意味を持つものとなるでしょう。

　この本のもうひとつ画期的な点は、統一協会の幹部が法廷で反対尋問を受けた、その生々しい記録が収録されていることです。彼らが内部で信者に教えていることと法廷で弁明していることがどんなに食い違っているか、読者にはおのずから明らかになります。彼らは霊感商法等々のすべてを、最後の最後まで、信者団体が「自発的に」「勝手に」やったものだと言い張っています。小山田、徳野、堀井、小柳という錚々たる幹部が、実際にはどんなに記憶力の弱い（？）、そして身勝手な人間であるか、本書は余すところなく暴露しています。こんな「証言」を法廷で聞いて、原告の皆さんはどんなに悲しみ憤ったことでしょう。私としてはこの証言を（望めないことだと分かってはいますが）本当は統一協会の現役信者にこそ、読んで欲しいと思います。現役信者の皆さん！　あなた方の指導者は、法廷ではこんなことしか言えないのです。それでもあなた方は彼らを信じて、尊い人生を今後も無駄に過ごすのでしょうか。

この本は、過去一〇年にわたって争われた東京「青春を返せ」裁判の総括です。その経過については、弁護団の山口広先生の「〝青春を返せ裁判〟は何だったのか」をお読みください。この裁判は形の上では「和解」で終結しましたが、私に言わせればこれはほとんど完全な勝訴です。名義は誰であれ、原告一人一人の失われた青春に対して、統一協会側が一年につき一〇万円を支払ったのです。一人一人の額は小さくても、その総額は（その支払いさえ拒否して裁判を中止した三人の方々を除く三九人の皆さんに対してだけでも）合計三九〇〇万円に達しました。要するに彼らは、自分たちのしてきたことを事実上「慰謝料」に値すると認めたのです。ついでながら、東京と同じように一〇年にわたって争われてきた名古屋の「青春を返せ裁判」でも、原告の訴えは地裁では退けられましたが、高裁では二〇〇〇年七月一八日、これまた統一協会側が金を払うことで「和解」が成立しました。統一協会は、霊感商法や合同結婚についてはすでに敗訴の連続でしたが、いまや青春を返せ裁判でも「全面勝訴」などという宣伝はできなくなったのです。

このように本書は、過去一〇年の裁判の貴重な総括ですが、同時にもうひとつ、大切な側面を持っています。それは、本書が更に新しい裁判への出発の宣言でもあるということです。冒頭の「私たちの主張」は、新しく三人の原告が、去る一九九九年八月、本書に記録された裁判の成果を踏まえて東京地裁に起こした「〝違法伝道〟損害賠償請求訴訟」の宣言書です。この裁判を起こすことは、東京「青春を返せ裁判」裁判を和解の形で終結させるに当たって、原告団と弁護団との間で交わされた二つの約束の一つでした。そしてもう一つの約束が、本書の出版ということでした。東京「青春を返せ裁判」は、これでやっと完結することとなったのです。

青春を奪った統一協会

——青春を返せ裁判（東京）の記録——

＊目次

青春を奪った統一協会――青春を返せ裁判（東京）の記録＊目次

［原告陳述書・調書］

［被告証言］

青春を奪った統一協会

——青春を返せ裁判（東京）の記録

「青春を返せ裁判」は何だったのか

弁護団弁護士
山口　広

青春を返せ裁判の提起

東京地方裁判所での青春を返せ裁判は、一九九一年四月四日、四〇人の元信者によって起こされました。原告の多くが四月四日に四〇人が提訴することにこだわったのです。

四月四日は統一協会の数ある礼節（教団の儀式をする日）の中でも「万物の日」という特別の日です。統一協会信者だった元原告は、霊感商法を、この「万物の日」に象徴される「万物復帰」の教義の実践としてやらされてきました。その意味で「万物の日」は元信者にとっても、特別の意味のある日でした。また、統一協会ではとても数字にこだわります。四という数字は「完成数」といって、神と父と母と子の四者が協力して理想世界を築く基盤を意味するとされています。印鑑の代金で四〇万円、壺の代金が四〇〇万円、四〇日間の千葉修練所での修練会など、何にでも四が入るとありがたく受けとめるのです。四月四日に四〇人が統一協会に対して裁判を起こすことで、原告の決意のほどを示したいという思いがあったのです。

裁判を起こすに至るまで

このような訴訟を起こしてほしいという要望は、東京の霊感商法被害弁連（霊感商法被害救済担当弁護士連絡会という東京の弁護士の連絡会のことです）の弁護士に数年前から寄せられていました。被害弁連は一九八七年二月にスタートしました。再三の相談会にはその都度数百人規模の相談者がつめかけ、常設の相談電話にも連日多数の相談が寄せられました。この弁護士の活動はまたたくうちに全国に広がり、一九八七年五月には、全国の約三〇〇名の弁護士によって全国霊感商法対策弁護士連絡会（全国弁連）が結成されました。この全国弁連の活動はそれから一二年間以上、現在までつづけられています。

何百万円もの大理石の壺や一本八万円の人参濃縮液を何十本も購入してしまった被害者の声を聞く度に、一体こんな違法な行為をしている統一協会の信者はどんな人たちなのだろう、という疑問がわいてきました。どんなに個別の被害者の被害金を統一協会から取り戻しても、加害者側の信者たちが次々と新しい被害者を作り出しているのであれば、問題はなくなりません。「病気は根から絶たなきゃダメ」と言うでしょ。

幸い、統一協会を脱会した元信者の方々が我々弁護士にとても正直に、詳しく実情を説明してくれました。

彼らは、たとえ六〇歳の女性が訳が分からないうちに二〇〇〇万円の壺を買わされたとしても、結果として神側（統一協会のことです）に万物（お金）をささげることによってその女性も救われると確信して、脅したりだましたりする活動をしていました。加害者側の信者たちが本気で「この人に壺を売りつけて、この人を救わないといけない」と思いこんで、眠る間も惜しんでしつこく働きかけるからこそ、被害者もその気になってしまうのです。信者は、七〇歳の女性に一〇〇〇万円を支払わせるために、本気で徹夜で「あの方が救われますように」とお祈りしていたのです。

彼らはホームというアパートやマンションに共同生活し、徹底したヒエラルキー組織の上命下服の秩序にはめこまれています。「上官の命令は天皇陛下の命令と思え」というなつかしい軍隊用語が、「アベルの指示は神様の指示で絶対」という考え方に変貌して統一協会の組織内に浸透しています。つまり、アベル（先輩信者のこと）の指示は、神がつかわしたメシアである文鮮明の指示と見なして絶対服従があたり前のこととされているのです。その教えが、日常の行動や思考、感情にまではめこまれています。

初めてこのような組織実態を聞いた時は、今時そんな世界があったのかと、私は目を丸くしました。そして、「それにしてもなぜあなたたちは、そんなバカバカしいことを何年もやってきたの」と何度も何度もたずねたものです。

すでに静岡を先頭に、札幌、名古屋、新潟と次々に「青春を返せ裁判」は起こされていました。東京でも起こしてほしいという元信者の要望を受けて、弁護士は何度も真剣に討論しました。

●統一協会に違法行為をさせられた責任を問うことができるのなら、ヤクザの子分が親分に責任を問うことだってできることになるんじゃないの。いや、ヤクザの子分は自分が違法行為をしていると判ってやってるから違うよ。でも信者は「天法はこの世の法に勝る」と言われて、現行法上違法でも教義上正しいことだと考えていたんだから同じだよ。問題はそれを信じ込ませる過程にあるんじゃないの。

●どこかの政党だって、初めから党に入れと言って誘うんじゃなくて、住民運動とか組合活動に誘ってから、入党勧誘するんじゃないの。でも住民運動や組合活動はそれ自体に独自の意味があるでしょ。ビデオセンターは最初から統一協会への勧誘が目的なのにそれを隠すんだよ。

●過激派のセクトに入って数年間そのメンバーと共同生活してた若者はそのセクトに「青春を返せ」と言えるの。でも、彼らはウソついて誘うことはしないんじゃないの。少なくとも霊感商法の違法活動の担い手を作り出すために「伝道」と称してウソついて誘うようなことはしないよ。

●ツーデーとかフォーデーなどの合宿なら、大学のサークルだってやるぜ。そこで盛り上げて、「地獄の特訓に耐えてこそ勝利がある」とか言って、命がけの練習をするよ。でも、フォーデーはもっと組織だってるし、巧妙だよ。少なくとも大学のサークルで霊感商法なんかの違法行為はさせないよ。

●企業の新人研修だって相当のもんだよ。田舎の施設で、泣きが入るまでやるよ。あれだって問題だよ。でも、どこまでやったら違法なのか基準づくりが難しいぞ。

などと、今考えれば初歩的な議論を何度も繰り返しました。

九一年四月の提訴段階でこれらの問題について全て解決を見ていたわけではありません。走りながら考えていこうと、走り出した面があります。ただ、一九八八年一〇月一七日に、アメリカのカリフォルニア州最高裁判所が統一協会の元信者二人の訴えについて、統一協会の詐欺的勧誘行為が不法行為にあたるか否か事実審理をするべきだとして、原判決を覆す判断をしていました。この判決を知ったことは大きな支えでした。モルコ・リール事件がそれです。そこで、東京で起こす訴訟では、統一協会であることはもとより、宗教であることさえ隠して、ビデオセンターに誘い込み、ツーデー、フォーデーなどの合宿のあと一、二カ月単位のホーム生活で献身を決意させている「教育?」コース自体の問題点を取り上げて審理していくことにしたのです。

東京の青春を返せ裁判は、その後一九九一年六月に一二名、九三年四月に七名が新たに原告に加わり、合計五九名の元信者が統一協会の伝道や信者管理の責任を問うという大裁判になりました。

マインドコントロール理論

裁判が始まってからも、原告と弁護団の迷いや悩みは続きました。統一協会の「伝道」「教育」の手口が汚いし、巧妙すぎるし、組織だっていることは判るとしても、それが不法行為として「違法」だと裁判所に認めてもらうためには理論的な支えが必要でした。東京の弁護団は、相次ぐ金銭被害やマスコミ対応に追われる面もあって、理論的検討は札幌、新潟、名古屋の「青春を返せ訴訟」の弁護団の方が進んでいました。

とにかく、アメリカでどんな議論がされているのか勉強しようということで、英語に強い東京や名古屋の弁護士が訪米の都度情報を集めました。「操作された自由意志」。つまり外形上は自分の判断のように見えても組織の意図に沿ってその意思が操られている実態を見るべきだ。こんな新しい考え方に、目からうろこが取れる思いもしました。催眠術の研究をしている学者の話も聞きました。

スティーブン・ハッサンという元信者の心理学者が『マインドコントロールの恐怖』という本を書いていることも聞きつけ、浅見定雄先生に翻訳をお願いしました。たいへんお忙しい先生だと判っていましたが、統一協会などカルトの実情を十分認識した上で正確に訳出できるのは浅見先生しかいなかったのです。会議の都度、浅見先生に私たち弁護士が頭を下げて「早く翻訳して裁判所に出せるようにして下さい」とお願いしました。

その成果が一九九三年四月に恒友出版から刊行されたスティーブン・ハッサン著、浅見定雄訳の『マインドコントロールの恐怖』でした。我々はこの刊行まで約二年間、浅見先生に催促しつづけました。今更ながら浅見先生に深くおわびしなければなりません。他方、この本はまぎれもなく「青春を返せ裁判」が生み出したものです。

ちょうどその刊行にあわせるかのように九三年春、山崎浩子さんの脱会問題が起こりました。

実はその前年九二年八月初旬、八月二五日に行なわれる予定の合同結婚式に桜田淳子と山崎浩子が参加することが判り、マスコミが大きく取り上げました。この時、「信者たちが外見上嬉々として参加しているように見える合同結婚式には、信者の心理操作があるので重大な問題がある」とか、「有名人が参加するのは自由としても、それは結果として統一協会が組織的にやっている霊感商法を擁護し被害を拡大することになりかねない」という問題提起をしたのは、東京や新潟で青春を返せ裁判の原告としてたたかっている元信者たちでした。日頃、この裁判で、統一協会の組織活動のどこに問題があるかについて考え続けていたからこそ、九二年八月に適切に問題点を社会にアピールできたのだと思います。飯星景子さんが脱会する過程で父飯干晃一さんが統一協会との闘争宣言をしました。お二人の努力が結実していくうえでも、青春を返せ裁判のための理論的な整理は役立ったと思います。統一協会の霊感商法や合同結婚式に対する集中豪雨的なマスコミの批判があったからこそ、山崎浩子さんも脱会を決意するに至った面があると思います。

九二年八月末以降のマスコミの霊感商法批判によって、統一協会の集金能力は確実に減退し、その後の統一協会の組織体制にも強い影響を及ぼしました。

九三年四月二一日、山崎浩子さんは統一協会からの脱会を宣言する記者会見で「自分は知らず知らずのうちにマインドコントロールされて統一協会の宣伝塔にされていた」と話しました。マインドコントロールとは何か。ちょうど浅見先生訳の『マインドコントロールの恐怖』が刊行されており、多くの人がこの本で内容を学ぶことができました。初め友人にビデオセンターに誘われた時は統一協会と知らずに通っていたが、一定レベルまで深入りした時には「ああ、あの悪名高い統一協会だったのか。でもやってる人たちは本当に真面目な人たちだし、教えている内容も正しいことのようだから、もう少し通って、おかしいと思ったら止めればいいかな」。囲りの信者から説得されて、山崎浩子さんはそう考えたと語ったのです。これこそまさに知らず知らずのうちに組織の思惑通り動くロボットをつくりあげていく統一協会の典型的な手口でした。

この統一協会のマインドコントロールの実態を、莫大な時間をかけて元信者と討論して理論的に整理してくれたのは、札幌地裁で「青春を返せ裁判」を担っていた郷路征紀弁護士でした。彼はその成果を九三年一二月に『統一協会・マインドコントロールのすべて』という本にまとめて刊行しました(教育資料出版会刊)。

マインドコントロールは九三年の流行語大賞になる程で、一般社会に浸透しました。

更に、九五年三月末、地下鉄サリン事件をはじめとするオウム真理教をめぐる一連の騒動の過程で、マインドコントロールは再び大きな注目を浴びました。私たちは、青春を返せ裁判において、統一協会のマインドコントロールの手口を理論的に解明するためには、社会心理学の専門家の協力が不可欠だと考え、西田公昭先生をはじめとする社会心理学者に、元信者と直接会っていただいて研究を依頼していました。精神科医の高橋紳吾先生にも意見を求めていました。

一九九四年までの青春を返せ裁判のための研究の成果が、オウム真理教をめぐる一連の報道においては、一気に一般社会に流布されていったように思います。前の年まで東大医学部や工学部のまじめな研究者だった若者が、なぜまたたくうちに坂本堤弁護士やその妻子を殺したり、サリンをばらまいて不特定多数の市民を殺傷する行為をするに至ったのか。これを短時間のテレビ報道で説明するのにマインドコントロールという用語は便利でした。しかし、あまりに広く使われるようになったこの用語だけでは、彼らがなぜ麻原教祖の意をくんでサリンを作ったり、ばらまいたりしなければならなかったのか、一般の人を納得させることはできません。現に刑事裁判で、信者たちはオウム真理教あるいは麻原にマインドコントロールされていたから、その責任は軽減されるべきだと主張しましたが、この弁護人の主張は、ほとんど裁判官が受け入れるところになっていないのです。

東京地裁の青春を返せ裁判において、私たちはマインドコントロールということばを用いませんでした。裁判官に統一協会の手口の違法性を判ってもらうためには、実態を認識してもらうことこそが大切であると考えたからです。マインドコントロールという用語は、社会心理学用語です。如何に巧妙で悪質な信者の心情管理がなされていたかということを一言で言うのには便利ですが、マインドコントロールしているからといって直ちに「違法」ということにはなりません。

その意味で、この裁判では、なぜ原告が統一協会組織の意のままに違法な霊感商法を正しいことと思い込んで連日やらされていたのかということを、時間をかけて地道に説明していくしかありませんでした。

統一協会組織の実態

青春を返せ裁判の争点は大きく二つに分けられます。

第一は、違法性の問題です。嘘をついてビデオセンターに誘い込んで、通うことを承諾させ（これを「コース決定」といいます）、ツーデー、ライフトレを経てそこが統一協会であることやメシアは文鮮明であることを証し、更にフォーデー、ライフトレ、新生トレ、実践トレを経て献身させていく。この一連の過程が原告の信教の自由や人格権を侵害する違法性を有する行為であるか否か。この教え込みの手段の結果、信者はホームに住み込んで違法行為を平気で行なう人格に変容させられる。このような教え込みは統一協会が資金を集めるための人的資源を獲得するためのものであって、目的は宗教団体としての伝道というより違法な資金集め作業を無給で担う労働力を獲得することにあると言うべきではないか。霊感商法で資金を得るのが違法なら、同様のだましと脅しで人を得るのはもっと悪質な違法行為ではないのか。我々は莫大な量の準備書面を出してこのような主張を展開してきました。九二、三年の桜田淳子や山崎浩子の問題、九五年以降のオウム真理教の問題などもあって、裁判官も興味を持って慎重に審理を進めてくれました。

しかし、正直言ってこの争点について、我々は十分に裁判官を説得できたという自信は持てませんでした。理論的にも試行錯誤の繰り返しでした。また、証拠調べ・証人尋問の中心的な精力は第二の争点に注がざるをえず、第一の争点について、じっくり考えて、裁判官を説得するところまで手が回らなかったのも事実です。

第二の争点は、組織性の問題です。第一で述べたビデオセンターへの誘い込みに始まって献身させ、信者に霊感商法をさせる一連の行為が、宗教法人統一協会の組織的な行為であるか否か。これは、現に統一協会組織の中で連日ビデオセンターへの誘い込みの活動や霊感商法を担当させられてきた元信者である原告にとってはあまりにもあたりまえのことです。しかし、統一協会は、白々しく、これは宗教法人統一協会がやったことではなく、信者が宗教法人と無関係にやっていたことで、宗教法人に責任はないと主張したのです。嘘も百ぺん言えば本当になると言いますが、統一協会はまさにこの嘘を法廷の場でくり返し言いつづけました。誰もが知っているあたりまえの事実でも、法廷という時間も、証拠として提出する方法も限られている特殊な場で、明確に証明することは決して容易なことではありません。歯ぎしりして悔しがる原告に、この法廷の実情を理解してもらって、統一協会の組織の実態や伝道・教え込みの教義上の意味など、元信者にとってはあたりまえのことを整理して裁判官に理解してもらうために、どれだけ精力を注いだか計り知れません。

しかし、この争点は完全に克服できたと思っています。

統一協会側の証人のトップバッターは徳野英治でした。その後堀井宏祐、小柳定夫を経て小山田秀生が登場するに至ったのです。これらの証人尋問の過程で、統一協会の嘘は完全に暴かれたと考えています。堀井宏祐の証人尋問の段階になって、統一協会は突然「全国しあわせサークル連絡協議会」という、統一協会に長年所属していた原告でさえ、誰も知らない信徒の団体があって、その団体がビデオセンターへの誘い込みから献身に至るまでの教え込み、そして霊感商法による資金集めまでやっていたという主張をまとめて提出しました。ありもしない信徒の団体が宗教法人統一協会とは全く別個に存在していたと言い出したのです。

しかし、この統一協会の新しい言い逃れの方法は失敗でした。彼らは、原告が実際に体験したビデオセンターから献身に至る実情や霊感商法を行なう組織の実情について言い逃れしつつ、結局大筋で認めざるをえなくなったのです。ただ、それは全て信徒会あるいは古田元男らがやってたことで、宗教法人としてやっていたのではないという一点で責任逃れを図ったのです。

この言い逃れが通じないことは、献金勧誘事件で次々と統一協会の責任が認められることによってはっきりしたと言えます。一九九四年五月二七日、福岡地裁は初めて統一協会信者による献金勧誘行為を違法であるとしたうえで統一協会の使用者責任を認めました。この判決は九六年二月一九日の福岡高裁判決、九七年九月一八日の最高裁判決でも維持されました。献金勧誘行為については、東京地裁でも九七年一〇月二四日に同旨の判決があり、東京高裁で九八年九月二二日、最高裁で九九年三月一一日の判決でも維持されました。高松地裁でも九六年一二月三日、奈良地裁では九七年四月一六日に同様の結論が出ました。奈良地裁の判決では、統一協会の献金勧誘システムを認定し、そのシステム自体が違法であると言渡されました。

更に人参濃縮液の販売行為についても、仙台地裁の九九年三月二三日判決が統一協会の法的責任を認めました。九九年一二月一六日の福岡地裁判決では多宝塔を販売した信者の行為について統一協会はもとよりハッピーワールドの責任まで認めています。

このような判例の積み重ねができたのも、青春を返せ裁判において、統一協会の実態を最もよく知っている原告たちが弁護団に詳しい情報を提供してくれたからです。弁護団は青春を返せ裁判で得た情報に基づいて、献金等の霊感商法事件の立証活動を有効に展開することができました。

和解に至る過程

九七年二月、小山田証人尋問が成功裡に終了しました。

我々はこれで統一協会の組織の実態はもうはっきりしたと確信しました。あとは第一の争点、つまりマインドコントロールと評される誘い込み、教え込みの違法性を裁判官に理解してもらうことに精力を注ごうと考えました。

そのための作業にはすでに着手していました。札幌の郷路弁護士は北海道における実態を本にまとめていましたが、我々はこれを東京を中心とする統一協会の活動実態に即してより詳しく整理し直すことにしました。

担当弁護士とそれぞれの部門の担当原告を決めて各段階の準備書面をつくっていきました。

1 どのようにしてビデオセンターに誘い込み、通わざるをえないようにしていくのか。

2 十数回通ったところで、どのようにして二泊三日のツーデーに誘い、ツーデーで何をどう教え込んで、次のステップにつなげるか。

3 ライフトレと称する二週間の泊り込みにどのようにして誘い込むか。特にこの最後の段階で、ここが統一協会であってこれまで学んできたことはその教義であり、メシアは文鮮明であると証（あか）するが、それを如何に感動的にやって、次のフォーデーにつなげるか。

4 四泊五日のフォーデーは、すでに統一協会・文鮮明を受け入れたメンバーの修練会であるが、そこでどう信者を感動させて、最後に「献身の誓い」をするまで追い込むか。

5 これらの過程で、霊感商法の手口で印鑑や壺、宝石、毛皮などを売りつけることによって、より一層統一協会組織への服従を強めさせる。この霊感商法の手口と教義との関わりはどうか。
6　フォーデーの次には新生トレと称する、一、二カ月間のホーム生活をしつつ、職場や学校に通う教え込みの修練会があるので、そこにどう誘い、組織の思惑通りに考え、感動し、行動する人格に変容させていくか。
7　新生トレの次に実践トレと称するやはり一、二カ月間のホーム生活がある。ホームから職場や学校に通いつつ、ビデオセンターへの誘い込みをさせる。また、資金稼ぎのための家系図講演会、宝石展、着物展、絵画展などに友人知人、親族を誘う活動もさせる。こうして、信者であることは、実践を伴うことであると納得させていく。
8　これらのコースを経るうちに職場や学校での従来の人間関係はこわれていく。結局、「献身」と称して家を出、アパートを引き払って、ホームに住み、職場もやめて、二四時間文鮮明のために活動するようにしむけていく。
この八段階に分けて、実態を解明するための準備書面を作成していったのです。各段階ごとに二百ページ以上のボリュームになるので、これを本にすればそれだけでおそらく本書の二倍以上の厚さになるでしょう。

あとは、この内容を証人尋問で立証していかねばならない。

そう考えていた九八年春、裁判長から和解の打診がありました。我々はどうせ統一協会が応じないだろうと考えていました。ところが、法廷証言で「自分の責任で何とかしたい」と述べた小柳定夫の名義ではありますが、数千万円の支払いをしてもよいという趣旨の回答が統一協会側からあったのです。

弁護団では悩みつつも、ここは和解するのがよいと判断しました。その理由の全てをここで文書化することはできませんが大きくは二つありました。

第一に、九一年に提訴してからすでに七、八年が経過して、提訴後しばらくは法廷にも弁護団との打ち合わせにも参加していた多くの原告が、家庭をもったり、実社会での仕事が忙しくなったりして参加できなくなっていたことです。実は九八年までに、すでに一〇名以上の原告がそのような事情から原告を辞めていました。名前だけ原告として残ることをいさぎよしとしない原告が訴えを取り下げていたのです。このまま判決まであと数年かけて裁判を継続していくことは、今原告として残っている人たちにとっても過大な負担になることは明白でした。この裁判は決して弁護士だけでは担えるものではあり

［和解調書］

第六号様式（調書全議用）

裁判長 認印

和解期日調書

事件の表示　平成11年（ワ）第4130号、7603号、6903号

期日　平成11年3月3日午前10時10分

場所　東京地方裁判所民事第一四部　和解室

裁判長裁判官　西岡清一郎

裁判官　見米正

裁判官　武藤貴明

裁判所書記官　山下徹

出頭した当事者等

原告ら代理人　伊藤和夫

同　山口広

同　渡辺博

被告代理人　鐘築優

利害関係人　小柳定夫

手続の要領等

当事者及び利害関係人間に次のとおり和解成立

当事者の表示

別紙当事者目録記載のとおり

請求の表示

請求の趣旨及び原因は各訴状記載のとおり

和解条項

別紙和解条項記載のとおり

裁判所書記官　山下徹

［「手続の要領等」の記載の末尾に、裁判所書記官が記名押印する。］

和　解　条　項

一　利害関係人は、当事者目録1乃至39の原告らに対し、解決金として金三九〇〇万円の支払義務のあることを認め、右金員を本和解の席上で支払い、右原告らはこれを受領した。

二　右原告らは、前項の支払をもって、被告に対する本件請求を放棄する。

三　当事者目録40乃至42の原告らは、被告に対する本件訴えを取り下げ、被告はこれに同意する。右原告らは、本件について再訴しない。

四　原告ら全員と被告及び利害関係人間には、本和解条項に定めるほか、本件に関し、何らの債権債務がないことを相互に確認する。

五　訴訟費用及び和解費用は各自の負担とする。

以　上

右は正本である。

平成11年3月4日

東京地方裁判所民事第14部

裁判所書記官　山　下　　徹

ません。原告の元信者としての憤りとフレッシュな情報提供があってこそ維持できるものです。残っていた四二名の原告が闘ってきたこの裁判を、ここで一旦幕を閉じることで、原告の人生の節目をつくることにも意味があると考えました。

第二に、前述した違法性の主張立証について裁判所を納得させるためには、このまま裁判を続けるよりも、ゼロから出直したほうが効果的ではないかと考えました。

九一年四月から試行錯誤をくり返して様々な主張をしてきたため、原告としての主張自体必ずしも整理されたものとは言えませんでした。何をもって違法性のある伝道等の活動と主張するかについて、白紙に戻って裁判所に対して説得を試みた方が、勝訴する道に近いのではないかと考えたのです。

ところが、この弁護団の方針は、原告の中に大きな混乱をもたらしました。弁護団の方針通り和解に応じて区切りをつけることに賛同する原告も多かったのですが、そんな中途半端な終わり方はどうしても納得できないという原告も少なくありませんでした。とりわけこれまで熱心にこの裁判に係わり、前述した膨大な量の準備書面の作成作業を担ってきた原告が和解に反対しました。統一協会の責任を裁判所が認めるまで、何年かけても闘いぬきたいという熱い思いが、弁護団に何度も語られました。弁護団と原告との間で何度も何度も話し合いがくり返されました。

弁護団は、これまで述べてきたような大きな成果が青春を返せ裁判をやってきたおかげで得られたのだし、四〇〇〇万円もの金額を支払うということは統一協会側が相応の責任を認めたと社会的には評価されるはずだから、一旦幕を引くことを考えようと説明しました。しかし、霊感商法で一カ月に一〇〇億円もの資金を集めていた元信者にとって、四〇〇〇万円なんて、統一協会にとっては大した金ではないという実感がくり返し述べられました。他方、九八年段階では統一協会は資金的に相当追いつめられていたのも事実であり、四〇〇〇万円を支払うことの意味は小さくありませんでした。

九八年三月二六日には、名古屋地裁の青春を返せ裁判で元信者の主張を退ける判決が言い渡されました。同年六月四日には岡山地裁の青春を返せ訴訟でも元信者が敗訴しました。だからこそ東京で勝利するんだ、いやそのためには出直した方がよい、という議論がつづきました。名古屋や岡山の青春を返せ裁判と、東京での裁判では原告の主張も相当違っていたのです。二カ所で勝った統一協会が意を強くして東京での和解を拒否してくれれば受けて立つしかない、と弁護団でも考えたのですが、統一協会の和解希望の方針はかわりませんでした。

最終的に、九九年春になって裁判所で双方弁護団との交渉で固まった和解の内容は、統一協会に関わった期間一年について、和解金を一〇万円支払い、その上に弁護士費用は原告側の当初請求の一割を小柳定夫名義で支払うというものでした。この和解にどうしても納得できない原告三名は、敢えてこの和解が成立した九九年三月三日当日、裁判を取り下げして、この和解に加わりませんでした。結局三九名の原告が合計三九〇〇万円の支払を受けて和解成立に至ったのです。

和解成立後

弁護団と原告団との和解をめぐっての話し合いの中で約束したことが二つありました。

ひとつは、新しい裁判を起こすことです。この約束は、九九年八月一八日の「違法伝道訴訟」の提起で果たされました。三人の最近脱会した元信者が希望して、福岡の大神周一、平田広志両弁護士も加わって勝訴判決をとるべく新しいスタートが切られたのです。次章の「私たちの主張」は、過去八年間に及ぶ東京地裁の青春を返せ裁判の成果をもとに、より理論的に整理したものになっています。この主張が「違法伝道訴訟」で原告が主張している違法性のエキスです。東京の青春を返せ裁判の成果です。

東京の青春を返せ裁判の原告の物心両面の支援を受けて「違法伝道訴訟」はスタートしました。

もうひとつの約束は、東京の青春を返せ裁判の成果を本にまとめて裁判所以外の人たちに少しでも理解を求める努力をするということでした。この裁判で我々は初めて元会長である小山田秀生の証人尋問を実現しました。その外の幹部の証人尋問を含め、如何にひどい嘘を法廷で述べているかをできるだけ多くの人に知ってもらいたい。それが長年この裁判を闘ってきた原告の思いの一端を実現することにもなる。

そう考えて本の刊行を約束したのです。

本書の刊行にあたって

残念ながら、莫大な量の準備書面は本書に盛り込めませんでした。原告の陳述書や法廷証言も莫大な量になります。いずれも貴重なもので、弁護士事務所のロッカーに眠らせているのはもったいないと思います。

しかし、本書では、少しでも多くの人の目に触れられるように。しかも、東京の青春を返せ裁判の八年間の闘いの成果が判るようなものにしたい。そう考えて思い切って削ることにしたのです。このため、原告の莫大な量の手記（陳述書）については、典型例と思われる三名だけにしぼって本書に掲載することにしました。また、原告本人尋問も一人一人の証言に重大な意味があるのですが、敢えて六名の原告の、しかもその一部分だけを掲載することにしました。

また、統一協会側の証人も本書に掲載した幹部四人以外に何名かいるのですが、それも削らざるをえませんでした。反対尋問で統一協会の嘘や悪質性が露見して興味深い点も多いのですが、量が多くなりすぎます。

そんなわけで、本書は東京青春を返せ裁判のエキスにしぼって、中間総括的な意味をこめてまとめられたものです。

なお、陳述書や証言では「統一協会」と「統一教会」の表現が混入しています。統一協会は自分たちの略称は「教会」のつく「統一教会」だと主張しています。しかし、原告の中には昔は統一協会自身が略称を「統一協会」としていたし、「教会」というに値しない団体だから「協会」だ、とこだわる意見もあります。裁判所もどちらで記すか迷っていました。そんなわけで混乱していますが、それはそのまま再現しました。

統一協会が詐欺的で脅迫的な誘い込みや教え込み、そして違法な伝道や霊感商法をさせていたことを、何とか裁判所にきちんと認めてほしい。このような人格や人生を破壊する統一協会の組織的活動を止めさせたい。元原告の思いはこの一点に尽きます。本書が、一人でも多くの人にその気持ちを理解していただき、被害者を一人でも減らすことに役立つことを心から願っています。

（なお、本書に登場する原告など元信者や関連する末端信者の氏名はいずれも仮名です。ただし、統一協会の幹部についてはその責任を明らかにする意味を込めて実名にしています）

［原告概要］

原告名	性別	生年月	最終学校名	入信の契機	その年月	当初入ったホーム名と地区	その年月	献身有無と年月	脱退年月	特記事項
KW	男	57. 7	A大学史学部史学科卒業	大学のオリエンテーションの帰りに「聖書に興味はありませんか」と声をかけられた	76. 4	仙台一神教会、原理研究会東北大支部	77. 1	有 82. 3	88.11	
山田千代子	女	57.11	B芸術大学デザイン科卒業	京都四条河原町「高島屋百貨店」入口前において、アンケートを受ける	78. 8	全国大学原理研究会同志社大学支部	78. 9	有 80. 4	90. 1	
大木妙子	女	62. 8	H理容美容専門学校卒業	勤務していた美容院の経営者夫婦に子供が生れたところ、信者であった店の客から出産祝に印鑑を買うようすすめられ、印鑑販売員と名乗る別の信者が来店した際姓名判断をされ自分用の印鑑を買わされた	88. 3	一興会館、西東京ブロック第4地区	89. 1	有 89. 6	90. 2	
MH	女	60.10	K女子大学文学部国文学科卒業	妹に手紙で誘われ、ホームに行く	80.11	京都産業大学原理研究会（京都中央支部のちに学区） 花園ホーム	80.12	有 83. 9	90. 6	妹も信者。妹の保護の際、人身保護請求の統一協会が親を訴える裁判があった為、親子の関係がズタズタになり、元通りになるにはなかなか大変（偽名も2回使った）。数回にわたる保護、取組みの為に数千万円費やす（裁判時に支払った金額643,600円）。 長年にわたって苛酷な活動（珍味売りなど、キャラバン隊生活、無茶な断食など）を強いられていた為に、内臓など身体をこわし、現在就職も出来ず漢方薬などで療養中（すでに200万円かかっている）。長年の原理の教えの後遺症の為、社会復帰がかなり困難（ものの考え方、とらえ方、発想等いまでも原理がぬけていない）。 精神的、肉体的、経済的な苦痛、献品、オートバイ、羽毛蒲団

原告名	性別	生年月	最終学校名	入信の契機	その年月	当初入ったホーム名と地区	その年月	献身有無と年月	脱退年月	特記事項
ＲＵ	女	62. 1	ＫＹ大学経営学部経営学科卒業	下宿（京都地区）に訪れ、アンケートをとられる。その日一緒に教会へ行く	80.10	京都産業大学原理研究会（京都中央支部のちに学区） 花園ホーム	80.11	有 85. 4	90.11	姉も信者 家財道具一式献品（冷蔵庫、バイク、たんす、食器棚） 人身保護請求の裁判時に払った金額（弁護士3人へ）、仕送り2年4カ月と他献金60万位
ＹＴ	女	58. 8	Ｉ大学教養学部卒業	巣鴨駅前で統一教会の女性からアンケート調査を受け、ビデオセンターに誘われた	82.11	東京第8地区のホーム	84.10	有 84.12	86. 2	
ＨＡ	男	63. 5	Ｓ大学経済学部経済学科卒業	統一協会員のアンケート調査に答えたのを契機として、ビデオセンターに通うようになった	83. 4	関東第２ブロック「勝成」	83. 9	無	85. 6	
ＭＳ	女	64. 5	Ｋ大学文学部英文科卒業	兵庫県尼崎市の阪急の塚口駅前で「『青年の生活意識アンケート』に答えてください」と声をかけられ、ビデオセンターに誘われる	83. 9	塚口教会、兵庫地区	85. 5	有 88. 4	89. 5	献身は大学卒業直後
浅井秀樹	男	63. 9	ＳＫ大学卒業	バス停で話かけられて南浦和ビデオセンターに誘われた	85. 4	埼玉第一	85. 8	有 86. 4	88. 1	
ＫＩ	女	62. 7	Ｄ商業高校卒業	御徒町駅付近のアンケート	86. 1	NSC（東京第6支部、教育部）	86. 8	有 87. 4	90. 2	
ＭＵ	女	67.12	Ｆ栄養専門学校卒業	アンケートに答えて（八王子の放射線通り）そして八王子ハルクビデオセンターにつれて行かれた	88.12	バイオレット　八王子の東京第11支部	89. 2	有 89.12	90. 6	父親に着物を買わせた
菊田和江	女	61.10	ＳＥ衛生士学院卒業	勤務していた歯科医院の同僚（歯科技師）が統一協会員で、ビデオセンターに誘われた	84. 2	仙台学生寮（東北ブロック宮城地区	84. 9	有 84. 9	90. 8	①1988年10月、祝福（6500双） ②1989年3月、韓国に派遣され、信者宅にホームステイ中、練炭の一酸化炭素中毒に巻き込まれた ③1989年1月、渡韓する前に入籍させられた

原告名	性別	生年月	最終学校名	入信の契機	その年月	当初入ったホーム名と地区	その年月	献身有無と年月	脱退年月	特記事項
ＮＥ	女	68.12	N高校卒業	一人暮しのアパートで印鑑の訪問販売を受け、姓名判断を受けた上で「とても良いサークルがある。宗教ではない」と、ビデオセンターに誘われた	88. 2	神奈川第3地区ホーム	89. 1	有 89. 1	90.11	
ＴＭ	男	66. 3	N大学芸術学部卒業	池袋キンカ堂前にて夜10時頃街頭アンケート、そのままビデオセンターに行く	85. 7	第5地区、学生部ホーム	86. 2	有 85. 9	86. 7	
ＭＳ	女	61. 9	S女子大学短期大学国文学科卒業	渋谷で街頭アンケートに応じたところ、誘いの手紙や電話が来て、ビデオセンターに通い始める	84.	三軒茶屋ロイヤルマンション6階、第3地区勤労青年部	84.11	有 85. 1	88. 1	
ＨＩ	女	63. 5	Lビジネス専門学校卒業	アパートに印鑑の訪問販売がきた	86. 2	高田馬場エデュケーションカルチャーセンター東京第1地区	86. 3	有 86.11	90. 2	
ＹＳ	男	65.10	M専門学校卒業	ＪＲ津田沼駅前で街頭アンケートで勧誘され、ビデオセンターにそのまま連れて行かれた	88.12	聖和館　千葉第1支部	89. 3	有 89.10	90. 7	
ＳＳ	女	67. 4	S短期大学卒業	友人にビデオセンターに誘われた	89. 9	東京第11地区　グリーン	90. 1	有 90. 5	90.11	多くの友人知人に物を売ったり、ビデオセンターにさそって迷惑をかけた
杉田あゆみ	女	66. 7	T短期大学卒業	八王子にて街頭アンケート→ＣＢ展示会に動員され→ビデオセンター	87. 6	ホワイトハウス（東京第11地区）	87.10	有 88. 1	90. 6	
ＹＭ	女	66. 3	S短期大学社会福祉学科卒業 O保育学院中退	友人にとても良い自己啓発の場があると強引に誘われビデオセンターに連れて行かれた	90. 5	八王子グリーン	90. 8	無	90.11	保母の資格を得られないまま、学校を中退させられたり、幼稚園を退職させられたことなどでダメージ大
ＫＮ	女	68. 3	K女子短期大学卒業	高校の友人に誘われて、自己啓発センター（ＳＥＣＣ）へ通うようになった	89.11	「夕やけ荘」（研修センター）、「テック」「シャルム羽根木」、東牛野寮ほか	89.12	有 90. 4	90. 8	高校時代の友人および中学時代の友人に対して、鑑定料名下もしくは入会金名下に金銭を出損させている

原告名	性別	生年月	最終学校名	入信の契機	その年月	当初入ったホーム名と地区	その年月	献身有無と年月	脱退年月	特記事項
ＡＴ	男	65. 2	ＫＮ高等学校卒業	お茶の水所在の飲食店でアルバイトに行っていて	84. 1	阿佐ヶ谷ＡＵＣ、第四地区	85. 6	有 85. 8	88. 3	
中島伸子	女	66. 4	Ｋ大学卒業	横浜ダイヤモンド地下街を歩いていて「アンケートをお願いします」といわれ、自己啓発セミナーがあると横浜グローバルアイへ連れていかれた	87.12			無	90. 4	協会活動のために勤めていた間残業をできず給料が減った。献金その他協会に払った金756,800円
ＭＮ	女	65. 2	Ｋ女子短期大学英文科卒業	横浜駅付近のアンケートに夜伝道	83. 6	原研横浜支部ホーム	84. 4	有 86. 4	86. 8	姉を誘って信者にした
ＮＨ	男	64.10	Ｔ大学商学部経営学科卒業	渋谷駅頭で「意識調査アンケート」に応じたところ、サークル紹介のビデオを見るように求められ、ビデオセンターに通い出した	84. 4	渋谷学区教育ホーム	84. 5	有 89. 4	90. 7	
ＫＭ	女	63. 9	Ｕ高校卒業	高校の友人	90. 1			無	91.10	
ＴＭ	女	50.12	YK看護学院卒業	「浜伸」を名乗る印鑑の訪問販売	85. 4	神奈川第2地区、横須賀支部	89. 4	有 89. 4	90. 7	
矢田友枝	女	62. 4	Ｔ大学卒業	原研のフロントサークルである世界思想研究会の会員と称する原研の女性会員2人連れに宿舎を戸別訪問され、アンケートを受けた後にそのままホームに行く	81. 4	東日本ブロック筑波学区筑波アカデミア（原研）	82. 5	有 86. 4	88. 5	
ＮＹ	女	60. 7	Ｄ大学商学部卒業	ロンドンに住み始めた頃の路上アンケート	84. 2	イギリス、ロンドン教会	84.11	有 85. 1	89. 4	信者としての活動の大半はイギリス、アメリカにおいて行なっている
ＴＴ	男	63. 1	Ｔ法経学院卒業	印鑑を買って（3.5万円）販売員からビデオセンターを紹介された	82.12	原研しあわせ会　松の木のホーム	83. 9	有 83. 9	90. 4	84年5月から85年4月まで家庭問題対策で親の紹介によって月10万円で働いていた(全額献金。逸失利益にこの期間も含む)

原告名	性別	生年月	最終学校名	入信の契機	その年月	当初入ったホーム名と地区	その年月	献身有無と年月	脱退年月	特記事項
ＭＡ	男	61. 5	Ｏ芸術大学芸術学部卒業	アパートに「大学と理想」の販売にきた	80. 4	中和文化センター	80. 6	有　82.10	87. 1	ホーム生活の5年間親からの仕送り合計337万円を献金、留年分の学費80万円、印鑑2本10万円などの損害もある
ＨＩ	女	64. 7	ＳＦ専門学校卒業	池袋駅前で街頭アンケートを受け、「人生について勉強しているサークルだ」として、その後何度も誘いを受け、同年10月ビデオセンターに通い始めた	82. 5	医療局のホーム	83. 5	有　84. 3	87.11	
井上法子	女	62. 6	Ｓ短期大学卒業	吉祥寺パルコ前でアンケートと称して声をかけられビデオセンターに誘われた	83.10	東京第7地区「三鷹ハイツ」	84. 8	有　84. 8	90.12	・従前コンピューターソフトを製作する会社に勤務していた ・84年10、11月、85年1月から87年4月まで、87年9月から89年8月までの合計54カ月については未払賃金について別途交渉済
ＫＩ	女	58. 1	ＴＳ大学卒業	友人から印鑑を買うために霊感商法に誘われた	84. 1	関東ブロック埼玉第二地区浦和教会	84. 6	有　84. 6	89. 5	
ＴＫ	男	61. 5	Ｋ大学経済学部中退	国鉄福島駅前で街頭アンケートに応えた	82. 5	原理研究会福島開拓ホーム	82. 9	無	89. 3	1988年10月（6500双）の祝福を受けさせられた
ＴＧ	男	60. 3	ＳＫ大学工学部卒業	お茶の水駅前で生活意識調査を受けた	86. 3	東京第8地区春日研修センター	86. 6	有　87. 1	87. 5	・当時勤務していた会社を辞めさせられた ・当時結婚を前提に交際していた女性と別れさせられた
ＣＴ	女	64. 8	Ｔ大学文学部卒業	大学のクラスの同級生に「いい人がいる」「聖書の勉強をするところ」などと言われビデオセンターに誘われた	83. 6			無	88. 3	・1983年8月当時尽き合っていた男性と無理に別れさせられた ・1987年12月統一協会のイベントに両親を誘うよう強く言われて悩み過呼吸症候群に陥り救急車で運ばれた 以降同様の症状が続き投じ勤務していた会社を辞めざるを得なくなり1988年2月退社

原告名	性別	生年月	最終学校名	入信の契機	その年月	当初入ったホーム名と地区	その年月	献身有無と年月	脱退年月	特記事項
ＩＮ	女	58.10	Ｎ女子大学文学部卒業	蒲田駅前にてアンケートに応じ、ビデオセンターに行き、申込金5000円を払う	83.10	東京第2地区「志誠館」	84. 6	有 84. 5	87. 8	
ＮＳ	女	64. 2	Ｙ短期大学卒業	ＪＲ船橋駅構内で街頭アンケートを装った信者に声をかけられ船橋教会に誘われた	82. 4	聖和館（船橋所在）	84. 1	有 84. 4	90.10	
ＮＹ	女	60. 9	Ｔ美術学園卒業	高田馬場駅前で「青年意識アンケート」を口実に声をかけられ、ビデオセンターに誘われた	82. 3	第一地区青年部ホーム（中野区上高田ホーム）	83. 1	有 83. 8	92. 2	1988年10月の合同結婚式に参加して韓国人と婚約。翌1989年1月に入籍を指示され、脱会後離婚
ＮＷ	女	63. 8	Ｔ短期大学卒業		83. 4	静岡統一教会	85. 1	有 85. 1	91. 5	
ＴＫ	男	52. 1	Ｎ大学法学部法律学科卒業	兄が埼玉十字軍に入教してしまったので、父から兄が何をしているのか調べてくれと頼まれて、教会に何度か足を運んでいた	72.10	埼玉浦和教会	73. 3	有 73. 3	87. 3	

私たちの主張

［違法伝道の責任を問う——元信者が統一協会を訴えた理由］

はじめに

私たちはこの裁判で、統一協会の責任を次の三点にしぼって問題にしています。

1. 詐欺的で脅迫的な伝道と統一協会のあらかじめ仕組まれた教え込みのために、長期間献身者として過酷な生活をするしかないように統一協会の教えを信じ込まされて、自由な立場で宗教を選ぶことを侵害されたこと。
2. その過程で、神やメシアであるとされている文鮮明の名を利用し、信者に対する優越的地位を濫用した統一協会の指示によって、献金をさせられたこと。
3. 優越的地位を濫用した統一協会の指示に基づく合同結婚に参加させられたことにより、婚姻の自由を侵害されたこと。

これら三つの問題点を指示・命令した統一協会の組織的行為が一般社会の常識つまり社会的相当性を著しく逸脱する違法行為であると主張します。

私たちが「詐欺的で脅迫的な伝道と統一協会のあらかじめ仕組まれた教え込み」と主張しているのは次の事実を指しています。

統一協会は高度にプログラム化された伝道から献身にいたるシステムを準備しているのにこれを隠し、最初は「統一協会」という団体名や「文鮮明」という教祖名は勿論のこと、統一原理の内容や活動実態についても隠したまま、私たちがスタッフにたずねても「宗教ではありません」と偽ってこのシステムに誘導しました。そして、これらの「正体」はその後、徐々に少しずつ明らかにされていくのです。伝道と統一協会のあらかじめ仕組まれた各段階での行動選択に対応して必要な情報が与えられるのではなく、常に後戻りができない状態になるように少しずつ情報が与えられるのです。しかも、その過程で統一原理の教えに基づく恐怖感を利用するのです。

私たちが主張する「自由な立場で宗教を選ぶことの侵害」とは何でしょうか。憲法二〇条一項によって保障されている「内心における信教の自由」は、絶対的に侵害されてはならないものです。その内心の自由が統一協会の詐欺・脅迫的な伝道とあらかじめ仕組まれた教え込みによって侵害されたのです。その結果、私たちは長期間献身者として統一協会のための過酷な活動をさせられ、結婚の自由さえ統一協会に奪われるまでに強度に統一協会の教理を信じ込まされるに至ったのです。その結果私たちの生涯を左右する程の重大な悪影響がもたらされたのであり、これが「侵害」行為だと主張しているのです。

また、「優越的地位の濫用」とは、医師と患者、教員と学生、宗教上の権威者と信者の関係のように、相手方から特別に信頼されるべき立場にある者は、これを信頼して従う者に対し、自己の意図を実現するためにその地位を濫用することがあってはならないとする米国判例法上の法理論です。

このような考え方は、我国においてもセクシャルハラスメント訴訟などにおいて実質的に採用されています（仙台地方裁判所平成一一年五月二四日判決、同地裁平成一一年六月三日判決など）。

私たちはこの法理論に基づき、献金の指示や合同結婚の指示が統一協会による優越的地位の濫用に当たり、違法であると主張するのです。

ところで、私たちがこの訴訟で、統一協会の「統一原理の内容」とその「活動実態」を詳しく述べるのは、統一協会が隠した「正体」の内容を十分に把握しておくことが必要不可欠だからです。

なぜなら、どのような統一原理の内容と活動実態が勧誘・教育の過程で隠されていたかを知ることが、それを隠した伝道とあらかじめ仕組まれた教育の社会的相当性と宗教選択の自由に対する侵害の有無・程度を確定するにあたって不可欠だからです。

また、統一原理とそれを用いた活動実態を知ることなしに、統一協会の私たちに対する優越的地位の性質（支配従属の強度な関係）を理解することはできません。そして優越的地位の濫用行為が、私たちに与えた心理的圧迫の有無・程度についても判断することはできません。献身に至る過程、献金や合同結婚に関する統一協会の行為についても、その社会的相当性を判断するには、統一原理の内容と、私たちを統一協会の組織的指示に従わせるためにそれがどのように用いられ、それに基づく活動がどのようになされているかを充分に把握することが必要不可欠です。

しかし私たちは、統一協会の「統一原理の内容の善悪の判断」を求めているのではありません。

私たちが求めているのは、「統一原理自体の善悪」ではなく、「統一原理に基づく組織的行為の違法判断」です。

これまでに多くの判例が、右に述べた二種類の判断の違いを明確にしたうえで、「統一原理に基づく組織的行為の違法判断」の場合には必要に応じて宗教団体の教義内容に立ち入ったうえで、教義に基づく献金勧誘の違法性を認めてきましたし、統一協会による「万物復帰」の教えに基づいた献金勧誘の違法性も認めています（一審判決平成六年五月二七日福岡地裁の上告審たる平成九年九月一八日最高裁判決、一審判決平成九年一〇月二四日東京地裁の上告審たる平成一一年三月一一日最高裁判決）。

これに対し、統一協会に対する名古屋の「青春を返せ裁判」において（私たちが起こした本件裁判と同種の訴訟）、名古屋地方裁判所は、統一原理の内容に一切立ち入ることなく「薬物や物理的、身体的強制による教化があったとは言えない」との判断によって原告らの請求を棄却しました（同地裁平成一〇年三月二六日判決）。

この判決は、「統一原理に基づく行為」の違法性を判断することは、「統一原理の善悪」そのものに対する判断ではないとしても、結果として教団の宗教活動の自由を制限することになりかねないとの恐れから、統一原理の内容に立ち入りそれがどのように用いられ、どのような心理的圧迫をもたらしたのか、といった判断をすることを一切避けたのです。その為に違法性を判断するにあたって、物理的強制があったか否かということだけに限定した不十分な認定になっているのです。

しかし、このように理解すると、一般の消費者被害事件であれば、物理的強制の有無のみでなく、詐欺・脅迫は勿論のこと、心理的圧迫等の主観的要素が違法判断の対象とされてきたのに、宗教教義に基づく行為であれば、教義を用いた心理的圧迫などの要素の判断には立ち入れなくなってしまい、宗教教義を用いて行われる加害行為について重要な判断の要素を欠如することになります。ひいては被害者は、このような被害について全く救済をうけられないという重大結果をもたらすことになります。

名古屋地裁判決の結論は、憲法二〇条一項の保障する信教の自由についての理解が不十分であることによるものです。

憲法二〇条一項の保障は、

①内心における信仰の自由、

②布教活動の自由、

③宗教結社・活動の自由
を内容とするものです。

このうち①内心における信仰の自由は、絶対的に保障されるべき優越的地位にある自由であり、②③の自由は、他者の自由との関連で調整が必要となる相対的自由権であると解するのが通説・判例です。

また、①内心における信仰の自由は、宗教を信じない自由や宗教を選択する自由を含むと解されています。

この裁判で問題となる私たちの宗教選択の自由は、統一協会の布教活動の自由や宗教活動の自由に対して、優先して保障されなければならない自由であることは明らかです。

また、個人の人権と団体としての人権という面から見ても、人権の保障は究極的には個人の尊重という憲法理念に求められるのであり、私たちの個人としての宗教選択の自由、婚姻の自由は、統一協会の教団としての布教や宗教活動の自由に優先すると言えます。

団体としての布教の自由への影響が危惧されるからと言って、個人としての宗教選択の自由などに対する現実の侵害が放置されてよいということにはなりません。

だとすれば、これら私たちの自由権侵害の有無・程度について判断するに必要な限度において、統一原理の内容やそれに基づく活動実態を把握することは、憲法二〇条一項の禁ずるところではないと言えるはずです。

この裁判において、憲法二〇条一項の信教の自由の保障が意味するものは、統一原理を用いた統一協会の行為によって、私たちの宗教選択の自由が侵害されていないか、不当な心理的圧迫が加えられていないかという内容なのです。そのために統一原理の内容や活動実態を把握しこれに基づいた統一協会の行為の違法性を判断することは、むしろ憲法の期待するところであると思います。

統一協会による正体を隠した入教勧誘が行われているのは米国においても同じです。カリフォルニア州最高裁判所は本件と同様の訴訟の判決（モルコ・リール事件　一九八八年一〇月七日判決）において「統一協会の詐欺的勧誘に不法行為責任を認めても、統一協会の宗教活動に対して、せいぜい新メンバーを入会させるいかがわしい道を閉ざす可能性があるだけであり、それよりも正体を隠した入教勧誘による回復できない肉体的、精神的な障害、家族が受けるストレスや甚大な経済的被害から市民を守ることが優先する」と述べて、比較衡量テスト（統一協会の不利益の程度と個人や家族の不利益の程度を比べて重要性を判断する考え方）によって、法の支配を貫いています。

私たちは、裁判所が、統一協会による正体を隠した詐欺・脅迫的入教勧誘とその後の活動が、対外的には勿論、対内的にも信者となった者とその家族を含め深刻な苦痛をもたらしているという紛れもない事実を正面から受けとめ、この問題について信教の自由についての深い理解のもとに法の支配を貫かれることを求めるものです。

第一　当事者

一　統一協会

世界基督教統一神霊協会は、一九五四年ソウルで設立され、その創始者は文鮮明です。同協会の活動は、一九五八年日本にもたらされ、一九六四年東京都知事の認証を受けて宗教法人世界基督教統一神霊協会となりました。

統一協会の教理は、「統一原理」と称され、「原理講論」にその詳細が記されています。

信者数は、統一協会の自称によれば日本で四七万人、全世界で三〇〇万人とされています（井上順孝「新宗教教団人物辞典」二五九頁）。しかし、実態としては、日本国内の全信者数を合わせてもせいぜい二万人程度であると思います。なお統一協会の幹部であった副島嘉和氏の発表によれば、日本で八〇〇〇人、米国と韓国とにそれぞれ二〇〇〇人、ヨーロッパ全体で二百数十人であるとされています（雑誌『文藝春秋』一九八四年七月号）。

二　原告

私たち原告は、統一協会に入信し、ほとんどの原告が、家族と職場を捨てて献身し、統一協会の管理下の「ホーム」での共同生活に入って統一協会のあらゆる活動に従事してきたのですが、幸いその後統一協会を脱会しました。

第二　統一協会の教理とその特徴

この裁判において、統一原理の内容とそれがどのように教えられているのかという事実を正確に理解することの重要性については、冒頭に述べたとおりです。

一　統一協会の教理

統一協会は、旧約聖書及び新約聖書を教典として、それについて独特の教理・解釈をしています。統一協会の教理解説書である「原理講論」によれば、その教理は大体次のとおりです。

1　創造原理

神は、人間が個性完成（第一祝福）、個性完成後の合性一体化による子女の繁殖（第二祝福）、万物世界の主管（第三祝福）の三大祝福に従い、地上天国を実現して喜ぶのを見てより喜ぶために、人間を創造した。神は人間を神に似せて創造したので、人間は自らの責任分担を完遂して初めて完成されるように創造された。それは人間が神も干渉できない責任分担を完遂することにより神の創造性までも似るように創造し、神の創造の偉業に加担させ、神が人間を主管するように人間も創造主の立場でこの世界を主管できる資格を持つためだ（原理講論六四から六九頁、七九頁、八〇頁、一一三頁、一一四頁）。

2　堕落論

神が人間を創造する前、神の愛を一身に受けていた天使長ルーシェルは、神がアダムとエバを創造してこの二人に愛を注いでいるのを見て愛の減少感を感じて、エバを誘惑した。エバは神の戒めを破ってルーシェルと不倫の霊的関係を結んで霊的に堕落した。それによる良心の呵責からくる恐怖感と、本来の夫婦としての相対者となるべきはアダムであるということを知る新しい知恵を受けたエバは、アダムを誘惑して未完成のうちに性関係を結び肉的に堕落した（原理講論九二頁から一一一頁）。

堕落した天使長ルーシェルはサタンとなり、堕落した人間はサタンの子女となり、その堕落性は、「原罪」として子孫に綿々と遺伝される（原理講論一〇〇、一一一頁）。

そして、完成した人間が主管するはずであったこの世界は、人間が未完成のうちに堕落し、サタンが万物の主管主として創造された人間を逆に主管するようになったので、サタンはこの世界をも主管するようになった（原理講論一一四から一一五頁）。

アダムとエバは、堕落して人類の悪の父母となり、悪の子女を生み現在の地上地獄を造った（原理講論一一七、一二六四頁）。

（霊界と霊的救い）

あらゆる存在は、目に見えない内性である「性相」とその外形である「形状」を持ち、人間は無形の主体である霊人体と有形の対象である肉身をもつ。霊人体は、霊感だけで感得され、死んだ後には霊界に行って永遠に生きる。霊人体は、肉身を土台にしてのみ成長する（原理講論八二頁から八六頁）。

人間は、地上地獄に住むので肉身を脱ぎ捨てた後にも、そのまま天上地獄に行く（原理講論一三七頁）。また「罪を犯せば人間は否応なしに地獄に引かれていかねばならない。」それが天法だ（原理講論三四頁）。人間の罪には「原罪」の他に、先祖が犯した罪を血統的な因縁を持ってその子孫が受け継いだ「遺伝的罪」や「連帯罪」、「自犯罪」などがある（原理講論一二二頁）。

3　復帰原理

神による救いは、人間が自由意思による責任分担（神が九五パーセント、人間は五パーセントの責任を分担する）を果たすことによって完成する。人間は、神のみ旨に従って自分の責任分担を完遂することもできるが、神のみ旨に反してその責任分担を果たさないこともある（原理講論一二五頁、一八九頁、二四三頁、二四四頁）。しかし、人間が責任分担を完遂しようとする目的は、創造目的を完成して、神が喜ぶ実績を上げるところにあるので、原理を離れて自由はなく、責任のない自由もないから、実績のない自由はない（原理講論一二五頁、一二六頁）。

メシヤのための基台を造成するためには、達成されなかった三大祝福の反対の経路に従い、第一に万物（編注：被造物、具体的にはお金のこと）を復帰するための条件と人間を復帰するための条件を同時に立てることができる「象徴献祭」を捧げて、「信仰基台」を立てなければならない。万物をもって「象徴献祭」を捧げるのは、第一に、人間の堕落によりサタンが被造世界を主管するようになってしまったため、神の象徴的実体対象である被造物を取り戻す必要があり、第二に、人間は堕落によって被造物よりも低い存在にまで落ちたので、このような人間が神の前に出るためには、自分よりも神の方に一層近い存在である被造物を通じ、まず被造物の上にたたなければならないからだ（原理講論二九七頁、二九八頁、二七七頁から二七九頁等）。

（アダムの家庭における復帰摂理の失敗）

アダムの家庭では、ルーシェルとの堕落行為を表徴する悪の表示体である長子カインが、アダムとの堕落行為を表徴する善の表示体である次子アベルに従順に屈服して堕落性を脱ぐための蕩減条件を立てれば「実体基台」をつくることができた。ところが、カインがアベルを殺したので、復帰摂理は失敗した（原理講論二八九頁から三〇〇頁）。その後も人間は、復帰摂理に失敗する歴史を繰り返した（原理講論三〇二頁、三一五頁）。

（イエスを中心とする復帰摂理）

その後、完成されたアダムとして来たイエスを、メシヤと証（あかし）すべき立場にいた洗礼ヨハネが、イエスを不信したので、イエスは荒野において四〇日断食祈禱を行い、三大試練を経ることになった。後にイエスは再度復帰路程を歩むが、ユダヤ人の不信により救いに失敗し、イエスはサタンに引き渡された（原理講論四〇三頁から四二五頁）。

（再臨論）

肉的救いを完成し地上天国を実現するには再臨のメシヤを待たなければならない。イエスは韓国に再臨する（原理講論五八六頁）。神は、この地上に、このような人生と宇宙の根本問題を解決するために文鮮明を遣わした（原理講論三七頁、三八頁）。

（復帰摂理と私）

信者は、復帰摂理の目的のために立てられた預言者や義人たちが達成できなかった時代的使命を、今自ら一代において蕩滅復帰しなければならない（原理講論二八七頁、二八八頁）。

4　統一原理の要旨

統一原理をできるだけ正確に要約して述べてみましたが、判りにくかったことと思います。そこで、もっと判りやすく言いかえてみましょう。

神は、天国を実現して喜ぶために人間を創造した。その際神は、人間が被造物を主管するように、神も干渉できない五パーセントの責任分担を人間に負わせた。

神が最初に創ったアダムとエバに対し、天使長ルーシェルがエバを誘惑し霊的不倫関係を結び、次いでエバはアダムと肉体的性的関係をもって未完成のうちに堕落したので、サタンの悪の血統が「原罪」として人間の子孫に遺伝されることとなった。これが人と人が相争う地上地獄となった原因であり、その結果世界はサタンに主管されてしまうこととなった。

その後も人間は、神の創造目的に立ち戻るべき長い歴史の中で、いつも失敗をくり返した。

イエスは、堕落した人間を神の創造目的に立ち戻らせる為に、神によって降臨したメシアであるが、彼も堕落人間の裏切りによって人類の救済に失敗した。

神は、人間を創造目的に立ち戻らせ地上天国を実現するために、再臨のメシアとして文鮮明をこの世に遣わした。

人間は、文鮮明に服従し、サタンから万物（財物）と人間を取り戻し、文鮮明の祝福を受けることによってのみ原罪を脱ぐことができ、地上天国を実現することができる。

信者は、過去の義人たちが達成できなかった歴史的使命を、自ら為し遂げる責任がある。

二　統一原理のポイント（統一協会の様々な活動と教義との関係）

統一協会は原理講論の解釈を信者らに対しいろいろの形で説明していますが、そのポイントとなるべき点を六つあげます。

1　万物復帰

原理講論は前述のとおり、人間の堕落によりサタンが被造物を主管するようになったと説き、人間がメシアの救いを受けるには、被造物をサタンの側から取り戻して神に捧げることが必要であると説いています。

ここで言う被造物とは、全ての物を意味する象徴的な意義とも解されますが、統一協会は原理講論上も、アブラハムやヤコブ、モーセがエジプトから財物を奪ったと強調し、イエスもこの万物復帰を実行するはずであったと教えています（原理講論三二一九頁、三三三頁、三六六頁）。これらのことから、統一協会の教理である万物復帰とは、サタン側の現実世界から金銭や物品などを実際に奪取することを意味するのです。

また、サタンの偽計により人間が堕落したことがサタンによる万物主管の原因であると説き、そのサタンの主管する財産を取り戻すためには嘘を言うことも許されると説いています。

更に、統一協会は「天法はこの世の法に優る」「天情に徹し、人情に流されてはならない」と教えています。そのため信者は、違法な霊感商法や詐欺・脅迫的な勧誘も正しいことだと信じて行動するようになるのです。

万物復帰の意義は、文鮮明や統一協会幹部の説教の中でも強調され、万物復帰の名の下に資金集めを全力で行うことが命じられます。その命令には信者は「絶対服従」しなければならず、そのために刑務所へ行くことをさえ恐れてはならないと説かれています。

2　霊界との授受作用

統一協会では、人間は死後「霊人体」となって霊界で永遠に生き続け、原罪をもつ人間は霊界の地獄に行くと説明します。そして、先祖は地獄の暗くて低い位置から救いを求めており、そのような霊人体は自らは成長できず、地上の子孫に苦しみを与えるが、地上の子孫の行いにより救いに近づくことができると説くのです。

統一協会のこの教えは「罪を犯したあなたの先祖が霊界で苦しんでいるので、このままではあなたや家族に不幸が生じます。この因縁を絶ち切ることが必要で、そのために壷を購入して徳を積んで下さい」というような因縁トークによる霊感商法と結びついているのです。

一〇月一〇日（とつきとおか）の胎内期間がその後の八〇年間の地上生活の準備期間であり、地上生活の期間は死後永遠に続く霊界での生活の準備期間であり、地上生活の行動が霊界での地位を決定すると教えます。そして、ひとたび統一原理を知った者が、統一原理に背くことはサタンさえも恐れる重大な罪であると教えています。このため信者は、統一協会に背くことは、死後も永遠に霊界の地獄で苦しみ続けることになるという極度の恐怖感を抱くことになります。

このため、一旦この教義を信じると、信者が自由な思考によって統一協会に留まるべきか否かを再考することが困難となるのです。

3　氏族メシア

原理講論の説く創造原理、堕落論、復帰原理では、サタンに支配された世界では教えられることがなかった人類の真実の歴史と唯一の救済の道を説いているが、同じことは個人の家系についても言えるのであり、先祖から子孫へと続く家系の中で統一原理を知った者は、人類歴史の中で文鮮明がそうであるように氏族（しぞく）の救い主であると教えています。

そして、サタンに支配されている氏族の中で信者が救い主として立てば、当然、親・兄弟・親族親戚に反対されることになります。

しかし、信者となった者は、自らが救われるためだけでなく、自分の親・兄弟は勿論のこと、霊界で苦しんでいる先祖、そして子孫までをも救う責任を負うと言います。

もし、親族の反対に負けて統一原理に背くことがあれば、自分自身が救われないばかりか、親・兄弟・先祖・子孫まで氏族全体が、永遠に霊界で苦しみ続けることになるというのです。

統一協会のこの教えは、信者に対し、統一協会に反対する家族をサタン側に立つ人間として敵視させる一方、自分が犠牲となって活動し、氏族を救わなければならないという必死の思いを固めさせることになります。

その結果、信者と家族との間には、通常の会話すら通じない深刻な軋轢が生じることとなるのです。このことは、家族との自由な話し合いによって統一協会に留まるべきか否かを再考することを困難にしています。

4　アベル・カインの関係

原理講論は、聖書の中の、アダムの長男カインの捧げ物よりも次男アベルの捧げ物を神が喜んで受けとったことに対し、カインがこれを妬みアベルを殺したという記述に基づき、このことのために人間が創造目的に立ち戻る道が閉ざされたと強調します。

そしてカインの立場に立つ者は、神に近いアベルの立場に立つ者に対し、服従することが重要であり、信者は上司の立場にある信者に対して「絶対服従」することを要求します。

人間が原罪を引き継ぐようになった根本原因は、アダムとエバが神の言葉を守らず勝手な自己判断によって行動したことにあると強調し、信者はアベル（自分の上司）に対し、全て報告し、連絡し、相談してから行動しなければならないと教えています。そしてこれを「報・連・相（ホウレンソウ）」（報告・連絡・相談のこと）と称して徹底して実行させます。

このアベル・カインの教えにより、統一協会は上命下服の組織的意思貫徹を絶対的なものとして確立しているのです。信者は上司の指示に絶対的に従い、自己の心情や家族の反対などについてまで詳細にアベルに「報・連・相」し、アベルの指示を受けるという生活習慣を身につけることになります。

5　蕩減復帰

堕落した人間は神の側とサタンの側との中間位置にあり、善の条件をたてれば神の側に、悪の条件をたてればサタンの側にひっぱられる状態だから、堕落人間が統一原理による条件をたてて創造本然の位置と状態へと再び戻っていくことを「蕩減復帰（とうげん）」（罪ほろぼしのこと）だと教えています（原理講論二七四頁）。

信者は、統一協会の教理に反する行動をとったり、信仰が揺らいでいると見られると、上司（アベル）から「断食」や「水行」などの苦行を一定期間続けるという条件をたてることを指示されます。これを「蕩減条件」（贖罪のためのつぐないの行動のこと）といいます。

指示された信者は、用紙に自己の氏名、条件の内容、目的、これを実行する期間を記載してアベルに提出し承認を受け、これを実行させられます。

信者は条件をたてた以上、もしこれを破ればその三倍の条件を再びしなければならず最初の条件の失敗を取り戻せないとして、最後までやり抜くことを求められます。そして、これを完遂することにより、迷いを捨て揺らぎかかった信仰をたて直すのです。

このように、蕩減復帰の教えにより信者らは、常に揺らぎかかった信仰を維持強化する条件を与えられ、組織的環境の中に封じ込められているのです。

6　祝福

人類始祖のアダムとエバが神に背いて性的関係を結んだことが人類を堕落させた原因であるということを理由に、信者が異性に恋愛感情を持つことは「アダム・エバ問題」と称して、厳しく禁じられています。

アダムとエバ以来、人間が受け継いだ原罪を脱ぎ、創造目的に従った人間に立ち戻る唯一の方法は、再臨のメシアである文鮮明による祝福を受け血統転換をはかる以外にないと教えるのです。

血統転換を受けた男女の間には原罪のない子が生まれ、これが増えることによって人間同士が争い合うことのない地上天国が実現するというのです。

祝福によらない結婚はサタンの増殖であるとも言います。

信者はこのように教えられるため、文鮮明によって相手方が決定される合同結婚の対象者となるために、伝道や経済活動で実績を上げることに必死になるのです。

第三　統一協会の組織と活動

統一協会の組織と活動実態について十分に把握することはとても重要ですが、重層構造で外からは判りにくいものになっています。

一　組織の概要及び関連団体

統一協会は、国際勝共連合などの政治団体、世界平和教授アカデミーなどの文化団体、世界日報などの言論機関、そして韓国の一信石材や一和また日本のハッピーワールドなど数多くの営利企業を運営してきました。

統一協会は、日本において右に述べたような政治、文化、言論そして営利にかかわる数多くの団体を運営する他、全国を一三ブロック（北海道・東北・関東・東東京・西東京・北東京・南東京・中部・東関西・西関西・中国・四国・九州）に分けて各ブロックにブロック本部を置いてきました。そこで、東京・千葉・埼玉・神奈川の首都圏においては、これを東・西・南・北の四ブロックに分け、その下に合計二〇以上の地区を置いて、信者を所属させてきました。

ただし、このブロックや地区の担当エリアや名称は、一九九〇年頃から頻繁に変更されており、今では「教区・教域」と称しています。

統一協会は本部のもとにブロック、地区を通じた指揮命令系統があり、文鮮明をはじめとする統一協会幹部の指示が末端の信者まで貫徹する体制がつくられています。また、この指揮命令系統は、後述する「経済活動」によって末端の信者が集めた資金を、統一協会本部に集約し、これを文鮮明のもとへ献納する体制になっています。

二　詐欺・脅迫的入教勧誘と教化

信者獲得のための勧誘活動は街頭アンケートや手相占い・印鑑・念珠等の訪問販売などをきっかけとしておこなわれます。

勧誘活動の特徴は、相手から団体の性格を訪ねられても決して統一協会であるとは答えず、「宗教ではありません。青年のサークル活動です」「占いを勉強しているものです」などとウソを述べ、また、その勧誘応答の仕方が全国的にほぼ共通した内容のマニュアルによってなされていることです。これだけでも統一協会の幹部達が自らのしていることをいかがわしいことだと考えていることが判ります。

勧誘担当者は、対象者を最初にビデオセンターに連れて行き、統一協会の伝道目的とは知らせないままビデオの受講

典型的な伝道コース

ビデオセンター
↓
ツーデーセミナー
↓
ライフトレーニング
↓
フォーデーセミナー
↓
新生トレーニング
↓
実践トレーニング
↓
献　身
↓
合同結婚式

コースに参加させます。ビデオは、最初は家系図の見方、運勢や社会問題等を題材にしたものです。次第に宗教色のあるものや統一原理の内容に移っていくのです。その段階でも、統一協会の教理を教えているとの認識は持たせないようにして、その後の本格的な統一原理の教え込みの下準備をします。その上で、受講者の反応を見てビデオ受講の途中からツーデーズセミナーへの参加を勧めるのです。

この勧誘の過程でビデオセンター担当の信者は、数万円から十数万円の入会金を支払わせるとともに、物品を売りつけるなどして資金を集めます。ですから、このビデオセンターの運営は営利事業です。

合宿研修のありかたは、地域や時期によって多少違っていますが、概ねツーデーズ、ライフトレーニング、フォーデーズの順に深入りさせる段階が準備されています。合宿では、早朝から深夜にわたる集中講義、講師や信者により効果的に作りだされる興奮状態、受講生同士の会話を禁じて参加者の心理状態を教育担当の信者が把握する手法などにより、参加者は次第に統一原理をそれとは知らずに無批判に受け容れるようになります。このような研修会やビデオで語られる教えが統一協会のものであり、その教えの中で再三示唆される再臨主が文鮮明であることは、複数回の研修を受けさせた後に「主(しゅ)の証(あかし)」と称して感動的に知らされるのです。

勧誘対象者を、その後新生トレーニング、実践トレーニングに参加させた後、献身させます。

このように、統一協会の入教勧誘と教化の過程は、緻密にプログラム化された高度なシステムとして構築されているのです。

三　霊感商法を始めとする経済活動

信者が統一協会の指示に基づいて行う活動の究極の目的は、「経済活動」と称する統一協会の資金獲得活動です。

信者の経済活動を支える理念は、統一協会の「万物復帰」の教理です。この教理に基づいて信者は経済活動に従事するのです。

1　霊感商法

霊感商法は、勧誘担当の信者がマニュアル化された勧誘の手口で被害者の悩みや生活状態などを聞き出した上、被害者を霊場やマンションの一室に誘いだして霊能師役（トーカー）の信者に引き合わせ、トーカーと勧誘担当の信者（ヨハネ役）が一緒になって長時間にわたって被害者に対し、先祖の因縁などを述べたてて畏怖誤信させて、印鑑、壺、多宝塔、念珠、高麗人参濃縮液などを高額で購入させるという「不安を煽り立て、不安につけ込み、不当に高価な値段で売りつける、最も悪質な商法」（一九八七年五月二一日衆議院物価問題特別委における警察庁上野治男生活経済課長答弁）です。

霊感商法による被害が一九八七年春以降社会問題になって、その批判が高まったことから、統一協会は壺や多宝塔の物品販売を中止しましたが、印鑑、人参液などの販売や、同種の手口による資金集めは今も続けられています。

このような様々な手口を総括して「霊感商法」というのが適切だと思います。

この霊感商法による被害は、一九八七年五月に発足した全国霊感商法対策弁護士連絡会の調査集計によれば、一九八七年以降一九九八年一二月末までの間に連絡会の弁護士と全国の消費生活センターに持ち込まれた被害相談だけでも合計一万九六八九件、被害合計金額は七四六億七六〇〇万円余に及んでいます。

信者は、実質的に統一協会が設立した名前だけの販売会社の委託販売員となって販売活動をします。トーカーは、信者の中から統一協会によって選抜され、トーカー団に所属して各地の霊場で販売行為を行います。霊感商法の売上げは地区組織・ブロック組織を通じて統一協会に納入されています。

2　定着経済

統一協会は、霊感商法への批判が高まった頃、つまり一九八六年頃から、宗教的色彩は薄いけれども原価がなきに等しい着物、貴金属、絵画、毛皮などの高額商品の販売会社を設立して、これらの商品を末端信者に販売させています。その手口は、正体を隠してビデオセンターなどに勧誘した被害者や自分たちの家族・知人らを、展示会などに統一協会の企画とは言わず誘い出し、長時間執拗につきまとったうえで、購入させるものです。

3 献金・借入

信者は、前述の万物復帰の教理の実践として、文鮮明によって定期的に設定される「摂理」（ノルマ）に従って、勧誘過程の被害者等に最初は印鑑や数珠を売りつけ、やがて自分達を信用させて、霊感商法と同様の手法で多額の献金をさせて、統一協会に納入します。

これらの統一協会による献金強要については次の判決により、その違法性と統一協会の責任が明白なものとなっています。

・福岡地裁　平成六年五月二七日判決　福岡高裁　平成八年二月一九日判決　最高裁　平成九年九月一八日判決
・高松地裁　平成八年一二月三日判決
・奈良地裁　平成九年四月一六日判決　大阪高裁　平成一一年六月二九日判決
・東京地裁　平成九年一〇月二四日判決　東京高裁　平成一〇年九月二二日判決　最高裁　平成一一年三月一一日判決
・仙台地裁　平成一一年三月二三日判決
・福岡地裁　平成一一年一二月一六日判決
・東京地裁　平成一二年四月二四日判決

各地区で、資金集めのノルマが果たせない場合には、地区の幹部信者は、信者や信者になりかかった者、その夫などの名義で銀行口座やクレジットカード、サラリーローンなどを用いて現金を借り入れさせ、統一協会に献金させます。

一九八七年以降、ノルマ達成のため、ブロックや地区の幹部の指示のもと、信者や勧誘過程の被害者などの所有する不動産を担保に、主としてノンバンクから千万円、億円単位の借入をさせてこれを統一協会の組織に納付させる大型借入れによる資金集めが組織的に展開されてきました。

このような借入れは、後の返済を統一協会組織ですることを前提としていました。ところが、あまりにこの借入れの件数が多くまた高額の借入れになったため、これらの借入れを献金に切りかえさせるという作戦がとられるようになりました。それでもこれを返済できず、多くの信者や担保提供者がその名義の借入金のため苦しむ事態となっているのです。

4　キャラバン隊・詐欺的募金

統一協会は、キャラバン隊（マイクロ隊ともいう）に信者を配属し、六、七人の班を構成してワゴン車などに寝泊まりしつつ担当地域を転々とし、早朝から深夜まで珍味、ハンカチなどの販売、難民救済を装った募金などに従事させています。そこで得た収益は、末端組織の維持費となる外、統一協会に納入されるのです。

また詐欺的募金は街頭でも行われ、それに従事する信者は、集まった募金から自分の昼食代などを取り出して残りを統一協会に納入します。

5　裏金の作り方

統一協会は、その経済活動によって得た利益を信者が共同生活するホームの会計担当者のもとに集め、地区やブロックの会計担当者を通して統一協会中央本部に集中させています。

表向きは、各信者に対する委託販売手数料とか、形式的に雇用契約を装っている㈱ハッピーワールドやその傘下にある販社、特約店から各信者に支払われた給料という形をとり、各信者が統一協会に対して個人献金をしたという税務処理をしています。しかし、実際はこのような税務処理でこうして集められ捻出された資金が裏金として集約されているのです。

これによって、ハッピーワールドや傘下の販社、特約店などはほとんど所得税を免れています。統一協会に対する個人献金については、宗教法人であることによって課税を免れています。しかし、大部分の信者は、自分がどこからいくら給料をもらったこととされているのか、統一協会にいくら献金したことになっているのかさえ全く知らされていません。委託販売手数料や給料には本来所得税が課せられるべきですが、統一協会は短期間に信者らの住所を移転させ、税務署の追跡を困難とすることにより、これについても課税を免れています。

こうして集められた資金は、裏金として、あるいは統一協会からの献金として、文鮮明や韓国の統一協会傘下の企業、団体に様々な手段で送られるのです。

統一協会の経済活動は、その手段が詐欺的、脅迫的なものであって違法行為であり、また、それによって集められた資金についても実際と全く異なる会計処理によって課税を免れています。統一協会の集金システムは、それ自体極めて反社会性の強いものです。平成九年四月一六日奈良地方裁判所は、「統一協会の集金システム自体が違法」と指弾していますが当然の指摘です。また、このような事実認証に立って平成一一年一二月一六日福岡地方裁判所は、霊感商法被害について統一協会の外、ハッピーワールドの不法行為責任も認めています。

第四　信者及び家族の状況

一　献身した信者の生活

信者は、詐欺・脅迫的な入教勧誘と教化により、入教ひいては「献身」を決意させられます。入教・献身に際しては家族、恋人と離別することはもちろんのこと、それまで就いていた職業などを捨てて、文鮮明のためにすべてを投げうって活動することを誓約させられます。献身後は、各地区に複数設けられた「ホーム」で、他の信者とともに集団生活を営むようになります。

毎日の生活は、早朝から起こされて、朝から深夜まで簡素な食事で伝道活動や経済活動に従事させられ、「ホーム」に戻った後も幹部や先輩信者（アベル）に一日の行動を逐一報告し、翌日の活動の誓いを立てさせられます。こんな生活を、ほとんど休日もなく繰り返させられるのです。その間、外部の一般社会の情報に接触する機会も余裕も与えられず、完全に情報、感情、食生活、異性関係まで組織によって管理されます。こうして、慢性的な睡眠不足と過酷な労働条件のもとで、統一協会組織内で完結した生活を送るのです。

このような生活の中で、信仰が揺らぎかかった信者に対しては、アベルから蕩減条件をたてることを指示され、また統一協会の指示により特別な研修へ参加させられたりして、信仰を立て直すのです。

信者に対しては、上部組織から不定期に「人事」と称する配属換えが発令されます。地区内の他の担当、あるいは遠方の地区への所属、場合によっては国外の統一協会組織に異動があります。勿論この「人事」に、信者は絶対服従することが前提です。信者が配属させられるのは、ビデオセンターや教育部門だけでなく、関係団体や営利企業であることも多いのですが、どの組織に属してもその生活は基本的に同じです。信者は、営利企業に配属された場合でさえ、毎月一万円ほどの小遣いを貰うだけで、賃金に相当する経済的利益は受けません。

このような集団生活を数年間にわたり続けた後、数年に一度開催される合同結婚式に参加させられます。文鮮明が決めるとされる異性と婚約させられるに至るのです。

合同結婚に参加した後も直ちに同居が許される訳ではありません。数年は、引続き別々のホームで共同生活をしながら、国内、場合によっては韓国その他海外で統一協会の活動に従事させられるのです。

二　統一協会の家族対策と信者の家族の苦しみ

統一協会は、信者に対して、緻密な家族対策を指示します。

①ビデオセンターに通ったり、セミナーに参加したり、信者になったことを家族に隠させる。
②献身を決意させ、職場や家庭を捨てさせることについても、事前に家族に知らせない。
③家族がわが子の変化に気付いて問いただしても、嘘をつかせる。
④献身する前後を通じて、信者と家族との連絡や面会を自由にさせず管理指示する。
⑤家族の強い反対がある場合は家出をさせたり、行方不明にさせる。

自分の子供や兄弟が統一協会信者になった家族は、突然職場や家庭を捨てホームでの共同生活を始めた我が子や兄弟姉妹の急激な変化に驚くことになります。それが何故なのか、何故そのような選択をしたのかについて説明を求めても平然と嘘をつき真実を語らず、通常の会話すら成り立たない状態に家族はたいそうとまどいます。

統一協会に献身していることが判り、それが霊感商法を展開し合同結婚をさせている団体であることを知るようになると、家族は反対し、やめて帰るように必死になって働きかけるのですが、そうなると直属のアベルの指示で信者は姿を隠し、他のホームで偽名を使用し、行方を分からなくします。

しかも、統一協会は、わが子が統一協会に献身してしまったことに反対する家族との直接の話し合いの機会を妨害するため、長期間にわたり家族と信者との間で深刻な軋轢が続くのです。信者が自宅に帰ることさえ、所属する部署の責任者の許可を得なければならないのです。このため、信者の家族にたいへんな精神的苦痛を与え続けることになります。

統一協会は、信者の家族に何も知らせず、家族の了解も得ないまま、信者を「合同結婚」に参加させ、更にその後入籍させています。会話さえ成り立たない外国人と組み合わされることも多いのです。このため結婚させられた家族の苦悩は深刻です。

家族の反対を押しきって、外国の配偶者の元へと行ってしまう信者（多くの場合女性）に対して、家族が連絡を取り、働きかけをすることはいよいよ困難になります。中には長期間、わが子の行先さえ知らされない家族もいます。

言葉も文化も習慣も異なり、しかも、それまでに面識もない信者同士を結びつけ、相手方男性の国で同居生活を始めさせるために、意思疎通がうまくできず、たちまち結婚生活が破綻するケースも少なくありません。そのような場合でも、経済的事情などから、日本の家族のもとへ帰ることもままならないことさえあります。「合同結婚」を経て、日本で日本人の信者と生活を始めた外国人信者が、ストレスのあまり、配偶者や配偶者の家族を殺害する事件も起きています。

このような実態を知るに至った家族は、夜も眠れない生活を続けているのです。

第五　私たちの被害経過と統一協会の加害行為

その典型例は後に述べる原告の陳述書や証言を読んでいただきたいと思います。

第六　統一協会の行為の違法性

私たちはこのような実態をふまえて、次の三つにしぼって統一協会の組織的な違法行為を訴えているのです。

一　詐欺的・脅迫的入教勧誘と教化による宗教選択の自由侵害の違法性

統一協会が行う入教勧誘と教化の方法は、一般の宗教団体とは著しく異なったものです。高度にプログラム化されたシステムを準備しています。しかも、そのプログラムの全容を隠し、統一協会の名称や創始者文鮮明の名前は勿論のこと、宗教団体の勧誘であること自体も全く隠したところから出発し、対象者の関心や統一原理の受容度を把握しながら統一原理を用いた脅迫を併用し、プログラムの各段階を進めていくというたいへん巧妙で悪質な方法です。

1　虚偽言動による初期の勧誘の違法性

統一協会は、その担当者（霊の親）に指示して、私たちを統一協会が組織し、高度にプログラム化した勧誘・教化システムの入口であるビデオセンターに誘いました。

その際、担当者（霊の親）は

①自分が宗教団体の信者であること、

②私たちを宗教団体の信者とするために勧誘していること、

③ビデオセンターが統一協会の信者勧誘目的で設置された施設であること、

④統一協会の教理が再臨のメシアとして文鮮明を信ずるものであること、

⑤教団名が統一協会であること、

を告げず、そのかわりに「青年サークルです。」「人生の目的について考えるところです」「姓名判断や運勢を学ぶところです」などとごまかして説明し、またビデオセンターの名称も「○○カルチャーセンター」などと表示し、故意に右①～⑤の事実を隠して、私たちに「正体」とは全く異なった認識をもたせてビデオセンターに行くように誘ったのです。

担当者（霊の親）は、私たちから「宗教じゃないんですか」と尋ねられても「違います、宗教じゃありません」と明確に否定して私たちをだましました。

このため、私たちは、重要な事実について錯誤してビデオセンターに連れていかれたのです。

①～⑤の事実は、私たちが統一協会の入教勧誘・教化の入口であるビデオセンターに行くか行かないかを判断するについて、当然に与えられるべき最小限の情報のはずです。まともな宗教団体の勧誘であれば、当然に知らされるべき事実です。

仮に①～⑤の事実のうち一つの事実でも告げられていれば、私たちはビデオセンターに行くことはなかったのです。

統一協会担当者（霊の親）による勧誘行為は、私たちから適切な判断力を奪い、嘘をついて勧誘したものです。

2　ビデオセンターでのビデオ受講・ツーデーズセミナー勧誘の違法性

ビデオセンターに行った私たちは、なお右①～⑤の事実を告げられないまま、ビデオの受講を続けること、そしてその後に続くツーデーズ（一泊二日の研修）に参加するよう勧誘されました。

その際、担当者（ビデオセンターのカウンセラー）は、

⑥ツーデーズの後にスリーデーズ（二泊三日の研修）又はライフトレーニング（二週間程度の泊り込みの研修）、フォーデーズ（四泊五日の研修）、新生トレーニング（一カ月の泊り込みの研修）、実践トレーニング（伝道や物品販売の研修）など緻密に準備された教化コースが続くこと、

⑦ツーデーズセミナーの内容、

⑧それが外界から遮断された環境で行われること、

などを一切教えないどころか、その都度「これで最後だから」などと嘘をつき続けました。

①～⑧の事実を告げないまま、担当者は更にビデオセンターに通いつづけることを約束させました。そして、ビデオの感想や個人の悩みなどを時間をかけて親切に聞き、私たちの心を惹きつけ、ここまで自分のことに関心を持ち親

切にしてくれる担当者（霊の親やカウンセラー）の期待に添わなければならないという気持ちにさせたのです。また、今後の生き方などについてより素晴らしい話が聞ける研修であると述べて、実際とは異なった認識を私たちにもたせてツーデーズに参加をさせました。

①〜⑧の事実は、私たちがツーデーズに参加するべきか否かを判断するについて当然に知らされなければならない重要な事実のはずです。

仮に、①〜⑧の事実、特に⑥のようにその後に緻密にプログラム化され準備されていることを私たちが告げられていれば、決して参加することはありませんでした。担当者は、私たちの適切な判断力を奪い、みせかけの親切心などによって私たちを誤導したのです。

しかも、統一協会の担当者は、この段階で私たちに対し、「姓名判断によると後家相が出ている」「このままいくとあまりよくない」「転換期です」「金縛りになるのは悪霊がついているからです」「真理を学ばないと不幸になる」と述べて不安感をあおりました。また、「時がある」「ここに押し出て来たのは自分の力ではなく、霊界にいる先祖の力があったからだ、それを無駄にしてはいけない」などと言ってツーデーズへの参加を強要したのです。

3　フォーデーズセミナー勧誘の違法性

①〜⑧の事実を告げられないままツーデーズセミナー、スリーデーズセミナー（又はライフトレーニング）に参加させられた私たちはライフトレーニングの終りになって「主の証し」つまり、それまでのビデオや研修で語られてきたものが統一協会の統一原理であり、これまでのセミナーの中で再三示唆された再臨主は文鮮明であることを、初めて告げられます。

そのうえで担当者は、私たちをフォーデーズセミナーへ参加することを勧誘しているのです。

しかし、その際にも

⑨フォーデーズセミナーの内容、

⑩フォーデーズセミナーの後に、実践トレーニングが予定されていること、

⑪その後に献身を迫られること、
⑫統一協会が霊感商法などの経済活動を行っていること、
⑬異性間の恋愛は勿論、恋愛感情を持つことすらアダム・エバ問題として厳しく禁じられること、
については知らされていません。
⑨〜⑬の事実は、私たちがフォーデーズセミナーに参加するべきか否かを判断するにあたって重要な事実のはずです。
統一協会は、これらの事実を告げないことにより、私たちの判断材料を奪っています。

また、統一協会の名称や文鮮明の名、それらについての悪評を知っていた原告に対しても、それはマスコミが作り上げたものであり、フォーデーズセミナーに進めば本当のことが分かると述べて、しつこく参加を勧めています。これは、社会的事実を歪め私たちをだます行為です。またフォーデーズセミナーの内容について事実とは違った認識を私たちに抱かせて、故意に誤解を与えています。

この段階では、それまでの研修等によって「主の証」を受けても私たちが動揺しないだけの下準備が十分になされており、だましの要素から次第に脅しの要素が強まっていくのです。

つまり、私たちは、フォーデーズ参加を勧誘されるについて担当者らから「参加しないと霊界で氏族に責められ続ける」「私達が失敗すると第三次世界大戦がおきる」「反対する側の本を読むと悪霊がつく」と言われており、それまでに教え込んだ統一原理内容を利用した脅迫的説得が行われています。

また、「霊の親の気持ちを考えなさい」と言われ、それまで親身になって精神的ケアーを続けてきた者を裏切ることが出来ないという心理的圧迫をかけられます。このような心理を利用して、フォーデーズ参加を迫っています。

このように、参加を勧誘する段階が進んでいくに連れて、当然に知らされるべき最小限の情報が隠され、脅しの要素が強まっていく中で、次第に後戻りが出来なくなり、私たちに対する次のコースへの参加勧誘と教化が行われたのです。

4　献身に至る詐欺・脅迫的勧誘の違法性

緻密にプログラム化された入教・教化コースに参加することによって、右①〜⑬等の事実はたくみに私たちに教えられ、少しずつ信じる内容が深くなり、私たちは統一協会の教理を信じるようになったのですが、そのうえで、担当者は私たちに献身することを求めていました。

この段階で、私たちは献身後の生活について神の摂理に従って行動するといった漠然としたイメージは与えられていますが、

⑭献身後は統一協会の「人事」と称する指示により、どこで、どのような仕事に従事するかを一方的に決められること、

⑮ホームで共同生活をし、食事、睡眠からあらゆる情報まで組織的に徹底して管理されること、

⑯親族・知人との交流は原則的に禁止されること、特に統一協会に反対の家族に対しては、家族や友人が面会にきても居留守等を使わせ、会わせないよう徹底した反対対策がほどこされること、

⑰霊感商法等の経済活動に従事させられ、ノルマが課せられること、

⑱その後に参加することになる合同結婚のあり方や、結婚後の信者の生活など、

について具体的に明らかにされることはありませんでした。

それに代えて、担当者は、私たちに対し統一原理上の献身の重要性を述べ、「知らずに罪を犯すよりも、知って犯す罪の方が重い」「統一原理を知って信じた者が献身しないことは重大な罪である」「氏族メシアとしての責任を放棄することになるから、霊界の先祖は勿論のこと親兄弟や子孫まで永遠に霊界で苦しみ続けることになる」と説いて、私たちを怖れさせて、これを拒否できない精神的状態に追い込んで献身させたのです。

統一原理を信じたとしても、親や友人から離れその後の生活の全てを統一協会の指示のままに行うことになる献身をするか否かの判断を求めるについては、献身後の生活や活動、霊感商法などの経済活動のノルマがあること、結婚などについてどのようになるかという事実を知らせることが当然に必要です。ところが担当者は、これらの重要な事実を隠したまま、統一原理を用いて私たちに強度の恐怖感を与えて親族に相談をすることもさせず、知らず知らずの

うちに生涯を左右する重大な選択を私たちに強要したのです。

統一協会による入教勧誘と教化過程を、当初の勧誘から献身勧誘まで四段階に分けて、各過程における勧誘がそれぞれ違法性を有することを述べました。これらの全過程を通じて霊の親などのスタッフは、私たちがどこまで統一原理を信じるようになっているか、迷いや問題点などをそれとなく聞き出して、詳しく上司の担当者に報告しています。こうして完全に心情把握したうえで私たちに対し次のステップに進ませる説得がされています。

全過程を通じて、私たちは「このことを人に話すのは良く理解できるようになってからにした方がよい。理解ができないうちに人に説明して、その人がつまずくと、結果としてその人を救いの道からはずしたことになる」などと言われ、泊り込みの研修が多くなっていくので次第に社会生活から遮断されていきました。

このような統一協会の私たちに対する詐欺的・脅迫的入教勧誘・教化行為は、この四段階の全体を通じてその目的、手段、結果において社会的相当性を著しく逸脱した極めて重大な違法行為です。

既に述べたように、統一協会の入教勧誘の「目的」は、大量の信者を獲得して、その信者に霊感商法を中心とした経済活動をさせ、これにより大量資金を集めるというものです。このことの違法性は社会問題化し、多数の判決でも違法性が明らかにされているところです。

また、詐欺・脅迫的入教勧誘と教化という「手段」は、勧誘の入口だけでなく、その後の教化過程でもとても緻密に組織化され、計画的に実行されています。教化過程の段階毎に、それぞれに必要最低限と考えられる判断材料を奪い、積極的に嘘の事実を告げ、また統一原理を用いて強度の恐怖感を抱かせて行われているのです。

更に、このような手口による入教勧誘と教化の「結果」は、憲法上最も優先すべき信教の自由として保障されている私たちの宗教選択の自由の侵害をもたらしました。その結果、献身から脱会まで私たちは数カ月、長い人は一〇年以上の長期間、精神的拘束や社会的活動について束縛され、私たちにとってかけがえのない青春の時期を奪われたのです。真に自由な意思に基づいて職業を選択し、結婚相手を選択して社会人として自立していく機会を侵害され、あわせて私たちの家族に本当に深刻な苦痛を生じさせるなど、重大な結果をもたらしました。

このように、統一協会による正体を隠した入教勧誘と教化行為は、その「目的」「手段」「結果」のいずれから見ても、社会的相当性をはるかに逸脱し、その許容範囲を著しく越えているので、強度の違法性を有するものです。

二　献金強要の違法性

統一協会は、私たちに、献身以前に多い人で数百万円、少ない人でも数十万円献金させています。

これは、統一協会が私たちに対する優越的地位を確立する過程において行わせたものです。それまでに密接な人間関係を形成していた霊の親による働きかけ、事前に韓国に対する日本の残虐行為を描いた「恨」という映画を見せるなど統一協会の周到な準備のうえで、「これを見て何も感じないのですか。」などと言って責め立て、それまでに働いて貯めた預金の全てを献金させたものです。

一般に統一協会は、献身直前に、それまで働いて貯めた預金などすべて献金させるのですが、ビデオセンターの段階においても、統一協会は受講者の心情や経済状態によっては緻密な計画をたてて、早期に献金をさせることも行っています。

保母や看護婦などの資格をもって、それまで働いてためてきたお金をねらって、計画的に献金させているのです。

優越的地位の濫用という考え方は、「はじめに」で述べたとおりモルコ・リール事件でカリフォルニア州最高裁判所によって採用されています。この裁判で統一協会担当者らの右のような行為は、まさに優越的地位の濫用に該当する違法行為です。

また、この献金をさせた統一協会の目的、手段、結果から見ても社会的相当性を欠如するものであって、違法です。

三　合同結婚参加強要の違法性

統一協会による合同結婚は、堕落した人間始祖の原罪を脱ぐ唯一の方法が再臨のメシア文鮮明による祝福を受けることで、これ以外にはないという統一原理に基づく儀式です。

信者のうち伝道や経済活動において、一定の実績をあげた者が祝福の対象者となり、数年に一度行われる合同結婚式に参加できると教えられてきました。そして結婚の相手方（相対者といいます）は、文鮮明の霊感によって決定されるとされています。その相手も合同結婚式が間近になって氏名、年齢、所属などが書き込まれた写真がわたされることで初めて参加者に知らされるのです。

対象となった信者は、統一協会に対し、事前に相対者がどのような人物かを知らされることなく、どのような人物であっても無条件に結婚の相手方となることを承諾させられます。その結果、指定された相対者が意に反する人物であったとしてもその指示に反することは統一原理に反することとなり、従う以外にありません。

このような結婚を統一原理による精神的圧迫に基づいて指示することは、個人の尊厳と結婚の自由を犯すもので違法です。

統一協会は、合同結婚式参加者に対し、その時々の統一協会の組織活動上の都合により婚姻届を提出させています。このような婚姻について平成八年四月二五日最高裁判決を含め、現在までに判明しているだけでも四三件の婚姻無効の判決・審判が確定しています。

このような公正証書原本不実記載罪に該当するような行為が、統一協会のように大量に組織的になされた前例はなく、統一協会による婚姻届出の指示は戸籍制度の根幹をもゆるがしかねない違法性を有するものです。

統一協会は、多数の判決・審判を十分に知りながら、その後も合同結婚を中止せず、かえって益々多数の信者を参加させ、入籍を指示し婚姻届を提出させ続けています。

一方的な統一協会の指示による婚姻届出の指示の反社会性は明白であり、違法です。

統一協会は、例えば貝塚君子さんと佐々研一君に対し、一九九二年八月の「三万双合同結婚」参加の指示をして参加させ、沢井みかさんに対し、一九九五年八月の「三六万双合同結婚」参加の指示をして参加させました。

貝塚君子さんに対して、統一協会は、本人が知らない間に相対者神田健二に婚姻届を提出するよう指示し、これを提出させたほか、祝福献金一四〇万円を支払うよう指示し、信者でもない友人から借金させて、このうち五三万円を支払わせています。

また、沢井みかさんに対して、統一協会は、最初は精神病者と、二度目は強度のアルコール中毒患者と知りつつこれを相対者として合同結婚参加の指示をしています。そのことを知って苦悩している沢井みかさんに対し、入籍手続を指示してこれを行わせたほか、祝福献金として一四〇万円を支払うよう指示し、ビル清掃のアルバイトをさせてこのうち八〇万円を支払わせています。

数年毎に「三万組」、「三六万組」など参加者の目標人数を設定して、ことさらに大量の参加者を求めたり、相手方を一方的に決めたり、合同結婚当日までは面会もさせないなど非人間的な方法を避けることは可能のはずです。ところが、前述したような方式を敢えて強行する統一協会のやり方は、優越的地位を濫用することによって私たちの個人の尊厳を犯すもので、「手段」として違法です。

合同結婚を行う統一協会の主な「目的」は、これに参加することが唯一の救いであると信じさせて経済活動等に血道をあげるようにしむけて尽力させ、それによって巨額の資金を獲得するところにあります。しかも、統一協会は、合同結婚参加者に一人当たり一四〇万円等の祝福献金を義務付けているのです。しかも、最近では統一協会は参加人数の目標をことさら多数に設定し、合同結婚自体が資金集めの目的で行われていると言えます。

合同結婚はその「結果」からみても意に反する相対者との結婚による苦悩を生じさせ、婚姻無効の裁判や、それすら困難で婚姻を解消ができないことによる多大な苦痛を発生させています。このため家族の深刻な苦痛をも大量に発生させています。

ですから、統一協会による合同結婚は、その目的、手段、結果のいずれからみても社会的相当性を著しく逸脱したものであり、違法です。

最後に

裁判所は、そして読者の方々は私たちの主張をどうお考えでしょうか。私たちの訴えは法的に、そして社会的に無理な主張でしょうか。私たちは、このような統一協会の勧誘や教え込みの手口、そして献金や合同結婚に参加させる組織的な活動を絶対に許すことができません。どうしても、このようなことを止めてもらいたいと思います。私たちが味わった苦しみを今後も多くの若者が味わうことを黙ってみすごしにはできません。しかし、今でも多くの若者が統一協会を信じ、文鮮明を真（まこと）のメシアだと信じ、あの苦しみを、地獄の苦しみから助かるための受けるしかない苦しみだと信じて、統一協会の指示とおりに活動しています。これを止めさせるためには、この裁判で正しい判決を下してもらうしかないのです。

原告　佐々研一君の場合――元信者の主張

佐々研一君は、一九六五年三月三一日、銀行員の父と主婦の母の長男として生れた。妹と二人兄弟。

佐々研一君は仙台市内の県立高等学校を卒業して、一浪した後、一九八四年四月、乙大学法学部政治経済学科に入学した。

佐々研一君は、大学四年生になり、マスコミ関係の会社への就職を希望していた。そろそろ就職活動をしようかと考えている一九八七年四月末頃、信者茂田正男らのしつこい勧誘のためにビデオセンターに誘い込まれ、通うことになった。

佐々研一君は、一九八七年五月一七日から、統一協会へ誘い込んで、統一原理を教え込むための施設であるビデオセンター「日暮里カルチャーフォーラム」（NCFと称していた）に通うこととなった。その後同年八月に「NSC」で行なわれたワンデーセミナー、同年一〇月には二週間のNSCでの泊まり込みライフトレーニング、同年一一月に越谷セミナーハウスで行なわれたフォーデーセミナー、その直後の同年一一月には一カ月間開成寮において泊まり込みで行なわれた新生トレーニングを経て、同年一二月から実践トレーニング（STB）、翌一九八八年一月から献身トレーニングに参加した。同年三月日本大学卒業後、一旦一九八八年四月にはコンピューター会社に入社した。

佐々研一君は、一九八八年四月から、新入社員として働くかたわら、統一協会東京ブロックの第六地区から分かれた第一六地区（足立教会）所属の信者として、同地区青年部に所属して、統一協会の組織活動に関わっていた。同年九月頃からは、統一協会以外の一般の会社に仕事をもった青年部所属の信者が一緒に住むためのホーム「カレブ館」に寝泊まりして、そこから会社に勤務しつつ夜間や休日等にはビデオセンターへの誘い込みなどの組織活動に従事させられた。

佐々研一君は、一九九〇年三月末、それまで二年間勤務した会社を退職して、統一協会に献身せざるをえなくなった。四月から献身者として、一日二四時間の全てが統一協会の組織活動のためのものとなった。

統一協会の「人事」により、佐々研一君が従事させられた統一協会の組織活動の担当は次のとおり。

一九九〇年四、五月　第八地区（台東教会）の支部伝道機動隊で前線。ビデオセンターCLUへの誘い込みとハンカチ売り。

同　年六月　統一協会の千葉修練所での二一日間の修練会。その間一週間長野県内でお茶売りの活動。

同　年七、八月　第八地区支部伝道機動隊で小隊長

同　年九月　同地区支部の研修隊（献身したばかりの信者の部門）の隊長

同　年一〇月　同地区支部の実践トレーニングの班長

同　年一一月から一九九一年七月までの間

同地区支部青年部の実践隊隊長。ただし、一九九一年四月から第八地区と第九地区が合体して「城北地区」（台東教会）と組織変更した。

一九九一年八月　城北地区の献身トレーニング班長

一九九一年九、一〇月　城北地区支部伝道機動隊の隊長

一九九一年一一月から一九九三年二月まで

城北地区のライフトレーニングの講師。ただし、一九九二年八月の合同結婚の頃から、一時組織が混乱して別の部門を一時担当させられたこともある

一九九三年三月から六月まで

同地区支部教育部のスタッフとして講師、班長、ビデオセンターの所長などを担当

一九九三年七月から一九九四年四月まで

前同様の担当をしつつ、組織の資金不足を補うため、昼間はアルバイトもさせられた。

一九九四年五月から、佐々研一君は、統一協会の「還故郷」という方針（献身者は、故郷に戻って、両親等を信者にして、協会組織の基盤をつくれというもの）に従って、両親と妹が住む仙台市に戻り、両親の下に暮らしつつ、アルバイトをしながら、

統一協会仙台教会所属の信者として活動するようになった。

佐々研一君は、一九九五年二月頃交通事故の被害者になってしまったことがきっかけで、同年四月、仙台教会青年部の部長代理として、自宅から通いつつ、連日統一協会の組織活動に従事させられるようになった。

一九九六年二月末から、佐々研一君は両親等と話し合いを開始し、ようやく同年四月末に脱会を決意して五月一日付文書で脱会届を統一協会に送付した。

現在佐々研一君はアルバイトをしながら、社会人として復帰する準備をしている。

統一協会の違法行為

一、統一協会は、その勧誘目的を隠して先祖の因縁や霊界の恐怖をあおりつつ、佐々研一君を統一協会に誘い込み、家族や勤務先との関係を断絶させ統一協会に「献身」させた。
信者茂田正男は、佐々研一君が通っていた丙大学のキャンパス内のテニスコートを使うテニスサークルで会った佐々研一君を、一九八七年四月、巣鴨の体育館で行なわれた信者らのバレーボール競技に誘って親しくなった。そして同年五月日暮里カルチャーフォーラム（ＮＣＦ）にしつこく誘って、通わせるように仕向けた。

ＮＣＦのスタッフの信者である菊田所長、土井清美、飯塚由樹、按田理恵子らは、佐々研一君に対して通うよう説得しつつ、霊界の恐怖をあおって、通って真理を学ばないと、現世で不幸になるばかりか、死後永遠につづく霊界の地獄で苦しみつづけると畏怖せしめた。そして、一九八七年八月に一泊二日のワンデートレーニング、同年一〇月にライフトレーニング、同年一一月フォーデートレーニングに参加させた。序々に統一協会の統一原理を教え込んだ。この間スタッフは、ここが統一協会の勧誘施設であることはもとより、宗教団体の施設であることもかくして、自己啓発センターであると偽った。

佐々研一君は、ワンデーに参加するまで、茂田やＮＣＦのスタッフが、統一協会の信者であって、佐々研一君を統一協会に勧誘しようとしていることに全く気付かなかった。単なる自己啓発セミナーと考えており、宗教団体の組織活動の一環であることさえ知らなかった。

ＮＣＦのスタッフ信者は、ことさら佐々研一君の夢の話や金しばりにあった体験などを聞き出して、「あなたは悪霊に憑かれやすい」とか「霊人体がある」などと霊界の存在を強調し、今ここで真理を学んで正しい道を歩まないと霊界で永遠に苦しむことになると述べたてて佐々研一君を畏怖せしめた。

佐々研一君は、一九八七年八月に参加したワンデーセミナーで初めて、これまで教え込まれてきたことが統一協会と称する宗教団体の統一原理であって、神が地上につかわしたメシアが文鮮明であることを聞かされた。しかし、その時点でもこの組織に入信すると当然のように他の職を捨てて献身することになり、ただ働きをさせられ、ひいてはメシアが選んだ異性と結婚することになるとは全く知らなかった。

佐々研一君は、ライフトレーニングやフォーデートレーニング、その後の新生トレーニング、実践トレーニング（ＳＴＢ）と深入りするにつれて、神が地上につかわした真（まこと）のメシアである文鮮明の指示に従って、「伝道」や資金集め活動の責任を果たさない限り、佐々研一君自身はもとより、その親族らまで霊界の地獄で永遠に責められつづけることになると思い込まされるようになった。その恐怖から逃れるため、幹部の指示に従ってホームに住み込み、二年間一般の企業に勤務したものの、その給与の全てを献金しつつ組織活動に従事させられた。

しかし、この時点でも佐々研一君は統一協会信者は必ず霊感商法の手口による資金集めをしなければならないことは全く知らされていなかった。伝道のノルマがあって、統一協会の組織活動以外何もできない生活を強いられることになるとも知らされていなかった。

佐々研一君は、一九九〇年三月、両親が反対することを認識しつつ会社を辞めて「献身」することを余儀なくさせられた。

二、佐々研一君は、一九九〇年四月から一九九四年四月までの四年一カ月間にわたって、統一協会傘下の東東京ブロック第八地区や城北地区での収益事業を目的とする活動に従事させられた。その後も一九九六年五月一日に脱会するまでの合計六年一カ月間統一協会の組織活動に従事させられた。

佐々研一君は、統一協会幹部の指示に従って、一九九〇年四月から一九九四年四月までの四年一カ月間にわたって若者を佐々研一君がやられたシステム通りに信者として誘い込み、献身させていくにあたって、ビデオセンターの入会金を支払わせ、対象者の財産状態を調べて印鑑、人参濃縮液等を売りつけ、更に献金させて、統一協会の活動資金や文鮮明への献金資金を捻出するための活動に、講師やビデオセンターの所長の立場で従事した。

佐々研一君が一九九〇年四月から一九九一年一〇月までの間担当した伝道機動隊などの立場は、ビデオセンターに若者を誘い込み、ビデオセンターに通うことを説得するための活動をしつつ、勧誘された若者にビデオセンター入会金名下に金員を支払わせ、更に印鑑等を売りつけて資金を捻出する活動に専念する部門である。

一九九一年一一月以降担当させられた青年支部の教育部での講師やビデオセンターの所長の立場は、青年が、ツーデー、フォーデー等の合宿教育を経て、泊まり込みのトレーニングに参加し、献身するにあたって、次のステップに深入りするよう教え込みつつ、ビデオセンターへの入会金、物品売買代金、献金等の名目で資金を集め、統一協会の資金を確実に獲得するための収益目的の業務だった。

佐々研一君は、若者をビデオセンターに誘い込み、受講者に次のステップに進むように説得し、献身者にさせていく活動の過程で、可能な限り最大限これらの若者から資金を得ることが信者としての責任であり、使命であると教え込まれていた。このため、四年一カ月もの間にわたってこのような業務に無償で従事させられた。

佐々研一君は、マニュアル化された方法でビデオセンター入会金を支払わせ、更に泊り込みでトレーニングを受けて入信させ、入信して間もない信者らに対し、その過程で財産状態や家族関係、家系図などを聞き出して、ウイークポイントをつかみ、その弱点や悩みを指摘して、統一協会に献金等の資金を提供させる活動に専念した。

佐々研一君は、このような業務に従事している間にも、別途統一協会の資金を捻出するため、福祉施設のボランティアと偽ってハンカチ等を売る活動もした。

献身者として生活した四年一カ月の間、終始統一協会信者が共同生活をするホームに住まわせられた。統一協会の統一原理解説書、刊行物、ビデオ以外に触れることはなく、それ以外のものに触れることは罪であると教え込まれ、少しでも疑いをさしはさむことのないよう管理された状態で活動に従事した。

この四年一カ月の間、朝八時から夜一〇時過ぎまで、一カ月のうち一日の休み以外は全く休むことなく連日この業務に従事した。この間信者らが共同生活を営むホームに寝泊まりして、つつましい三食を与えられる外一カ月一万円程度のこづかいを経理担当信者から交付されるだけだった。

三、佐々研一君は、一九九二年八月二五日、ソウルで行なわれた統一協会の合同結婚式に参加させられ、文鮮明が指名したという市川澄子との結婚を指示された。この相手方を「相対者」という。

佐々研一君は、相対者と結婚しないことは「サタン以上のサタンになる重い罪を犯すことになる」と教え込まれていたので、この相対者と結婚を前提に交流し、将来結婚しなければならないと思いつつも、どうしても好きになれなかった。この市川との交際や将来のことを考えたとき、絶望的な気持ちにならざるをえなかった。

佐々研一君はこのような精神的苦痛のため、一九九六年四月末に脱会を決意するまでの間、一貫して苦しみつづけた。

原告　貝塚君子さんの場合——元信者の主張

原告のひとり貝塚君子さんが統一協会に入って脱会するまでの経過はどうだったか。彼女も他の多くの信者とほぼ同様の経過をたどって献身し、合同結婚式にも出席した。

一九六一年九月佐賀県で三人姉妹の三女として生まれた。県立高等学校、福岡のビジネス専門学校（一年間）を卒業後、東京に出て三年間会社勤めをして後、アルバイトをしながら高等保育学院（三年間）に通い保母資格を取得。八八年四月から区立特別養護老人ホームに勤務したが、介護職としての責任や上司との関係に疲れて、九一年三月退職した。

九一年五月から、今後の生活方針について迷いつつ、アルバイトをしていたところ、同年六月、統一協会に誘い込まれた。

九一年六月一三日、貝塚君子さんは、職場の同僚であった杉田よしえに誘われて、ビデオセンター（大田区蒲田の新生ビル三階）に連れて行かれ、そこに通うことを承諾させられた。

以後、毎日、同ビデオセンターに通って、スタッフ役の信者の講義を受けたり、ビデオを見せられたりするかたわら、統一協会の宮崎台研修センターで開催された「ツーデーズセミナー」（同年六月一五～一六日）、「スリーデーズセミナー」（同年六月二一日～二三日）に参加させられ、更にその後も、統一協会のホーム（ビデオセンターと同じ新生ビルの六階）での「新生トレーニング」（同年七月）、宮崎台研修センターでの「フォーデーズセミナー」（同年八月一日～四日）、統一協会のホーム（蒲田）での「実践トレーニング」（同年八月）に参加させられた。九一年九月にはアパートを引き払って蒲田にある統一協会のホームに居住することとなり、仕事もやめた。

六月二七日、それまで働いて蓄えていた貯金一〇〇万円を統一協会に献金した。

このような研修等を経て、貝塚君子さんは、統一協会に「献身」するしかないと思うようになり、九一年一〇月、統一協会の大田教会に所属する献身者となった。以後、貝塚君子さんは一日二四時間、生活の全てを統一協会に捧げることになった。

献身後、貝塚君子さんは統一協会の人事により次のような活動に従事させられた。

九一年一〇、一一月　「伝道機動隊」に配属され、街頭アンケートによる統一協会への入教勧誘に従事。

同年一二月～九二年二月　蒲田のホームの「食当」

九二年三月　神奈川県で万物復帰（珍味売り）の活動に従事。

九二年四月～九月　「マイクロ隊」に配属され、六カ月間、関東、東海、北陸地方を回る。

同年一一月～九三年六月　統一協会大田教会の婦人伝道のための「特別機動隊」に配属され、個別訪問をした上で婦人に運勢鑑定のチケットを販売する活動に八カ月間従事。

九三年九月～一二月　蒲田のビデオセンターのカウンセラーとして、入教勧誘活動に従事。

九四年一月　統一協会の「還故郷」の指示（献身者は故郷に戻って、両親や親族を信者にして、協会組織の基盤をつくれというもの）に従い、佐賀の実家に戻ったが、脱会を望む両親との間で口論となる。

九四年二月、統一協会の人事により「一六〇〇名世界宣教」（一六〇〇名の信者を海外宣教に派遣するという統一協会の方針）のメンバーとなることを命ぜられ、その為に韓国済州島での「修練会」に参加し、その後約八カ月間、海外宣教の為の資金作りの活動に従事させられた。

具体的には、「しんぜん会」の活動（障害者の施設に車椅子を贈る等と称して、ハンカチを二、〇〇〇円で売るなどの詐欺的募金活動）に約二カ月間、ビルの清掃の仕事に約二カ月間、統一協会の本部教会内の世界宣教本部の事務の仕事に約一カ月間、家政婦紹介所からの派遣の仕事（ベビーシッターと老人介護）に約三カ月間、国際勝共連合（大阪）の仕事に約一週間従事した。

九四年三月、貝塚君子さんはウガンダでの宣教を指示されたが、この指示は後に撤回され、同年七月中央アフリカ共和国での宣教を指示され、同年一一月に出発した。現地では世界平和女性連合の名称で六人の信者メンバーが一組となって公園の清掃、病院等の施設の訪問などの活動に五カ月間従事した。

九五年四月、中央アフリカ共和国より帰国。六人のメンバーのうち貝塚君子さんを含む祝福＝合同結婚式参加＝予定の三人が帰国し、祝福終了後資金を作って再び同国に赴任する予定だった。

帰国後、海外宣教メンバー三人でアパートを借り、祝福献金の準備のためのアルバイトを指示され、ビルの清掃の仕事に従事した。

貝塚君子さんは、九五年八月に開催される国際合同結婚式に参加するよう統一協会の幹部より指示され、九四年五月には、貝塚君子さんの「相対者」（結婚相手）として統一協会岡崎教会所属の信者である松田和男が指名されていた。これは文鮮明の指名と言われている。

ところが九五年八月中旬、相対者が所属する岡崎教会から「相対者松田の様子がおかしく病院で精神病と診断された」との連絡があった。貝塚君子さんが相談した大田教会の平田連隊長と岡崎教会幹部の間で「なぜ前もって言わなかったのか」等のやりとりがあったが、結局渡韓直前になって、右の指名は撤回され、今度は別の相対者として韓国籍の朴榮光が指名された。

九五年八月二三日、貝塚君子さんは渡韓して三六万組合同結婚式に参加し、同年八月二八日に帰国した後宣教国への送金のためのアルバイトを指示され、ビルの清掃及び家政婦紹介所からの派遣の仕事に五カ月間従事した。九六年二月海外宣教メンバーから外され、千葉教会所属となり、祝福献金及び渡韓資金準備のためのアルバイトを指示された。

同年五月、貝塚君子さんは千葉教会の幹部を通じて、相対者朴榮光が重度のアルコール中毒患者であることを知らされた。貝塚君子さんは精神的に苦悩したが、幹部の指示に従い、同年六月渡韓修練会に参加し、祝福感謝献金完納のためのアルバイトに従事せざるを得なかった。この頃貝塚君子さんはこの苦悩のために一二指腸潰瘍、胃潰瘍を発病した。

貝塚君子さんは九五年七月から九五年一二月までの間に祝福感謝献金として金四〇万円づつ二回、計金八〇万円を統一協会千葉教会の会計担当の信者に支払った。

同年一二月三日、貝塚君子さんは精神的混乱の中で統一協会幹部の指示に従い、相対者との婚姻届を提出した。九七年一月、渡韓前の両親に対するあいさつと胃潰瘍等の治療のため佐賀に帰り、家族との話し合いの中で統一協会を脱会することを決意するに至り、同年六月脱会した。

統一協会の違法行為

一、統一協会は、勧誘目的を故意に隠し、かつ貝塚君子さんの不安感をあおった上で貝塚君子さんを統一協会に誘い込み、統一原理を信じ込ませた上で家族や社会との関係を断絶させた上、「献身」させた。

霊の親杉田よしえは、貝塚君子さんが、今後の生き方について悩んでいることを知り、これにつけ込み、「人生について勉強する所があるので行ってみない」と統一協会の伝道施設である蒲田のビデオセンターに誘った。その際、貝塚君子さんが「宗教じゃないの」と尋ねると、「いいえ、全く違います。青年のサークルのような所で勉強をする所」と宗教団体の勧誘行為であることを明確に否定した上で、ビデオセンターへ連れていった。当時の貝塚君子さんは、九州から上京して東京で数年間生活する中で、いろんな品物を売りつけられそうになったり、宗教に勧誘されたりする体験をしていたことから、宗教に対しては警戒心を持っていた。宗教団体の勧誘だとわかっていれば、貝塚君子さんがついて行くことはなかった。貝塚君子さんは親切そうな杉田の態度と嘘を信用してしまった。

ビデオセンターでは、今泉らスタッフ役の信者が、貝塚君子さんの興味関心の対象や経歴、財産状態などを訊き出す目的でアンケートに答えさせた。アンケートの中で「何に興味や関心があるか」との問に対して「占い、仕事、自分の将来」と答えたところ、次に、貝塚君子さんに対して「姓名判断」を行なった。「姓名判断」をした信者は、「(姓名判断によれば)後家相が出ている。このままいくとあまりよくない」「転換期です」等と述べて、貝塚君子さんの不安感をあおった上で、〝生き方を変える〟とか〝人生の可能性をさぐる〟ために、ビデオセンターに通い勉強するように勧誘した。

当時の貝塚君子さんは、〝このまま東京で暮らすべきかどうか〟〝仕事や結婚をどうするか〟について悩んでいた。ビデオセンターのスタッフは霊の親である杉田を通じてその事実を知っていた。そこで、姓名判断を利用して、貝塚君子さんの悩みに適合するような勧誘トークを行ない、不安感をあおった貝塚君子さんがその不安感を解消するために、ビデオセンターに通うしかないと思うように仕向け、説得した。

その結果、貝塚君子さんは、〝自分の悩みについて解決のヒントが見つかるかもしれない〟と考え、また、自分に対してこんなにも親切にしてくれる杉田やビデオセンターのスタッフを信用してもいいと思うようになった。執拗な勧誘（熱心な勧め）を断ることができず、ビデオセンターへの入会と「ツーデーズセミナー」への参加を承諾させられた。その際杉田や今泉らビデオセンターのスタッフは、「ツーデーズセミナー」の後に、「スリーデーズセミナー」「新生トレーニング」「フォーデーズセミナー」「実践トレーニング」などの統一協会の教化コースが予定されており、貝塚君子さんをそれらにも勧誘する予定であるにもかかわらず、そのことは隠していた。貝塚君子さんも、杉田や今泉らビデオセンターのスタッフが統一協会の信者であって、自分を統一協会に勧誘しようとしていることに全く気付かず単に「人生について勉強をするサークルのような所」に通うのだと思っていた。

ビデオセンターで担当カウンセラーとなった今泉は、貝塚君子さんに対して、「（ビデオセンターで勉強していることは）他の人に話してもわからないだろうから、全部勉強してから自分で判断して話した方がいいよ」と述べた。ビデオセンターに通っている事実やそこでの勉強の中身について、当面の間、家族や友人に話さないように、親切なアドバイスを装って仕向けた。もし、貝塚君子さんが、早い時期に家族や友人に事実を話せば、統一協会の正体を隠した勧誘いう統一協会の信者らの目的の障害となりかねないからだ。

貝塚君子さんが初期のころにビデオセンターで見せられたビデオの内容は、戦争や飢餓、犯罪など人間の矛盾や悪い所を指摘するような内容や、神や霊界の存在をほのめかすような内容だった。

杉田は、貝塚君子さんがビデオセンターに来て、ビデオを見たり、講義を受けたりし終わるのを毎日待っていて、帰る際に、「帰ってから読んで」と言って毎日手紙を渡した。その手紙には、例えば、神の存在をほのめかすような内容のビデオを見た日には、「あなたが悲しい時、その姿を見ておられる神様はもっと辛いことを知って下さい。」などと、ビデオセンターで教え込んだ内容を再度確認させるような内容がいつも記載されていた。「どんな事でも自分の内に秘めずに言ってね」と貝塚君子さんの心をつかみ励ます言葉がいつも書かれていた。このような杉田の行為によって、貝塚君子さんは、〝ここまで自分のことを考え、一所懸命になってくれる人の期待に答えなければ〟という気持ちにさせられ、次の過程にも進むことを約束させられる大きな動機となった。

杉田は毎日貝塚君子さんに接触し、手紙を渡し続けていたが、統一協会のことや伝道の意図は決して明かさなかった。統一協会の中では、新規の信者対象者を最初に勧誘した信者は、「霊の親」と呼ばれ、自分が伝道のきっかけをつくった信者対象者である「霊の子」に対して、「霊の子」が一人前の信者に成長するように援助し働きかける責任があるとされている。杉田は「霊の親」の立場で、貝塚君子さんに対して、懸命に間断のないケアをしていたのだ。しかし、そのような事情を貝塚君子さんには知られないようにしていた。

貝塚君子さんは、「ツーデーズセミナー」、その後のビデオセンターでの講義、「スリーデーズセミナー」と統一協会の信者らの意図や正体を知らされないままに深入りするうちに、統一協会の教理である「創造原理」や「堕落論」、再臨のメシアがすでにこの地上に遣わされていることなどを教え込まれていった。しかし、統一協会の手口が巧みだったために、自分が特定の宗教団体に勧誘されているとは気付かなかった。

「スリーデーズセミナー」の最終日の最後に、〝再臨のメシアは文鮮明であること〟や統一協会のことを知らされたが、この時には、貝塚君子さんは、既に統一原理を信じ込まされていた。

「スリーデーズセミナー」の翌日のビデオセンターでの講義の中で、貝塚君子さんは、「人類の堕落の原因はエバが神様に報告、連絡、相談をしなかったことにある」と教え込まれた。以後、毎日あらゆることについて、アベル（統一協会の中で自らが指示を仰ぐべき立場にいる信者。当時はビデオセンターの担当カウンセラー）に報告、連絡、相談（「報連相＝ホウレンソウ」という）するよう指示され、実行させられた。この「報連相」によって、日々、統一協会の信者らによって心理状態や信仰の状態、悩み等を完全に把握されることとなり、貝塚君子さんの信仰の状況に応じて、統一原理を教え込まれ続ける結果となった。

貝塚君子さんは、この時期以後も、継続して、統一原理の教え込みを続けられた。とりわけ、「スリーデーズセミナー」以降は、霊界が存在することが強調された。〝いったん原理に出会い、これを知った者が、原理を捨てることは、原理を知らない者以上に罪深いことであり、その者は霊界の地獄において、永遠に責め続けられる〟との考え方を植え込まれ続けた。このため、貝塚君子さんはその恐怖に縛られ続けることとなり、信教の自由の一内容である棄教の自由まで侵害されることになった。

貝塚君子さんは、アベルの指示により、九一年九月仕事を辞め、同年一〇月には、統一協会に献身することを余儀なくされた。

しかし、この段階においても、統一協会の信者（とりわけ献身者）は皆、統一原理の実践として霊感商法の手口による経済活動に従事させられることや、ほとんど生活費を支給されないまま毎日長時間統一協会が指示する違法行為も含む様々な活動に従事しなければならないこと、更に、合同結婚や結婚後の信者の生活の内容について何も知らされていなかった。

二、統一協会は、九一年六月二七日、貝塚君子さんに金一〇〇万円の献金をさせた。

貝塚君子さんは、統一協会のビデオセンターに通いはじめて一〇数日後の同年六月二五日頃、ビデオセンターのスタッフから、ビデオの映画「ゴースト」を見せられた。このビデオによって、霊界の存在を強く意識させられた。また、この時以前にも、他のビデオや講義で、霊界の存在を教え込まれていた。更に、映画「ゴースト」には、主人公が貧しい人々のために多額の献金をする場面があり、その場面も貝塚君子さんの印象に残った。

翌六月二六日頃、戦前の日本が朝鮮（韓国）を植民地にし、朝鮮の人々に苛酷な虐待を加え続けた事実を内容とする「恨」というビデオを見せられた。

このようなビデオを見せた後、ビデオセンターのスタッフである今泉らは、「これを見て、あなたは何も感じないのですか」「（隠しても）霊界では全てが見えている」等と告げて、罪を償うために、献金をするように迫った。

貝塚君子さんは、それまでの講義の中でも、罪の意識を強く植えつけられており、更に「恨」のビデオを見せられて強い衝撃を受けていた。祖母が晩年、痴呆が進行する中で、うわ言のように「君子が朝鮮人に連れていかれる」と言っていたことを思い出した。当時はなぜそんなことを言うのか疑問に思っていたが、ビデオを見て、祖母達の世代の日本人はこんなことをしていたからあんなことを言っていたんだと思うようになり、衝撃と罪の意識を一層強められた。その結果、貝塚君子さんは償いのための献金の要求を拒否できない心理状態となり、一〇〇万円を献金することを約束させられた。

今泉らは、貝塚君子さんの経歴や杉田からの事前の情報によって、貝塚君子さんが一〇〇万円程度の貯金を持っていることを把握していた。どのような手口を用いれば、貝塚君子さんが献金を拒否できない心理状態に陥るかを予め検討し、計画した上で、右のような手段を用いたものであり、そのやり方は違法なものだ。

三、貝塚君子さんは、統一協会の信者らの指示により、九一年一〇月から、九六年一二月までの間、様々の違法な活動や苛酷な労働に従事させられた。毎日早朝から深夜に至るまで活動し、一カ月に一日の休日（調整日と呼ぶ）以外には休みの日もなかった。

従事させられた活動の中には、物品販売などの収益活動も含まれているが、販売代金等は全て会計担当の信者に渡しており、その間、一カ月に生活費として数千円程度を支給されるだけだった。当時、統一協会においては、献身者に対して、一カ月に一万五〇〇〇円を生活費として支給することにしていたが、貝塚君子さんが所属していた大田教会では「経済状態が厳しい」との理由で、献身直後の数カ月以外は月額三〇〇〇円から五〇〇〇円位の金額しか支給されなかった。

貝塚君子さんが従事させられた主要な活動は次のとおり。

「伝道機動隊」は、ビデオセンターにうそをついて青年を誘い込み、ビデオセンターに通うように仕向け、説得する活動を専門的に行なう。

ビデオセンターのカウンセラーは、ビデオセンターに誘い込まれた青年を、ビデオセンターに通うよう説得すると共に、勧誘目的を隠しながら統一原理を教え込む。

三カ月間従事させられたホームの「食当」は、ホームで共同生活をする多数の信者のために、朝から晩まで食事の世話をする。

六カ月間従事させられた「マイクロ隊」は、マイクロバスに一班七人の信者が寝泊りしながら、早朝から深夜まで、個人の住宅や会社、飲食店などを回って、「珍味」のおつまみ類を売り歩く過酷な労働。統一協会の活動資金を捻出するための活動でだが、統一協会であることは決して明かさない。尋ねられていても否定する。こんな徹底した指示が行なわれていた。

「しんぜん会」の活動は、統一協会の資金集めのための活動であるのに、福祉のボランティアと偽ってハンカチなどを販売する詐欺的募金活動だ。

婦人伝道のための「特別機動隊」は、勧誘目的を隠して個人の住宅を個別訪問し、「手相の勉強や姓名判断の勉強中です。無料で見させていただけませんか」などと婦人に接近する。悩み等を訊き出した上で、「運勢鑑定の偉い先生がいるんですが、見てもらいませんか」と勧誘する。興味を示した婦人には、鑑定チケットを販売した上で「偉い先生」に見てもらう予約を入れさせる。「偉い先生」は家系図に基づいてその婦人の先祖の因縁や悩み、不安感をあおり、婦人用の伝道施設であるビデオセンターに誘い込んで信者にしたり、献金や物品販売の対象者にしていく。

祝福献金の準備のためとか、担当の宣教国へ送金するために、長期間ビルの清掃等のアルバイトに従事させられた。これは、その収入の大半を統一協会が吸い上げることを目的として、アベルの指示により従事させられた。

統一協会の指示により「世界宣教」メンバーの一員として約半年間、中央アフリカ共和国に派遣された。言葉も通じない異文化の国に、何の準備もないままに送られたもので、その実態は苦役を強いられたと言うほかない。

献身後、五年三カ月間にわたって右のような活動に従事させられたが、その全ての期間、統一協会の信者が共同生活するホームに居住させられた。情報についても統一協会の刊行物等以外の一般のマスコミの情報については、触れること自体が罪であるとして禁止され、また、あらゆる行動について、アベルの指示と許可を要するものとされ、生活の全てを管理され続けた。

四、貝塚君子さんは、九五年八月二五日、ソウルで行なわれた統一協会の合同結婚式に参加させられ、文鮮明が指名したという主体者との結婚を指示された。

貝塚君子さんは、合同結婚式に参加し、再臨のメシアである文鮮明の祝福を受ける以外には、自己の原罪を拭い、救われる方法はないと教え込まれていたことから、統一協会の指示に従った。

統一協会は、合同結婚については、「メシアである文鮮明が地球上で最もふさわしい相対者を指名してくれる。メシアが選んだ相手とは霊界においても永遠の夫婦であり続ける」と教えている。ところが、当初貝塚君子さんが指名された相手が精神病であることが判明したことから、合同結婚式の直前に急拠別の主体者が指名された。

ところで、この朴榮光は韓国の信者だが、九二年八月に開催された三万組の合同結婚式にも参加の申込をしている。この時にはアルコール中毒であることを理由に参加を拒否されている。その際、アルコール中毒患者である事実だけでなく、朴榮光が酒を飲んで路上に寝たり、酒を買う金を借りるために知人の信者宅を深夜に訪ねて回ったりしていた事実が既に報告されている。

ところが、朴榮光をどうしても結婚させたいと考えた親族が九五年八月の合同結婚式を前にして、統一協会に多額の献金をした結果、合同結婚式に参加できることになり、貝塚君子さんの相対者に指名されたのだ。このように、統一協会は、献金欲しさに、アルコール中毒患者である朴榮光を貝塚君子さんに押しつけた。そこでは貝塚君子さんの個人としての尊厳や幸福は全く考慮されていない。

メシアが指名した相手を受け入れないことは最も罪深い行為であり、地獄に落ちると教え込まれている。このような統一原理を完全に植え込まれていた貝塚君子さんは、事実を知らされて、混乱し、悩み、胃から出血するまでの病状に陥った。

貝塚君子さんは、九六年一二月三日、地獄の恐怖に抗いきれず、アベルの指示に従い、朴榮光との婚姻届けを提出したが、悩みと混乱はますます深まり、胃潰瘍も一層重傷となった。

原告　沢井みかさんの場合――元信者の主張

沢井みかさんは、一九六三年一一月に静岡県で、二人兄弟の妹として生まれ、静岡県立高校を卒業後、甲大学経済学部に入学した。

一九八四年一一月二八日頃、沢井みかさんは甲大学三年生の秋に、四谷の駅前で、当時東京外大二回生であった斉藤百合にアンケートを取られた。当時斎藤は、統一協会の東京ブロック第八地区に所属していた。二～三日後に水道橋にある千代田アカデミックライブラリー（ＣＡＬ）を訪ねる約束をさせられた。ビデオセンターでは「序論」と称するビデオを見せられてビデオセンターに通うことになった。

一九八四年一二月二九日から三〇日、越谷セミナーハウスで、ツーデイズセミナーに参加した。講師は瀬谷講師（当時第八地区の教育部長・一八〇〇双）だった。一九八五年一月中旬、巣鴨教育センターで一四日間のライフトレーニングを受けた。最終回に、この内容は統一原理であり、メシアは文鮮明でここは統一協会だと初めて証された。

一九八五年一月二〇日頃、宮崎台修練所での、フォーデイズセミナーに参加させられた。講師は吉川講師（後に東東京ブロックの教区長・六〇〇〇双）だった。

一九八五年二月頃、巣鴨のマンションの一室で一カ月間の新生トレーニングを受けた（講師は瀬谷講師）。沢井みかさんは、新生トレーニングの中頃、実践と称して、珍味売りと路傍伝道をさせられた。

こうして沢井みかさんは、一九八五年三月以降、統一協会の学生部に所属し、全ての生活が統一協会一色となった。統一協会の人事により、沢井みかさんが従事させられた組織活動の担当は次のとおり。

一九八五年三月以降、統一協会東東京ブロックの東京第八支部の学生部に所属し、学生部のホームに住んだ。巣鴨のアントンビル二Fに礼拝堂があり、そこが活動の拠点だった。

遠藤学生部長のもと、アンケートによる伝道、印鑑、霊石販売に従事した。

一九八五年一〇月以降、教育部のライフトレーニングや新生のトレーニングの班長をさせられた。アベルは梅田講師。

一九八六年四月、大学を卒業と同時に献身。教育部班長をそのまま継続。

一九八七年二月から四月までは、伝道機動隊で街頭伝道、経済活動に従事。

一九八七年五月〜七月までは実践トレーニングの班長。

六月には宝塚修練所において、二一日修練会を受けた。講師は井田講師。

一九八七年八月から一九八九年三月までは御徒町にあるクリエイティブ・ライブラリー・ウエノ（CLU）というビデオセンターのカウンセラーや補佐をさせられた。アベルは久保次長（六〇〇〇双）、後に石井支部長（六五〇〇双）。

一九八九年四月には教育部（NLC：西日暮里）班長。一九八九年五月から七月までは実践トレーニング補佐（北千住）。一九八九年八月から一〇月までは、献身トレーニング隊長（西日暮里の開成寮にて）。一九八九年一一月から一九九〇年一二月までは献身トレーニング補佐（西日暮里の開成寮にて）。当時のアベルは工藤団長から後に田辺団長。

一九九一年一月から二月までは青年部補佐（西日暮里のカレブ館にて）。

一九九一年四月から六月までは、田中益男支部長のもと、献身トレーニング補佐（上十条にある飛翔館というホームにて）。

一九九一年七月から九月までは、教育部ライフトレーニング班長（赤羽、ウエストマンション）。

一九九一年一〇月から一九九三年二月までは、実践トレーニング補佐（飛翔館にて）。

一九九二年八月二五日、合同結婚式へ参加。

一九九三年三月から、教育部補佐（太田ビル：赤羽にて）。

一九九四年一月に、済州島修練会での世界宣教の人事でラオスに行く指示を出された。同年二月から六月まで「世界宣教のためにお金をためろ」という指示でアルバイト生活をした後、一九九四年六月から一九九五年七月までタイのバンコク及びラオスへ派遣された。

一九九六年二月、沢井みかさんは統一協会を脱会すると決意したが、調査したところ、一九九五年七月二二日付で神田健二と入籍している事が判明した。

現在沢井みかさんは、食品関係の会社の正社員として生活しているが、統一協会時代の一一年間の経歴の空白を職場の同僚に気づかれないようにするため毎日精神的なプレッシャーを感じ続けている。

統一協会の違法行為

一、統一協会は、勧誘目的を隠して沢井みかさんを統一協会に誘い込み、統一原理を信じ込ませた上で家族や社会との関係を断絶させて「献身」させた。

霊の親の斉藤は、「青年の意識調査アンケートをお願いします」などと統一協会の伝道活動であることを隠して近づき、本人の興味や関心の対象、経歴、財産状態などを聞き出す目的でアンケートに答えさせた。沢井みかさんがアンケートに住所や名前を書くや、執拗にビデオセンターに誘った。

当時の沢井みかさんは、学内で統一協会の伝道に注意するようにと言われていたので、統一協会に対しては警戒心を持っていた。そもそも宗教団体の勧誘であるとわかっていれば、ビデオセンターに行くことはなかった。親切そうな斉藤の態度を信用してビデオセンターに行くことを承諾させられた。

ビデオセンターでは、まず、沢井みかさんの興味関心の対象や経歴、財産状態などを聞き出す目的でアンケートに答えさせた。神野というスタッフ役の信者が、ビデオセンターは統一協会の伝道のための施設であるにもかかわらず、隠した上で、沢井みかさんに対して「目覚めの季」「総序」というビデオを見せ、「世界情勢や人生の目的がわかる」などと、ビデオセンターに通って勉強するようしつこく誘った。

沢井みかさんは、「自分の成長につながるかもしれない」と誤信し、また、自分に対してこんなにも親切にしてくれる神野やビデオセンターのスタッフを信用してもいいと考えた。熱心な勧めを断ることができず、ビデオセンターへの入会と「ツーデイズセミナー」への参加を承諾させられた。

沢井みかさんは、斎藤や神野らが統一協会の信者であって、自分を統一協会に勧誘しようとしていることに全く気付かなかった。単に「人生について勉強をするサークルのような所」に通うものと考えていた。ビデオセンターでの沢井みかさんの担当カウンセラーとなった菊地は、沢井みかさんが「宗教ではないですよね」と言えば「そうです」と答え、逆に「どうしてそう思うのですか」と問われた。沢井みかさんが「原理という恐ろしい団体があるのを知っていますか？　ここは違いますね」と尋ねても「もちろんです」と言われた。

菊地は沢井みかさんに対して、「ビデオセンターで勉強していることは他の人に話してもわからないだろうから、全部勉強してから自分で判断して話した方がいいよ」と述べた。沢井みかさんがビデオセンターに通っていることやそこでの勉強の中身について、当面の間、家族や友人に話さないように、親切なアドバイスを装って巧みに口止めしたのだ。もし、沢井みかさんが、早い時期に家族や友人に事実を話せば、統一協会の正体を隠した勧誘であることがバレてしまう。「それとわからないうちに信者にしてしまう」と統一協会はたくらんでいる。

沢井みかさんが初期に見せられたビデオ、戦争や飢餓、犯罪など人間の矛盾や悪い所を指摘するような内容や、神や霊界の存在をほのめかすような内容だった。

斎藤は、沢井みかさんがビデオセンターに来て、ビデオを見たり、講義を受けて帰る際に沢井みかさんに毎回手紙を渡した。その手紙には、当日見たビデオの内容について、「今日はよく来てくれました。もっと素晴らしいことが続けていくとわかりますよ」とか、「どんな事でも私や菊地さんにかくさずに言ってね」と本人の心をつかみ励ます言葉がいつも書かれていた。沢井みかさんは、「ここまで自分のことを考えてくれる人の約束を破るのは悪い」という気持ちにさせられ、次にも通うことを毎回約束させられる大きな動機となった。

このように斎藤は毎回のように、沢井みかさんに接触し、手紙を渡し続けていたが、統一協会のことや伝道の意図は決して明かさなかった。

統一協会の中では、新規の信者対象者を最初に勧誘した信者は、「霊の親」と呼ばれ、自分が伝道のきっかけをつくった信者対象者である「霊の子」に対して、「霊の子」が一人前の信者に成長するように援助し働きかける責任があるとされている。斎藤は「霊の親」の立場で、沢井みかさんに対して懸命にケアをしていたのだ。しかし、そのような目的を決して沢井みかさんに知られないようにしていた。

沢井みかさんは、その後の「ツーデイズセミナー」をいったん断った。ところが、「時がある」「ここに押し出て来たのは自分の力ではなく、霊界にいる先祖の力があったからだ。それを無断にしてはいけない」などと述べて参加を強要された。こうして統一協会の信者らの意図や正体を知らされないままに、統一協会の教理である「創造原理」や「堕落論」、再臨のメシアがすでにこの地上に遣わされていることなどを教え込まれていった。しかし、沢井みかさんは、自分が特定の宗教団体に勧誘されているとは気付かなかった。

「ライフトレーニング」の最終日の講義の中で、沢井みかさんは、「人類の堕落の原因は人間が神様に報告、連絡、相談をしなかったことにある」と教え込まれ、以後、毎日あらゆることについて、アベル（統一協会の中で自らが指示を仰ぐべき立場にいる信者。当時はビデオセンターの担当カウンセラー）に報告、連絡、相談（「報連相」という）するよう指示され、実行させられた。

この「報連相」によって、以後、沢井みかさんは日々の心理状態や信仰の状態、悩み等を完全に把握されることとなり、沢井みかさんの信仰の状況に応じて、統一原理を教え込まれ続ける結果となった。

また「ライフトレーニング」の最終日の最後に、「再臨のメシアは文鮮明であること」や「この団体が統一協会であること」を知らされた。

この時沢井みかさんは「統一協会でない」と言われていたのに、嘘であったことにショックを受けて押し黙っていた。班長に別室に呼ばれ「反対の人たちの意見を聞いたり、本を読むと『悪霊がつく』」「今まで尽くしてくれた斎藤さんのことを信じなさい」「とにかくフォーデーまで行って見て下さい」などと不安感をあおられた。この時に沢井みかさんは、既に統一原理を信じ込まされており、その言葉に恐怖感を感じ、これに抵抗することはできなかった。

沢井みかさんは、この後も統一原理の教え込みを続けられた。とりわけ、「いったん原理に出会い、これを知った者が、原理を捨てることは、原理を知らない者以上に罪深いことであり、その者は霊界の地獄において、永遠に責め続けられる」

との統一原理を植え込まれ続けたために、その恐怖に縛られ続けることとなった。

このような経過を経て、沢井みかさんは、アベルの指示により、八五年三月に学生部に所属し、翌年三月に大学を卒業すると同時に献身した。

しかし、この段階でも、沢井みかさんは、統一協会の信者（とりわけ献身者）は皆、統一原理の実践として霊感商法の手口による経済活動に従事させられることや、ほとんど生活費を支給されないまま毎日長時間統一協会が指示する違法行為も含む様々な活動に従事しなければならないこと、更に、合同結婚や結婚後の信者の生活の内容等の具体的内容について何も知らされなかった。
二、沢井みかさんは、上司の指示により、八五年三月から九六年二月までの間、統一協会傘下の東東京ブロック第八地区や城北地区での収益事業を目的とする経済活動に従事させられた。
沢井みかさんが従事させられた活動の中には、物品販売などの収益活動も含まれているが、販売代金等は全て会計担当の信者に渡している。その間、一ヶ月に生活費として一万二〇〇〇円程度（少ない時は二〇〇〇円くらいしかない月もあった）を支給されるだけだった。

沢井みかさんが担当した教育部のスタッフは、ビデオセンターに勧誘目的を隠した詐欺的な方法によって青年を誘い込み、以後ビデオセンターに通うように仕向け説得する。ビデオセンターの次には、ツーデーセミナー、ライフトレーニング、フォーデイセミナー、新生トレーニング、実践トレーニング、献身トレーニングといった、統一協会への献身に向けてのプログラムが組まれており、これらは、統一協会の活動そのものである。

ビデオセンターのカウンセラーは、ビデオセンターに誘い込まれた青年を、ビデオセンターに通うよう説得すると共に、勧誘目的を隠しながら、統一原理を教え込む役割だ。

沢井みかさんが度々させられた「しんぜん会」の活動は、統一協会の資金集めのための活動で、福祉のボランティアと偽ってハンカチなどを販売する。

経済活動をする際には、統一協会であることは決して明かさない。尋ねられていても否定する。

青年伝道のための「伝道機動隊」(伝機)は、正体や勧誘目的を隠して、路傍で「手相の勉強や姓名判断の勉強中です。無料で見させていただけませんか」などと言って青年に接近し、悩み等を聞き出した上で、「運勢鑑定の偉い先生が居るんですが、見てもらいませんか」と勧誘する。沢井みかさんは一九八七年二月から四月までの三カ月間、伝道機動隊の活動をさせられた。興味を示した青年には、「偉い先生」に見てもらう予約を入れる。「偉い先生」は家系図に基づいてその青年の先祖の因縁や悩み、不安感をあおり、青年用の伝道施設であるビデオセンターに誘い込んで信者にしたり、献金や物品販売の対象者にしていくコースが用意されている。沢井みかさん自身、占いの先生をさせられたこともある。

右のような伝機と同様の活動を、実践トレーニング、献身トレーニングのスタッフをしている時、ほぼ連日のようにやらされた。

沢井みかさんは、祝福献金の準備のため、そして宣教国へ赴任するために、一九九四年二月から六月までの五か月間、KIOSKのアルバイトをさせられた。これは、その収入全てを統一協会の活動資金として吸い上げることを目的として、上司の指示により従事させられた。

沢井みかさんは、統一協会の指示により「世界宣教」メンバーの一員として一九九四年六月から一九九五年七月まで約一年間、タイとラオスに派遣された。言葉も通じない異文化の国に、何の準備もないままに送られた。赤痢にかかって三週間苦しむなど、その実態は苦役を強いられたと言うにふさわしい。

以上のように、沢井みかさんは、統一協会の指示により様々な活動や、労働等に長期間従事させられた。いずれの行為も、統一協会の教理を信じ込まされた結果、行ったものである。

三、沢井みかさんは、九二年八月二五日、ソウルで行われた統一協会の合同結婚式に参加させられ、文鮮明が指名したという主体者である神田健二との結婚を指示された。

沢井みかさんは、合同結婚式に参加し、再臨のメシアである文鮮明の祝福を受ける以外には、自己の原罪を拭い、救われる方法はないと教え込まれていた。

統一協会は、合同結婚について、「メシアである文鮮明が地球上で最もふさわしい相対者を指名してくれる。メシアが選んだ相手とは霊界においても永遠の夫婦であり続ける」と教えられる。これを断ると、自分も自分の子孫も地獄に落ちると思い込まされ、断ることができなかった。

統一協会においては、メシアが指名した相対者を受け入れないなどということは最も罪深い行為であり、地獄に落ちると教え込まれている。

沢井みかさんは、合同結婚式参加後、祝福感謝献金として一四〇万円を支払うよう指示され、信者でない友人から借金をして五三万円を統一協会に献金させられた。

その後、沢井みかさんは一九九六年二月二八日に脱会した。沢井みかさんと神田との間に夫婦としての実態がないにもかかわらず、統一協会は神田に指示して、家庭対策用に作成された婚姻届を、平成七年七月二二日に勝手に使って入籍した。沢井みかさんは脱会後そのことを知り、その処理のため多大な精神的苦痛を被った。

沢井みかさんは統一協会脱会後、婚姻無効の審判を申し立て、平成九年三月二六日付で婚姻無効の審判が認められた。

原告陳述書・調書

原告　山田千代子　陳述書

一　経歴

私は、現在、大阪府に居住している会社員です。

一九五七年一一月、大阪で会社員の父と主婦の母との間に、長女として生まれました。

一九七八年九月、「全国大学原理研究会同志社大学支部」に入信し、一九八〇年京都の大学のデザイン科を卒業後、約一〇年間にわたって、統一協会の献身者として活動しましたが、一九九〇年二月に脱会しました。

二　入信したいきさつ

一九七八年八月上旬、大学の三年生の時、京都の四条河原町にある「高島屋百貨店」前において、同年輩と思われる富田保さんから「アンケートをお願いします」と話しかけられたのがきっかけでした。

私は幼い頃から聖書や神の存在に関心を持っていました。問いかけられたアンケートは、「神の実在を信じるか、どんな宗教に関心があるのか、真理が存在すると思うか」という内容でした。私は、「神の実在はわからない、仏教に関心がある、真理があるかどうかもよくわからない」と、曖昧な返事をしました。富田さんは「今、何に最も関心がありますか」と質問しました。私が「汚いものとか、えぐいものに興味があります。」と答えたところ、彼は「でも本当は素直になりたいのでしょう。」と受け

［原告山田千代子（仮名）の略歴］
57年11月　大阪で出生
76年4月　京都の大学に入学
78年9月　同志社大の原理研に誘われ、翌月から原研で活動
80年3月　大学卒業後献身
　　8月　キャラバン隊
　　10月～神奈川で印鑑販売
82年10月　合同結婚式参加（六〇〇〇双）
83年9月～神奈川で経済担当
84年4月～霊能者の先生役
84年～　美術品販売を担当
88年10月　合同結婚式に再度参加（六五〇〇双）
90年2月　脱会
現在　会社員兼主婦

答えしたので、かえって関心を持ちました。どういう団体なのかと尋ねたら、同志社大学のサークルで、「統一原理」という理論を研究している「原理研究会」だと言いました。私は、まじめに宗教哲学について研究しているサークルで、特定の宗教団体ではないと誤解してしまいました。最後に、富田さんは「真理を聞いてみませんか」と誘いました。そして、執拗にサークルへの参加を薦めたので承諾してしまいました。

翌々日、私は、富田さんに連れられて同志社大学の北にある「聖心教会」に行きました。一階の講義室で富田さんから「序論」を聞きました。講義の内容はあまりよく理解できませんでした。自分の理解力が足らないのかとも思いましたが、たとえば、「宗教と科学を統一された一つの課題として解決する新しい真理」というような言葉は日本語として意味をなさないようにも思いました。私は、あまり興味を覚えなかったので一回限りにしようと心に決めていたのですが、富田さんは、続けて聞いて当然という調子で「次はいつ来られますか」と強引に尋ねてきました。それを承諾しないと一歩も動かない態度を続けたので、やむをえず、二、三日後に次の講義を聞く約束をしました。

私は、富田さんや、教会長だった村田英樹さんから、「創造原理」の内容を、何度か通って聞きました。「陽陰、性形の二性々相」だとか、「四位基台」であるとか、聞いたことのない特別な用語が出て来て、かなり小難しく、知的探究心を刺激するところがありました。この段階では私は「統一原理」というものを客観的に見つめ、吟味しようという姿勢でした。それが崩れかけたのは「堕落論」の講義からでした。話はだんだんと霊的な面に傾いてきましたので、私は、もう、これはついていけないと思いました。けれども、それと同時に、この講義の内容は、私自身が当時持っていた深

「二性性相」（ニセイセイソウ）　すべての存在には相対的な両面がある、と原理では決めつけている。原子の陽性と陰性や人間の心（性相）と体（形状）を例としている。

「四位基台」（ヨンミキダイ）　神を中心として、主体、対象、合性体が一体化することによってできあがる基盤のこと。例えば、責任者が神の立場、誘う信者が母の立場、ビデオセンターに通うよう説得するのが父の立場、そして誘われる市民は子の立場。この神と父と母と子の四つの立場で基盤が形成されるという。

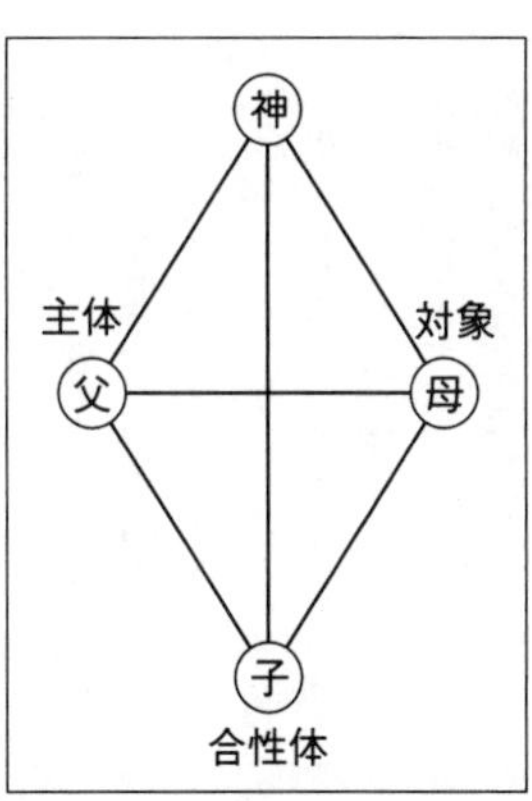

い悩みにつながるものでした。実は、私は結婚を考えていたある男性をいつの間にか愛せなくなっており、そのことで自分の心の狭さを責めていたのです。

講義を聞き初めて、約二週間。堕落論まで聞き終え、罪意識を喚起させられた段階で、三日間の修練会に参加することを富田さんから勧められました。私は小学生の時からイエス・キリストの十字架の死の意味について疑問をもっていましたが、その修練会では、その真意を講義するのでぜひ参加すべきだと彼は何度も言って誘ったのです。

七八年八月の二泊三日、宝塚修練所で行われた「3DAYS」は、参加者が男女含めて七、八名。講師は京大原研支部長、後藤進行及び加藤班長というスタッフでした。

修練会は、短い期間に人の心を洗脳してしまう様々なテクニックが駆使されていたと今思います。

参加者は、日常的雑事を忘れられる美しい環境の中で、テレビや新聞など一切の情報に触れず、三日間、早朝六時から深夜一二時まで、ただひたすら統一原理だけを集中して学ばされ、面接されました。スタッフは、明るく親切で、よく修練生の心理を捉え、しかも、講師と講師の語る統一原理に対して、うやうやしい態度を示すことによって、修練生たちが自然と信じて行くように教育します。食事の時間は、聞き終えた講義のポイントを班長が修練生に対して確認する場であり、また、一日の終わりには、感想文に感動したところを書くことによって、原理への共感を自己確認させられるようになっていました。

また、統一教会の聖歌を何度も繰り返して歌わせることで、修練生が心を開いて、歌詞の内容を自然と受け入れるようにさせます。また、スポーツやゲームをグループ

「堕落論」
統一協会の中心教義。エバは、天使長ルーシェルの誘惑で霊的不倫をした。その汚れた身でエバがアダムと肉的不倫をした。人類はこのアダムとエバの不倫によって生まれたものであるから「原罪」を負っている。人類が様々な罪を犯すのはこの原罪のためである。このような教義を強烈に教え込まれた若者は絶望的な**「罪意識」**を植えつけられて、唯一救われる方法として神がつかわしたメシアである文鮮明の教えに従って活動していくしかないと教え込まれて、従わざるをえなくなる。

「宝塚修練所」
兵庫県宝塚市切畑検見にある統一協会の宿泊研修施設。

「進行」
修練会において司会役をつとめる信者のこと。講師がいかにすばらしい人物であるかをほめそやし、修練会参加者の注意を引きつけて会を盛りあげる重要な役割を果たす。

対抗で行うことで、修練生同士の団結意識を強め、いつの間にか、統一原理という一つの理念のもとに集まった兄弟姉妹という連帯感を持たせるようにさせるのです。

私は、黒板講義で一度聞いただけでは意味のよくわからないかった「序論─創造原理─堕落論」までの内容も、もう一度、繰り返して集中して教えられると、その内容が正しいことのように思えてきました。他の情報の入らない環境の中で、講師や班長から「これが真理だ」と断定的に言われると、「そんなものなのかもしれない」と思うようになりました。そして、現在、キリストが再臨されているのならば、ぜひ知りたいし、従ってもいきたいという期待感と使命感を喚起したところで、この３ＤＡＹＳは終わりました。

修練会終了後、食事会があり、次の日から始まる「７ＤＡＹＳ」に参加するよう勧められました。一人一人に対して、講師や班長、さらにはその人を伝道した霊の親までがわざわざ来て説得にあたりました。その場は、次の修練会に参加することを決意するまでは帰さないというような雰囲気になっていました。私は、「７ＤＡＹＳ」が続けてあることは聞いていなかったので、宿泊準備ができていないことを理由に、断ったのですが、加藤班長の強い勧めで、参加を決めさせられてしまいました。

八月二六日朝、私は、宝塚を出発し、京都の下宿に帰り、準備をして、その日のうちに宝塚修練所に戻りました。体は大変疲れていました。

全大原研の田中講師から「序論─創造原理─堕落論─終末論─メシア論─復活論─予定論─キリスト論─復帰原理─同時性─再臨論─主の路程」という順に七日間講義を聞きました。メシア論までは、３ＤＡＹＳで聞いたことを、またもう一度おさらいするわけです。創造原理や堕落論を三度聞いて、私は「サタン主管圏と神主管圏」、

「サタンの血統と神の血統」と言った物の見方を次第に受け入れるようになっていました。自分の今まで属していたあらゆる環境、たとえば、国家、社会、家庭、そして私という存在そのものをサタン的なものと見なすよう洗脳されていったのです。

講義は、朝早くから夜一一時頃まで毎日続きました。つかれて思考力も鈍っていました。たとえば、復帰原理では、聖書に描かれたノアやアブラハム、モーセの行動を原理の立場で解釈していくのですが、こじつけがましい解釈だと心に感じても、そのまま受け入れてしまうほど反論する気力がなくなっていました。

このような精神状態で、私は、再臨のメシアとしての文鮮明氏の生涯と統一協会の歴史について聞かされました。ただの人である文鮮明が、神と同一視されるべき唯一の善なる人だと思えてきました。統一原理への細かい疑問点にこだわれなくなり、全てを鵜呑みにしてしまったのです。文鮮明や統一協会に対して発せられた全ての噂や悪口は、根も葉もないことであって、サタン側からの迫害であるという見方をするようになりました。このようにして私の心は塗り変えられました。

その後私は、聖心教会に居る時間が長くなり、教会で宿泊することが増えました。

そして、聖心教会のメンバーと一緒に生活するようになりました。

修練会後は、坂田くみ子さんから指導を受けました。坂田さんと夜の一二時近くまで自転車に乗って、同志社大学や大谷大学付近に下宿する学生を訪ねたりしました。

彼女は、普段は暖かい人柄の話しやすい人なのですが、私が教会で、両親からかかって来た電話に長く応対していた時などは、「早く切りなさい」と形相を変えて厳しく命令しました。

また、この世の法律を越えていくことを、村田支部長から教えられました。悪の血

原理研が発行している「ムーニズム」の表紙

統にある人間が決めた法律など、メシアと一緒に天国を創ろうとする際に邪魔になるなら無視して当然という考えでした。文鮮明氏は、「世の中に迎合するな、問題を起こせ、家庭の中で家族の心をバラバラにせよ。頼るものがないところに、原理を吹き込めば洗脳できる」と命令していました。今思えば、「神中心」という言葉を発しながらも、自分たちの理念の実現のみを考えた「自己愛の固まり」になっていたのです。

一九七九年三月、琵琶湖修練所で行われた二一日修練会に参加しました。この修練会は、「3DAYS」、「7DAYS」に参加した人が、献身の決意をするためのものでした。休憩時間なども、修練生たちは、祈禱室で熱心に祈っていました。

私も祈る中、睡眠不足と繰り返し教え込まれたせいで、文鮮明夫妻が光輝く姿で目の前に現われ、「私があなたの真の親なのです。」と心に語りかけているような気がしました。このようなことがあって、私は、文鮮明夫妻を私自身の真の父母として受け入れるようになりました。文鮮明夫妻は私の心の中で、単なる偉大な人物というのでなく、親として絶対的力を持つようになりました。また、このように思うことで、文鮮明氏による合同結婚式の相手選びも、最も信頼できる方による選択として受け入れられるようになったのです。

修練会終日には、献身の誓いの式がありました。夜、電気を消してロウソクの薄暗い明かりの中で、三〇から四〇名の修練生が一人一人、前に出て宣誓するのです。「六〇〇〇年間悲しまれた神を慰めるため、私も生涯メシアとともに歩みます。」と悲壮なまでの決意をほとんど全員がしていきました。

しかし、私たちには献身者としての生活がどのようなものであるかは知らされませ

しんぜん会の身分証明書

んでしたし、それを心配して先輩に尋ねることは、信仰がない、神に譲ねていないことになるので、誰にも聞くことはできませんでした。

三　統一教会での活動

1　伝道

二一日修練会を終えた私は、大学卒業までの一年間ひたすら伝道活動をしました。昼間、学内でアンケートをきっかけとして宗教的な話ができそうな学生を見つけ、夜、その人の下宿を訪問して統一原理の序論を自分で講義します。関心がありそうであれば、聖心教会で学区長や支部長による講義を聞くことを勧めます。宗教的なことにあまり関心のない学生に対しては、「食事会」に誘って、昼食と歌やゲームで楽しむ場を作り、そこで京大原研や同志社原研で行う「1DAY」を紹介することもありました。いずれにしても、統一教会の指示で、文鮮明氏をメシアとしていることは決して言いませんでした。

私は一年間の間に、五名を「2DAYS」に参加させ、そのうち二名が「4DAYS」に参加しました。最終的に一名の女子学生が入教を決意し、経済活動にも加わりました。

2　万物復帰

原理研究会メンバーは、春、夏、冬の休みに「万物復帰」と称する販売活動をするのが常となっておりました。その中で、嘘をつくことに何ら抵抗がなくなるよう訓練されました。施設などに一切寄付しないのに「恵まれない子供たちに愛の手を」と白い箱に書いて募金活動をしました。「父が死に、母が病気だ」と偽って、人情に訴える珍味の訪問販売をしたり、土下座して買ってもらえるまで頭を下げる販売のやり方が奨励されていました。

一九七九年の春には、「同志社大学学生新聞」を発行するために寄付金を同志社大学OBから募るという企画が立てられ、私も同志社大生であると偽って、OBの方々の会社を訪問して寄付金を集めました。一週間ほどで、私が同志社大生でないことがわかり、警察に通報されそうになったため、この活動は同大生以外はやらないようになりました。

このように、問題が起こるまで、目的のためなら虚偽でも何でも売春以外のことはすべてやるというのが原理研究会の基本的姿勢です。

一九八〇年四月、献身を決意した私は、五月から、千葉修練所で行われた原研の四〇日修練会に参加しました。続いて同年八月、私は広島でのキャラバン部隊の一員として参加しました。ワゴン車に、七、八人の隊員が乗せられて、見知らぬ土地で、早朝から深夜まで、訪問販売をさせられるのです。指導者の井田氏から、北海道産のコンブをもって、民家の一軒一軒を訪問し、土下座をしてでも、販売するように言われました。深夜に女性一人で訪問して販売するわけですから、玄関口で、酔っ払った男性から、抱きつかれそうになったこともありました。

しかし、「キャラバン部隊」の販売の成績が上がらず、「中心者」を悩ませるばかりでした。「実績のない者は家に帰ってでも復帰してくるように」という「中心者」の命令に従い、私は大阪の家に帰りました。

原理研メンバーが一般大学生を装って発行している「大学新聞」

母から一〇〇万円ほどの大金を出してもらうため、私は、「ヨーロッパへ取材旅行に行くのでお金が必要だ」と嘘をつきました。しかし、不審に思った母が、私に対し問いただしたので、私は、このことが嘘であること、また万物復帰の隊長から家に帰ってお金を復帰してくるように命令されたことを正直に話しました。それでも私は、何とか出してほしいという一心で、断食までして両親を脅かしました。しかし、逆に両親から見離されたので、私は断食も二日目で中止して、やりようがないと隊長に電話連絡したところ、「盗んできたら」と私の良心に烙印を押すような命令が返ってきました。カインはアベルの命令に対して絶対従順という「アベル・カインの法則」を鵜呑みにしていた私は、これを実行すれば家族の伝道は難しくなるだろうと想像しましたが、命令に従って行動せざるを得ませんでした。

私は、両親が私の名義で預金していた一一〇万円を銀行から何とか引き出し、それを持って朝まだ暗い頃、家を飛び出して広島に戻りました。その後もしばらく販売を続けていたのですが、ある夜、若い女性が訪問販売をしていると警察に通報され、一晩、広島県警に保護されました。翌日、父と弟が私を迎えにきました。

3　献身

このようなことがあっても、自分は正しいことをしていると信じて疑わなかった私は、一九八〇年一〇月、献身者として全大原研から、神奈川県の地区教会へ人事となりました。そして、一九八一年八月までの約一年間、厚木の店舗で印鑑販売をしました。

あまり人と話すことが好きではない私にとって、訪問販売は苦手でした。だからこ

出発式の誓いのことば
（毎日信者は物品販売や伝道に出発する前に次のような文書を大声で読みあげる）

〝スローガン〟

一、4年路程出陣！
〝絶対〟基準で縦軸を確立し、中心とともに心霊の大飛躍、大復興で、統一基盤3倍化

二、天王山2月必勝！
新時代摂理推進の魁（さきがけ）として、日本の中心西東京ブロックの使命を果たそう

そ必死で祈らざるを得ませんでした。命がけで絶対にやると決意すれば必ず販売できるという体験の中から、文氏の語った「一生懸命」の御言、「同じやるなら命がけでやるんだ。神と中心の前に（後略）」を実感しました。また、電話連絡のみでつながっている店長の心情をいかに思うか、すなわち「中心性の重要性」を学ばされ、そのことによって「神を中心としてアベルとカインが一つになったところに実績が生まれる」という原理（＝四位基台の形成）を身を持って感じました。

販売する中で、肉体の限界を越え、自分の考えを否定する訓練を受け、その上に「万物復帰」は人が救われるために絶対必要な過程であるという教育を徹底して受けました。神のみ旨を進めるため、人類の救いのためという大義名分を掲げて、堂々と嘘をつく「霊感商法」が全国的に展開されました。

「霊感商法」には、マニュアルがあるのですが、私は、そのマニュアル通り、何の疑問もなく、繰り返し、販売を行いました。

店舗の一販売員だった私は、まず、手相や姓名判断をきっかけとして開運の印鑑を販売し、その顧客を壺の展示会に誘います。「韓国で修行された偉い霊能者の先生」を紹介して、その方に完全に従えるよう、自分がまず、その先生をうやうやしく迎えるふりをします。誘いの電話のかけ方から展示会に連れてきて購入させるまで、顧客に話す内容、先生の話に対するあいづちの打ち方、顧客に対し購入したことを家族に言わないよう指導することなど一部始終が「ヨハネトーク」などと称するマニュアル化されたものが、末端にまで伝達されました。

私も、この店舗では一〇数名の顧客に印鑑を販売し、そのうち四名の顧客に一〇〇万から四〇〇万ほどの高麗大理石壺を販売しました。当時、私は、自分を通して、幾

「ヨハネトーク」
霊感商法で、霊能師役の信者にゲストを紹介し、霊能師とゲストの間に入って買わせる役の信者のことをヨハネ役という。このヨハネトークは長大だが、その一部には「お客様のウィークポイントをつかむため」として次の内容がある。
「自殺者はいないか、精神病者はいないか、どういう病死か（ガン、心臓病、脳障害等）、色情因縁はでていないか、水子がないか、家運衰退ではないか、家庭不和はないか、女系の家系ではないか、直系の中に養子縁組がないか、財の因縁（貧乏）がおりていないか、短命の家系ではないか（以下略）」

人かの人々が印鑑や壺をさずかることで救いの条件を立てることができたと信じ切っていたため、何の良心の呵責も感じることがありませんでした。

その後、一九八一年八月、私は、キャラバン部隊で販売していた時に起こった腰痛が再発して、椎間板ヘルニアになったため、同年一〇月まで、自宅療養をすることになりました。

4　経済担当者

一九八一年一一月、再び神奈川に戻ってからは総務を担当し、一九八二年五月から、神奈川教会の教育部で、4DAYSに参加した修練生を7DAYSにつなげるライフ・トレーニングの班長をしました。当時、全国に統一教会に勧誘するためのビデオセンターが続々と開設され、「統一教会」の名称を表に出さない伝道が組織的になされていました。

また、日本に対する文氏からの経済復帰のノルマも年々大きくなり、本来伝道をすべき教会でも多額の経済復帰が願われるようになってきたため、一九八三年九月、私も、教育部から、教会経済担当者へと人事になりました。そして入会して間もない教会員を対象に、その両親を壺の展示会に動員させ、「先祖を救ってほしい」と両親に泣きついて買わせるよう指導しました。

5　霊能者

一九八四年四月、私は、東京第一ブロックの美工部に人事になり、「霊能者の先生」として、壺、多宝塔販売をしていました。

「経済復帰」
統一協会に献金すること。そのために霊感商法などによって資金を集める活動を経済活動と称し、これによって資金を統一協会に集中することを「復帰」という。

何代も前の先祖のことがわかる霊能者として顧客に因縁話を説くわけですが、実際は紹介者が顧客から前もって聞き取った家系についての情報をもとに、「タワー長」と呼ばれる展示会の責任者の指示に従って話しているに過ぎません。たいていの場合、清算されていない先祖の恨みが、子供にかかっているため、このままでは、子供が事故に遭ったり病気になったりするという強迫的なトークをすれば、命には代えられないという思いから、顧客の人たちは高額な壺、多宝塔を購入していくのです。

タワー長からは、「何が善かよく考えろ」とくりかえし指導を受けました。顧客に恐怖感を与え、お金を出させることに一切の疑問を挟まず、神のみ旨、すなわちメシアである文鮮明氏のもとにお金を送ることが絶対善であるという立場になりきってしまうわけです。また、そのようにして顧客をみ旨に参加させることによって救いの道を開いてあげることが、真の愛であると教えられました。時には、顧客は霊的レヴェルが低いので結局は恐怖心に訴えるしかないとして、担当者に水子の霊がついたと言って、顧客の前で苦しむ姿を演じさせることもありました。

6　六〇〇〇双祝福

霊感商法たけなわだった一九八二年一〇月には、韓国で「六〇〇〇双祝福」がありました。自由恋愛は、アダムとエバの失敗を繰り返すこととして犯罪視されており、罪の血統から神の血統に転換されるためには、文氏から結婚相手を与えられる「祝福」を受けなければなりません。この祝福について指導をする女性巡回師からは「文先生は、互いの先祖の七代先まで見てふさわしい相手を決められる。」と聞いていました。私は、はじめて「祝福」のことを聞いたときには、半信半疑でしたが、統一教会か

「タワー長」

統一協会の組織活動は常に四位基台が意識される。霊感商法でも次の図式によってゲストを統一協会につなげることが企図されている。

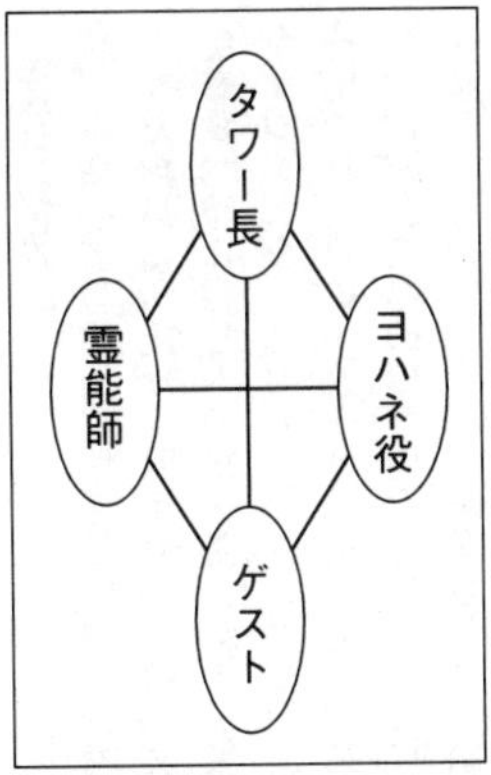

「水子の霊」

統一協会では八〇年頃から、霊感商法に際して霊能師役の信者の説得に高額の資金をもつゲストが応じない時、助手役の信者に水子の霊が乗り移ったと称してあばれたり苦しむ芝居をさせてゲストを驚かす手口をとるようになった。このような手口は八四年一月十二日青森地裁弘前支部の判決で恐喝罪に該当するとされている。

ら、繰り返し繰り返し、「祝福がなければ救いがない」と言われていくうちに、救いを受けるために「祝福」を受けなければいけない、文先生は親だから、子供である私の将来を思って決めて下さると解釈して韓国に行きました。

金甫空港から水沢里修練所にバスで向い、到着したのは夜一一時頃でした。私が修練所の広場を見た時にはビニールシートを敷いた上に、多勢の青年男女が文氏の登場を心待ちにして座っていました。私がその群れの後ろに加わってまもなく文氏が真中に立ち、「マッチング」が始まりました。

私の相手は世界日報で営業を担当している青年でした。後から聞いた話ですが、彼は「祝福」ということの意味もわからず参加したため、大変困惑したということでした。

7　世界日報事件

一九八三年「世界日報」の編集局長であった副島氏と営業局長の井上氏が、副社長の奈田氏と対立したことが原因で、乱闘事件になってしまった「世界日報事件」が起こりました。その後、「統一協会」の内部の実情や問題点を外部に発表したことから、副島氏が刺されるという出来事が起こりました。

当時、「世界日報」を一般紙にするという目標に向かって、副島・井上氏らとともにひたすら走ってきた「世界日報」のメンバーの中には、この事件後、大きな心の傷手を受け、何も信じられなくなり、実家に帰った人々も多くありました。

私の結婚相手も、副島氏、井上氏を除名した統一協会にはいられないと脱会してしまいました。

「水沢里修練所」（スイタクリ）
ソウル郊外にある統一協会の宿泊修練施設。

「マッチング」
文鮮明がその特別の霊能力によって信者の結婚の相手を選択するという儀式。

「世界日報事件」
統一協会の広報局長、世界日報編集長であった副島嘉和氏は八四年七月号の「文藝春秋」誌に、日本の統一協会全体が集金マシンとなっており、七五年七月の文鮮明の日本組織への送金指令以降毎月二〇億円、計二〇〇〇億円余を文のもとに送金してきたという手記を発表した。副島氏は世界日報紙を一般新聞社化しようとしたことが文鮮明のげきりんに触れて、暴力的に世界日報から追放されてしまった。その後刃物で刺されて重傷を負ってもいる。

この事件は結局、「副島氏、井上氏が全体の蕩滅を負った」、つまり、日本の統一協会員の中にある天に対する不従順な心を清算するため、彼らが代表してサタン側に引っ張られたと解釈されました。私もそのように受け止めました。しかし、たとえ副島氏が「世界日報」を乗っ取ろうとしていたとしても、兄弟同士が血を流すような手段を取らなければ解決できなかったのだろうかという腹立たしさが残りました。また、「相対者」（結婚相手）を失って、次にいつ行われるかわからない祝福を待つ立場となったため、私は「いつまでも救われない」という心苦しい思いでした。

8　美術品販売

一九八三年一二月、文氏の韓国における最終講演が光州で行われた後、文氏の次男の興進（フンジン）が自動車事故に遭い、翌年一月二日亡くなりました。

世界日報事件の後に起きた出来事であっただけに、「興進の死は真に私たちの罪を清算するための死である」と上から言われると、まさにそうだと思わざるを得ませんでした。

一九八四年四月、美術世界株式会社が日本の美術品売買部門として出発しました。

私たちは、繰り返し、「その社員として草創期に活躍できることを感謝し、興進の死を無駄にすることのないよう頑張るように」という内容のことを言われました。

統一協会は、霊感商法が徐々に社会問題化する中で、「定着経済」と称して、それに代わる宝石・毛皮・絵画・着物といった高額商品販売への切り替えを急いでいました。私の仕事は、全国各地の地区組織で絵画展を開く段取りを整え、絵画についての知識や販売指導を行う営業担当でした。

「フンジンの死」

フンジンは祝福家庭の子供二人とドライブ中、トレーラーとの激突事故を起こし、死亡した。ところが文鮮明はこれを美化して、フンジンは霊界の王となり、イエス、釈迦、マホメットにも崇められて霊界を統治し、地上の統一協会を支えていると教え込んできた。

私は、絵画販売を進めながら、今まで統一協会では自己否定することを学ばされてきたけれども、それは同時に本来的な人間の自由な感性もまた否定して来た部分があったかもしれないと薄々思うようになりました。

美術世界では、徐々に多くなってくる絵画展の準備のため、全員が朝から夜まで、日曜、祭日なく働いていました。その中で三〇才近くのメンバーは、自律神経失調症や腰痛などに悩まされる人が多く、私も、一九八七年九月、椎間板ヘルニアが再発し、約二ケ月間激痛で入院しました。

入院したのは統一協会員で構成されている「一心病院」でした。この病院は、統一協会の幹部が経営している病院で、医者も信者だということでした。医者は、過度の心身の疲労から腰痛を起こした私に対して、「腰痛になる人は蕩減が重い。経済復帰や伝道をやっていないのではないか」と言いました。

八七年一一月、退院して、美術世界の企画、仕入れに戻りました。美術世界が売上を伸ばすにつれ、国内外の有名物故作家の作品を扱うようになってきました。そのためインテリア絵画や小物は株式会社アール・デュ・モンドという別会社で扱うことになり、私は、八九年二月、その会社に配属され、アメリカ統一協会メンバーが製作している木製象嵌絵画の卸し販売をしました。

八七年一二月、亡くなった興進の霊が、ジンバブエの青年の肉体に宿ったとされて、「ブラック興進」と呼ばれる人物が日本に来ました。このブラック興進は、全世界の統一協会メンバーの罪（例えば、男女の性的関係、組織の公金横領、飲酒・喫煙等々）の告白をさせるという「コンフェッション」を主催しました。私もそれに参加し、八日間の断食を強いられました。この儀式では、参加した信者の前で、男女の性的関係、

「蕩減が重い」
罪深いとか強い悪因縁があるというような意味。このことばで信者は更に組織活動にかりたてられる。

「ブラックフンジン」
死去した文鮮明の二男フンジンの霊がジンバブエで統一協会信者になったクレオパス・クンディオナに乗り移ったとされた。彼は日本でも文鮮明の指示のもと、組織立て直しと称して中堅信者の金銭横領や不倫等を告白させて組織に混乱と動揺をもたらした。現在はジンバブエで分派活動をしている。

公金横領、飲酒・喫煙などが白状させられて厳しく叱られ、原理の学習の重要性が改めて強調されました。

9　六五〇〇双祝福

八八年一〇月、六五〇〇双の祝福が韓国で行われました。六〇〇〇双祝福にも参加した私が再祝福を受けて感じたことは、祝福会場やメンバーの寝泊まりする施設、セレモニーの中でのアトラクションの内容、食事の内容など、どれを見ても粗末だったということです。統一協会が経済的に困窮していることを痛感しました。この祝福で私は株式会社ワコムで営業をしている青年を相対者として与えられました。

四　統一協会からの脱会

私の母は、統一教会から私を脱会させるため、必死でした。最初の取り組みは、八〇年に自宅療養していた私の腰痛がかなり楽になり、そろそろ神奈川に帰る心づもりをしていた頃です。

母が急にこわい表情をして、ある人と近くのホテルで会ってほしいと言い出しました。そこで私は、ある牧師と会いました。内部では、反対牧師は「サタン」のように見られていましたので、私は、体はそこにいても、一切語ることには耳をかさない決意で臨みました。牧師は、遠くから駆けつけて下さったばかりなので、疲れておられたにもかかわらず、熱心に語って下さいました。しかしながら、私の方は、真面目に話を聞いておらず、牧師の話がようやく終わろうとする時、「けれども、これは今ま

「株式会社ワコム」
八三年に設立されたコンピューター関連企業。九〇年代初頭までは統一協会の指揮下で信者によって運営されていたが、その後統一協会から分離独立して一般企業として活動している。

でのキリスト教の見解にしか過ぎません」と強く反発して聞き入れようとはしませんでした。

しかし、母は私が家にいる間に何とか説得しようと必死でした。牧師と会った次の日、荷物を持って駅まで歩いている時、母は帰る前にもう一人牧師に会ってほしいと言い出しました。その時、その牧師はほとんど統一原理の批判はしなかったように思います。私が印象に残ったのは、聖書の言葉がその牧師の中に生き生きと躍動している。何か溢れ出る清い魂をこの人はつかんでいるということでした。その後、一緒に食事をして、時間的にも遅くなったので、その日は荷物を持って家へ再び帰り、翌朝出発することにしました。

母はまだ諦めませんでした。翌朝、また二人で駅まで歩いていくと、「もう一度、挨拶だけでもしてほしい。」と言うのです。しかたなく再びその牧師に会いましたが、その時の私は、「もう何を言われても私は父母様（文鮮明夫妻）の元に帰ろう」と堅く決めていました。駅のホームに京都駅行きの電車が止まりドアが締まりました。ガラス越しに私が見た母とその牧師の表情は穏やかでしたが、電車が去った後、母はこらえきれない涙を流したでしょう。

八三年四月頃、父が倒れたとの電話を受け、さっそく帰宅しました。ところが、その私もまた急性肝炎で倒れ入院しました。私の方は約二カ月点滴を打ち続けてやっと退院できたのですが、父は三カ月で亡くなってしまいました。

私の入院中にも牧師が来られ、原理の間違いについて、いくつか指摘されました。私は語られたことについてノートにまとめ、どう見てもその牧師の見解が正しい点については認めていました。ただ、まだ私は原理の奥深さを知らないのだから、その点については、よく祈り考えてみようと保留状態にしていました。しかし、その夜、文氏の妻の韓鶴子女史と娘が夢に現れ、「お父様は決してそんな人じゃありません」と私に訴えるのです。そしてまた、振り子が戻るように私の心は疑いを打ち消して原理と文夫妻に返っていくのでした。

父の死が目前になった夜、私はどうしても父に文氏を受け入れてほしいと思い、横たわっている父に頼みました。しかし、父は看護婦を呼ぼうとベルを鳴らし、このように言うのでした。

「看護婦さん、頭の上に原理講論という黒い本が置いてあって苦しい。取り除いてくれませんか。」これは臨終の際の言葉として、大変異様なものでした。それほど、父を苦しめていたのです。父は文氏を受け入れることを拒否し、私のことを「精神病者」と呼びました。それを私への最後の言葉として、父は亡くなりました。

ここまで完全洗脳されていた私が、なぜ脱会できたのでしょうか。

九〇年一月一〇日、前述した牧師が来られ、「洗脳のテクニック」について話をされました。その中で「クライム・ストップ」という防禦反応が起きるという話がありました。「クライム・ストップ」とは、何の意味もないにもかかわらず「何か深い意味があるのではないか」と疑うことを拒む心理作用が起きるというのです。

原理の誤りを指摘されると、自己防禦のため「何か意味があるに違いない」と身をかわしていく訓練が統一協会のメンバーにはなされているのです。「洗脳」から解放されるには自分の自由な理性と感性で物事を見つめることの必要性を痛感しました。

私は熱心に統一原理を自分から吟味し始めました。そして、これがいかに人に伝えるにたりないものかということを知りました。

私は脱会の決意が定まっていきました。すると反対にこのような思いが私を苦しめるのです。

「お前は自分だけが楽な思いをして生きていて良いと思うのか。韓国や中国に日本人を送ることは忍びないと思うのはお前の勝手な思いにすぎない、そうでもしなければ解くことのできない日本人の民族的蕩滅のため、文先生は獅子が子を谷底へ突き落とすように涙を飲んで訓練しておられるのだ。」

翌朝、昨日から迫ってきた「お前だけが楽な思いをして良いのか」という思いに対して、妙に開き直る姿勢が出てきました。「そう、残念だけども、私は諦めます。」

このように思うと気が楽になりました。そして、私の持つ罪悪感を責めることで、ある目的の為に駆り立てられていたことが分かってきました。こうして、私は、脱会することができました。

誰もが健康で文化的な生活を営む権利があるはずです。

しかし、統一協会での生活は全くそれを保障していません。栄養不足、睡眠不足、過度の精神的疲労から、三〇歳近くになると男女とも自律神経失調症など様々な疾患に悩む人が多くみられました。私の場合は、脱会後もなお、重い荷物が持てない、長時間椅子に座れないなど生活に制限が加えられています。さらに、ホームでの食費制限のため、肉、魚などの動物性たんぱく質が欠けていたためか、鉄欠乏性貧血にもなっていました。これらは、脱会後やっと回復に向かっています。

統一協会では、病気になるのは、本人の心の姿勢が悪いとか、先祖の因縁だとして片付けられますが、環境や労働条件については全く配慮されておらず、むしろ、肉体を酷使することが奨励されていました。

社会保険や年金も何もなく、給料もありません。形式的には、統一協会傘下の会社から数十万支払われているようになってはいるものの、実質的には、昼食代とおこづかいを合わせて月に四万円程度が渡されるだけです。人件費を浮かせて、その分は献金として捧げられていました。最低の賃金で長時間労働を課された被害は甚大です。

また、統一協会の中では、外部の情報を取り入れて、総合的、客観的な物の見方をすることができませんでした。統一協会と、その目的に対して賛成する人は神側、反対する人はサタン側と、反対される理由を調べることはなしに二つに分立する見方を取るため、親や牧師の話は背後にサタンがいるとして一切、心開いて聞くことができない状態でした。なぜ、反対されるのかその理由をつきつめ、解決したい気持ちが少しはあっても、統一協会の中にいる限りは、まずは忙しい経済活動に追われて考えている余裕もないのです。

私は、母親によって統一原理自体を自分の自由な理性と感性で客観的に見直す機会を与えられて初めて、統一原理は私に恐怖心を植えつけて、それをテコに外の話や情報を全く入れない恐ろしい宗教であり、自己の目的を達成するためには手段は選ばない危険な善悪観を持った宗教であると思うようになりました。

脱会してから一年を経た今も、自分の頭で考え行動することに苦痛を感じてしまいます。なぜなら、自分がどうしたいのかということを吟味することなしに、アベルの指示に従う訓練に長年慣らされてしまっているからです。

それでも事業部門で営業に携わっていた私の場合は、まだこの傾向は軽い方です。

長年、原理研究会やその関係組織に所属させられていた人たちは、脱会後、社会復帰をすること自体が精神的面から大変難しくなっています。例えば、私の知人で元信

「事業部門」
統一協会組織内で資金集めのため物品の輸入、卸し、販売等を中心に活動をしている部門。この部門の信者も信者勧誘をすることが義務付けられている。

者の中には本当に精神がおかされて、完治することは不可能と診断され一生精神病院通いをしなければならない人もいます。何らかの理由で脱会しても、統一原理が心の中から抜けなければ、自分は使命を完うできなかったという自責の念や、死んでから悲惨な霊界に行くとか子供に影響が出るといった恐怖心から解放されないのです。最も気の毒なのは、このような、統一原理に、心は束縛されつつ、身体は組織外にいるという人たちでしょう。

脱会した私の場合も、約半年ほど、夢で文氏や興進（フンジン）に責められたり、普段の生活の中でふと統一原理の内容が心に蘇り不安になったりという状態になっていました。

そういう意味において、脱会しただけでは、不十分であり、統一協会や原理研究会の犯している過ちを十分に認識し、その影響を完全に脱しなければなりません。

人格まで完全に変えてしまう統一協会や原理研究会の恐ろしさは、こういうところにもあるのです。

原告　中島伸子　陳述書

一　はじめに

私は一九六六年四月に藤沢市で生まれました。父は会社員、母は主婦です。二二歳になる弟が一人います。

県立高校を一九八五年三月に卒業し、大学を一九八九年三月に卒業しました。

二　ビデオセンター

八七年一二月、横浜のダイヤモンド地下街で田中優子さんに「アンケートをお願いします」といわれそれに応じてあげました。そうしたら自己啓発のセミナーがあるといわれ、「横浜グローバルアイ」に連れていかれました。そこで渋谷高子から、「人生の転換期」といわれ、五～六人から深夜一一時まで入会を説得されたのです。「絶対やったほうがいい」などと迫られて、しかたなく一万円を出して申し込んでしまいました。「今がときだ」「絶対このチャンスをのがしてはだめだ」「今が転換期で自分が変わるチャンスだ」などと言われて断り切れなくなったのです。しかし家へ帰って母に話すと親から「怪しいからやめたほうがいい」ときっぱりといわれ、翌日電話でキャンセルしました。自分でも相手に押しきられて申し込んだ感じだったので、この時はキャンセルする気になったのです。

ところがその後、田中さんから電話や手紙がたびたび来ました。

そうこうしているうち、八八年八月、藤沢の駅頭で大勢でアンケートを取っている

［原告中島伸子（仮名）の略歴］

66年4月　出生（横浜市）
85年4月　神奈川県の大学に入学
87年12月　横浜グローバルアイに誘われる
88年8月　湘南フォーラムに誘われる
89年3月　大学卒業
　4月　就職
　12月　修練会で献身を決意させられる
90年3月　脱会
現在　主婦

のに会いました。横浜で田中さんたちが取っていたのと似た内容でした。ところが、アンケートに名前と住所や電話番号を書いてしまったため、そこからもたびたび電話や手紙が来たのです。直接会って諦めてもらおうと思って、アンケートを取っていた横田史男さんに朝九時ごろ藤沢駅で会うことにしました。

ところが、会うやいなや深くお辞儀をされ強烈な情熱的なしぐさで「とにかくフォーラムに来てそれから断っても結構です。ぜひ来て見て下さい」と迫られました。私はついつい断り切れなくて、結局湘南フォーラムに連れて行かれたのです。そこには前に横浜のグローバルアイで田中さんと一緒にいた今田隆子さんがいたため、横田さんと三人でつい話し込んでしまいました。私が何度も会ったり、同じようなことがあるから、因縁があり、今が何かをするときなのだと強調しました。「このように二度会うのは神の導きとしか思えない」と誘われて断り切れず、とうとう私も「ではやります」といってしまいました。「ゲストセミナーというのが夕方あります」といわれ、大学へ行った後、湘南フォーラムに戻りました。ゲストセミナーは、初めてきた人を対象にビデオセンターの紹介をしたり、自己紹介をしたり、ゲームをしたりします。親が反対するといったら、横田さんは「内緒にすればいい」といいました。親に内緒でやるので、親が変に思う泊まりがある研修会は出席できませんと言って、通ってビデオを見るだけという約束で入会してしまいました。

私がフォーラムに通うようになったのは、宗教だとは教えられず、本当に勉強する場だと思いこまされたこと、横田さんやスタッフの人たちがカウンセリングのように良く話を聞いてくれ、暖かく迎えてくれ、自分でもようやく居場所を見つけたような錯覚に陥ってしまったこと、ビデオの内容も私のキリスト教に対する関心に合致して

「横浜グローバルアイ」「湘南フォーラム」 いずれも統一協会のビデオセンターであり、グローバルアイは横浜市を担当する地区、湘南フォーラムは藤沢市一帯を担当する地区で運営していた。

しまい、分かりやすく私の頭に入っていったことなどです。ビデオの内容が宗教っぽいので、「この集まりは宗教じゃないんですか」と聞いても横田さんたちは「違う」というばかりでした。私は勉強のつもりで入ったので、この頃宗教と分かればやめていました。

当時大学が夏休みだったので毎日のように午後六時から八・九時ころまで湘南フォーラムに通いました。ここが統一協会への伝導のための場所だとはまったく考えていませんでした。

三　入信のいきさつ

ビデオセンターでは、ビデオを見た後感想を紙に書かされ、ビデオの内容についてスタッフと話をします。毎日違うビデオを見て内容が進んでいくのです。「メシア」という言葉を何回か聞かされました。スタッフの人柄にひかれて行ったのと、ビデオの内容が入りやすいので、しだいにのめり込んで行きました。「ビデオセンターに通うようになったのは偶然ではなく、先祖の功労があって導かれてきたのだ」と横田さんからいわれました。何でも偶然ではなく「導きがある」ように言われ、私も雰囲気でそのように信じ込んで行ったのです。だんだん、人情よりも天情が大切だ、実の親を肉の親といい、肉の親より、「霊の親」の言うことの方が大事だと教えられて行きました。横田さんが私の「霊の親」でした。

今思うと、当時就職を控え、自分は何をして行けばいいのか悩み、人生の目的が欲しい不安定な時期でした。横田さんは「自分は人生の目的を持っている、この内容を

グローバルアイの宣伝チラシ

やれば人生の目的が得られる、このセミナーをやって勉強すれば分かる」と確信を持って言いました。私は、本当の内容を知らされないままのめりこんで行きました。

セミナーでは最初に「神が存在する、人間には罪がある、人間は堕落したから愛がない、だから自分の家庭には愛がないのは仕方がないのだ」と教えます。そして、「愛がないのは人類の罪のせいだ」と何回も繰り返して言います。話をするときにスタッフは私をほめそやし（「賛美のシャワー」と言います）、「ために生きる」と何度もいわれました。それが、いつの間にか「人のために生きる」ことから、神のためつまり文鮮明のために生きることが人生でもっともすばらしく、最大の目的であるように思いこまされていったのです。

通い初めて三週間後、横田さんから「あさって泊まりがけのセミナーにいかないか、行かないと天国へ行かれないよ」と絶対いかなければならないように言われました。私ははじめの約束とは違うし、どうしようかと迷いました。ビデオでなぜ人間が堕落したのかなどを教えこまれ、だんだん引き込まれていたし、何回も会った人に迫られると断りにくくて、参加を承諾しました。このツーディズに行く前日「一日セミナー」が行われました。この時に、「この世に文鮮明というメシアがいる、メシアを信じなければ救われない」と教えこまれました。文鮮明という名前はこのときはじめてききました。そして、私は初めてこのグループが「統一協会」と言う宗教団体だと教えられたのです。しかしこの頃には私自身がのめりこんでおり、宗教だと言われても違和感がなくなっていました。

ツーディズは箱根の「仙石屋」と言う旅館でありました。スタッフ運転の車で連れて行かれました。朝からずっと、「原理講論」の講義がありました。その間にはゲー

ビデオセンターの勧誘マニュアル（表紙）

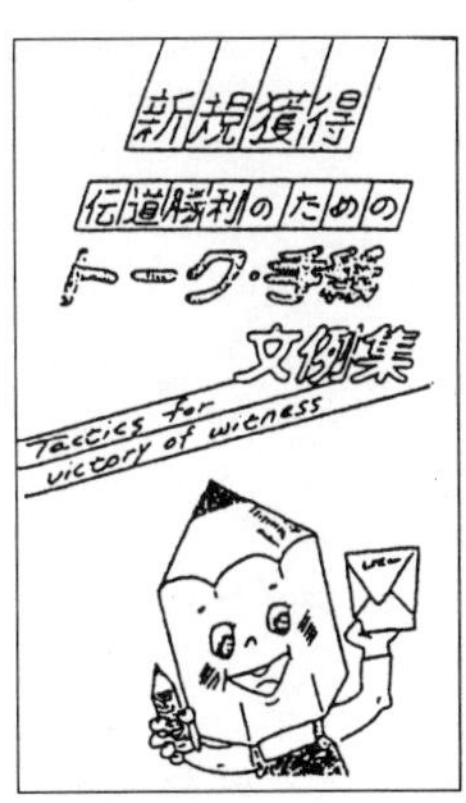

「仙石屋」
実質的に統一協会が経営している研修・宿泊施設であり、神奈川県南足柄郡箱根町底倉にある。

ムもありましたが、講義の内容は一切質問を許されないもので、二日間ずっと集団行動でした。班長にピッタリ付き添われました。

そのあと二週間ぐらいフォーラムに通って、八八年一〇月、宮崎台研修センターでフォーディズと言う四泊五日のセミナーがありました。

これも統一協会の教義を講師が一方的に講義し続けるものでした。この集団行動の最後に、私は統一協会や文鮮明のためにすべてをなげうって歩んでいかなければならないと決心させられていました。

フォーディズでは夜九時ころまで講義があり、そのあと、講義や一日の感想などを書き、更に面接がありました。面接は真夜中まで行われました。面接は次の「新生トレーニング」に参加するように説得するものでした。講義はかなり緊張し、疲れますが、眠くなっても、「居眠りはサタンが講義を聴かせまいとするために妨害しているのだ」と言われ、居眠りしようものなら棒でつつき起こされるのです。講義の中で、「神は親であり、人間が堕落したために泣いている。親である神を慰めるために我々は身を捧げなければならない、今までは自己中心に生きてきたが、これからは神を中心に神のために生きなければならない」と教えられました。

祈りも頻繁に行われました。

最後の日には、女性の「巡回師」が来て、講義の内容を実践してきた自分の経験を話しました。実際の体験話なので真実みがあり、私はますます原理の教えに確信を持たせられました。過密なスケジュールで休んでいる暇がなく、言われたことを次から次へとこなすのが精一杯でした。

他方で「献身者」が作る豪華な食事が出され、班長が「愛情を込めて作っているの

「宮崎台研修センター」 統一協会の研修施設であり、神奈川県川崎市宮前区宮崎にある。

だ」と教えるのです。私たちは「この場には愛があるんだ」と思いました。

寝不足で講義をされるのと、体に覚え込ませるので、自分で考えることもできず、班長らから確信を持って「正しい」と言われるまま、雰囲気に飲まれていきました。その間に本気になってゲームをするのが新鮮に感じられ、子供のように素直な気持ちにさせられ、何でも受け入れてしまう精神状態になったのです。

一体感や新鮮な気持ち。日常生活にはない感動をして、気持ちが高揚しました。疲労困憊して判断能力がなくなっているところに、感動し、ますます頭がぼうっとして、感情的になりました。「主の路程」の話の時は感情的に頭に入っていきました。班長が泣き出し、わたしたちも泣きました。「私たちのためにこんなに苦労していてくれた人(文鮮明)がいた、それなのにそれを自分は知らないでいた」と後悔させられました。

こうして私は「真理」や「神」が分かったと言う気になりました。他の受講生も「神様が分かった」と言うので、よけいそんな感じにもなったのです。

こうして神すなわち文鮮明のためには何でもしようと言う気になりました。

最後の日には祝電が横田さんたちから来て、もっと感激しました。

最後は、部屋が真っ暗にされ、一〇〇名近い参加者全員が「生涯文鮮明を信じて、文鮮明のために献身します」という内容の決意表明を一人一人がしました。

霊の親が迎えに来てくれ、見送りは盛大でした。私は一層感動し、使命感を燃えたたせました。

後に母から聞いたところでは、フォーディズから帰ったその日、私は目がうつろになって、焦点が合わず、顔つきが変わっていたそうです。

フォーデイズが終わってから二～三日して、「新生トレーニング」が始まりました。一か月間の泊まりで行われるのですが、私は泊まりができないので通いでした。夜講義を受けたり、「万物復帰」と言って、健康器具などの訪問販売を日曜日にしました。売ることによって買った人が救われるのだと教えられました。

新生トレーニングが終わるころ、あなたは「氏族のメシア」なのだと教えられました。氏族の代表として、氏族を救う使命があると言うのです。私は文鮮明のために活動する使命感を一層強く感じました。

私は統一協会の活動に心を奪われ、学業に身が入りませんでした。統一協会以外のことには全然手につかなくなってしまったのです。しかし八九年三月何とか大学は卒業し、情報処理関係の会社に入りました。統一協会の「学生部長」に半年位働いて世間を知った上で献身するようにと言われたのです。当時は私自身の進路についても統一協会の指示に従ってそのまま決めてしまう気持ちにさせられていました。

四　資金集めの活動

就職してからは夜七時ころから一一時ころまで「フォーラム」に通いました。

八九年はじめ頃、突然、「中島さん今月三〇万円ね」とスタッフにいわれました。意味が分からないので聞いたら、「日本の責任分担として、経済でお金を集めなければならない」「印鑑を売ったり、いろんな展示会に友達を誘ったりして、着物とか宝石とかを買ってもらってお金を作りなさい」といわれました。初めて金のことをいわれてこの時は純粋に「真理」「神」を勉強するところだと思っていたのでショックを

統一協会が組織的に販売していた「アセデール」というサウナの宣伝パンフレット

受けました。しかしその後、「地上天国を実現するためには金がかかる、日本の責任分担として経済活動をしてお金を作らなければいけない、そのために私たちは経済活動をしなければならない」ということを教えられました。「他の宗教、例えばキリスト教などでは、天国を作ると言っても何もしないが、統一協会では、具体的に日韓トンネルや国際ハイウエイなどを作り、地上に天国を建設するのだ。そのために、金が必要なのだ」と何度も言われました。例えば「宝石を売ることが売った相手の人を救うことになり、また地上天国を実現するための神に対する人間の責任分担を果たすことになる」とも言われました。すでに文鮮明のために生きることが真理であると信じ込まされていた私は、「おとうさまの教えであり、おとうさまがお金を使うのであれば正しいのだ」と経済活動へもすんなりはいっていきました。

就職後、協会の幹部（アベル）の指示で、大学や会社の友人を誘って「着物展」「宝石展」「絵画展」などに行くようになりました（「動員」といいます）。これらは表向きは普通の展示会なのですが、実は統一協会の資金獲得のための経済活動です。あらかじめそれとなく友人の関心や貯金・ローンなどの経済状態を聞いておき、これをアベルに詳しく報告し、この友人にいくらぐらいのものを買わせるかをアベルが判断します。友人の情報などを細かく書いたカードも作成させられます。このような準備をしてから展示会に誘い、会う時間を決め待ち合わせるのです。友人には「私の友達が会場で働いている」と話しておいて、会場で湘南ビデオセンターの担当者を私の友達だと紹介するのです。友人にはトーカーと呼ばれる販売担当者がつききりで購入を迫ります。高額なものから見せていき、一巡するとコーナーでお茶を飲みながら言葉巧みに大体三・四時間かけて買わせるのです。展示会の中心部の部屋には「中心者」

「日韓トンネル、国際ハイウエイ」
文鮮明の提唱した大ぶろしきの企画で、日本と韓国を海底トンネルでつなぎ、更に中国からヨーロッパに通じるハイウエイを造るというもの。これを口実に、この計画実現のためとして多額の献金をさせられた被害者も多い。

「着物展、宝石展、絵画展」
統一協会は、霊感商法で大理石壺や多宝塔などを売っていたが、批判が高まって売ることを止めざるをえなくなった。そのため、着物や宝石、絵画などの高額商品を展示会方式で組織的に売りつけるようになった。

と呼ばれる責任者がおり、トーカーは中心者に報告しながら何とか売りつけようと中心者の指示に従って目標達成を目指すのです。中心者の部屋には友人の名前・住所・家族構成や、いつ来るか、関心、経済状態、何を買わせるかなどが用紙に書き込まれています。ビデオセンターにも毎月の目標人数・目標額を書いた一覧表がありました。「五大トーク」という誘い方のマニュアルがありました。これによると、誘うときには買ったこともないのに自分も以前に買って本当に良かったなどというだまし方も決まっていました。

会社に入ってから、湘南フォーラムの団長から「誰か動員しなさい」といわれました。統一協会の信者としては「万物復帰」に協力して統一協会つまり「神」の側にお金を取りあげることは必要なことであって、従わなければならないと思っていました。私は、八九年六月、高校時代の友人に四〇万円でダイヤの指輪、会社の同期生に四〇万円の着物を買わせ、また九月には高校時代の友人に約一〇万円のネックレス、一〇月に中学時代の友人に二三万円で宝石、一二月に会社の同期生に四〇万円の着物、翌年一月に会社の先輩に二一万円の真珠のネックレスを買わせてしまいました。

売るのは神様のためだし、友人の救いのためだと繰り返し聞かされてやるしかないと思っていたのですが、嘘をつく、ごまかすという後ろめたさは残りました。また、だました人に申し訳ないという悩みもありました。しかし、統一協会の指導者に文句も言えませんでした。

私はアベルの指示のまま、知るかぎりのほとんどの知人や友人の名前をあげました。そして順番に展示会に誘い出しました。何回も電話した友人から「もういい」といわれたこともあります。私はこうして友人の多くを疎遠なものとしてしまって、ますま

「五大トーク」
信者が友人や知人を誘う時に言うよう指示されている説明で、
①二時間位大丈夫
②いいものがあったら買ったらいいね
③自分も買った
④招待制（ＤＭを渡す）
⑤説明してくれる

す統一協会の人達に頼るしかなくなってしまったのです。

八九年の秋からは、日曜日午前一〇時半から昼頃までフォーラム近くの礼拝所で礼拝をし、午後は夕方まで街頭にたってアンケートを取るようになりました。五～六人

［宝飾展お客様カード］　記入日　月　日　トーク時間　：　～　：

日　R	目標	ランク	S：シリーズ候補 A：購入するつもり B：気に入れば買う C：見にくるだけ	担当　（　才）
来場時間　：				所属
待ち合せ時刻・場所 ：				

氏名	フリガナ （　）才　MTS　年　月　日生	本人職業 （　）年	お客様の区分	N(新規)	知人・友人・アンケート 親族（　）
未婚・既婚・離婚・未亡人	血液型　型	配偶者職業		R(顧客)	〔　〕
住所	〒				
自宅・賃貸・寮	☎　（　）				
家族構成	子供　人（男）　才　才　才（女）　才　才　才	（　）年			

来場動機	信頼関係	経済力	決定権
A：購入するつもり	A：深い	A：70以上	A：自分で何でも
B：気に入れば	B：普通	B：40～70	B：少額なら（　）万位まで
C：見るだけ	C：浅い	C：10～40	C：なし
D：その他（　）	D：警戒している	D：10以下	

性格	ファッション感覚	趣味	持っている宝石	購入商品の金額	ローン
素直・お喋り・無口 優柔不断・明るい 頑固・情が固い	上品・派手・シック 地味・かわいい 個性的・かまわない				無 有 不明

			反応		
1	招待制	済・未		1	
2	2～3時間かかる	済・未		2	
3	案内してくれる人がいる	済・未		3	
4	私も買ったと感動的に話す	済・未		4	
5	いいものがあったら買いましょう	済・未		5	
6	シリーズの紹介	済・未		6	

備考（お客様の状況や関心事など記入して下さい）

コンサルタント名

結果

展示会用のゲストカード

青年意識アンケート

1．どんなことに関心がありますか？
健康　仕事　旅行　政治　世界情勢
恋愛　結婚　霊界　占い　人間関係
学問　人生　因縁　芸術　ボランティア

2．あなたにとって一番大切なものは何ですか？
財産　友人　愛　家庭　両親　健康

3．現在の生活に満足していますか？
（Yes．No）

4．あなたに理想はありますか？
（Yes．No）

5．社会の為に何かしたいと思いますか？
（Yes．No）

6．性格を変えたいと思いますか？
（Yes．No）

7．死後の世界はあると思いますか？
（Yes．No）

住所	TEL				
氏名		年令		職業	

抽選でプレゼントがあたりますよ.!!

街頭アンケートの用紙

でアンケートを取っていますと言って声をかけ、とにかく強引にビデオセンター(注)へ連れていくのが使命でした。偶然ある人をビデオセンターに連れて行ったことがありました。この人はツーディズに参加しています。また学生時代の友人で誘った内、五人がビデオセンターに来て、そのうち二人を入会させ、ツーディズに参加させています。しかし幸いこれらの人はみなすぐやめました。

フォーラムでは「統一原理」の講義や「十戒」などの神様に関する映画のビデオを見たり、外でアンケートを取ったり、アンケート用紙を人の家のポストにいれたりしました。統一協会の活動であることは「動員」をする相手には言わないようにしていました。

八九年一二月末から元旦まで津久井湖の研修センターに連れていかれ、二度目のフォーディズを受けました。このフォーディズの面接で、私の「家庭問題」（統一協会では信者が家族の反対を受けているときは家族問題と言う言い方をしていました）を解決して九〇年三月には「献身」することを決意させられました。

五　脱会

私をずっと心配してくれていた親は統一協会の活動のことを色々勉強したらしく、九〇年三月頃じっくり家族と話をする機会ができました。それから牧師さんに会い統一協会の活動の誤りについて資料や批判の本を見せてもらいました。最初は牧師の話を私は信じなかったのですが、そのうち、自分で考えなければならないと思うようになったのです。脱会した元信者の手記があり、その中で、献身者の「マイクロ隊」の

（注）ビデオセンターでは、統一協会の教義を説明するビデオの外に、「十戒」「ベンハー」「天地創造」「野麦峠」「善意銀行」などの一般の映画やテレビ番組のビデオを対象者の関心に即して時々見せている。

交通事故を統一協会が自分とは関係ないと責任を逃れたということが書かれていました。事故が起こっても自分たちの責任分担が足りないからだという話を内部でも聞いていたのですが、統一協会というところはそんなにひどいところだったのかと、手記に思い当たることがありました。

統一協会では脱会すると「サタンに打たれる」と教えられていましたが、脱会者に実際にあって、全然大丈夫だと分かって安心しました。「サタンに打たれる」というのは元信者にとって死ぬよりも恐ろしいことです。

自分は間違いに気づいて、抜けて良かったと思っています。しかし、統一協会のために私が失ったものはとても多いです。学生時代のクラブでおつき合いしていた男性とも別れました。統一協会では文鮮明が認めた以外の男女交際は罪だといわれたのです。

私は活動に完全にのめり込み、他のことに気がつかなくなっていました。

私が入った会社は残業の多い会社でしたが、統一協会の活動で残業もできず、会社の人にも迷惑をかけました。会社は九〇年四月でやめました。私が統一協会に入っていたことを話してそれをやめた事情を説明したら、良く理解してくれてもし良かったらこのままいてくれといってくれました。しかし私は一年半の原理の活動で、体は現実の生活をしていても頭は現実から離れていました。ですから、心と現実とのギャップが激しくて仕事につけなかったのです。

半年位急に落ち込んだり不安定な精神状態で、悩んでいました。すぐ働く気がしませんでした。それから一年位休息してようやく落ち着いてきて、働いて見ようという気になりました。自分の意思で判断する能力をなくされ、何でも上の人の指示でやるようになっていたのです。統一協会では自分で考えなくて済んだので、やめた後は自分で考えなければならないのがつらかったのです。自分で考えることが不安でした。

母親は私の原理活動のことで精神的に限界まで参ってしまい、いつも心のどこかに自殺したいという思いがあったそうです。母は腎臓がもともと悪いのを悪化させました。私は母が反対するので逆に母が「サタンに打たれている」と思って、かえって母を救うためにより一層懸命に通ったのです。

原告　菅原恵子　陳述書

一　はじめに

私は、一九八六年五月から九〇年五月までの約四年間、統一協会の経済活動や伝道活動に従事しました。

統一協会内では、統一協会に経済的に寄与することが救われる道だと徹底的にたたき込まれます。ですから、今にして思えば詐欺的商法であっても、当時はその人が救われるための良い事をしていると信じ込んで行動していたので、罪の意識のかけらもなく、経済活動に積極的に加担してしまいました。

私が統一協会の誤りを自分なりに理解し、脱会した現在もなお、共に頑張ってきた兄弟姉妹は、何も知らずに汗を流し、体を痛めながら「み旨」に励んでいることと思います。その兄弟姉妹が早く救出されることを祈りつつ、私の統一協会での活動内容について真実を述べます。

私は一九六六年一一月、長野市内で、会社員の父と主婦の母との間に長女として出生しました。一九八五年に長野市立高校を卒業し、和裁の仕事をしておりました。

二　勧誘を受けた経緯

一九八六年五月、高校時代に同じクラスだった矢野英子さんに長野市内の道でバッタリ出会いました。矢野さんから「サークル活動をやっているの、映画を上映しているから見に来ない？」と誘われました。

［原告菅原恵子（仮名）の略歴］
66年11月　出生（長野県）
85年3月　長野市立の高校卒業
　　4月　和裁の会社で就労
86年5月　友人に長野教育文化センターに誘われる
87年9月　献身（退職して家出）
　　11月　マイクロ隊へ
88年5月　長野の青年支部で借入（HG）担当
90年5月　脱会
現在　主婦

「み旨」（みむね）
文鮮明の指示した教義や指示あるいは統一協会の資金集めや信者集めなどの方針のこと。

当時私は一九歳で、高校卒業後、手に職をつけようと意欲に満ちて和裁の仕事を始めたところでした。しかし、実際始めてみると、仕事量も予想以上に多く、先生も厳しい方でしたので、続けていけるかどうか不安を感じ始めた頃でした。

矢野さんには誘われたものの、なんとなく新しい事を始める勇気もなく、最初はその映画の誘いも断っていました。でも、何度も熱心に電話をもらううちに、しつこいなあと思いながらも、ここまで誘うんだからよほど良い何かがあるんだという気もしてきたのです。また矢野さんの生き生きとしている姿を見て、私も何か生き甲斐を見つけなくちゃいけないんじゃないかと考え始めました。こうして、八六年五月一四日、思い切って、映画を見に出かけました。

矢野さんに連れて行かれた最初の場所は、長野市内にあるビルの四階の「長野教育文化センター」という所でした。その時見た映画は「風の谷のナウシカ」でした。映画の観客が私と矢野さんのたった二人だけだったので、びっくりしました。その後、ケンタッキーフライドチキンで軽食をとっていると、「ここからすぐ近くに青年たちばかりが集まるサークルがあるんだ。ビデオを通して勉強もできるし、とてもためになるの。行かない?」と誘ってきたのです。日曜日で四時にもなっていたので「もう夕方だし、家の手伝いもあるし、明日仕事もあるから帰らなくちゃ」と断りました。ところが、矢野さんは「一五分のビデオだから見てって、お願い」と頼むのです。今日まで何度も誘われたのに断り続けてきて悪かったという気持ちもあったので、あと少しだけつきあってあげようか、と軽い気持ちで行くことにしました。そのときは、まさかそこが宗教の伝道のためのビデオセンターであるとは思いもしませんでした。のちにビデオセンターに通うようになってしばらくした頃、そこのスタッフの望田良

「長野教育文化センター」 統一協会が信者を勧誘する目的で全国各地に設立しているビデオセンターのひとつ。

子さんに「宗教ですか？」と聞きましたが、はっきり「違いますよ」と言われました。

矢野さんに次に連れて行かれた所は「ＳＩＣ」というビルの二階にある喫茶店風の静かな所でした。ここも統一協会のビデオセンターだったわけですが、通っている間はふつうのサークルだと信じていたのです。

矢野さんとスタッフの女性と三人でちょっと話をしてから、すぐ「めざめの季（とき）」というビデオを見ました。少し難しい気もしましたが、ビデオでいう「人生の目的」というものに心ひかれました。大田美子さんというスタッフが、私の感想を尋ねるのでそんなことを話すと、ビデオセンターに入会して次のビデオを見るように強く勧めたのです。私が戸惑っていると、「まずはやってみなくちゃどんなに良い内容かわからないよ。新しい自分が発見できて、自分が変われるから」と、強い調子で誘うのです。

当時私は、何かやらなくちゃいけないけれど何をやったらいいのかわからないといった漠然とした不安や焦りを感じていたところでしたし、また、そこにいた人たちもとても明るくて優しい人ばかりだったので断り切れず、思い切って当日入会を決め、翌日入会金五〇〇〇円を出して契約してしまいました。帰り際に、これから勉強していく段階だから、家族や友達にはこのことは今は言わないで勉強してから話した方が良いと言われ、私は素直にそれに従い、だれにも話しませんでした。

入会後、早くサークルにとけこまなくてはと思い、週に二、三回はビデオセンターに通いました。でも、仕事が忙しくて身体もきついうえに、ビデオの内容も少し難しかったので、通うのを辞めてしまおうかと迷い、しばらくはビデオセンターに行かない時期もありました。そんなとき、「霊の親」（伝道した人）にあたる矢野さんは、一生懸命に私がどんなところで迷っているかを聞き出し、手紙や電話を何度もしてきて、

「霊の親」
統一協会では信者Aを統一協会に誘った信者Bのことを「霊の親」と称し、BにとってAを「霊の子」という。Bの霊の親にあたる信者CはAにとって「霊のおばあちゃん」ということになる。

通い続けるようにとてもしつこく説得してきました。その熱心さ・しつこさに根負けして、結局再びビデオセンターに通い始めました。この矢野さんの熱心でしつこい説得や誘いは、実は、統一協会の信者獲得のためのマニュアルどおりのものだったのですが、当時の私にはそんなことは想像することすらできませんでした。

三デイズ（入信しかけた信者のための二泊三日の合宿）に参加することを勧められたときも、かなり迷いましたが、ビデオセンターの「所長」の小野紀子と矢野さんとが必死に勧めるので、行くことになってしまいました。その参加費として三万円を支払いました。そのあとは三デイズに向けて、それからは毎日のようにビデオセンターに通いました。

三デイズの日程が迫ると、ビデオセンターのスタッフは私に、「今はまだ勉強をしている段階だから、親には自分がきちんと理解してから話した方がいい」と言いました。まさかそのビデオセンターが宗教だと思っていなかった私は、疑問を持たず、ビデオセンターで教えられたとおりに、家にはサークルの研修だから心配しないでと説明し、職場には法事という嘘の理由で休暇をとりました。私が統一協会のためにつかされた嘘の第一番目でした。

三　三デイズ

一九八六年七月、群馬県高崎市の井野センターという統一協会の修練所で、三デイズが行われました。

三デイズでは、竹田武男講師の講義を、朝から夜八時位までみっちり聞きました。

生の講義はとても迫力があって強烈で、中でも「キリスト論」や「主の路程」には感動してしまいました。レクリエーションで行った統一バレーでは、自分がこんなに真剣になれるのかとびっくりするくらい完全投入してしまいました。食事もおいしかったのです。

「今まで何も考えないできたけれど、やっとこれから何をやれば良いのか、人生の目的がわかった、みんなも私と同じように人生の目的を求めていたんだ。私と同じように考える人がこんなにたくさんいる。まさにこれが私の本当に求めていたものなんだ」と、いつしか思わされていました。講師が「家族の中で一番早くこのすばらしい体験ができたことを感謝しなさい」と話しましたが、私もすっかりその気にさせられ、素直にその言葉を受け入れてしまっていました。

三デイズの最終日の講義でメシアが文鮮明であることをあかされ、このサークルが宗教だということが判りましたが、この段階では、「こんなに人のために尽くした方がいたのか」と感動していて、それを信じきっていたため、宗教であるのにそうでないと騙されて伝道されたことに対する怒りや不信感・違和感などを感じることもできませんでした。

今にして思えば、講義中は質問も禁じられていたし、講義終了後は夜一二時過ぎまで班長の面接があって、しかも翌朝は六時からスケジュールが詰まっていましたから、睡眠も十分ではなく、統一協会の教え以外何も考える時間を与えられなかったのでした。それに、外出は一切禁止のうえ、夜も受講生の間に班長が入ってぎゅーぎゅー詰めになって寝ていて受講生同士が疑問をぶつけ合うようなことも決してできないようになっていました。

「主の路程」 メシアと信じこまされている文鮮明が如何に苦労して人類を救うために努力してきたか、その経歴を歪曲・美化した講義。

三デイズの帰りに、各地から集まった仲間とまた連絡を取りたいと思い、住所を教え合っていたのですが、班長に取り上げられてしまいました。「家庭に証していない人が、もし家の人に手紙を見られたら反対されて通えなくなる」と言うのです。当時はアベルのことを疑ったりできなかったので、みな素直に従いましたが、今思えば、入信しかけた人同士が統一協会に対する疑問を話しあったりして一斉にやめられることを防ぐためのものだったのです。

四　新生トレーニング（初級トレーニング）から四デイズへ

三デイズが終わってすぐの一九八六年七月末頃から、初級トレーニング（別名新生トレーニング）に入り、長野市内の一軒家の一階に通って、講義を受けました。仕事との両立は大変だったのですが、つらいときは「これは全てお父さまも通過してこられた心情なんだ。お父さまの御苦労に比べれば私の苦労は小さすぎて申し訳ない」と悔い改めるようにと上から指導されていました。原理がわからなくなったり、年長者ばかりの初級トレーニングの受講者たちにとけこめない感じを持ったりしてやめようかなと思ったこともありました。でも、私が行かなくなると、必ず「霊の親」の矢野さんが私に連絡してきて、私の迷っている点を聞き出し、それはトレーニングの中で解決できるとしつこく誘うので、彼女に言われるままに続けてしまいました。

この初級トレーニングで、渡辺洋子というアベルから、「アベルを通してでなければ神様は働いて下さらないので、すべて「報連相」するようにと教えられました。つまり、あらゆることを上司に報告・連絡・相談し、決して下の者同士で話し合っては

「アベル」
先輩格の信者のこと。統一協会では「アベル」の指示に対し、「カイン」（後輩信者のこと）は絶対服従するよう教え込まれる。

いけないというのです。

一〇月には、秩父の「天望閣」という修練所で四デイズに参加しました。関東一円から受講生が集まって、長瀬講師から統一原理の講義を受けました。やはり朝から夜までみっちり講義を聴き、深夜まで班長の面接を受けました。この面接では、自分が氏族のメシヤとして立たなくてはいけないと、くりかえし、しつこく献身の説得を受けました。最終日、キャンドルサービスという儀式で全員が献身を誓わされました。この儀式で受講者全員が順番に献身を誓っていくのを見て、私も、「こうしてみんなと一つになって同じ目的のもとに歩むしかない。お父様は私達の身代わりとなって肉体をボロボロにしてまでもご苦労されてきたんだ。私も一生こうして進んで行くんだ。今度は私達が少しでも苦労する事によって皆が救われる。この事を知ってしまったからには、もうやめることはできない」と思い込まされ、献身を決意させられました。

五　上級トレーニング

四デイズを終えると、次は上級トレーニングといって、献身の準備段階に移りました。私は、大坂和子さんというアベルから、献身の条件として天が公認する万物を授かるようにと姓名判断と因縁トークをされ、印鑑を五万四千円で買わされました。また、この八六年一一月頃、私の母も、大坂さんが担当して、「先生」と称するトーカーから家系図を書かされて「先祖の因縁」トークをお昼頃から夕方までの数時間受けて、貯金をはたいて二二万円も出して念珠を買わされました。母が念珠を授かったと聞いたときは、統一協会の教えを信じきっていた私は、家庭復帰が近いという期待と

「トーカー」
霊感商法で物品を売りつける説得役をする信者のこと。家系図の先生だとか霊能力のある先生だと介添役（ヨハネ役という）の信者が事前に説明して、トーカーの権威を高いものと信じ込ませたうえで、トーカーが説得をはじめる。

「家庭復帰」
信者の親を統一協会の信者にして、その家族全体を統一協会の言いなりに献金し活動するようにしむけること。「復帰」は、本来属すべき「神側」つまり統一協会側に人や物を取り戻すという意味で用いる。

い状況でした。

喜びでいっぱいになったほどでした。この頃は、印鑑や壺や念珠などを因縁トークで売り付けることが霊感商法として法律的に許されないこととは、考えることもできない状況でした。

上級トレーニングでは、献身までの間、伝道と経済活動の実践に参加することになります。八七年一月から勤労青年部に所属し、八ヵ月間、街頭伝道や電話動員などを必死で行いました。一ヵ月に三人をコース決定（ビデオセンターに入会すること）させるというのがノルマで、アベルに指示されるままに、毎日、ノルマ達成のため、今日は一二名から約束を取り付けようとか、今日は四〇人に電話をかけようなどと、統一協会にとって意味のある数字を決めさせられて、電話をかけまくりました。

ノルマがきつく、仕事と家の事と信仰との両立が大変だったところに、渡辺佳子というアベルが「思い切って献身してしまった方が、たとえ今は理解してもらえなくても氏族の救いは早いよ」と強く献身を勧めました。氏族のメシヤとしての使命感にすっかりそまっていた私は、仕事のきりのいい八七年九月、それまでの仕事を退職してしまいました。

六　献身

献身については、父が強く反対していました。でも「み旨」を知ってしまってからやめることは罪であると何度も教え込まれていた私は、父の反対があろうとも献身するしかないと決意しておりました。仕事を辞めた三日後の、忘れもしない母の誕生日である一九八七年九月、私は家を出て、長野支部のホームに入居しました。

「一二」
統一協会では大切な数字3（三段階など）と4（四位基台など）をかけあわせた数。

「四〇」
統一協会ではサタン分立数。
このように統一協会は特定の数字に特別の意味を付与して、その数字の伝道や献金、物品販売価格にこだわる。たとえば、

伝道	7コース目標			
印かん	21万	40万	70万	120万
献金	同右			
多宝塔	1200万	4000万		

献身後、まず、八七年一〇月いっぱいは、長野支部で伝道機動隊として街頭布教活動などを行いました。もちろん街頭で声をかけるときに、統一協会であると明かしたりはしません。宗教なのに宗教でないと偽って伝道しても、それによってその人が救われるのだから良いことだと教えられ、私自身そう確信しておりました。嘘をつくことの罪の意識を感じる余地などありませんでした。

七　マイクロ部隊

八七年一一月、長野支部の金子国夫団長とその夫人である金子由子チャーチマザーの面接を経て、私はマイクロバスに乗って珍味売りをする珍味前線に参加させられました。一旦は前橋にある関東ブロックのマイクロの本部に集合し、五、六人ずつの班に分かれて、一ヵ月ごとに各地へ飛ばされました。

一一月は石川県の能登へ、一二月は長野県の飯田、伊那へ、翌八八年一月は新潟県の新発田、三条、燕、佐渡へ行きました。冬の寒冷地でのマイクロ部隊は大変でした。マイクロ部隊は、みな違法改造車の中で三時間程度の睡眠時間しかとらずに、珍味を売り歩きます。朝は五時に起床、公園など水が使える所で洗面し、その後祈禱会を終えて、五時半頃パンなどで朝食をとり、遅くても朝六時には、珍味をたくさん抱え、地図を渡されて一人ひとりマイクロ車から降ろされます。そして、朝は民家、一〇時頃から保険会社、市役所、建設会社、工場などをまわり、夜はB街（飲み屋街、バー街のこと）へ。人がいる所だったらどこへでも入っていきます。入るまでは度胸がいりますが、アベルの指示どおり、自分をなくして天の心情圏に立ち、み旨の為だと祈

「天の心情圏に立つ」
文鮮明が人類救済のためにたいへんな苦労をしながら活動しているので、その文鮮明の尊い心情と同レベルの犠牲的精神をもつこと。

りながら一軒一軒飛び込んで行きました。最初は、花田静子に一緒に付いてまわってもらいましたが、そのあとは一人で売り歩きました。統一協会の活動とは決して言わず、「日本訪問販売」という会社名を使って売りました。

「新入社員の研修で北海道のおいしい珍味を試食してもらってます」と、まずはタッパーを差し出し、とにかく味見をしてもらいます。食べてもらったら、お父様の万物を受け入れたも同じと思い、あとは商品のアピールを一生懸命し、時には歌を歌って注目を集め、四個セット、六個セット、八個セット、一二個セットと「セットでおまけが付きますよ」とセットから勧めます。とにかく一袋でも多く授かってほしい、天の万物を少しでも多く授かればそれが救われる条件になるのだからと、祈りながらトークしました。売れないときも決して相手を恨むのではなく、「私がこうしてお父様の代身として来たのだから必ず条件になっている」と信じ、肩もみしてあげたり、靴をそろえてあげたりと、ひたすら尽くしました。

会う人のほとんどから冷たくされましたが、お父様に会うときの心情になれと言われていたので、思い切りの笑顔で、最高の喜びを持って接するのです。一ヵ月間も毎日同じことの繰り返しですから、泣きたくなったり、家に帰りたくなったり、足腰が痛かったり、眠かったり、とてもつらいものでした。それでも、苦しい時は、アベルの指示で「こんな時お父様だったらどうしたのだろうかと考えるように」と言われていたので、その指示どおりに「お父様」を思って、気持ちを転換して乗り越えさせられました。私の時間はすべて統一協会に管理され、一日中珍味を売るために立ちどおしで歩いていました。何でこんなことをやらなければならないのかという疑問を持つ余裕はありませんでした。珍味が売れたときは、お父様のお陰だと思って喜び、売れ

「日本訪問販売」
八〇年に設立された、マイクロ部隊が売る商品の仕入、販売等を主たる目的とする統一協会の戦略企業のひとつ。その後「陽興」と社名変更している。統一協会では現在も「日訪販東京」などの社名でマイクロ部隊の信者に物品販売による資金集めをさせている。

「天の万物」
統一協会が組織的に販売している商品のこと。

ないときは自分の信仰が足りないのだと言われ、それを信じ込まされていました。ロボットのようにアベルの指示どおりに動くことしかなかったのです。

毎日深夜まで売り歩き、その後マイクロ車に拾われて路上や公園に行き、皆集まってキャプテンから牧会を受けたりしてから休むので、寝るのは深夜一時、二時になりました。運転手も睡眠不足ですので、交通事故をよく起こすのです。私のいた班も新潟で大きな事故をやり、車が大破してしまったので、マイクロ車の中で寝られずに外で寝たこともありました。佐渡へはフェリーに乗って行きましたが、乗船料節約のため、姉妹たちは五、六人皆マイクロ車の中に隠れて荷物になりすまし、人は運転手一名と嘘をついて入船するようにと指示されました。

珍味売りは、原価五、六〇〇円の品物を二五〇〇円で売るわけですから、お客さんからは高いと何度も言われました。でも、それがアベルから言われる摂理で絶対なのですから、何としても売らなければなりません。相手を賛美し、替え歌を歌って踊って、興味を引いて売り歩くのです。一人で、月一〇〇万円や二〇〇万円。一日三万円から四万円は最低でも売らなければなりません。毎日、一人ひとりが時間を決めて前橋のマイクロの本部に電話を入れることになっていました。実績（売上げ）の良くない月は、お風呂も一〇日間ほど入らず、洗濯もさせてもらえないまま、珍味を売り続けました。

八　二一修

八八年三月には、千葉中央修練所で行われた献身者だけを集めて行う二一修※（二一

「千葉中央修練所」名実ともに統一協会信者を教育するための施設、千葉市花見川区千種町二六五にある。

※統一協会は「違法伝道」訴訟で、二一修は統一協会主催と認めたものの、二一修の一環として行なわれる「お茶売り」などの実践活動は信者たちが任意に行なう資金集めの活動だと弁解して責任免れを策している。

日間の修練会）に参加しました。内容は、原理や勝共理論からみた世界情勢などの講義と、お茶売りの実践・伝道活動などです。お茶売りの実践というのは、「富士園」という会社名をかたって、五〇〇円からセット物で五〇〇〇円位のお茶を一週間売り歩くのです。私は、宮城県に行かされました。

九　マイクロ部隊に戻って

四月に前橋市のマイクロ部隊に戻った時には、私は班長にされました。全国トップの実績を上げるようにと上から厳命がありました。強いプレッシャーを感じながらも班長として班員と無我夢中で珍味を売り、全国トップの成績を上げて優勝しました。たしか、五、六人の班で一ヵ月で八〇〇万円か九〇〇万円の売上げがあったと記憶しています。

今思うと、よくあんなことができたと思うのですが、あの頃はノルマに追われ、ノルマを実現することしか考えられないままに、ただロボットのように突っ走っていたのです。それが良いことだと信じ込んでいましたし、統一協会以外から情報が入って来ることもなく、自分の頭で考える余裕もありませんでしたから、上の決めた摂理を達成することだけを目標に毎日珍味を売り歩きました。

私の場合、父が強く反対しており、アベルは、報連相でそのことをよく知っていたので、「あなたが頑張らないと家庭復帰できない」といつも脅され、そのために普通の人以上に無理をしたと思います。

一〇　印鑑売りへ人事

一九八八年五月には、上から「人事」があり、群馬県高崎市のSSCというホームに属させられ、印鑑売りをさせられました。「優美堂」という会社名を使って二人組みで戸別訪問を行い、片方がアベル役、もう片方がカイン役となって、因縁トークを行なって印鑑を売りつけるのです。印鑑を売るときには、売る相手の経済状態を聞き出しその経済状態に応じて値段を決めるのですが、高いものは一二〇万円で売ったりもします。高く売れば売るほど摂理にはかなうのです。経済的に厳しい家庭の人にも無理な値段を言うので、その兼ね合いに悩むこともありました。でも、それによって相手が救われると思い込んでいたので、騙しているという意識は全くなかったのです。

一一　長野支部への人事・HG

八八年五月、父が私の活動に反対しているということから、家族対策をするようにと、長野支部に帰されました。父が「反対牧師」とつながっているのではないかと心配され、対策講義を受けてから帰るよう指示されました。「対策講義」とは、統一協会に反対している家族や牧師が大勢いるが、内容もわからずに一方的に反対しているだけで、お金目当てに監禁したりしているサタン側の人間だ、という内容を教え込むのです。パルパル（一九八八年の意）修練会という家庭問題のある人ばかりが集まる集会にも参加させられました。

「優美堂」
本店所在地を高崎市新田町二―三に登記していた統一協会が霊感商法をする際に用いた会社名のひとつ。

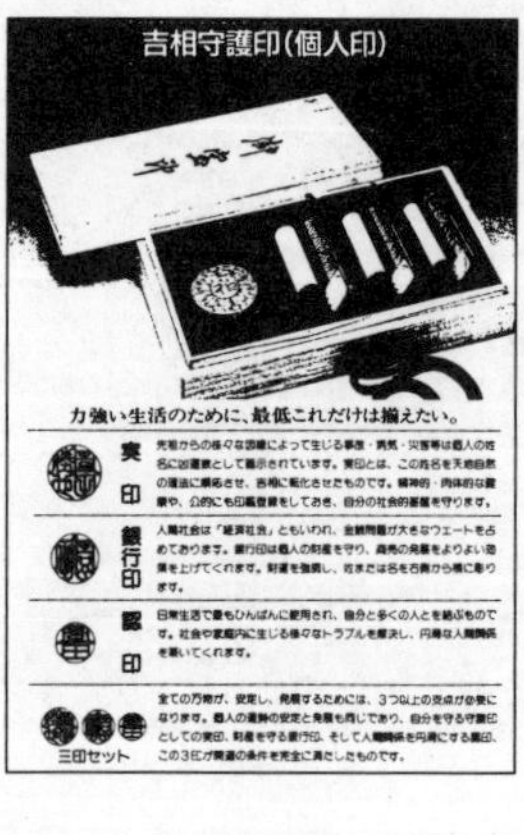

印かんのパンフレット（印鑑三本セットで一八万円から一二〇万円までの価格）

長野支部に戻ってからは、上級・実践トレーニングの補佐、青年部のシスター、会計担当などあらゆることをやりました。HGもしました。HGとは、勤労青年の信者の名前で銀行からお金を借りてもらい、統一協会の資金にすることです。私はアベルのもとで、前任者からやり方を教わりました。HGを信者にさせるため、まず勤続年数一年以上、年齢二〇歳以上、年収一五〇万円以上の条件を充たした仕事先のある兄弟姉妹（信者）に面接します。今の摂理を訴えて、摂理のための献金が足りないから借入れしてお金を「復帰」（統一協会側、すなわち天側に返すこと）しなければいけないと話して、大変だと思うかもしれないが、後で必ずお父様の代身として少しでも役に立てて良かったと思える時が来るから共に頑張ろうと説得します。そして、実際の借入手続の方法を説明します。都合でどうしても本人が行けないときは、献身者が本人になりすまして手続に行くこともありました。

金融機関（銀行やクレジット会社）に対しては、決して統一協会のために使うとは言わず、車や着物、家具、楽器などを買うためとか、旅行のためなどと偽って借り入れさせます。そのために、私は、いろいろな車の会社、呉服店、家具屋、旅行会社などをあたって、買うふりをして見積書を用意しました。借りる人の所得証明や、印鑑証明などを取り揃えるのも私で、毎日のように市役所に出かけました。銀行へも出かけてローン用紙やパンフレット類をいろんな口実でもらってきました。

借り入れる金額は、普通は年収の半分です。一つの銀行以外借りてはいけないのですが、それではとても与えられた目標（ノルマ）に足りないので、一人何件もの金融機関から借りて一人あたり合計一〇〇〇万円前後は借りまくりました。たとえば、こんなやり取りをするのです。

「家族対策」
統一協会に反対している両親等を言いくるめて反対しないようにし、できれば信者にする（家庭復帰）ための対策。その一環としてどのように家族対策をするか**「対策講義」**がなされる。親族が反対している信者のことを**「家庭問題のある人」**という。

統一協会員（以下Ａ）「○○と申しますが、××ローンの手続お願いします」
銀行融資担当係（以下Ｂ）「こちらのお取引はございますか」
Ａ「いいえ、ないのですが、ちょうど通帳も作ろうと思ってまして……かわいい通帳ですよね」（と賛美する）
Ｂ「ありがとうございます。それで今回はどのようなご理由のお借り入れでしょうか。」
Ａ「こんど、友人から車を譲り受けることになりまして、月末に一括で支払う予定なんですが、その友人がこちらで借りたらいいんじゃないかと勧めてくれたものですから」
Ｂ「そうですか。今日は印鑑と保険証や免許証はお持ちですか」
Ａ「はい。持ってきました」
Ｂ「お待たせ致しました。車はどのような物ですか」
Ａ「友人に見積書を取ってもらったのを持ってきました」
Ｂ（じっくり見て）「はい。お預かりします。ではこちらの用紙にご記入下さい」
Ａ「△△万位必要なのですが、どの位お借りできそうですか？」（できればカードローンの手続もする）
Ｂ「△△万位でしたら大丈夫だと思います。でも信販会社を通してから結果が出ます」
Ａ「いつ頃わかりますか？」
Ｂ「そうですね、二、三日位かかりますので、こちらからご自宅か会社の方にお電話差し上げますが」

「ＨＧ」
「早く現金」の隠語とも、「ハッピーゴールド」の隠語とも言われている。信者やその家族の名義で借金してその借入金を統一協会に渡してしまうこと。その借金は上記のように統一協会が返済金を用意することもあるが、資金ぐりが苦しくなると借入名義人の負担で返還させられる。このため深刻なトラブルを信者やその家族がかかえることになる。

A「いえ、自宅の方は最近残業で遅くて、会社もあまり通さないのでこちらからお電話しますので、よろしくお願いします」（電話されるとホームに住んでいることなどがバレたりして困るのできっぱりと言い切る）

銀行も、統一協会の借入れを警戒しているところが多くなって融資担当者の目が厳しいので、本人がしっかりした態度で臨まないと断られてしまいます。また、手続に行ってから二、三日後には忘れずに電話をして、結果がわからないときはわかるまで、執念深く電話し続けるのです。だいたい、勤労青年一人について、五、六件借りさせました。一件の借入について毎月五〇〇〇〇円以上返さなければなりません。HGした兄弟姉妹が私のホームには二〇人位いましたから、一〇〇件以上の通帳に毎月末に数百万円の元利合計額を振り込まなくてはなりませんでした。この借金を返すだけでも大変であるうえに、私たちのホームの運営費や文

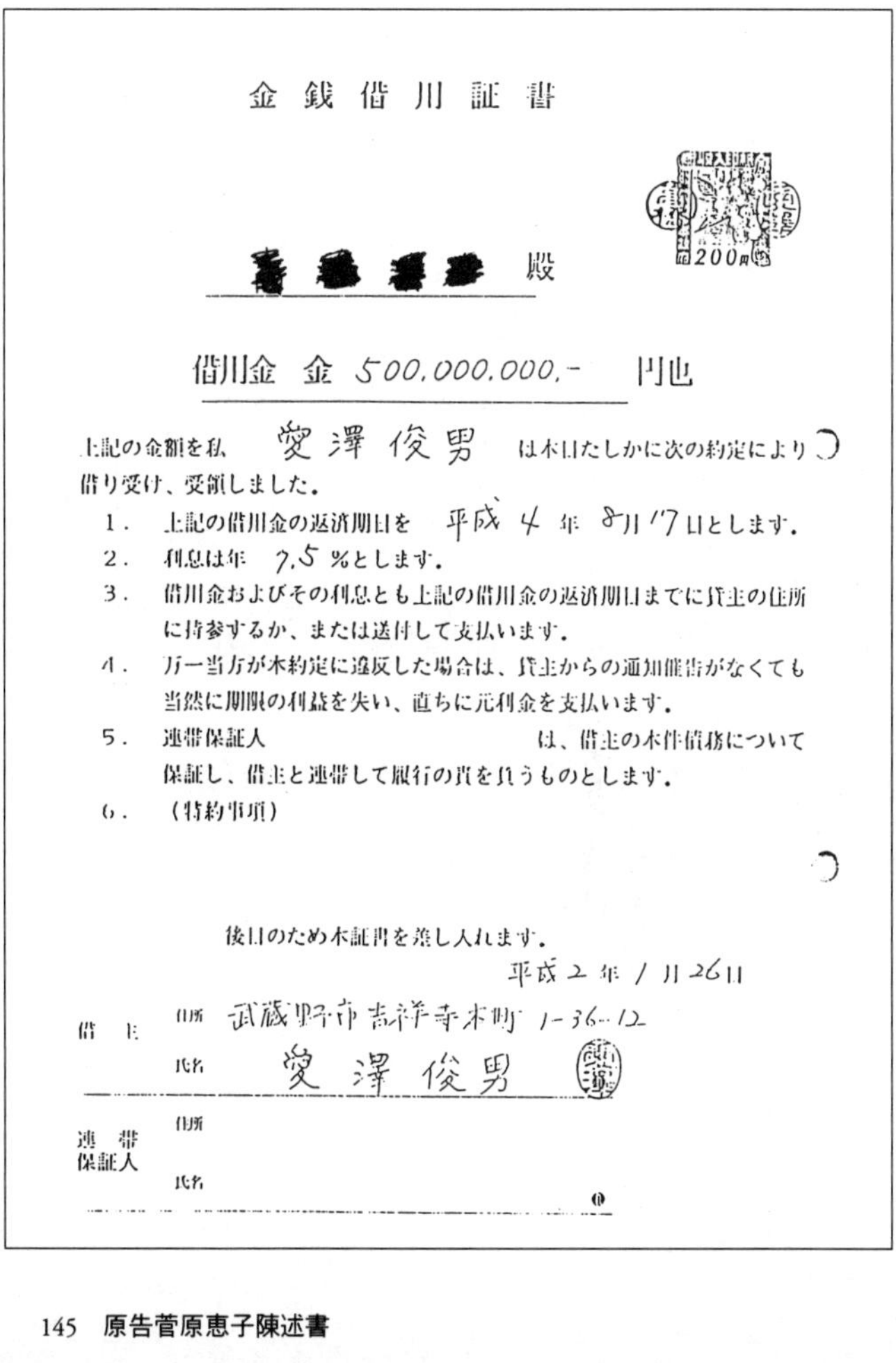
金銭借用証書

[redacted] 殿

借用金　金 500,000,000.- 円也

上記の金額を私　愛澤俊男　は本日たしかに次の約定により借り受け、受領しました。

1．上記の借用金の返済期日を　平成4年8月17日とします。
2．利息は年　7.5 %とします。
3．借用金およびその利息とも上記の借用金の返済期日までに貸主の住所に持参するか、または送付して支払います。
4．万一当方が本約定に違反した場合は、貸主からの通知催告がなくても当然に期限の利益を失い、直ちに元利金を支払います。
5．連帯保証人　　　　　は、借主の本件債務について保証し、借主と連帯して履行の責を負うものとします。
6．（特約事項）

後日のため本証書を差し入れます。

平成2年1月26日

借主　住所　武蔵野市吉祥寺本町1-36-12
　　　氏名　愛澤俊男

連帯保証人　住所
　　　　　　氏名　　　　　　印

借入関係の書類の例

鮮明への献金のノルマもあります。ですから、いろいろな方法で物を売ったり献金させたりするだけでは足りずに、また別のところから借金することになります。本当に雪だるま式に借金が増えていくようでした。兄弟姉妹にHGさせた後、統一協会が返済するというのが本来のやり口でしたが、次第に返済できなくなり、HGさせた本人に対しても、献金を迫って返済に充てました。毎月の借入れ額のノルマは二〇〇〇万円から三〇〇〇万円位だったと思います。毎月月末に会計を閉めていたので、閉めの頃は連日徹夜でお金の計算をしました。

今考えても、あの頃のことを思うとぞっとします。冷静に考えれば、このような借金を重ねていけば、いずれ破綻することは目に見えています。しかし、当時は上の指示のまま、ただ借入れ、計算、送金と私に与えられた役割を果たす以外になく、長期的な問題など考えることはできませんでした。

会計以外にも、人参茶等を売ったり、展示会を開いて男女美化粧品を売ったりするので、てんてこまいの日々でした。

とにかく、毎日がお金のやりくりで終始していたのです。それでも、本部からは各地区ごとの献金の厳しいノルマがくるのです。それには100パーセント従わなくてはなりません。上の指示は絶対なのです。

私は家庭問題のために長野に人事異動になったのですが、長野支部では、「家に帰ると監禁されるから」とか、「信仰の確立ができていないから」と言って、ちょうど祖母が入院してしまったので見舞いに行きたいと何度申し出ても、家には帰らせてもらえませんでした。未だにこのことは無念でなりません。

「男女美化粧品」 統一協会が組織的に販売していた化粧品のブランド名（ダンジョビ）。統一協会は「株式会社男女美〇〇」という会社を多数設立して全国で男女美化粧品を組織的に販売している。

一二　マイクロに再び戻って

八九年一二月には、またマイクロ部隊に行きました。お金の算段で神経をすり減らすよりも、自分の体を酷使してでも自分の足で歩き、少しでも実績を作ってお金を復帰していくことの方が気持ちが楽でした。お父様（文鮮明）に対する思いも深まると思っていました。

このときは「有限会社ファミリー」という名前を使って、前橋から高崎、静岡あたりで珍味を売り歩きました。重い荷物を抱えて寒い中を朝から晩まで売り歩いたので、腰に負担がかかったうえに冷やしてしまったらしく、歩くだけでも腰が痛くてしょうがありませんでした。でも、アベルからいつも私の父が反対していることを持ち出されて「家庭復帰のため」と事ある毎に叱咤されました。

一三　再度印鑑売りに人事

その後、九〇年三月から再度高崎市のＳＳＣに人事となり、「優美堂」として印鑑等の販売を担当しました。そこで、体調を悪くし、頻繁に病院通いをするようになりました。私は、家族のことでも悩むようになり、アベルに相談すると、「一年半も長野にいて、家庭復帰のための人事だったのに、なぜ家に一度も帰らなかったのか」と繰り返し言われました。長野では上から固く止められて帰れなかったのに、群馬では正反対のことを言われたのです。このころから上に対する矛盾や不信を少しずつ感じるようになりました。

また、この頃、父が高崎の統一協会までわざわざ訪ねて来て、私がいとこの結婚式の受付係に決まったからと招待状を持って来ました。そのため、九〇年五月には、小山市の店舗に移されました。

一四　脱会

一九九〇年五月、協会の塔野部長から家族対策のための面接指導を受けて帰省しました。家族の最近の状況や、反対牧師とのつながりの有無、私の決意、監禁された場合の対策、私が脱会書を書いた時にそれが真実か偽装であるかを協会側が見分けるための約束（名前の書き方を取り決めておきました）などを話し合ったのです。

でも、私は、私を待っていた父たちの説得により、統一協会の教えが間違っていることがわかり脱会したのです。

統一協会の中にいた四年間は、全く教えを疑わず、外部に確かめることもできないまま、ロボットのように上の指示に従って必死にがんばった日々でした。家族とも会うことを禁じられていたので、祖母の見舞いにも行けなかったし、三年間一度も家に帰らせてもらえず、家族にも親戚にも大きな精神的負担をかけてしまいました。

現在私は、両親の愛に触れ、夫とめぐりあい結婚して安らかに毎日を過ごしていますが、万物復帰の前線で無理をしたため体調を崩し、特に冷えのせいで腰痛をかかえてカイロプラクティックの治療に通っています。

「店舗」
一般社会でイメージする店のことではない。霊感商法等で資金集めを担当する信者たちが共同生活するホームやその組織体のことを店舗という。

原告　杉田あゆみの調書から

［信者勧誘、展示会による資金集めの手口］

杉田さんは八七年三月に短大を卒業して、不本意な職場に就職せざるをえなかった。そんな挫折感をかかえて勤務していた八七年六月、八王子駅頭で「青年意識アンケート」に答えたことがきっかけで、献身者になってしまった。

杉田さんがこのアンケートに答えてビデオセンターに通うようになり、ツーデー、ライフトレ、フォーデーを経て自ら詐欺的勧誘をするに至る経過のなかで、ビデオセンター等への誘い込みの実情を証言している部分を抜粋して紹介する。

［略歴］

66年7月　出生（東京都）
87年3月　T短期大学卒業
　4月　食品販売会社に勤務
　6月　街頭アンケートを受ける
　　その後CBの展示会へ動員される
　7月　ビデオセンターへ連れていかれる
　9月　フォーデーへ参加
　10月　新生トレーニング
　11月　STB（実践トレーニング）
88年1月　退職し、献身
　　第一一地区伝道機動隊へ
　7月　同教育部スタッフ
89年3月　同カウンセラー
　10月　マイクロ隊
　11月　カウンセラー、珍味販売、他
90年6月　脱会

ビデオセンターに行ったいきさつ

挫折感を持ちながら勤務していたころに、八王子で統一教会がやっているアンケートというものに誘われたことがありませんでしたか。

　ありました。

何年の何月ごろでしょうか。

　昭和六二年の六月です。

場所はどこですか。

　八王子のＪＲ北口の放射線通りです。

北口前の人通りの多いところということになりますか。

　はい。

これはどういう内容のアンケートでした。

　今の生活に満足してますかとか、関心のあるスポーツは何ですかという、たわいのない内容のものでした。

後出の甲二八八号証から二九〇号証を見てください。ここにアンケートらしいものがあるんですが、

Art Information Intervier

✿ あなたの好みの傾向は？
a）油 絵　b）日本画　c）リトグラフ　d）水彩画
e）パステル画　f）水墨画　g）抽象画

✿ 種類は？
a）風景　b）静物　c）人物　d）その他

✿ 今、あなたのお部屋に絵を飾っていますか？
（Yes, No）
欲しい絵がありますか？

✿ お持ちになった動機は？
a）インテリア性　b）精神性　c）投機性　d）その他

✿ 関心のあるものをあげて下さい。
建築　仕事　政治　世界情勢　ボランティア　人間関係
経済　科学　宗教　芸術　教育　結婚　スポーツ
お花　お茶　音楽　その他

✿ 興味のあるものがありますか？
クリスタル　陶器　宝石　呉服　ジュータン　インテリア

✿ 現在の生活の充実度は何％ですか？　……％
どのような事を改善し、伸ばしていきたいと思っていますか？

御名前　生年月日　年　月　日

御住所　☎

甲第二八八号証のアンケート用紙

「Art Information Intervier」、「青年意識調査アンケート」あるいは「同窓会アンケート」、あなたが受けたアンケートというのもこれに似たものですか。

はい、これに似たものです。

これじしんではないわけですね。

はい、違います。

内容じしんはどうですか。ほぼ同じですか。

はい。

要するに、興味、関心ですとか生活の充実度、あるいは社会の為に役に立ちたいとかそういうことの一般的な内容が聞かれるものだったわけですね。

はい、そうです。

こういうアンケートを取るのを、どういう人がやっていたんですか。

背広を着て、二十歳から二十二、三ぐらいの男性でした。

あなたとすれば、そういうアンケートに応じてくださいという勧誘があったときに、どう思いましたか。

……初めは断るつもりでいました。

どうして断るつもりだったんでしょうか。

どこでやっているかもよく分からないし、仕事途中だったので、仕事に行かなければならないということで。

出勤の途中だったわけですか。

はい。

ところが断りきれなかったということですか。

カルチャーセンターの紹介チラシ

はい。

何故断りきれなかったんでしょうか。

相手は、自分の名前を名乗り、ここはカルチャーセンターで若い人がたくさん学んでいるということでしたので。私もそれならと思ってしまって。

カルチャーセンターのアンケートなので応じてくれ、ということだったんですか。

はい、そうです。

そういうことで、あなたとすればアンケートに応じるということになったわけですか。

はい。

先程のアンケートを見ましても、下に氏名、住所ですとかあるいは生年月日、血液型とかこういうかなりプライバシーに属することが書いてあるんですが、こういうものについてもあなたはすんなり応じられましたか。

最初はやはり断りました。

何故断りましたか。

変なことに利用されては困ると思い断りました。

相手方は男性だったわけですね。

はい。

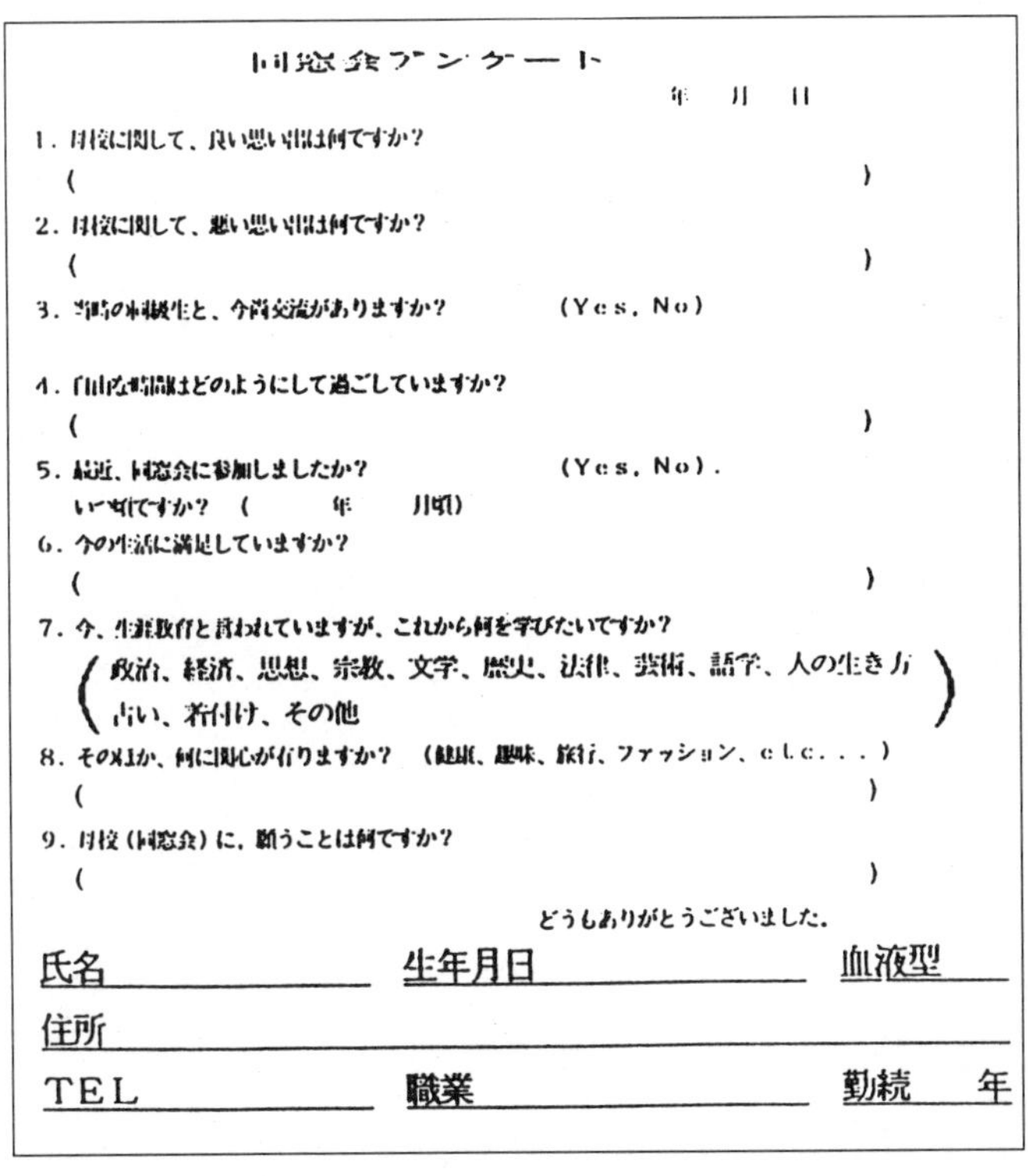

同窓会アンケート

年　月　日

1. 母校に関して、良い思い出は何ですか？
(　　　　)
2. 母校に関して、悪い思い出は何ですか？
(　　　　)
3. 当時の同級生と、今尚交流がありますか？　(Yes, No)
4. 自由な時間はどのようにして過ごしていますか？
(　　　　)
5. 最近、同窓会に参加しましたか？　(Yes, No).
いつ頃ですか？　(　年　月頃)
6. 今の生活に満足していますか？
(　　　　)
7. 今、生涯教育と言われていますが、これから何を学びたいですか？
(政治、経済、思想、宗教、文学、歴史、法律、芸術、語学、人の生き方
占い、着付け、その他)
8. その他か、何に関心が有りますか？　(健康、趣味、旅行、ファッション、etc...)
(　　　　)
9. 母校（同窓会）に、願うことは何ですか？
(　　　　)

どうもありがとうございました。

氏名　　生年月日　　血液型
住所
TEL　　職業　　勤続　年

甲第二九〇号証のアンケート用紙

そういうこともあって、変な使われ方をしては困ると、そういう感じのほうが先に立ったわけですか。

　はい。

では、氏名ですとかあるいは連絡先は書かれなかったんですか。

　結果的には書くことになりました。

何故結果的に書くことになったんでしょうか。

　相手は自分の名前を名乗り、どこどこでやっている、八王子アカデミーライフというところで意識調査を行っていて、自分の責任で悪用することは絶対させないという約束でしたので、しょうがなく書きました。

名前を名乗ることでもあるし、カルチャーセンターだということも名乗ったこともあって、ということなんですかね。

　はい。

相手方は何と名乗られたんですか。

　三澤昌弘ですと。

結局アンケートは、時間的にそれほどかからなかったんですか。

　はい。二〇分くらいのものでした。

あなたとすれば、それで終わったと思っていたわけですか。

　はい。

ところが、それで終わりましたか。

　いいえ、終わりませんでした。

その後、三澤さんからどういうアクションがありましたか。

　「ありがとう」の手紙と「ありがとう」の電話をもらいました。

どれくらい経ってからですか。
　二、三日してからだったと思います。
アンケートに応じただけで、わざわざそういう手紙がきたあるいは電話がかかってきたということだったんですか。

　はい。

どういう内容の手紙、あるいはどういう内容の電話でしたか。

　手紙のほうも電話のほうも、「忙しい中答えてくれてどうもありがとう」という、感謝の内容でした。

そのほかに、何か勧誘がありましたか。

　はい。その後に宝石、毛皮の展示会の誘いを受けました。

次に、後出の甲二九五号証の一を見てください。これが三澤さんから届いた手紙ということですか。

　はい、そうです。

電話もほぼ同内容ということになりますか。

　はい。

アンケートに答えただけで、お礼の手紙、電話がかかってくるという対応をされて、あなたとすればどう思いましたか。

　たったそれくらいのことで、お礼の手紙や電話までよこして、誠実そうで人がいい、丁寧な人だなという感想をもちました。


　春のひざしが感じられる　今日このごろ　いかがお過しですか？

先日は突然声をかけこころよくアンケートに答えてくださって本当にうれしくおもっています。

〇〇さんと話すなかで、人生について真剣に考えていらっしゃる方だなァと思わずにはいられませんでした。

　そして、また〇〇さんと出会うことができて、とても楽しい一時を過させていただきました。

本当にありがとうございます。　この間も紹介させていただきましたが~~ビデオセンター~~サークルは、若者の心の交流の場として、どんどん多くの方に活用していただけたらとおもっています。

「楽しく、明るく、そして為になる」を、キャッチフレーズとして、限られた時間を充実したものにしたい　そんな意欲をもって自分の人生を考えてる方　大歓迎です。

なんといっても〇〇さんのあかるさは、たくさんの人に安心感をあたえることできる温かさを感じます。　これはきっと〇〇さんのもって生れた個性と努力によるものだとおもいます。

是非、ビデオセンターのメンバー二〇〇さんのこと、紹介したいとおもっています。

私達のメンバーも〇〇さんとお会いできることを心からたのしみにしております。

〇月〇日〇時にお待ちしてます。


アンケートに答えた人に出すお礼の手紙のサンプル（例文一として紹介されている）

各種展示会にも誘われて

先程の話では、その三澤さんから宝石、毛皮の展示会なんかに勧誘されたということでしたね。

　はい。

それは、そのカルチャーセンターが宝石、毛皮の展示会をやっているということだったんですか。

　いいえ。たまたま知り合いから招待状をもらったのでという内容で、八王子アカデミーライフセンターとは全く無縁のものである、ということでした。

宝石、毛皮の展示会を、特にあなたに対して勧誘してくる理由はあるんでしょうか。

　私がアンケートの中で、「宝石に興味がある」という欄に「イエス」と答えた為だと思います。

アンケートの中に、「興味があるか」というところで、宝石、毛皮というようなものを書いていたからということですか。

　はい。

そういうふうに三澤さんから宝石、毛皮の展示会に誘われて、あなたとすればどうしました、すぐ応じたんですか。

　いいえ。行くつもりはありませんでしたので、断るつもりでいました。

でも断らなかったですよね。

　はい。

宝石展（シービー展）のチラシの例

どうして断れなくなっちゃったんでしょうか。

場所を聞いたところ、都心のほうで私は場所も分からないし、「興味はあっても買うつもりはありません」と言ったんですが、「自分も一緒にそこまで付いていってあげる」と。それから「普通の宝石店ですと、ショーウィンドーに入っていて手に取ることはできないけれども、そこは全て実際手で持って付けられる」というような、展示会のよさをどんどんしつこく紹介されたものですから。

そうするとこういうことなんですか、わざわざアンケートに答えただけで、電話も丁寧にかけてくれるしあるいはあなたの興味、関心をもった宝石、毛皮の展示会についてもわざわざ誘ってくれると、あまりにも親切なので断りきれなくなっちゃった、そういうことですか。

はい。

今聞いた話だと、あなたの勧誘者である三澤さんが、たまたまえらい親切だったようにも見えるんだけれども、あなたご自身後に統一教会に献身することによって、こういう伝道活動というようなものについても関与されてましたね。

はい。

あなた自身が統一教会の中に入って、今度は勧誘する側になって経験したことでお答えいただきたいんですけれども、こういう勧誘というのは、たまたまこの三澤さんが親切だったというそれだけのことなんでしょうか。それとも何らかの形で、勧誘というのは統一教会の中で組織化、システム化されている、そういうものなんでしょうか。

はい。教会の中の人達が皆同じように誘うので、組織化されたものだと思います。

次に、後出の甲二九四号証を見てください。これはあなたが献身されていたときに使われていたノートであるということは間違いありませんね。

　はい、そうです。

提出した中では右下にページ数がふってございますので、以後ページ数で示しますが、例えば6ページに「伝道対象者カード」というものがありますね。

　はい。

こういうものが統一教会で伝道した場合、個々声をかけた人については常に作られるわけですか。

　はい、そうです。

その次の7ページを見てください。アンケートをお願いしますと、このアンケートに取った内容、これをこの伝道者カードで分類しあるいは仕分けをしていく、そういうことになるわけですか。

　はい、そうです。

この欄を見ますと、例えば職場、学校あるいは職種あるいは趣味、特技、思想、宗教あるいは家庭環境と、こういうものまで入ってますが、こういうものはアンケートを取るときに当然雑談の中で聞き出せと、そういうことになっているわけですか。

　はい、そうです。

6ページに戻りますが、「アリTEL、アリLetter、イベント、☆、アート、CB、GoF、健」というふうな分類がありますが、この分類は何を示しているんでしょう。まず「アリTEL」というのは。

　ありがとう電話をしたかとうか、また、いつしたか。

三澤さんが、あなた自身にかけたような電話は、したかどうかこれでチェックすることになっているわけですね。

　はい。

「アリレター」というのは。

　「ありがとう」の手紙を出したか出さないか。

先程の、あなたが受け取ったような手紙を出したか出さなかったかもチェックされているわけですか。

　はい。

「イベント」というのは。

　八王子アカデミーライフセンターのほうのイベントに、いつ誘うかということです。

要するに、ビデオセンターというかそういうものにいつ誘うか、それがここに記載される。

　はい。

この「☆」は何を示すんですか。

　印鑑にいつ動員するか。

具体的にどういうことですか。

　統一教会の経済活動である印鑑を、生命判断と印鑑の相を見ながら印鑑を売ると

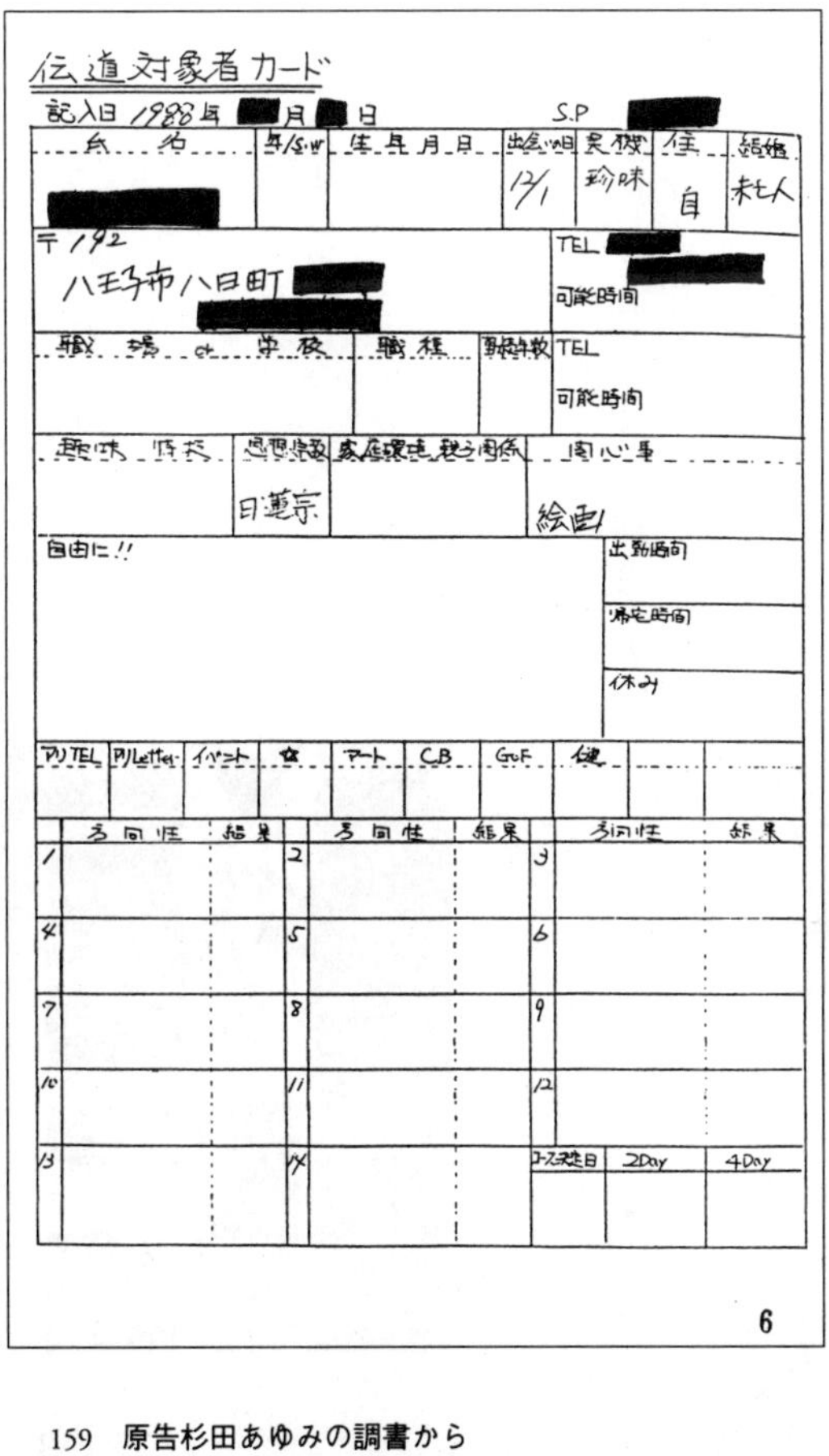

伝道対象者カード

記入日 1988年 [redacted]月 [redacted]日　S.P [redacted]

氏名	年/S.W	生年月日	出会い日	史機	住	結婚
[redacted]			12/1	珍味	自	未婚

〒192
八王子市八日町 [redacted]
TEL [redacted]
可能時間

職場 or 学校	職種	勤続年数	TEL 可能時間

趣味 特技	思想宗教	家庭環境 親子関係	関心事
	日蓮宗		絵画

自由に!!
出勤時間
帰宅時間
休み

PJ TEL	PJ Letter	イベント	☆	アート	CB	GoF	健		

	方向性	結果		方向性	結果		方向性	結果
1			2			3		
4			5			6		
7			8			9		
10			11			12		
13			14			コース発足日	2Day	4Day

6

甲第二九四号証、伝道対象者カード

いうことです。

そういう物を買わせるのに、いつ動員して、どういうふうに誘い込むかということが記入されている。

はい。

「アート」というのは何ですか。

絵画展のことで、教会がやっている版画、絵を買わせる為のものです。

やはりこれも、絵画を買わせるような展示会、それにいつ誘うかということが書かれるわけですか。

はい。

「CB」というのは。

クリスチャン・ベルナールといって、宝石、毛皮を買わせることにいつ動員するかということです。

あなたが誘われたような、宝石、毛皮を扱っているところにいつ誘うかというものですか。

はい。

「GoF」これは。

呉服と言いまして、着物をいつ買わせるかということです。

これもやはり統一教会で呉服を売っている部門があるわけですか。

はい。

それから「健」というのは。

健康展だと思うんですが、ちょっとはっきりは。

呉服展のチラシ

今覚えてませんか。

　はい。

その下に「方向性、結果」というので欄が一四ぐらいもうけられているんですが、方向性、結果というのは何でしょうか。

　教会の上司と相談をして、この人は印鑑、絵画、宝石、着物、どちらに誘うかという方向性を上司と決めるものです。

そうすると、先程のようなアンケートを取って、興味、関心だとかそういうものによって分類していくわけですか。

　はい、そうです。

後出の甲二九四号証の8ページ、47ページ、50ページ、60ページあるいは71ページに、いずれも横に見出しとして「N規」あるいは「GoF」あるいは「I」、この「I」というのは何ですか。

　☆の印鑑の「I」です。

そうしますと、取ってきたアンケートというものを元に、このお客さんは何で勧誘していくかということが、そういう形で分類されているわけですか。

　はい、そうです。

これは、あなた自身が分類されるんですか。

　上司と相談して。その中で方向性を決めます。

取ってきたアンケート、それからあなたが整理した伝道対象者カード、これはあなたの上司に報告されるということになるわけですか。

　はい、そうです。

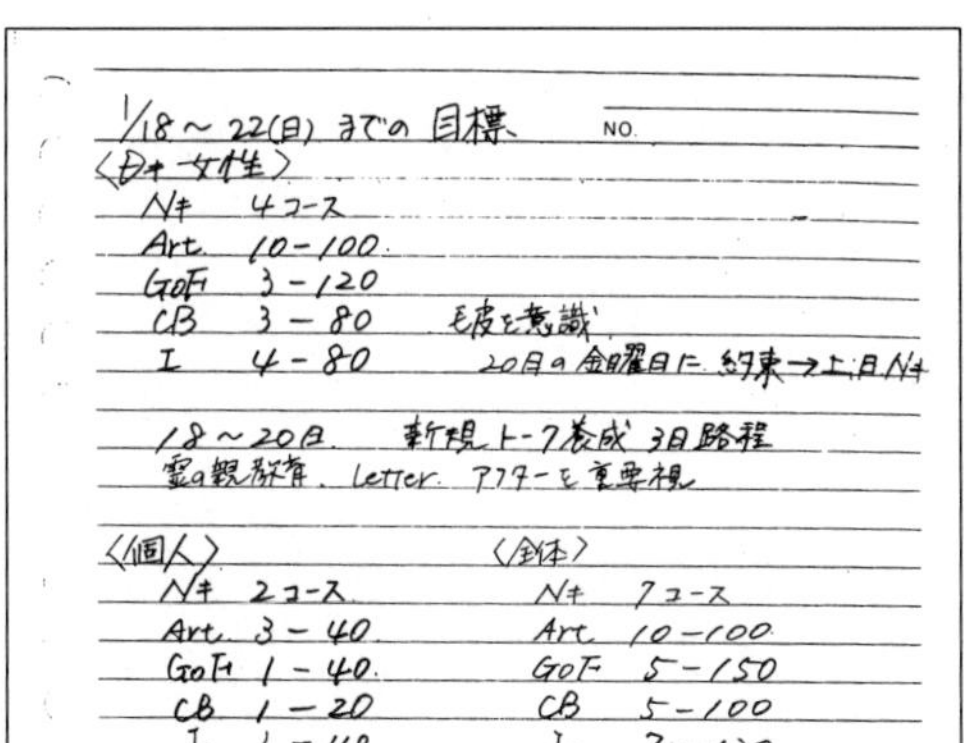

1/18～22(日)までの目標　NO.
〈D+女性〉
N+　4コース
Art.　10-100
GoF　3-120
CB　3-80　毛皮を意識
I　4-80　20日の金曜日に約束→上.日N+

18～20日　新規トーク養成　3日路程
霊の親教育. Letter. アフターを重要視

〈個人〉	〈全体〉
N+　2コース	N+　7コース
Art.　3-40	Art.　10-100
GoF　1-40	GoF　5-150
CB　1-20	CB　5-100
I　1-40	I　7-120.

甲第二九四号証の135ページ

こういうふうに取ってきたアンケートというのは、先程三澤さんが言ったような意識調査という目的で使われているものですか。

全く違います。

何の為にこういうアンケートは取っているんでしょう。

後に統一教会に引き込んで、その活動に従事させる為の分類であって、同時にその人を引きずり込む、勧誘する……。

きっかけにする、そういうものですか。

はい。

更に、こういう働きかけをするというものについては、各人が自発的な意思でやっているんですか、それとも上から何らかのノルマ、目標を与えられてやっているんですか。その点はどうでしょうか。

目標を与えられてやっておりました。

原告　浅井秀樹の調書から

［ビデオセンターに誘い、統一協会に深入りさせる手口］

浅井君は都内の大学在学中の八五年四月にビデオセンターに勧誘されて、埼玉第一地区学生部に所属してホーム生活をするようになった。彼は自らビデオセンターに来た若者を説得教育して統一教会の教義をあたかも真理であるかのように教える「カウンセラー」など「教育」部門の担当者として活動していた。

そこで、ビデオセンターでの活動実態について証言している部分を抜粋して紹介する。

［略歴］
63年9月　出生（岐阜県）
82年3月　岐阜県内の高校卒業
82年4月　SK大学入学
85年4月　大学四年の時、南浦和ビデオセンターに誘われる
85年8月　学生部所属
86年3月　大学卒業後、献身
86年4月　店舗ドライバー（展示会の客の送迎担当）
86年5月　伝道と印鑑の訪問販売
86年7月　埼玉伝道部門研修センター班長など
86年12月　ビデオセンタートーカー
88年1月　脱会
現在　会社員

ビデオセンターの組織体制

それでビデオセンターのスタッフと書いてあるんだけれども、ビデオセンターのスタッフというのは、例えば、どういう人がいるんですか。

まず窓口である受付けの人がいます。あとビデオセンターの責任者である所長、ビデオセンター所長と呼んでおりましたが、責任者がおります。あとビデオセンターの中で行われる話ですけどトークと呼んでいたんですけど、そのトークをするトーカーですね、これは一番最初に連れてきた人を新規トーカーと、その後の再来の人達と話するカウンセラーという形で、分けた時もありましたし、あとはその話を後ろでまとめるタワー長という立場の人もおりました。

[原告提出一九九六年三月一二日付準備書面（総論一）を示す]

これ読まれましたよね。

はい。

この書面の三六ページ、信者の役割分担というところに、受付、カウンセラー、所長、タワー長、新規トーカーという五つの役割が出てるのですけれども、ビデオセンターの中には、こういった役割を担当する人がいたということですね。

そうです。

ビデオセンターというのは、端的に言うと、浅井さんはどういうものだと思っていま

「ビデオセンターのスタッフ」
・タワー長
・所長
・新規トーカー
・カウンセラー
・受付
・勧誘担当の信者たち

すか。

統一教会で伝道する一番最初の窓口です。

ビデオセンター以外から統一教会につながる人というのは、いらっしゃるのですか。

基本的にどのようなルートを通ってもビデオによって教育するというシステムがありましたので、何らかの形で必ずビデオセンターというのを通ったと思います。

浅井さんがいた埼玉第一地区のビデオセンターの名前は何という名前ですか。

ＮＣＡと呼んでいました。

［後出甲第三五二号証の五を示す］

これにNCA VIDEO TICKETというのが出てきますね。

はい。

ＮＣＡというのはこの裏に住所が載っていますけれども、ここに間違いありませんね。

はい、間違いありません。

これはなんですか。

鑑定日とありますから、これは占いとかをするための販売するチケットです。

何でＮＣＡで占いの鑑定をするの。

それは占いに関心のある人を呼びまして、印鑑を販売するトークがあるんですけれども、その印鑑の販売をするためのものです。印鑑の販売のトークというのは最終的には自分自身を高めていくためのトークにつながっておりまして、最終的には「ビデオセンターのような施設を通じて自分を高める勉強をしなさい」と、指導するトークになっていまして、目的としてはビデオセンターに勧誘するのを目的としておりました。

甲第三五二号証の五（ＮＣＡビデオチケット）

NCAで印鑑を売っていたわけ。

NCAがやっていたわけじゃないのですが、そういう先生を紹介するという立場をとってました。

NCAでいわゆる占い師の先生を紹介しますよと……。

このチケット販売というのは、占いに関心がある人に「先生を紹介するので、みてもらったらどうですか」というような、勧誘の一つの手段でした。

［後出甲第三六四号証の写真五枚を示す］

これはNCAの入り口等の写真ですね。

そうですね。

1と書いてあるところがNCA埼玉教育文化会館、これが正式名称ですか。

それがこの場所の名前になっていました。これは一階の入り口ですね。

「只今準備中です」と、これは何ですか。

埼玉教育文化会館というのは三階にありまして、二階は普通の食事をするお店になっていまして、そのお店が準備中という意味です。

2の写真は。

これは三階に上がる手前のところだと思いますが、NCAを紹介するポスターと言いますか、そういったものだと思います。

三階に上がると開館時間というのが掛けてあって、開いていればこの柵がない状態でしょうか。

はい。

それでこういうふうにスリッパが置いてあるんですか。

NCAの勧誘チラシ

そうですね。

それで入り口があると。

はい、靴を履き替えて、そして入り口に入るという形になっていました。

NCAで浅井さんは何をされてましたか。

NCAでは、先程の経歴の中でビデオセンタースタッフというところではトーカー、カウンセラーとも呼んでいましたが、そういった立場におりました。

ビデオセンターのスタッフは先程五種類あると言われましたね。

はい。

NCAのスタッフというのは何人いたんですか。

四、五名だったと思います。

そうするとその四、五名のスタッフで全部切り回せるのですか。

切り盛りします。

ビデオセンターへ誘い込む方法

そうするとビデオセンターに連れて来るのはだれがするんですか。

それは信者です。

どういった信者ですか。

献身前の実践トレというところがあるんですが、そういった実践トレーニング中の信者であるとか、あと学生部といった学生の信者の集団ですとか、あと献身後の、当時研修隊と言ってましたが、研修期間を行っている信者ですとか、その後伝道機動隊という形に変わったみたいですが、そう言った信者がビデオセンターに誘って来ました。

いわゆる万物からビデオセンターに伝道された信者もいらっしゃるのでしょう。

　はい。

それはどういう形で来るんですか、だれがビデオセンターに連れてきたわけ。

　その万物の紹介者ですね。

ビデオセンターのスタッフが伝道を直接することはないのですか。

　基本的にはないです。

原則としてないわけ。

　そうです。

［後出甲第三六三号証を示す］

この3ページ目から4ページ目にかけて「伝道のきっかけには次のものがあります」というので、1路傍伝道、2FF伝道、3訪問伝道、4万物からの伝道と、四種類に分けているでしょう。

　はい。

ビデオセンターがこういうふうに分類してたのですか。

　そうですね、分けていました。

それはどうしてですか。

　その人を勧誘して教育していくわけなんですけれども、その教育過程において、その人が街頭から来た人なのか、あるいは、ここにFFとありますけれども、FFというのはファミリー、フレンドということの略なんですが、系統というふう

「万物からの伝道」

霊感商法の手口によって印鑑や数珠、人参液など（これらを「万物」と称している）を売りつけられたことがきっかけになって、信者と親しくなってビデオセンターに誘い込まれる例も多い。

に呼んでいましたが、友達とか、会社の先輩・後輩とか、そういった人です。それで教育の過程において、なかなかその人が心を開かなくてトークをしてもなかなか入らないという人に対しては、街頭なのか系統なのか、チェックするのですが、系統であれば紹介者と一緒に、例えば、次の段階のツーディズに進む話をするとか、そういった教育段階において、その人がどのようにして来た人なのかというのをチェックする必要がありました。

要するに四種類に分けたのは、系統によって対応が違うということですね。

そうですね。

それでさっき実践トレとか、学生部とか、研修隊とかで活動してる信者がビデオセンターに連れてくると言われたでしょう。

そうです。

今度4の万物からの伝道というのはどういう形でビデオセンターに連れて来られるわけですか。

統一教会が主催していました着物展、CB展、絵画展という展示会があったのですけれども、まずは展示会に誘って、その展示会を通じて友達関係とか、そういうものを結んで、それからサークルとかビデオセンターを紹介すると、そういう経路をたどって来た人のことですね。

そうするといわゆるここでいう紹介者というのは伝道部門の人でないということですね。

伝道部門の人が誘った場合は伝道部門ですし、経済の人が誘っていれば経済部門の人です。

伝道部門からいわゆる万物を売るということはあるわけ。

　伝道部門の人が万物を紹介することはあります。

浅井さんが実際にビデオセンターのスタッフをやる前に、ビデオセンターに連れてくるという役をやりましたよね。

　そういう時期がありました。

それはこのうちのどれをやりましたか。

　路傍伝道と、ＦＦ伝道と、訪問伝道すべてやりました。

いつの時期にやりました。

　学生部というところから研修隊までです。

［再度原告提出一九九二年四月二八日付準備書面各論（第八）浅井秀樹の経歴表を示す］

85年８月に学生部というのがあるよね。

　はい。

この学生部で路傍伝道とか、ＦＦ伝道とか、訪問伝道をやったということですか。

　そうです。

万物からの伝道もそうですか。

　そうですね、後半ですけれども、スーツ展というのがあれば、そういったものに誘ったりもしましたので。

アンケートを使って伝道するというのが路傍伝道のところにありますけれども、例えば、アンケートを使うというのはどういうふうに使うのですか。

　その人の関心事ですとか、興味とか、そういったものをチェックするためですね、あとは名前を聞いた時に書いてもらうと。

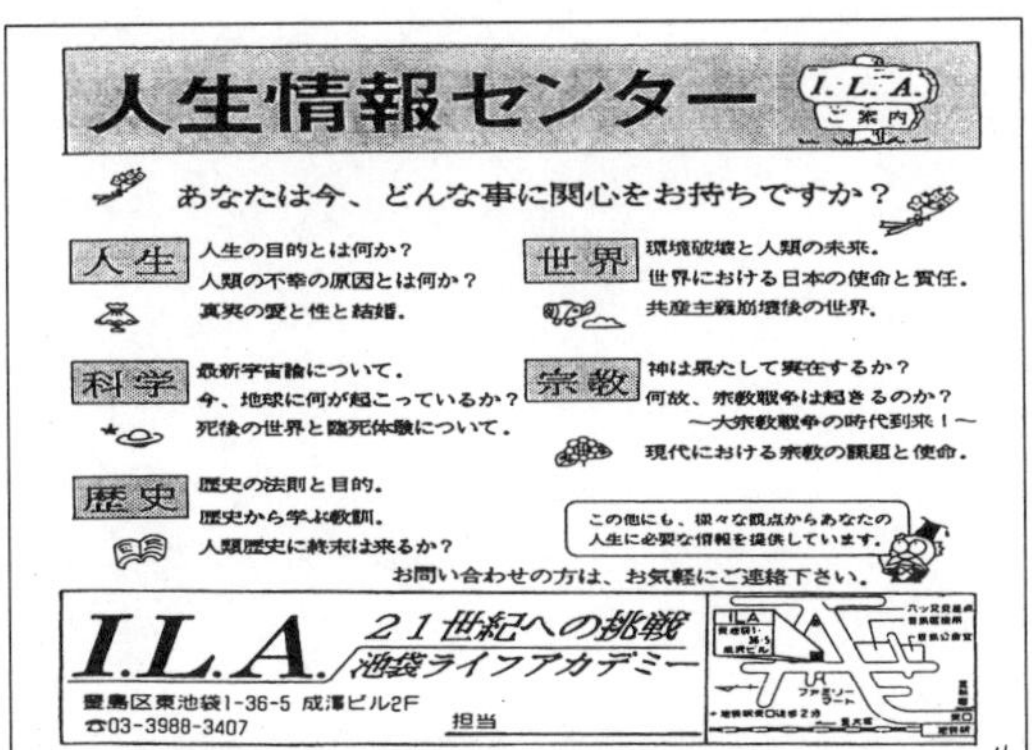

池袋のビデオセンターのチラシ

［甲第一号証を示す］

27ページを見て下さい、ここに生活意識アンケートというのが出てくるんですが、これは浅井さんが当時使っていたアンケートに間違いありませんか。

　そうですね、これを使っていました。

これと同じものなんですね。

　そうです。

これを見ると、いろいろまる付ける欄があったり、死後の世界はあると……（思う・思わない）とか、いろいろまる付けたり、チェックをしたりする欄がありますけれども、こういうアンケートをとる理由はどうしてなんですか。

　その人の関心事を把握するという目的があります、ビデオセンターに誘うためのきっかけをさぐるということです。

住所氏名欄があるんですが、これはどういう役割なんですか。

　とにかく街頭での勧誘ですので、まずその人の名前と電話番号を聞くというのが第一だったのですね。

それはどうしてですか。

　それはそのまま直接勧誘して連れて行ければ一番いいんですが、なかなかそれが難しい場合は電話番号を聞いて後から何度も何度も電話して、何度も何度も誘うと、まあマニュアルがあったのですけれども、そういったマニュアルなんかを使って指導されていました。

とりあえず住所だけ把握すれば後から何とかなるということですか。

　そうですね、そういったことです。

［後出甲第三四九号証の一六を示す］

これは裏綴じなんですが「新規獲得、伝道勝利のためのトーク・手紙、文例集」これ見られましたよね。

　はい。

これと同じものを使っていましたか。

　全く同じじゃないですが、こういったものが沢山ありました。

内容的には統一教会の中で使っていたものですよね。

　はい、内容はこういったものでした。

これは裏綴じになっているので、右から数えて七枚目、ここに「伝道の流れ図」というのがありますよね。

　はい。

街頭アンケート、心情交流と書いてありますけれども、その後「電話番号を聞くこと」と書いてありますね。

　書いてありますね。

その後、教えてくれる人と、教えてくれない人と分けてあって、教えてくれない人には住所や会社名、学校名だけでも聞き出し、一〇四で調べるか、電話帳で調べると書いてありますね。

　はい。

こういうことやっていたのですか。

　そうですね。

それからその次「朝の電話」というのが一番下にあって、電話しなければならない人

甲第三四九号証の一六から（伝道勝利のためのトークの例）

アプローチ	もしもし○○さんのお宅ですか？　おはようございます。
柔らかに	昨日は突然のＴＥＬ．でごめんなさいね。
心情交流	又、今日もどうしても声が聞きたくなっちゃって・・・・
賛美	○○さんのような意識の高い人と出会ったのは初めてだから・・・・・。　感動しちゃったんですよ。
	私も○○さんからいろいろな事　学ぼうと思っているんですよ。
	○○さんの笑顔がとっても印象的で忘れられないんですよ。
	みんなから好かれるんでしょう？　○○さんは・・・・。
	○○さんからとっても暖かいもの感じるんです。

に朝七時に電話するわけ。

　そうですね。

これは絶対やらなければいけないのですか。

　そういうふうな指導されていましたね。

それから右から数えて六枚目の裏側なんですが「どういう人に電話するか」という話なんだけれども、昨日のアンケートで約束日時を決めてない人、分別されてない人には三日に一度は電話をすると、こういった形で電話するということですか。

　そうですね。

それから昼の電話というのがあって、夜及び、朝の電話をかけることのできない人（自宅者など）会社・学校にかけること。と、これは掛けていたのですか。

　そうです。

本人の了解なしに掛けるのですか。

　そうですね。

それからビデオ受講というところに、受講中に手紙を二通書く、一通は直接本人に渡す、一通はポストへ。と、そうすると短期間に二通手紙を受け取ることになるんですけれども、そういうのも指導されていたんですか。

　それは指導されていました。これは必ずやっていましたよ。

それからビデオ受講の一番下のところに電話のない人は会社に電話、及び遠方の人には電報を打つと、電報まで打つのですか。

　これはあんまりやってなかったかも知れませんが、電話のない人はそんなにいなかったですから、でもいる人にはこういうふうにするように指導がありました。


「分別されてない人」

「分別」とは神側（統一協会）とサタン側（世俗社会）とを意識や立場で分けることをいい、統一協会をまだ受け入れていない人のことを「分別されていない人」という。

要するに何とか連絡をとろうとするということなんですね。

　そうです、まず街頭で声をかけて、電話番号を聞いたら、そういうことをしていました。

それから三枚目の裏側ですか「街頭に立ったら」というところがあるんですが、(7)良い人は必ず名前と住所を書いてもらう(8)会社名、学校名を聞き必ず電話番号を調べておくと。これが心構えなんですね。

　そうですね。

こういうマニュアルというのはいつごろ教わるのですか。

　教育の段階があるんですが、新生トレーニングというところくらいから始まりますね。

新生トレーニングから伝道の現場に出るようになるわけですか。

　そうです、そこから実際に伝道するという実践が始まるので、その最初にこういうのを教育されます。

そういう人が教育の場としてビデオセンターに連れてくるわけですね。

　そうです。

連れて来れば今度スタッフの役割になって来るわけですね。

　そうです、連れて来た人を今度ビデオを継続して見せていくのはスタッフの役割にかかわります。

ここに「つながりやすい対象者」というのが出てるのだけれども1公的精神のある人。2求道心、向上心のある人。3宗教性のある人とか書いてあるんですけれども、このビデオセンターにとりあえず連れてくるためには、どういうことを伝道対象者に対して話すのですか。

つながりやすい対象者の内容がありますけれども、だれでもこういう気持ちを持っているので、そういった気持ちを引き出すような話をします。「世の中とか、人のためになりたいと思っていらっしゃるのですねとか、すごくやる気をもって自分を高めたいと思っていますかとか、自己啓発をしたいと感じていらっしゃいますね」とか、勧誘の段階ではそういった気持ちを誘発するような話をできるだけします。

それがトークというか伝道する基本になるんでしょうか。

勧誘の基本でしょうか。

そしたらここに書いてあるのは目標みたいな感じだな、こういう人がつながりやすいんじゃなくて、ここに書いてあるように誘導していくわけですね。

そうですね、そういうふうな指導していましたね。

それから今度ビデオセンターに連れて来られた人に対してスタッフとしてはどういうふうに伝道対象者に対して心掛けるのですか。

それは新規トークというふうに呼んでいましたけれども、初めて来た人に対して、ビデオセンターという場所を説明して、導入のビデオを見せます、その間連れて来た紹介者と打ち合わせをして、関心事ですとか、勧誘する時点で把握した内容を聞いておいて、その内容に沿って、今の関心事を引き出すような話をしまして、ビデオセンターに通うことを決断させるようにしていました。

甲第三四九号証の一五（「新規トーカーの心得」）から

何よりもまず神と真の父母の代身という自覚が必要である!!

トークの流れ

アプローチ→モチベーション→レスポンス→クロージング

1．アプローチ

ポイント①心を開かせる

②自分自身を売り込む（ゲストは説得する人間で判断する）

「説得力とは言葉ではなく説得するひとの人間性（誠実さ、意欲、身だしなみ）である」

↓

トーカーは自分自身のキャラクターに好意を持たせる

〝商談の成否はアプローチの最初の30秒で決定する〟

来訪者に通うことを承諾させる

ビデオセンターに継続的に通わせることをコース決定と言うんですか。

はい。

コースというのはどういう意味ですか。

私が入ったときは一三巻のビデオというのがあったんですけれども、そのビデオを一通り見ることをコースというふうに呼んでいました。

そのコース決定をさせるに当たってもマニュアルがあるわけですか。

ありました。

［後に提出する甲第三四九号証の一五を示す］

「N規トーカーの心得」と書いてあるんだけれども。

NはNEWということで、新規ですね。

これは新規トーカーの心得というものですね。

はい。

新規トーカーとカウンセラーというのはまた違うんでしょう。

そうですね。

カウンセラーと新規トーカーってどこが違うんですか。

新規トーカーは、とにかくビデオを継続して見ていくということを決めることです。カウンセラーというのは、ビデオの内容を解説したりですとか感想を聞いたりですとかそのビデオの内容を自分のこととしてとらえていくように話をする人

←そのために
自分が心を閉ざしていては相手の警戒心をときほぐすことはできない、
だから……
①自分の心の扉を開く
②礼儀正しくする
③相手の長所を認め称讃する
④共通の話題をみつける
⑤聞き上手になる
←そして
ゲストの事前調査が重要！
動員カード、先輩トーク、エゴグラム、姓名判断、担当者との打ち合わせ

（中略）

4. クロージング
ゲストが最終段階で迷うのは当り前である
〝決定〟にきっかけを与えるクロージング
※ゲストが〝決まる〟〝学んでゆく〟と決めてかかって話をツメるのがクロージングの鉄則
確信がない場合、一歩が踏み込めず失敗する
—クロージングチャンスは一度だけとは限らない—
何度でもあきらめない
必ず決めるという自信とファイト、根性と情熱！

のことで、目的が違いました。

新規トーカーは、取りあえずビデオセンターに来た人に対して、ビデオセンターに入会金を払ってもらって一三巻のビデオを見てもらうと。そして、ツーデイズに送るというのが目的なんですね。

はい。

カウンセラーというのは、再来で来ている人にビデオを見てもらったあとカウンセリングをするということですか。

そういうことです。

この新規トーカーの心得の二枚目ですけれども、アプローチとして、ポイント、心を開かせるというのがありますよね。

はい。

まず、相手の信頼を得ることがすごい大事なんですか。

そうですね。

右側に「特に関心度のチェック！」というのがありまして、自己啓発の内容に関心はあるかとか、そういうことが書いてありますね。

はい。

浅井さんも新規トーカーをやったことがあるんですね。

あります。

基本原則というのはどのように心掛けていましたか。

ここに書いてあるように、心を開かせる。心情交流って呼んでいましたけれども、ある程度の信頼関係を結ぶことがまず第一でした。そして、その人の関心事のポ

「再来で来ている人」
コース決定（ビデオセンターに通うことを承諾）したゲストが、二回目以降来ること。再来のゲストを通いつづけさせてツーデートレーニングに参加させることが当面の目的である。

イントを押さえて話して、自己啓発の気持ちを誘発させて、今後、じゃ、ビデオを見て勉強してみようかと、そういった気持ちにさせていくのが新規トーカーの目的でした。

例えば、ここは宗教ではないですかというふうに聞かれたらどうしていたんですか。

それはよく聞かれることがあったんですけれども、いや、ここは宗教とは全く関係ないですと答えていました。

新規トーカーの心得の最後のページの右側に「参考までに……」とあるんですけれども、最後に、「このように説明すれば、聖書をテキストにしていることにも抵抗はありません。」というふうに書いてあって、いわゆるビデオセンターの説明が書いてあるわけですよ。こういうような説明をするわけですか。

そうですね。しつこく聞いてくる人もいましたので、そういった人にはこういった内容を話して納得させるということをしていました。

自信を持って、宗教ではないとはっきり言うわけですね。

はい。

そういったうそをつくことに対して、浅井さんはビデオセンターのスタッフとしてどういうふうに思っていましたか。

当時はその人を伝道していくことが最大の目的で、その目的のためには手段を選ばないというのが一貫した教育の中でされていましたので、この窓口の場所においてうそをついても、とにかくその人を伝道していくと。

新規トーカーの心得を読んでも、先ほどの甲第三四九号証の一六の「新規獲得伝道勝利のためのトーク・手紙文例集」を見ても、統一教会の「統」の字も出てこないんで

マニュアル「新規トーカーの心得」の末尾の文書

> 参考までに
>
> この内容はもう二十数年前からアメリカで研究されて来たものなんです。現在のアメリカは特にさまざまな社会問題と家庭崩壊という課題を処理できずに苦しんでいます。そんな中で、このままでは若者がダメになってしまうということで、米国の牧師や大学教授、実業家の方たちが、プロジェクトチームを結成して、もう一度原点にもどろうという人間性回復運動の一部として研究された内容なんですよ。今ではアメリカのみならず、全世界、一二四ヶ国で、多くの若者に聞いてもらっています。意識のある方に一度ぜひ観て頂きたいのです。
> (このように説明すれば、聖書をテキストにしていることにも抵抗はありません)
>
> 自信をもってハッキリと!!

すが、統一教会と言っちゃいけないんですか。

　言っちゃいけないんです。

［甲第五九号証を示す］

この内容を見ると、ビデオセンターでは伝道対象者のカルテを作って、それでトークをしていくという話が出てくるんですが、カルテを作るんですか。

　はい。

それはカルテと呼んでいたんですね。

　カルテと呼んでいました。

［後に提出する甲第三五二号証の六を示す］

「VICTORY CARD」という表題がついていますが、これは当時NCAで使っていたカルテに間違いありませんか。

　そうですね。これはビクトリーカードという名前で呼んでいましたけど、通称カルテと言っていました。

これを見ると、「〈出会い～動員〉」というページがありまして、「伝道契機」として「街頭」「訪問」「系統」「ヤコブ」「万物」「再復帰」「他」とか書いてありますけれども、ビデオセンターの中で、こういった形でビデオセンターに連れてこられる経緯をチェックしていたんですね。

　そうです。

先ほどのFFというのは、いわゆるこの系統、ヤコブに当たるんですね。

　そうです。系統は関係で、会社の人とか友人とか。ヤコブは親子です。

それから、その下に「新規トーカー名」というのがあって、「新規トークの内容」とか書いてあるんで、先ほど言われた新規トークが重要だということは分かるんですが、そのほか、「VICTORY CARD」という表題がついているページに「担当」と書いてあるのは、どういう人が担当者なんですか。

紹介した人です。

ここに、先ほど言われたFFとか万物とかいった形で、いわゆるビデオセンターにつなげたい人の名前が挙がるんですね。

そうです。

甲第三五二号証の六

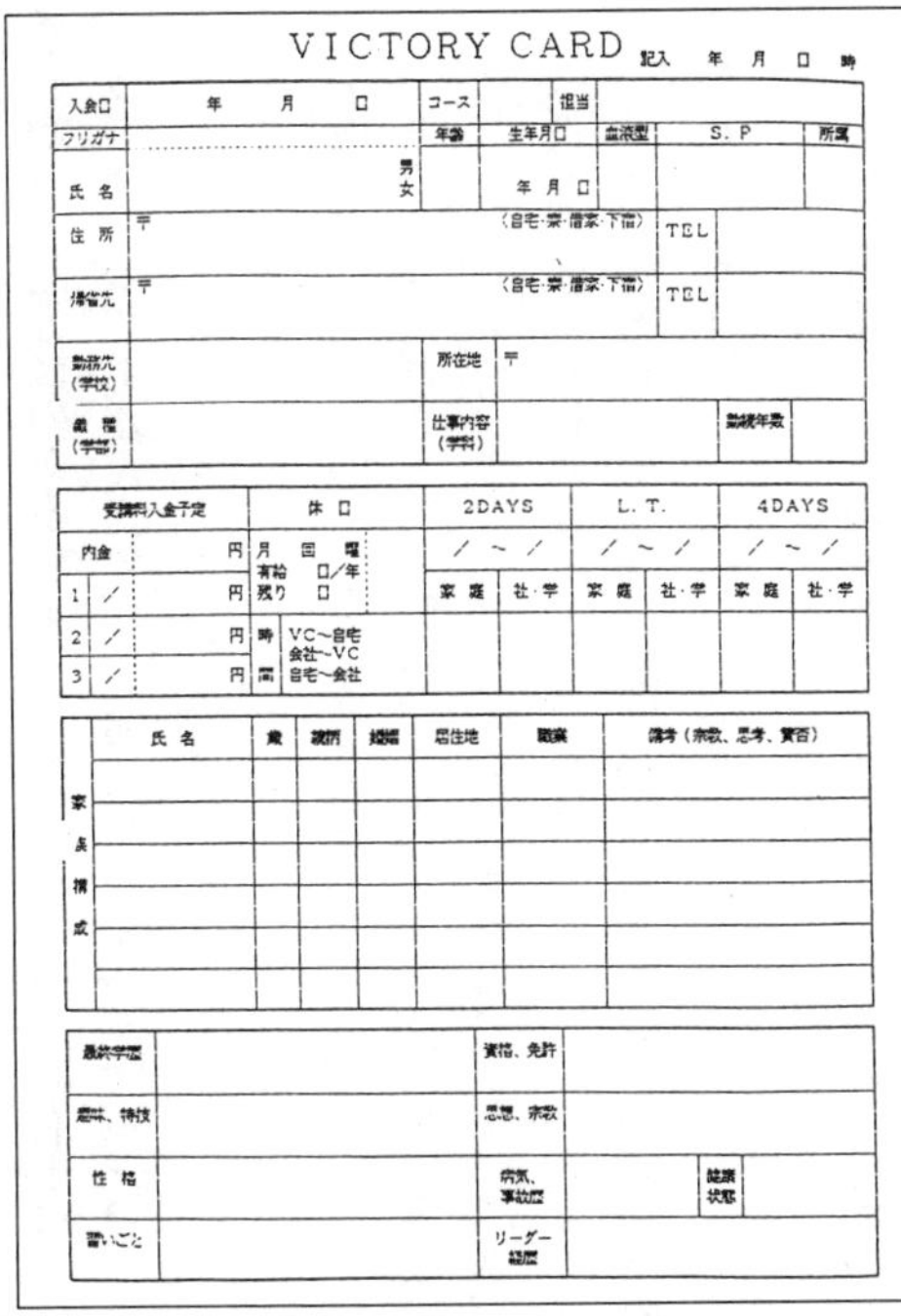

VICTORY CARD 記入 年 月 日 時

入会日	年 月 日	コース		担当			
フリガナ		年齢	生年月日	血液型	S.P	所属	
氏名	男 女		年 月 日				
住所	〒 (自宅・寮・借家・下宿)	TEL					
帰省先	〒 (自宅・寮・借家・下宿)	TEL					
勤務先(学校)		所在地	〒				
職種(学部)		仕事内容(学科)		勤続年数			

受講料入金予定	休日		2DAYS		L.T.		4DAYS	
内金 円	月 回 曜		/ 〜 /		/ 〜 /		/ 〜 /	
1 / 円	有給 日/年 残り 日		家庭	社・学	家庭	社・学	家庭	社・学
2 / 円	時間	VC〜自宅 会社〜VC 自宅〜会社						
3 / 円								

家族構成

氏名	歳	続柄	婚姻	居住地	職業	備考(宗教、思考、賛否)

最終学歴		資格、免許			
趣味、特技		思想、宗教			
性格		病気、事故歴		健康状態	
習いごと		リーダー経歴			

ビクトリーカードの表ページ

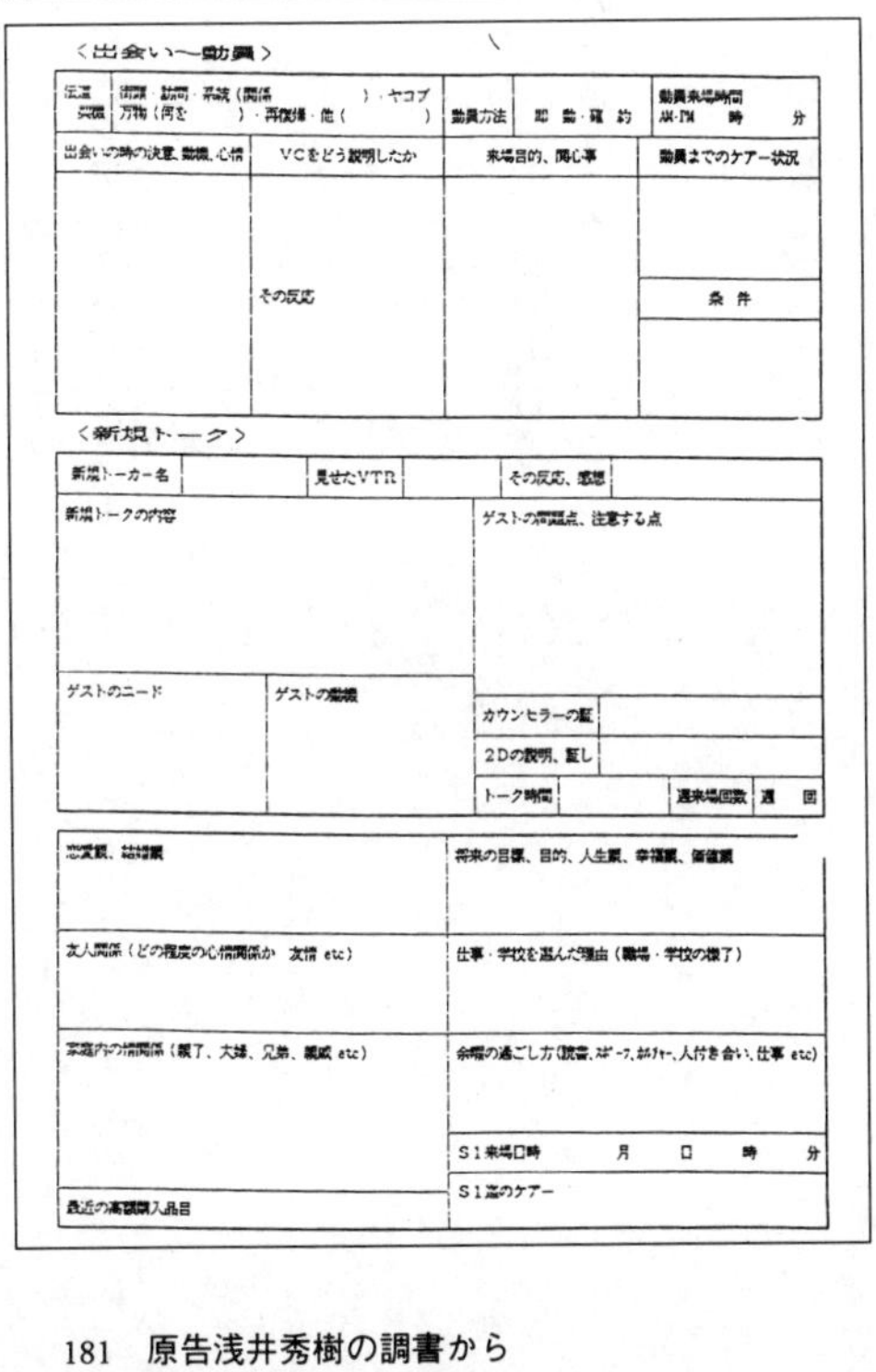

<出会い〜動員>

伝道突破	街頭・訪問・系統(関係)・ヤコブ 万物(何を)・再復帰・他( )	動員方法	即動・確約	動員来場時間 AM・PM 時 分
出会いの時の状態、動機、心情	VCをどう説明したか		来場目的、関心事	動員までのケアー状況
	その反応			条件

<新規トーク>

新規トーカー名		見せたVTR		その反応、感想	
新規トークの内容			ゲストの問題点、注意する点		
ゲストのニード	ゲストの継続		カウンセラーの証		
			2Dの説明、証し		
			トーク時間	週来場回数	週 回

恋愛観、結婚観	将来の目標、目的、人生観、幸福観、価値観
友人関係(どの程度の心情関係か 友情 etc)	仕事・学校を選んだ理由(職場・学校の状況)
家庭内の情関係(親子、夫婦、兄弟、親戚 etc)	余暇の過ごし方(読書、スポーツ、おしゃべり、人付き合い、仕事 etc)
	S1来場日時 月 日 時 分
最近の高額購入品目	S1迄のケアー

ビクトリーカードの裏ページ

それから、記入欄のあるページがありまして、その右上にa、b、c、dとアルファベットが打ってあるんですが、「罪について」、「神について」、「メシアの必要性」という三つのポイントがあるんですか。

ありますす。

これをチェックするということなんですか。

そうです。ビデオでこの内容を毎回チェックしていきます。

どうして神についてというチェックが必要なんですか。

教義を教えるに当たって創造原理という項目があるんですが、それでは神及び霊界という内容をその人に認識させる必要があります。その認識度のチェックがこの項目です。

罪についてというのは。

次に堕落論という内容がありまして、その内容は、人類始祖の堕落によってという話があるんですが、最終的には今のこの世の中に様々な問題があると。そういった問題が今私自身のこの心の中にもあると。そこまで引き下げて、私自身の問題だと。そういった罪が私にもあるといった問題認識をさせるのが目的でありまして、その認識度を確認するためにあります。

メシアの必要性というのは。

流れとしましては、本来あるべき姿。そして、堕落してしまって問題がある私。今後、じゃ、どうしたらいいかという内容がその次の復帰原理という内容になってくるんですが、そこでメシアによる救済の内容を説く必要があるわけです。今の私にメシアの救済が必要なのかといった認識度をチェックする内容です。

「印鑑トーク」

その一部は次のとおり。

・「奥さんに会って、ふっと感じたんですが、奥さんの背後はとても霊的に明るいんですね。奥さんとお話していても、とっても軽いんです。たくさんの方にお会いしていると、なかには会っただけでムッと急に重々しくなる方もビデオセンターにつながっていて最終的にツーデイズに行くということだと思うんだけれども、どうしてもビデオセンターをやめたいとか、あるいはツーデイズに行きたくないという人に対してはどういうふうにするんですか。

とにかく継続してビデオを学ぶことを第一として話をするんですが、そうじゃない場合は、まずビデオセンターの目的は次の段階のツーデイズにつなげることですので、ツーデイズに進めること。それで、ツーデイズは泊まりですので、泊まりが難しければ一日でやろうという対策を取る場合があります。日曜日に一日ツーデイズの内容を教えると。それでもなかなか来れない人には、先ほども出ましたけれども、印鑑トークというのをやりました。

それはどういう意味ですか。

印鑑トークは、占いの先生を紹介してその対象者に占いをしてあげるもので、紹介者と先生とその対象者の三人で喫茶店か何かを借りて話をするわけですけれども、先ほどのカルテ——ビクトリーカードに、その人が関心を持っていることですとかあるいは悩んでいることですとかそういった内容をカウンセラーが随時書き込んでいきまして、それからビデオの感想ですとかそういったものがチェックされてどんどんその人に対する情報が記入されていますので、そのカルテで、占いをする人と紹介する人が打ち合わせをして、その人に、最終的には印鑑の購入とビデオセンターに通うということを目的として話をするんです。

そのときに、浅井さんが経験した実例でどういうことを話したんですか。

統一教会のトークの流れは、先ほど少しお話しした創造、堕落、復帰という教義に基づいて話をするんですけれども、創造という立場においては本来あるべき姿、

あるんですよ。きっと奥さんが人のために尽くしてこられたので功労があるんですね。でもなにか、ちょっと寂しそうな感じの人がきているように思えるんですが、ご親戚などで、どなたか早く亡くなられた方でもいませんか？」

（など客が最も心にかけている亡くなった縁者の氏名を聞き出そうとする。近所に起こった霊的現象のお話をする。霊界が存在すること、先祖の因縁が子孫に及ぶこと、先祖供養が必要であることなど）

（十分心情交流し、相手の話を涙を一緒に流すくらいに親身になって聞く）

印鑑の具体的な話

（値段はできるだけ最後に言う。高いものから説明する。たとえば一五〇万円）

（途中で印鑑の扱い方、供養のしかたなど話す。それがさも重要かのごとく話す）

・「必ずよくなりますから、私の言うとおりにしてください！」

（絶対的確信をもって相手を主管する。完全に主管できれば値段は問題にならない）

印鑑トークで言いますとその人の長所とかをどんどんほめるわけですね。すごくいい名前だとか、すごくやる気があって今後運勢が上がっていく相があるといった話をするんですけれども、次の段階で、持ち上げるだけ持ち上げて一点だけ問題があると、カルテで把握してあったその人の問題点をついていくわけですね。その人は、解決する方法が簡単に見つからないから悩んでいるんですけれども、その内容をどんどん掘り下げて深刻に話を進めていくわけです。で、どうしたらいいかという内容を言わせるということが一つの目的で進むんですけれども。

浅井　さんが実際にやったことは具体的にどんなことですか。

ビデオセンターになかなか来ない人がいまして、紹介者が相談してきたんですが、占いの先生を紹介して印鑑トークに誘いましたと。で、彼女がいることがビデオセンターに来ない障害になっていますと。何とかしてほしいということで、打ち合わせをして、私がしたトークは最初その人の長所をほめて、ただ一点気になることがあると。あなたの名前には色情因縁が出ていると。これは霊感商法などでよく使われるんですけれども、女性の問題が今後起きてくると。あなたの色情因縁で、家族とか親戚なんかに結婚できない人たちとか、離婚してしまった人だとかがいるでしょうと。このままだと、あなた自身女性の問題が起こりますよ、幸せな結婚ができませんよ、あなたは女性にだらしなくなってしまいますよといった内容を話すわけですね。で、今が転換期だから、これは今解決しなくちゃいけないんですよと。このままだとあなたはそういう家庭になるし、あなたができなければあなたの子供もそういった問題を引き継ぐでしょうと。これを継続していくと、あなたの家系は絶えてしまうといったトークをして、女性問題で問題があるという内容をとくとくと話すわけです。そうすると、その人は、じゃ、どうすればいいのかという話になりますので、印鑑トークというのは最終的に印鑑を購入することによって名前の相を変えて新たに出発するというトークなんですけれども、その際に相を変えて自分を高める必要があると。あなたの向上心を、勉強をしてもっと考え方を変えていく必要があると。ビデオセンターに通って自分を高めていくことが必要ですよという話をしていくわけです。それで、その人は印鑑は購入しなかったんですけれども、その後ビデオセンターに通って献身しました。神について、罪について、メシアの必要性ってあるんだけれども、いわゆる因縁話というのはここで言う罪の話なの。

罪の話です。

要するに、因縁話が入ったということは罪について理解したということになるんですか。

罪の認識を深めたと。

ここで言うと、因縁話が入ればaというところに丸をつけることになるわけですね。

はい。

どんなビデオを見せて教育するか

[後に提出する甲第三六一号証、甲第三六二号証を示す]

これは、ビデオセンターで浅井さんがいた当時に使っていたビデオの表題ですよね。

はい。

甲第三六一号証（ビデオの表題）

倉原克直のビデオ表題

1 巻	序論
2 巻	創造Ⅰ
3 巻	創造Ⅱ
4 巻	堕落論
5 巻	終末論
6 巻	メシヤ論
7 巻	復活論
8 巻	アダム・ノア
9 巻	アブラハム
10 巻	モーセ
11 巻	イエス

甲第三六二号証（ビデオの表題）

森山操のビデオ表題

1 巻	人生と開運(1)
2 巻	人生と開運(2)
3 巻	神の実在と人生の目的(1)
4 巻	神の実在と人生の目的(2)
5 巻	神の実在と人生の目的(3)
6 巻	不幸の原因(1)
7 巻	不幸の原因(2)
8 巻	救いについて(1)
9 巻	救いについて(2)
10 巻	先祖の救いと死後の世界
11 巻	救いの法則
12 巻	人類歴史の出発(1)

倉原克直さんのビデオと森山操さんのビデオというのがあったんですか。

ありました。

甲第三六一号証は一巻から四巻までが序論、創造Ⅰ、創造Ⅱ、堕落論となっているんですけれども、創造Ⅰ、Ⅱというのはいわゆる創造原理Ⅰ、Ⅱということね。

そうです。

［「総序」、「創造原理Ⅰ」、「創造原理Ⅱ」と題するビデオテープを示す］

こういうビデオを使っていたのね。

はい。

こういうビデオを、一回来るごとに一巻見せるんですね。

そうです。

何分ぐらいのビデオですか。

大体一時間です。

再来1だったら序論、再来2だったら創造Ⅰ、再来3だったら創造Ⅱ、再来4だったら堕落論を見せるんですね。

はい。

それで、ビデオを見たあとに感想文を書かせるわけですか。

はい。

それに対してカウンセリングをすると。

そうです。

どういうことがカウンセリングのポイントになるんですか。

そのビデオの内容を自分の問題に置き換えさせて、自分の問題としてとらえるというのがポイントだと思います。

ビデオというのは、いわゆる一般論しか述べていないと。

　はい。

ですからそれを具体的に自分の身に置き換えて考えるようにさせるというのが基本的なポイントなんですね。

　そうです。

簡単に言えば、ビデオはきっかけにすぎないと言ってもいいんですか。

　はい。

カウンセリングでどのくらいの時間使うんですか。

　最低一時間ぐらい。ただ、時間があればエンドレスで。

［後に提出する甲第三五二号証の三、四を示す］

N—CARDとN動員カードというのは、先ほどのビクトリーカードとどこが違うんですか。

　これは、初めて連れてくる人の内容を書くカードですね。

紹介者が新規トーカーに教えるために

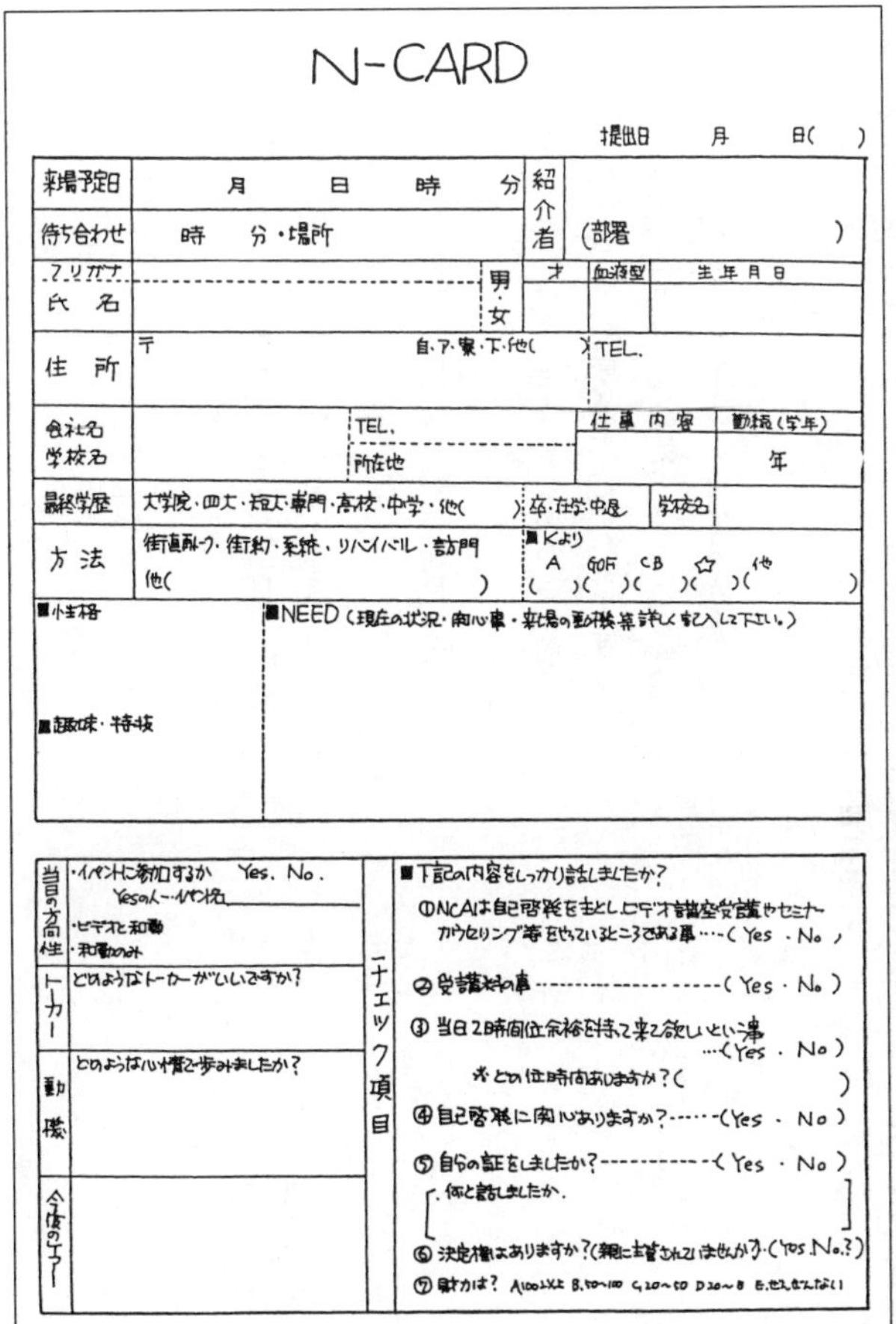

N-CARD

提出日　月　日（　）

来場予定日　月　日　時　分
待ち合わせ　時　分・場所
紹介者（部署　）
フリガナ
氏名
男・女
才
血液型
生年月日
住所　〒　自・ア・寮・下・他（　）TEL.
会社名
学校名
TEL.
所在地
仕事内容
勤続（学年）
年
最終学歴　大学院・四大・短大・専門・高校・中学・他（　）卒・在学・中退
学校名
方法　街頭アンケート・街約・系統・リバイバル・訪問
他（　）
■Kより
A　GOF　CB　☆　他
（　）（　）（　）（　）（　）
■性格
■NEED（現在の状況・関心事・来場の動機等詳しく記入して下さい。）
■趣味・特技

当日の方向性
・イベントに参加するか　Yes. No.
Yesの人…イベント名
・ビデオと和動
・和動のみ
トーカー
どのようなトーカーがいいですか？
動機
どのような心情で歩みましたか？
今後のエフー
チェック項目
■下記の内容をしっかり話しましたか？
①NCAは自己啓発を主としビデオ講座受講やセミナーカウセリング等をやっているところである事…（Yes・No）
②受講料の事……………（Yes・No）
③当日2時間位余裕を持って来て欲しいという事
…（Yes・No）
※どの位時間ありますか？（　）
④自己啓発に関心ありますか？……（Yes・No）
⑤自分の証をしましたか？…………（Yes・No）
［何と話しましたか．］
⑥決定権はありますか？（親に干渉されていませんか？）（Yes．No.？）
⑦財力は？　A.100以上　B.50〜100　C.20〜50　D.20〜0　E.せんぜんない

甲第三五二号証の三、四（N—CARD）

新規トーカーに渡すものなんですね。

そうです。

それで、実際上契約したら先ほどのビクトリーカードになると。

そういうことです。

N－CARDを見ると、「チェック項目」というのが右下にありまして、当日二時間ぐらい余裕を持って来てほしいということを伝えたか否かということでイエス、ノーとあるんですが、こういうことも重要なポイントなんですね。

そうですね。時間がないと話ができませんから、最低二時間ぐらいは時間をあけてほしいと。

それから、一般的にビデオセンターに連れて来る人について、どういうカウンセリングをするかということについてはビデオセンターの中で毎朝会議をしていたんですか。

そうです。スタッフが朝ミーティングをしまして、今日来る予定の人を並べてその人の状況を情報交換しまして、今日何を見せてどういうトークをするかといったことを毎日チェックしました。

トーカーはだれがやろうとかいうのもあるんですか。

そうです。その話にふさわしいトーカーを選んでおりました。

浅井さんの陳述書㈢を読むと、再来4というのはすごく大事だと書いてあるんですけれども、再来4というのはどうして大事なんですか。

コース決定してから四回の間が詰まっていると、次の段階のツーデイズというのに進む確率が非常に高くなるわけです。できるだけ再来4を詰めて来てもらって、ビデオの内容を見てもらって、そして次の段階に進めるということが目的でした。

「再来四」
ビデオセンターに通いはじめて、四回来た人のこと。四回目まで通ってきたことは、統一協会の思考パターンに大分慣れ、スタッフとも親しくなったと評価する。四回目まで何とか通いつづけさせるようにスタッフは最大限の努力を傾注するよう指示されている。

例えば、再来4で堕落論のビデオを見てもらって、そのあと具体的にどういうカウンセリングをしたんですか。

　ツーデイズには、ある程度その人の罪の問題を認識させるという目的がありますので、ツーデイズに出るに当たってはこの堕落論までは最低見せておかないとツーデイズに行っても認識できないと。ツーデイズにおいては、このビデオの内容を見せて、ある程度自分の罪の問題というものを、堕落性の問題というものをとらえられるような話をしておりました。

そうすると、統一教会の中では堕落論を見せないとツーデイズには行けないと。

　そうですね。

逆に言えば、堕落論を見ないとツーデイズに行く気にならないということなんですか。

　行く気にならないというわけではないんですけれども、統一教会の目的にかなわない。ビデオセンターの段階でツーデイズまで行くと決める人もいますので、統一教会側の理由から堕落論まで見せるということです。

それは、罪感を教えるからではないんですか。

　そうです。

甲第三五二号証の三のN—CARDを見ると、「方法」というところに、「街直再トーク・街約・系統・リバイバル・訪問」というふうに書いてあるんですけれども、街約って何ですか。

　これは、街頭で声をかけて約束をして連れてくる場合です。

街頭ですぐに来る場合というのが街直でしょうね。

街直は、街頭で声をかけてすぐ連れてくる場合です。

街約というのは、街頭で、その場では来ないけれども、あとで電話をかけて約束をしたと。

はい。

浅井さん自身も、ビデオセンターに行ったのはこれですね。

そうです。私は街頭約束に当たると思います。

埼玉地区での入会勧誘の体制

それから、加賀温子さんの陳述書とか甲第三四七号証以下の加賀温子さんの調書等については読まれてますね。

はい。

加賀温子さんは、どういう系統でビデオセンターに連れてこられた人ですか。

加賀さんは万物からの伝道に当たると思いますが、絵画展に紹介されて、その絵画展で紹介者と友達関係になってその後ビデオセンターに来た人です。

それから、N―CARDの「方法」の右側に「Kより」とあるけれども、Kというのは何ですか。

これは経済という意味です。

いわゆる呉服とかCB商品を買ったか否かのチェックですね。

そうです。

［後に提出する甲第三五二号証の六を示す］

加賀温子（仮名）は、霊感商法の被害者であり、統一協会に対して被害金の返還を求める訴訟の原告になった。彼女の被害経過は次のとおりである。
87年3月　印鑑セット二六万五〇〇〇円
　6月13日　毛皮七六〇万九六〇円
89年2月20日　絵画二三万四三六四円
　2月25日　ビデオセンター入会金五万円
　4月　フォーデー費四万円
　5月22日　着物一五七万六五〇〇円
　（母親が契約）
　6月　ＳＴＢ費五万円

このビクトリーカードというのは、カルテとしてどういう形で使うんですか。

その人の教育の進み具合を各スタッフが把握する必要がありますので、ツーデイズ以降、それぞれの段階でずっとこれを継続してどんどん書き込まれていくようになっています。

これを、ツーデイズに移ったらツーデイズのスタッフにカルテとして渡すわけね。

はい。

「VICTORY　CARD」という表題のあるページの真ん中辺りに「2DAYS」「L．T．」「4DAYS」という記載欄がありますけれども、ツーデイズに移ったらツーデイズのスタッフにこれをそのまま渡すんですか。

はい。

ライフトレに移ったら。

ライフトレのスタッフがこれを随時見て管理してました。

コピーされておりますけれども、大きさとしてはA4ぐらいの大きさなんですか。

そうですね。A3の紙を半分にした状態です。

それは硬い紙で作ってあるんですか。

はい。

それを順次スタッフに引き継ぐんですね。

はい。

それから、ツーデイズ、ライフトレ、フォーデイズとか、あるいはビデオセンターのスタッフ全員でミーティングするということはあるんですか。

ありました。

それはどこでしたんですか。

埼玉教育文化会館――ビデオセンターなんですけれども、その奥がホールになっていまして、それが会議の場所でした。

[後に提出する甲第三六四号証の写真5を示す]

これは入り口ですね。

はい。

この入り口を入ると、ビデオを見る場所があるんですね。

あります。

受付もありますね。

受付があって、喫茶店のような形で話をする場所があって、その奥がビデオを見る部屋になっています。その奥がホールになっております。

そのホールというのはすごく大きいんですか。

大きいです。

何人ぐらい入って会議をするんですか。

詰め込めば一〇〇人から二〇〇人ぐらい入る場所です。

毎週一週間に一ぺんほど朝集まって。

はい。毎週月曜日の朝会議をしておりました。

どういうスタッフが参加してますか。

先ほどの地区の伝道部門の責任者を中心として、それぞれの教育スタッフです。

それぞれって、具体的にどういう人ですか。

ビデオセンターからライフトレ、新生トレ、学生部、実戦トレ、青年部、そうい

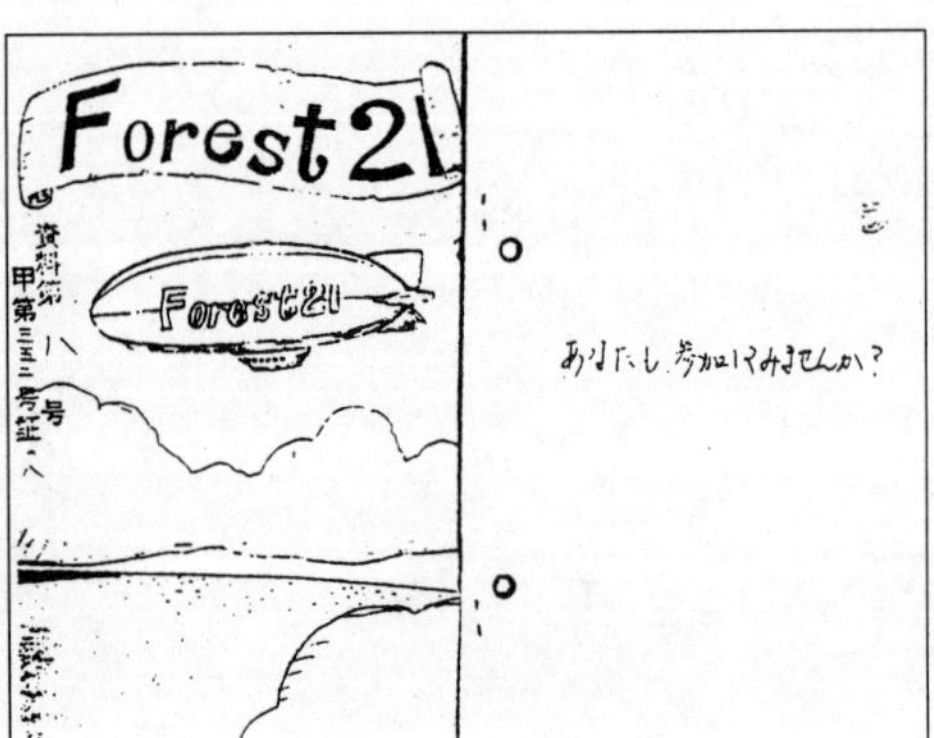

川口のビデオセンター「FOREST21」のチラシから

ったスタッフです。

それで、会議で何を話し合うんですか。

　文鮮明氏から、日本がやるべき実績が挙げられておりまして、それぞれ下りてきて各地区が今月献身者何名、経済の金額幾らといった目標が挙げられるわけですけれども、その目標に対して各担当責任者が自分の部署でどれだけの実績を上げるか、その進行具合はどうかといった内容を確認し、叱咤激励されて一週間の活動に臨むといった目的で行われていました。

例えば、だれからこういう指示があったとか、そういう話は具体的に出るんですか。

　もちろん、メシアがこう言った、それに当たって久保木会長がこう言っている、古田局長はこうだと、そういった具体的な名前も当然出ました。

そういった会議を通じて、先ほどの久保木さんとブロック長との関係とか、そういうのを認識したということですね。

　そうですね。幹部のミーティングでブロック長がこういう指示を受けて、ブロック長はこれだけやると宣言しているから、我々はこれだけやらなければいけないと。

原告　大木妙子の調書から

［霊感商法の被害者が信者になって加害者になる］

大木さんは八二年三月に美容学校を卒業して、美容院で元気に働いていた。店の責任者になってストレスを感じはじめたころに、信者であった客の紹介で印鑑を売りつけられたことを契機として、中野駅前にあるビデオセンター「VEC」に通うようになる。ツーデー、ライフトレ、フォーデー、新生トレというお決まりのコースを経て、STB（実践トレーニング）と称する一、二カ月間泊まり込みで講習を受けるようになった。その後、彼女は献身者になって、多くの友人、知人や、街頭で声をかけて乗ってくれた人に、印鑑、念珠、人参液などを大量に売りつけるようになった。ここではSTBの実態を中心に供述している部分を紹介する。

［略歴］

62年8月　出生（北海道）

82年3月　H理容美容専門学校卒業

4月　都内の美容院に勤務

88年3月　美容院の客より印鑑を買わされる

6月　印鑑をきっかけにビデオセンターへ

11月　ワンデー研修

89年1月　上級スリーディズ

2月　STB（実践トレ）へ

4月　仕事をやめさせられる。献身

6月　第4地区伝道機動隊へ

8月　西東京ブロック特別新規隊へ

10月　同マイクロ隊へ

90年2月　脱会

実践トレーニングから献身者へ

食事も、新生トレーニングとSTBのときは違うんですか。

　違いました。

STBは相当ひどくなったんですか。

　はい。人数も多いせいか、粗末というか。

STBでは生活もハードになるんですね。

　五時半から六時の間に起きて、水行という条件を立てていたので、水行をして祈禱会をして七時半ごろ出ました。帰ってくるのが九時過ぎだったと思います。それから、帰ってきてから夜中の一時ぐらいまで活動してお祈り会をして、寝るのが一時半ぐらい、遅いときには二時、ときには貫徹もありました。

帰ってきて、活動というのは何をするんですか。

　知人、友人をリストアップして、電話をかけてビデオセンターに誘ったり統一教会がやっている印鑑や念珠の販売、借金の申し入れとか、宝石やアートの展示会に誘うとか、そういうリストのない人は中野駅前で伝道していました。

［甲第一一〇号証を示す］

資料七、田島さんの陳述書ですが、あなたの札幌の同級生ですね。STBに入ってすぐ電話していますね。


「STB」

ビデオセンターに通いはじめ、ツーデートレーニング、ライフトレーニング、フォーデートレーニング、新生トレーニングの後に実践トレーニングという一、二カ月ホームに泊りこんで教育する過程がある。この実践トレーニングのことをSTBと称していた地区もあった。


「水行」

文字通り何かの祈りをこめて身体に水をあびる行である。統一協会では象徴的な意味で腕や足などに水をかけるような水行を認めることもある。

はい。

あなたは何人ぐらいリストアップしたんですか。

東京に知合いが余りいなかったので、四、五人だったと思います。

その中の一人が電話したら応じてくれた、それで被害者になっちゃったんですか。

はい。

だれにリストアップしろと指示されたんですか。

アベルです。そのときは鳴海代理という方だったと思います。

このころから献身の説得がありませんでしたか。

新生トレーニングの前にも一度ありましたけれども、これが始まる前に決心させられていたと思います。

でも実行できなかったんでしょう。それが実行せざるをえなくなったのは。

ＳＴＢの生活がすごい疲労、精神的にも限界に来て、店でも私の立場が悪くなり、仕事をしながら居眠りをしてしまう、鏡越しの仕事なので、私がすごい顔をしていたと思うんですね、目つきはとろんとしているし力を入れようと思っても、寝ていないのと栄養不足で、お店でも、お客様はそういう目で見ていただろうし、

下の子たちも批判的でした。

結局、四月に解雇されますね。

はい。

お客さんを統一教会に誘ったんですね。

はい。それが先生にばれたんです。

ショックだったでしょう。

（注）大木さんは当時美容師として美容院で働いていた。

　はい。泣いて帰りました。

アベルは何と言いましたか。

　私がお店をやめることに納得してない態度とか、休みを取ることに反発したこともあったので、喜んでいました。

これで献身の条件ができた。

　はい。

資料八、これは市川さんという方の陳述書ですが、四月末、中野駅前で青年の意識アンケートといって近づかれたということですが、これは店を解雇になった直後ぐらいですね。

　はい。

解雇になった後、こういうふうにがんばっていたんですね。

　はい。この道しかないと。

どんどん、あなたの選択肢は切られてのめり込むしかない。

　はい。

この人の場合はベックに、まず誘って、その後、一週間足らずで印鑑を売りつけていますね。これはだれの指示ですか。

　アベルの指示ですが、このとき、市川さんは同棲していて、そういう親しい人がそばにいると邪魔をされてビデオセンターに来れなくなるから、万物条件を植えなさいということで、すぐトークをするように言われました。

つまり、印鑑、念珠を売りつけるということですね。

　そうです。


「ベック」

中野駅南口にあったビデオセンターの名称

VEC（ベック）の受講カード

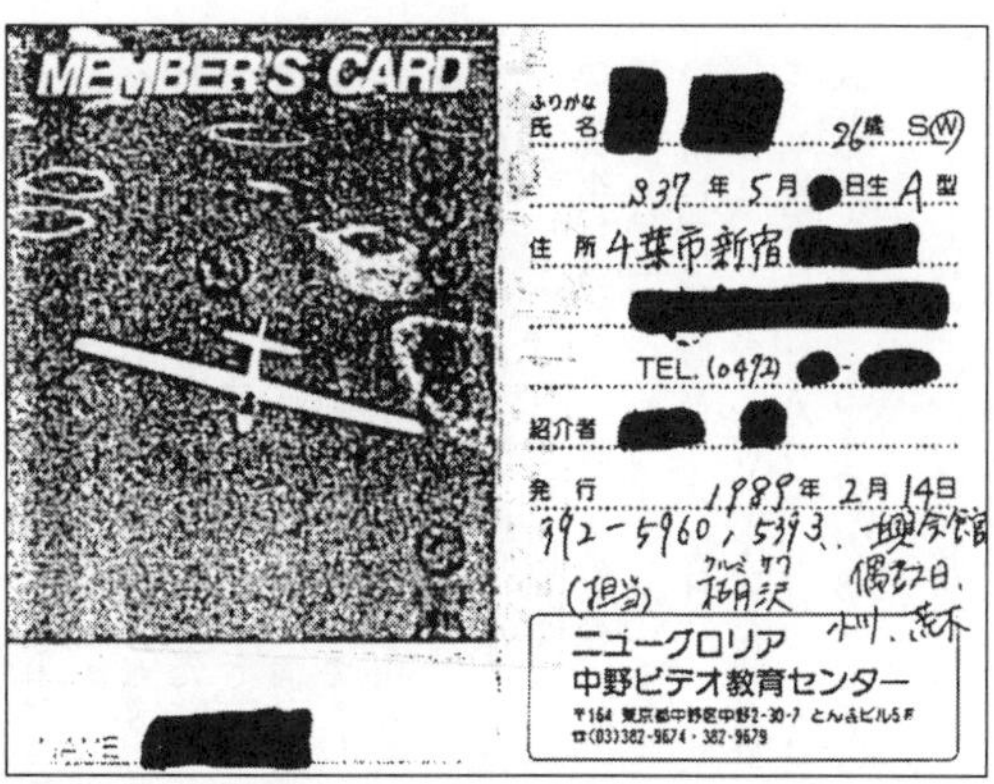

「万物条件」
統一協会に伝道するために印鑑や数珠などを売りつけて統一協会につなげるきっかけをつくること。

そうすると、ビデオセンターを抜けにくくなるんですか。

　はい。お金を払うこともありますし、ビデオを何故見るかということも先生が言うので、真理を学ぶ意識を強めるためでした。

印鑑を売りつけるとき、因縁トークをしますね。因縁から守るためにものを授かり、真理を学びなさいと先生が言うから、それで入りやすくなるんですか。

　はい。

それから印鑑を売りつけると、いろんな生活状況、心の状況を聞きますね、これはビデオセンターでカウンセラーするとき役立ちますか。

　はい。

ビデオセンターのカウンセラーと印鑑を買わせる先生役は別の人ですね、でも情報交換しているんですね。

　そうです。

あなたも印鑑を買って、その後ビデオセンターに来ましたね。

　はい。

資料九、一〇、川原さんと梅田さんも、のっけから印鑑を売りつけられ、その後、川原さんのほうを別個に誘っていますね。こういうふうに、ものを売った後ビデオセンターに誘う、こういう人たちも多いんですか。

　はい。

ものを売りつけるのが先なのか、ビデオセンターに誘うのが先なのか、どういうことで決まるんですか。

　献身した後で、たまたま、占いというチラシを与えられて、新宿で午後二時から

資料八、市川さんの陳述書の一部

　私が被害にあうきっかけになったのは、八九年四月末頃、中野駅前で大木妙子さんに「青年の意識アンケートです」と言って近づかれて、同駅近くのビデオセンターに誘われてからです。

　この時の入会金などは友人に「あれは統一協会というところでたいへんなことになるからやめたほうがいい」と説得されて一旦やめることにしてとりもどしました。

　ところが、同年五月末に再び大木さんに会った時、再び強引にさそわれて、同ビデオセンター（ＶＥＣ・ベックといってました）に通うようになり、二五〇〇〇円の入会金を払い、そのあとライフトレとフォーデー研修代として四万円を払わされました。

　ライフトレの時には、杉並区荻窪五―三〇―六福村荻窪ビル二階の一興会館という統一協会で二、三、四階を借りているビルの二階に一〇日間居住しました。

　しかし、このあとやはり友人に説得されて、やめることにしたので、七月頃からは統一協会とは一切のつきあいがありません。

（中略）

　印かんを買わされたのは六月四日に、ミリオンクレアのあるビル「ブロードウェイ」の七〇二号か八〇二号の部屋に大木さんにさそわれるままについて行ってそこで小笠原レツ子という人の説得を長時間受けたためです。

夕方の五時ぐらいまで、手相の勉強をさせてもらっているので、手相を見せてくださいというふうにやっていたことがあって、そのときに、この二人と出会ったので、先に印鑑販売につながりました。

その人たちをビデオセンターにつなげるかどうか、これも、あなたの判断で決めるわけではないでしょう。

　アベルの判断です。

資料三、これが今のチラシですね。

　はい。

これは嘘でしょう。ものを売りつけるか、ビデオセンターに誘うつもりでしょう。これを配って人を誘うことに抵抗はありませんでしたか。

　最初は抵抗ありましたけれども、毎日何百人に声をかけているうち、だんだん平気になって、やるようになりました。

一日二〇〇人ぐらいに声をかけていたようですね。

　はい。

そういうふうにやりなさいと言われていたんですね。

　はい。

なぜ脱会できなかったのか

八九年四月にお母さんが上京して、あなたの変わりようにびっくりして埼玉の親戚につれていきましたね。そのとき、あなたは話合いを打ち切ってホームに戻りましたね。

「運勢をきちんとえらい先生にうらなってもらったら」と大木さんにさそわれたのがきっかけで行ったのですが、結局印かんをムリヤリ買わされることになってしまいました。

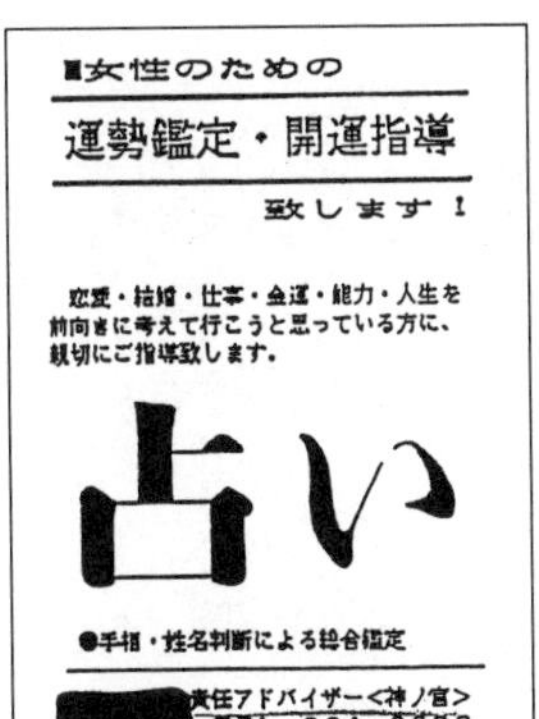

資料三、占いのチラシ

どうしてですか。

そのときは、ただ、もうおかしいからつれて帰るという親の姿勢と、私は氏族のメシアとして立っているので、ここでやめたら、先祖も子孫も地獄に堕ちると教えられていたので、ここでやめたら自殺行為だと思って逃げ出しました。

自殺行為というのは、どうしてですか。

統一教会では自殺すると地獄に行くと言われていたので、御旨（みむね）を放棄するということは地獄に行くと言われていたので、自殺に等しいと思っていました。

資料一一、町田さんの陳述書ですが、セックというビデオセンターに誘い込んでいますね。

私がブロックの管轄のマイクロのほうに行ったので、伝道する場所が新宿に変わったので、新宿のビデオセンターにつれて行きなさいという指示でした。

今の人たちに、いわゆる因縁トークをしていますよね。横で聞いていて、うそをついているのがわかりますよね。いい加減なこと言っているなと思わないんですか。

そのときは信じていたので、嘘かどうか、わかりませんでした。

修行を積んだ偉い先生だと説明するわけでしょう。

はい。

修行を積んだかどうかわかるんですか。

わかりません。この人がと思う人もいるんですけど、統一教会の教えの中で、トーカーと、与えられた中心と一つにならないと、つれてきた人も救われないし、そういうふうに証しできないこと自体が罪だと教えられているので、自分を押し殺してでも、そのことを納得して受けとめるということをやっていました。

「セック」（SECC）
新宿教育文化センターの略称で、新宿駅南口から歩いて五分程度のところにあったビデオセンター。

「マイクロ」
ワゴン車を改造してワゴン車内に五、六人の信者が寝泊まりしつつ担当の地区を戸別訪問して珍味などを売り歩く活動を命じられた信者のこと。

天法は、この世の法に優先すると言われていませんでしたか。
はい。嘘も神のためならいいと。
資料一、STBに入ったころ、責任者から受け取ったものですね。
はい。

ホーム生活における注意点

統一教会は
1．理想を追い求める
2．24時間み旨である
3．どんな人にでも(人格的に合わない人とでも)共に生活する
4．本音で付き合う

故にこんな現象がみられる
1．原理の高度さに現実の生活がついていかなくなる
2．精神的にも肉体的にも疲れ，兄弟姉妹間の交流の余裕がなくなる
3．人間的な摩擦が起きるようになる
4．表裏がないかわりに長所も短所も指摘しあうので傷つきあいやすくなる

そんなサタンを分立するには
・自分を伝道刷る
・自己主管をする　---->
・自分の心を変える

1祈り（神との授受）
2アベルとの授受
3とらえ方を受肉する
4物言に対する姿勢
5言葉づかい（心情を左右する）
以上のことに気を付けてホーム生活する

資料一の一枚目の一部

系統伝道　心得の条

系統伝道の闘いは、動機分別の闘いである
天的に縦的に徹底した分別が必要

一、中心と一つになっているか。
一、動機分別がなされているか。
一、自分の家庭問題、職場問題にならないか。
一、二名以上伝道する場合、対象者同士親し過ぎて横的にならないか。
一、実践メンバーとしてやっていける対象者か否か。
一、異性を伝道する場合、A・Eにならないか。
一、同性を伝道する場合、義理的動員にならないか。

＊コース決定できないならば動員するな！
中心性と動機分別、トーク分別がなされていれば絶対決まる！
系統はコース決定率１００％が当り前である!!

資料一の二枚目

一枚目の上から四行目に二四時間御旨である、これはどういうことですか。

二四時間、寝ても起きても、何をするときでも統一協会の伝道と経済活動を試みなさいということです。

真ん中に、自己主管をする、アベルとの授受とありますね。どういうことですか。

自分のことをなんでもアベルに連絡報告するということです。

二枚目にも中心と一つになる、これも同じようなことですね。

与えられているアベルに絶対服従するということです。

親しすぎて横的にならない、これはどうしてですか。

人間的につながりすぎて、統一教会の原理が入る妨げになるといけないので、ある程度原理の道を歩むまで、余りべたべたしてはいけないということです。

縦的というのは、どういうことですか。

文鮮明や神に結びつくということです。

三枚目、み言（みことば）動員トークというのは、何ですか。

ビデオセンターに誘うときのトークです。

み言動員トーク

こんにちは。お元気ですか
毎日どうしていますか。（心情交流として相手の関心事などを聞く）
実は、私はビデオセンターというところで人生の勉強をしているのですが、とても為になるし、充実した時間を過ごしているので、ぜひ○○さんにも御招待したくてお電話したのです。
ビデオセンターはビデオ図書館のような所で人生を有意義に生きようとする若者がビデオを通して、将来への方向性、価値感、人生の目的、愛についてなどを学んでいくのです。
そこでは「自己啓発」「自己再発見」を主旨としているのでビデオを通しての押しつけ教養講座ではなく、本人の主体性を重んじ、いかにしたら最大限に個性を生かせるか、を自分で学ぶことができます。そしてビデオを見たあとはお茶を飲みながら専門のカウンセラーから疑問点、不明点などを話してもらえるのです。
私は少しずつビデオ受講が進むうちに、自分自身がどんなに自分のことを知らないのかはっきりわかってきたし、わかっていないからこそ自分を発揮できなかったと気が付いたのです。
また、国際情勢や歴史などについても色々な知識を身につけることができるんですよ。
私はまだ若い時にこうしてビデオに出会うことができてとても良かったと思うし、若いから

資料一の三枚目

専門のカウンセラーから疑問点や不明点を話してもらうということですが、専門のカウンセラーなんていないでしょう。

　統一教会の人で、何も知らないものからみれば専門ですけど、毎月人事で替わってしまうので。

一信者なんですね。

　そうです。

本人の主体性を重んじ、いかに最大限に個性を生かせるかを学べるとありますね、今読んでみてどうですか。

　現実は主体性がなくなることが目的でした。

個性を生かせるんですか。

　いや、個性がなくてみんな同じような考えにはまっていきます。

資料二、これは本当に自分の気持ちを素直に書くんですか。

　多少、アベルが手を加えてくださるので、よく思われるようにということも書きました。

迎合して書く要素もあるんですか。

　はい。

表紙から三枚目、右側あたり、もっと自分をなくしていかなければならない、自分の思いをなくしていけたらよいと思う、それから、後ろから三枚目にも、いつでもどこでも自分を捨てきれるように、神中心に考え、すべて自分がなくなったときにやっと神が働くことができるということがわかったということで、自分を捨てる、これを目標にしているんですね。

はい。

これは、そういうふうにアベルから言われていたんですか。

はい。

要するに恥も外聞もなくして言われたとおりにやると実績が上がるということですね。

はい。

それを目指していたんですか。

はい。

資料2、三枚目、左、団長が講義してくださった御旨と世界の感想で、アベルカインにしても何もわからないが、一つになって勝利があるということがわかったということを言っていますね。これはどうしなさいということですか。

どこまでもアベルに従っていくということです。

部下の信者が上司の信者に逆らうということはあり得るんですか。

中には、あると思いますが、私は献身してからはありませんでした。

従順に、言われたとおりにやる、それを目指していたんですね。

はい。

後ろから二枚目の左側なんですが、先日の管区長の話を聞いて云々というのは、管区長はだれですか。

西東京ブロックの総責任者で、堀井管区長でした。

その人が、あなたたちの前でしゃべったんですか。

はい。

二行目、霊界が押していると、これはどういう意味ですか。

「堀井管区長」
本書に紹介する堀井宏祐証人のこと。

　霊界が助けてくれる。

だれを。

　活動する私たち一人一人を。

具体的にどういうふうに説明するんですか。

　実績をあげるために、私たちが目の前に立てられたアベルと一つになってやっていくときに、必ず霊界が押して勝利が与えられる。

見えない霊界から、統一教会を支えて応援してくれるからがんばれということですか。

　はい。

そういうことを堀井さんが言うと、あなた方も、そう思うんですか。

　そうです。

資料四、五、六、特別新規隊のあなたたちに、ホームからこういう檄文が届くんですね。

　はい。

四〇コース絶対死守、要するに、四〇人を絶対ビデオセンターに誘い込む、死ぬ気でやれということですか。

　そうです。

あなたは、実際、そのようにやっていたんですか。

　はい。

資料をみると、なかなかあがらなかったようですね。歩みが余りにも甘すぎると。さぼったんですか。

　いえ、一生懸命やりました。

資料四、檄文の例

特別新規隊のメンバーへ

　いよいよ戦いは始まった。もう後には下がれない。君達にはずいぶん関心をもち、期待をしているが、２日間の歩みはあまりにも甘すぎる。先生は今もアメリカで、不眠不休で日本のリーダーのマグロ研修をやっている。人類の食糧問題を解決するために、蕩減をかけて、この瞬間もきっと海の上だろう。マグロは海の王者だ。海の中を１００キロ以上のスピードで走り、全世界の海を回り続ける。そして、絶対に止まらない。走りながら眠るのだ。止まれば底に沈んでしまうからだ。我々の道も似ている。絶対に止まってはいけない。止まったら死んでしまう。新規隊は他の兄弟が休んでいても休まず、新規をとることだ。他の人と同じ生活基準では、何ら変わらない。だのに神が実績を与える訳がない。

　実力がなければ、誰よりも動くしかない。全身全霊を込めて苦労し、最も否定を受け、最も悲惨な路程を通過する。それでも感謝ですと、心から言えたなら、勝利である！

こういう檄文を見ながら、決意しながら、毎日歩んでいたんですね。

はい。

原告　井上法子の調書から

［霊感商法に奔走させられた信者の生活や心情］

井上さんは会社員としてつとめはじめて一年目の八三年一〇月に、街頭で声をかけられて吉祥寺文化教育センターというビデオセンターにさそわれた。彼女は八四年九月に献身して九〇年一二月に脱会するまでの六年間、文字通り統一協会幹部の指示のまま全ての時間を統一協会の資金集め、人集め（伝道）のために費やし、身も心もボロボロになっていった。

この献身者としての活動のうち、特に霊感商法に従事させられていた期間中の活動について証言している部分を紹介する。

［略歴］

62年6月　出生（三歳より都内在住）
83年3月　S短期大学卒業
4月　コンピューターソフト製作会社勤務
10月　吉祥寺パルコ横で街頭伝道されビデオセンターへ
10月末ツーディズ、この頃印鑑も買わされる
11月　ニューライフセンター
12月　21トレ、この頃母親を壺展へ動員
84年7月　退社
8月　献身し、第七地区伝道機動隊へ
10月　立川の店舗へ
12月　マイクロで珍味販売
85年2月　小金井の店舗へ
87年8月　アラスカ隊へ
9月　第三地区の店舗へ
88年7月　第一一地区の店舗へ
90年1月　第一一地区ビデオセンターのカウンセラーなど
12月　脱会

印鑑―W展―マナ展の実態

八四年の九月に献身してから八九年の八月までの、九五年間、もっぱら物品販売等によるお金集めの活動に従事することになりますね。

はい、そうです。

その中心の活動は何でしたか。

印鑑販売と多宝塔や壺を売ることでした。

担当のエリヤを決められて、そこを朝から晩まで個別訪問をするわけですね。

はい、そうです。

印鑑販売の手口ですね、簡単にお話ください。

最初は顔の相等を賛美して話をしながら、ちょっと変わり目ですね、そういう相が出ていますよという話をして、ここに線が入っていませんかと言って手相をみて、すごく転換期の相が出てますね、どなたか心配な方はいませんかというような感じでいろいろ話をして、姓名判断をみるということで家に上げてもらって、姓名判断をみながら様々な

☆ 家系図のポイント（讃美95%）

⊙家系図をとりながら ある程度解いてゆく!!

ex)・"ああ ここでも長男は早死なんですね！ 長男が早死しやすい家系なんですね。

・"〇〇方の方は、ガンと結核が多いんですね！。

⊙情的にとってゆく

ex)・"お姉さんが5才で亡くなったんですが…… お母さんも悲しかったでしょうね…

一番かわいい年頃ですものね。

①氏名、年令、生死、命日、生年月日

②本人の病気、死因、事故、トラブル、離婚、再婚、浮気 etc

③水子……理由（供養は？、罪意識は？）

④長子が立っているか（何故立たなかったか）

⑤情関係……1)情の近い人（生・死）→生きているか死んでいるか

2)恨んでいる人（生・死）理由

3)夫婦、親子、兄弟、嫁姑の関係（苦労されたんじゃないですか）

4)一番心配な人 職業なども

⑥信仰心

※解決すべき問題を悟らせる（ある程度解いてあげてポイントを明確にする!! 何とかしたい！と思わせる）

※苦労の背後の深い心情を理解してあげる（信頼関係）

他）一番うれしかったこと、悲しかったこと

古印供養のマニュアルの一部

ウィークポイントをつかんだ上で、印鑑を売りつけていきます。

その後また次の壺展や……。

はい。その後古印供養と称するものがありまして、家系図を見たりして、家系図にとても詳しい方がいらっしゃるということで、是非みていただいたらいいということで壺の展示会等に動員をかけて、そこで壺等を売ります。

壺を売った後等に、磨きトークをやるわけですね。

はい。

その後は。

様々なケアをした後に、あなたの血統を清めなければいけないということで、更にもっと上の先生が来られるということで話をした上で、持ってるお金を全て出させる為に人参を販売します。

つまり、印鑑を売りつけて、その後W展で壺や多宝塔を売りつけて、その後マナ展ということで人参を売りつけるということをやるわけですね。

そうです。

その過程で、ビデオセンターにも誘うんですか。

はい。

どういうふうに。

壺を売ったときに、この壺を買うことと、真理の行をすることが大切だという話を先生がされて、そしてビデオセンターで真理の行を学びなさいという話をします。

真理の行を学ばせるというのは、目的は何なんですか。

「磨きトーク」
壺を売りつけたゲストに突然人参液などを売りつけようとしてもうまくいかないので、間に物品販売をしない霊能師役の「先生」との話し合いの場をもつことを言う。ここで先生役の信者は、改めて先祖の因縁のためにゲストの様々な不幸や悩みが生じていることを述べて、「因縁を解放するためにはどうしたらいいのか」という気持ちにするようにしむける。数日後に改めて霊場に呼び出して人参液などを授ける説得をすると成功することが多かった。

「W展」(ダブル展)
霊場に誘い出して、大理石壺や釈迦塔などを売りつけること。

「マナ展」
霊場に誘い出して一本八万円の人参液をできるだけ大量に買わせること。マナとは聖書に記されている不思議な食物のことであるが、統一協会では人参液のことを「マナ」と称していた。

統一教会の原理を教えていくことです。

それによってクレームを防止するということもあるわけですか。

そうですね。

今、個別訪問による印鑑販売等、同じことをやれと言われてできますか。

今はできないと思います。

何故、当時そんなことができたと思いますか。

全ての情をコントロールされていた状態に、二四時間いましたのでできたことだと思います。

［甲第二九六号証の二を示す］

この表紙をいれて三枚目、右下に2と書いてあるところですが、右上に「GOF1200、11地区1億、SK400」とありますが、これは何ですか。

一ヵ月の間に一一地区としては一億の献金を、そして11Sというのは一一支部のことですから、一一地区の支部で呉服の展示会において一二〇〇万を目標とするということ。SKというのは信者献金という意味で、四〇〇万を目標として捧げるということです。

更に教育部の目標が、呉服五人一五〇万、信者献金二〇〇万とこうなってますね。

はい。

次に4ページ、マナ展決断式がありますね。

はい。

この右下を見ると、300／8000とありますね。これは何の目標でしょうね。

高麗人参の展示会をやったときの目標で、目標として三〇〇人の人を動員して、八〇〇〇万にあたる高麗人参を売りつけるという目標です。

二〇日から二四日まで、クレールという店舗名で健康フェアーをしたんですね。小杉会館というところを借りたんですか。

はい、そうです。

7ページの左上にも、CB26、健26、GOF1、☆9とありますね。これは何かの目標ですか。

展示会への動員の人数の目標です。

8ページの祈禱項目がありますね。

はい。

ここにも6番目に伝道、7番目にK。このKというのは何ですか。

経済のことです。

右側に、笹田家、横田家、保田家、高田家とありますが、これは何ですか。

これは、当時パンダモータース社というのがあって、その摂理の勝利の為に四〇億を勝利しないといけないという目標がブロックでありまして、西東京ブロックとして四〇億を勝利する為のもので、40数必勝というのは四〇億のことで、下に書いてある四名の方々は、その候補の人達の名前です。

こういう人達から大金を出してもらうと。この為にあなた自身やあなたの地区の信者達も祈禱したわけですか。

はい。祈禱して、あと部署毎に一人ずつ毎日断食をしていました。

リレー断食ということをやったわけですね。

はい、そうです。

「パンダモーター摂理」

統一協会では、中国広東省に統一協会が自動車部品の組立工場を造成・設立すると称して中国政府要人に食い込み、土地の貸借に成功した。そして、八九年五、六月頃、この工場建設資金が必要であるとして、莫大な資金を日本統一協会で提供するよう指令が出された。このため、各地区に厳しい資金集めのノルマが課されて、深刻な被害が発生した。

事程左様に、かなり数字が、CB幾ら何が幾らといつも目標が出ているんですが、これはあなたが献身して以降、一貫してこういう目標を徹底させられたんですか。

　はい、そうです。いつも目標がありました。

月初めにそういう目標を立てられるわけですね。

　はい。

地区としての目標があって、あなたは店舗にいたから店舗としての目標がありますね。

　はい。

あなた個人の目標というのは大体どんなものでした。

　店長等から言われたのは、一月に一億を決意しなければいけないと言われておりましたので、いつも一億を勝利する目標を立ててました。

そうすると、毎月、毎月目標を与えられて、その目標達成の為にということで歩きつづけるわけですね。

　はい、そうです。

あなた自身は、武蔵野三鷹地区のエリアで入って、その後第三、第一一地区と移りますね。

　はい。

いずれも西東京ブロックなんですが、堀井さんというブロック長は知ってましたか。

　その間はずっと堀井ブロック長でした。

彼からの指示というのはありましたか。

　はい。例えば、一月でブロックとしては一〇〇億を勝利しようとか、そういうこ

「ブロック・地区」

昭和六〇年頃から平成三年頃まで、統一協会は全国を十余のブロックに分け、各ブロックを更にいくつかの地区に分けていた。西東京ブロックは第一地区（新宿区等）、第三地区（渋谷区等）、第四地区（中野、杉並区等）、第七地区（武蔵野、三鷹等）の外、第十一地区（八王子等）に分かれていた。

とをいつも決断式で言っておりました。

山本文登という№2の人がいましたか。

はい。

この方からも言われたことありますか。

はい。その方は、目標は、やれるまでやらないからできないんだと言われて、目標金額をできるまでやれと。いつも檄をとばされてました。

達成できないなら徹夜してでもやれということですか。

はい。よく徹夜もしました。

そういう、例えば西東京ブロック幾ら、地区幾ら、こういう目標の大体はだれが指示すると聞かされてましたか。

日本はエバ国家なんだから、日本はこれだけの献金をしなさいと、大体は文鮮明氏が出していました。そのように堀井ブロック長からいつも決断式で聞いておりました。

古田元男さんという方は、あなたはどのように認識してましたか。

経済の責任者だと聞いておりました。

統一教会の経済部門の責任者ということですか。

はい。

信者の生活実態

生活の実態なんですが、朝は大体何時ごろ起きますか。店舗のときで結構ですが。

「エバ国家」日本は女性・母の立場に立って、世界各国の統一協会組織を資金的にも人的資源としても支え、奉仕していくべき責任を負わねばならないと教え込まれていた。

六時ごろですね。一時期は五時からの祈禱会というのが義務づけられていましたので、五時の祈禱会に間に合うように起きていたこともあります。

起きてから朝礼か何かがあるんですか。

はい。

それから出発式があるんですか。

朝食を食べて出発式がありました。

そのときに、目標幾ら頑張りますとやるわけですか。

はい。今日は一日何軒、幾ら、必ず勝利しますと文鮮明氏の前に誓って出発して行きます。

大体何時ごろ出発するんですか。

現地を大体八時半ごろだったと思います。

何時ごろまで歩き続けるわけですか。

そうですねぇ……、六時、七時までは一般の家庭を回りつづけて、その後は駅に出ていって、駅で立ちをやって、駅で声を掛けて手相等をみて、喫茶店等で印鑑を売ったりしていました。そして大体、普通は九時ごろまで、販売大会の最終日に近づくと、最終電車までやっていたことも多くありましたし、本当の最終日になると、目標達成するまでやれと言われて、朝方までずっとやりつづけて、それでも勝利できないと、早朝のキャンペーンで回ってますと言いながら、手相を見ながら印鑑販売をし続けたことがあります。

その間、昼間は食事はどうするんですか。

一応昼は、四〇〇円から五〇〇円程度のものを買って、公園等で食べたこともあ

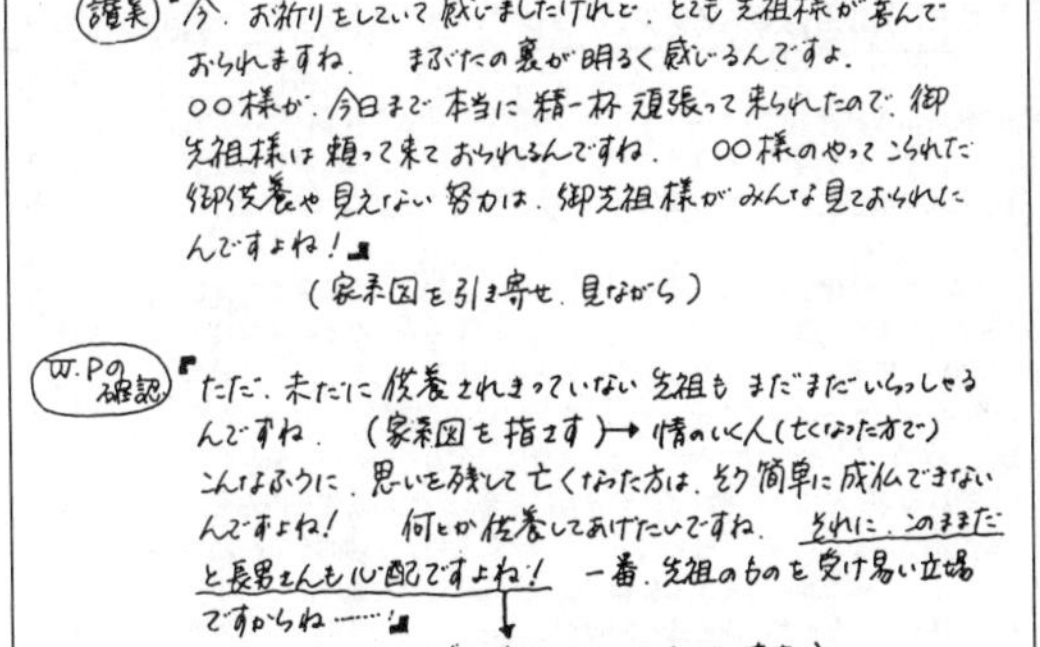
(讃美)『今、お祈りをしていて感じましたけれど、とても先祖様が喜んでおられますね。まぶたの裏が明るく感じるんですよ。
○○様が、今日まで本当に精一杯頑張って来られたので、御先祖様は頼って来ておられるんですね。○○様のやってこられた御供養や見えない努力は、御先祖様がみんな見ておられたんですよね！』
(家系図を引き寄せ、見ながら)

(W.Pの確認)『ただ、未だに供養されきっていない先祖もまだまだいらっしゃるんですね。(家系図を指さす)→情のいく人(亡くなった方で)
こんなふうに、思いを残して亡くなった方は、そう簡単に成仏できないんですよね！　何とか供養してあげたいですね。それに、このままだと長男さんも心配ですよね！　一番、先祖のものを受け易い立場ですからね……』
(現実のW.Pを明確に指摘する)

信者向けマニュアルの一部から
「賛美」とは、ともかく相手をほめあげて心を開くようにしむけていくこと。「WP」とは、相手のかかえている悩みなどのウィークポイントのこと

ります。

毎日食事代は渡されるわけですか。

　一月にこれだけということで渡されます。一時期は、おにぎり二個と飲み物代として二〇〇円だけ渡されて、それだけ食べていたときもありました。

それでも昼間は報連相をしなければいけないんでしょう。

はい。

どういう報連相をするんですか。

　まだ出ていないときは、まだ出ていませんけれども必ず勝利しますと……。

出てないというのは、実績が出てないということですね。

はい。

その報告はだれに報告するんですか。

　そのときの店長やマザーに報告します。

店長やマザーから激励されるわけですか。

はい。中々出ないとか、苦しいとか、そういうことを言うと、その為に文鮮明氏が本当に苦労されている、必ず勝利できるから頑張りましょうとか、ブロック長からこんなファックスが来ているからとか、いろいろ檄を飛ばされたり。又はその場で決意表明をし直してから出発しなさいと言われて、電話口で必ず勝利しますと手を挙げて大きな声で決意表明をしてから出発したこともありました。

何時間おきに報連相しなければいけないんですか。

　大体二、三時間おきだと思います。

一〇円玉だけは幾つか握りしめているわけですね。

ファックスの檄文の例

特別新規隊のメンバーへ

君たちは、西東京の新規伝道戦線の天運を起こすために選ばれた７名である。死んでも新規を取り続けることだ。そのためには、誰よりも苦労し、条件を立て、天と真の父母を慕い、多く神の心情に触れて涙を流すことだ。実績は神と真の父母の心情に出会った証詞である。

まず、立てられたアベルと一体化すること、そして目標と公的立場、使命を失わず、常に祈りの中で確認することである。選ばれた以上はサタンも狙ってくる。だから絶対に、条件を奪われてはならない。傲慢にならず、常に謙虚に兄弟に侍ること。そして、昨日の実績は忘れて、今日ゼロからしゅっぱつするという新鮮さが絶対に必要だ。実績は神が私を通じて与えてくれるものだから、全て神に返すこと。自分には何もないという無私の心情で中心に完全に主管されることだ。そうすれば、サタンにも奪われない。中心のみ言通りにやってみよ、必ず与えられる。しかし、闘いは甘くない、厳しい。１週間ゼロが続いたらこの部隊を出てもらう。この部隊に存在する価値はない。新規を取り続けることが、生命線である。それは、神と真の父母が、人を探し続け求め続けて来た心情を尋ねることだ！！　４０コース絶対死守！！！

はい、そうです。

夜戻ると何があるんですか。

反省会があります。

実績が出てないとまた反省させられるわけですか。

はい。

どういうことを言うんですか。

……出なかった原因を追求して、そして明日の勝利の為に祈禱したり、水行したり、いろいろな条件を立てます。

給料というのはもらえないんですか。

はい。月に一一〇〇〇円とか一三〇〇〇円のお小遣いをもらうだけです。

個人的にどこかに遊びに行くということは全くできないですね。

考えられません。

何にそのお金は使うんですか。

大体、髪の毛を切ったりとか、あと日常的な小物を揃えるぐらいで終わってしまいます。

そうすると、統一教会と外の世界とは完全に関係が切れちゃいますね。

はい。一切の情報を得る機会はありませんでした。

二四時間、完全にその目標めがけて歩みつづけると。

はい。目標しか見えてませんでした。

あなたの陳述書を見ても、その為の反省の日々だったようですね。

はい。

統一協会信者のうち合同結婚式参加者用に刊行される機関誌「祝福」

もちろんプライバシー等は全くないんですね。

　全くありません。

寝るときも、店舗のスタッフと一緒なんですね。

　はい。そして勝利の為に多宝塔の写真を枕の下に置いてやすんだりすることも多くありました。

寝ていても、多宝塔販売の夢を見ると。

　はい、そうです。寝ても覚めても経済の勝利の為にという感じでした。

自分でゆっくり我に返って考えるという機会はないんでしょうか。

　全くありませんでした。訪問しているときも、ドアをたたきながら眠ってしまうようなことも多くありました。

歩いていて、電気やさんなんかでテレビの画面が目に入ることはありません。

　そういったことがあったとしても、活動以外のそういった情報を得ることはサタンが入ることだからと、そう教え込まれてましたので、一切見ようともしませんでした。

本屋さんに行くと雑誌がありますね、それでもそういうものを見てみようという気持ちにはならない。

　それは全てサタンが働いていると教え込まれていましたから、見ませんでした。

女性だったら、ショーウィンドーで洋服等に目がいくとか、可愛いものを買いたいなという気にはなりませんか。

　自分の為のことを思うことは罪だと教え込まれていましたので、一切思いませんでした。

統一協会の機関紙中和新聞

では、全てがその目標達成の為で、それ以外のことを考えるのは何なんですか。

　罪です。目標と文鮮明氏のこと、そういうことだけ考えていました。

それ以外のことを考えるというのは、よくないことなんですか。

　ええ。

情報面ですが、新聞や雑誌を普通に読むという機会はないんですか。

　全くありません。

統一教会では、ファミリーとか中和新聞とか新天地とかいう機関紙がありましたよね。

　はい。

そういうものの存在は知ってましたか。

　はい。

読んでましたか。

　少し読んだこともありましたけれども、殆ど、活動していても眠ってしまうほど、本当に疲れ切っていつも眠い状態でおりましたので、そういう本を読める状態ではありませんでした。

ブロック本部から、ファックスの檄文が毎日きますね。

　はい。

これはどういう利用のなされ方をするんですか。

　例えば、堀井ブロック長からのそういったものを、毎朝出発式のときに店長が読み上げて、ブロック長はこういうふうに言っておられるから頑張りましょうということで、出発したりします。

例えばどういうことが檄文に書いてあるんですか。

統一協会の機関誌ファミリー

お父さまはこのようなことを言われていたから、ブロックで何億必ず勝利しようとか、そういったことです。

うまくいった証詞（あかし）なんかもそこに書いてあるわけですね。

はい。こういったようにやって勝利したという証詞が載ってました。

何億円売った、君達も頑張れというような調子ですか。

そうです。

文鮮明のことばに縛られて

あなた自身がうまくいったことで、檄文に載ったことはありますか。

あります。中々店舗で実績が出なかったときに、「ジンセンアップ」というドリンクがあるんですけれども、それを朝六時から販売するという条件を立てたこともありまして、そしてドリンクを二本買ってくれた方にアンケートをとって、その後に姓名判断の鑑定書を届けて、その人に印鑑を売る。それから更に、壺等の展示会に動員されて、多宝塔と数珠で七〇〇万勝利したことがありましたので、ドリンク二本から多宝塔ということで、証詞文を書いたことがありました。

それが檄文として西東京ブロックに流された。

はい。

店舗のホームにはテレビはないんですか。

ありません。

見ないいんですか。


「ジンセンアップ」

統一協会傘下の韓国の企業「一和」（イルファ）では、人参濃縮液の外、メッコールやジンセンアップ等の飲料を大量生産して、日本信者に日本で売らせていた。

「証詞文」（あかし文）
信者が自分の統一協会信者としての体験をつづった文章のこと。霊的に利用できる内容のものや実績をあげた信者の成功例などは、ファックスで全国各地のホームに送付されて、信者が見習うべき実例として用いられている。

一切見ません。

見るとすると。……教会のビデオか何かを見せられるわけですか。

教会で用意されたビデオを見ることはありました。

普通のニュースとか娯楽番組は。

一切見ませんでした。

次に、「基準が落ちる」という言葉がありますが、これはどういうふうに使っていましたか。

販売等の活動に対しての気持ちが薄れる状況。

そういうときはどうするんですか。

私の場合は、マザー等に相談したことが多かったと思います。

マザーに相談するとどういうことになるんですか。

そうすると、お父さまはもっと苦労しておられる、とかいろいろ言われた後で、文鮮明氏が語った言葉を与えられて、この言葉の通り頑張りましょうと励まされたりします。

そのとき示される書類が、御旨の道だったり、マルスムだったりするわけですね。

はい、そうです。

[甲第二九九号証の一を示す]

御旨の道第一集ですが、これはどういう冊子なんですか。

文鮮明氏が話した内容で、短い言葉をまとめたものです。活動を頑張らせるためのものだと思います。

あなたが特にここでよく暗唱したのがあるんですね。

「御旨の道」(みむねのみち)
文鮮明の発言を搭載した文集。
「マルスム」
韓国語で「みことば」という意味。文鮮明の発言の中でも特に信者の心を鼓舞するような激越な内容のものが集録されている。

はい。

二一四ページ、これのどこですか。

これの「無条件に天の前に捧げ、み意のままに任せる心が必要である」という言葉です。

二一七ページ。

「死んでも信じ、死んで滅びるとしても、信じて滅びよう」という言葉です。

二三九ページ。

「出来ないと言うな。出来なかったら無理にでもやってみなさい」「必ず道がある。みつけ出しなさい」このような言葉をもって、メシアもこう言っているんだから、頑張りましょうと言われて、檄を飛ばされていました。

マザーに、ちょっと疑問に思ってやる気が出ないとかいう相談をすると、この御旨の道を示されて、メシアもこうおっしゃっているんだから、頑張りましょうという話があるわけですか。

はい。

因みに、この御旨の道の発行者「日本統一協会」と書いてあるんだけれども、当時あなたは「教会」と聞いていましたか、「協会」と聞いていましたか。

私は「教会」だと思っていました。

それからマルスムのほうですが、マルスムってなんですかね。

これも文鮮明氏が話した内容をまとめたものです。

発行名義が出ていないんだけれども、どこでもらいましたか。

私は店長から受け取ったと思います。

統一協会の機関誌のひとつ「新天地」

統一教会の発行なんでしょうか。

　はい、そうです。

マルスムってどういう意味なんですか。

　御言葉という意味だったと思います。

[甲第二九九号証の二(注)を示す]

これでもマザーから言われたことが示されて、随分言われたんですね。

　はい。

二ページの上の段の後ろのほうですか。

　はい、「原理自体の力によって引き上げられて知的に原理を理解して来た者が多いために、啓示を受けた人々が無条件に神に従っていくのに比べて、何事につけ、あまりにも理屈で考えすぎる傾向がある。先生の指示に対しても無条件に反応するというより、『従うべきかどうか』と考えてしまう」などと書いてありまして、いろいろ考えるよりも、無条件に従っていかなければいけないというふうに思わされていました。

ここを読んで、考えないでとにかくまず実行しなさいよということを、マザーから言われるわけですね。

　はい。

四ページの下の段でもあるんですか。

　はい、「先生はどんなに苦労が絶えなくても、もっと苦労しようと思う」というふうにありますように。

先生というのは文鮮明のことなんですね。

(注) 甲第二九九号証の二は統一協会信者が携帯している「マルスム」と称する小冊子のこと。文鮮明の発言のポイント部分が書かれていて、信者はこれを暗記するまで何回も読み唱和する。

ideal family
ユーゴ紛争で見えてきた21世紀

統一協会のダミー団体である世界平和女性連合の機関誌「アイデアル・ファミリー」

はい、そうです。

先生は一生懸命苦労しているんだと。

もっと苦労しようと思って頑張らなければいけないと言われました。

四四ページの下の段にもあるんですか。

はい、「無理なこと、絶対できないと思うことをさせるのが先生の哲学だ」という言葉がありました。

四五ページにもありますか。

はい、「何事を成すにも蕩減だと思って真剣にやる。その仕事の中に自分が蕩減を越えるかもわからないんだから、すべては真剣にやる」。

この場合の蕩減というのは、単なる罪滅ぼしという意味だけじゃなさそうだけれども、どういうふうに理解していましたか。

罪を清算していくようなことだと思います。

四六ページにもありますか、上の段。

はい、「完全投入せずして、完全なる結果を願うところにおいて失敗が生じて来る」完全投入して頑張らなければいけないと言われました。

一一六ページにもありますか。

はい。

五行目ですね。

はい、「一度ならず何度も何度も、自分の生命を失うことが、勝利への唯一の道なのです」というふうなことがありました。命懸けでやりなさいと、死んでもいいという気持ちでやりなさいと言われていました。

甲第二九九号証の三、統一協会信者の歌集から、「お父様（文鮮明のこと）といつも」

涙流れる時　幸せあふれる時
夢が開いた時　社長がいる
社長がいると　いつも感じる
お父様の愛をいつも感じる

朝に目覚める時　夜に眠る時
夢を見る時も　兄弟がいる
兄弟がいると　いつも感じる
お父様の愛をいつも感じる

汗にまみれる時　心痛める時
苦しみ絶えぬく時　お父様がいる
お父様がいるといつも感じる
生きている幸せいつも感じる

要するに基準が下がると、こうやってマザーから文鮮明さんが言った言葉を示されて、メシアがこう言っているから頑張りなさいと言われるわけですね。

　はい、そうです。

[甲第二九九号証の三を示す]

歌集の抜粋ですが、この「希望の歌」と題する歌集は、これはどういうことで持っていたものですか。

　活動するにあたって、歌っていた歌です。

これは統一教会の発行なんですか、発行者が書いていないけれども。

　はい、統一教会で発行していたものです。

これはどんなときにもらったんですか。

　店舗で活動しているときに、店長から受け取ったと思います。

あなたがいつも歌っていた歌というのが、二つコピーしていますね。

　はい。

この「ボールペンの歌」というのは。

　よく歌っていました。

どんなときに歌うんですか。

　出発式のときに歌ったりとか、現地で駐車場などのところで歌って出発したこともありました。

これは何かの替え歌なんですか。

　ちょっと替え歌とか分かりませんけれども。

「愛の花売り」という、これもそうですか。

同じく「ボールペンの歌」

汗にまみれた手を見れば
父の苦労を思い出す
俺等のまわりの若者は
時を知らずに過ごしている
俺等売るんだボールペン
春のそよ風背にうけて

汗にまみれた俺の手も
涙にあふれた奴の目も
その苦労はみな同じ
神の世界を作るため
俺等売るんだボールペン
夏の太陽背にうけて

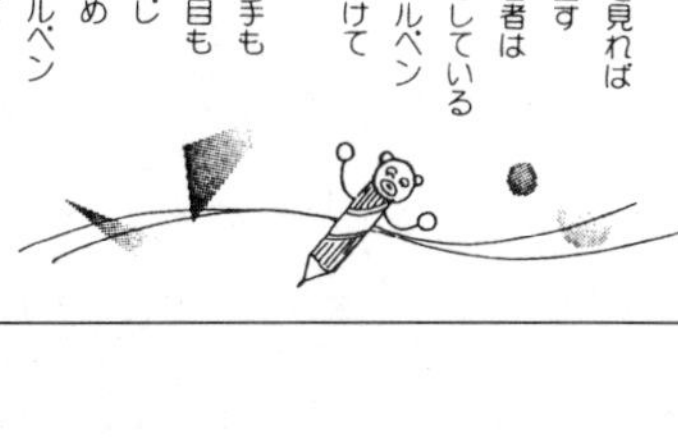

疲れた時に思い出す
今日も街角兄弟が
祈りながら歩んでる
そうだ勇気を出すんだよ
俺等売るんだボールペン
秋の香りを背にうけて

どんな時にも頑張ろう
雨の日風の日雪の日も
真を尽して頑張れば
そうさお父様が知っている
俺等売るんだボールペン
冬の木枯し背にうけて

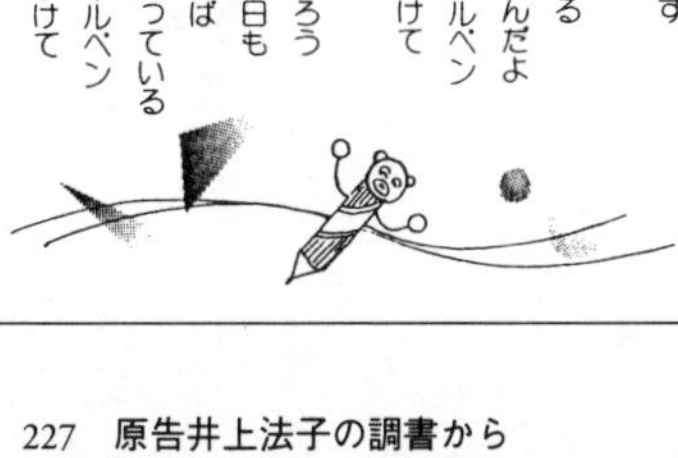

はい。

そうすると、ちょっと朝の出発式のときにも歌うし、あなたとしてもあるいていて、気分が爽快になったときにも歌うと。

はい、本当に売れるんだろうかと、いろいろ疑問に思ったときなども、この歌を歌って、多宝塔勝利、多宝塔勝利という言葉をこの中に当てはめて歌っていました。歌いながらやっていました。

完全投入という暗唱文句もあるんですか。

ありました。

どんな文句ですか。

長い文章だったので、全文は覚えておりませんけれども、覚えている範囲で話しますと、「完全投入、同じ闘うなら目標を立ててやるんだ。神と誠の父母の前に、必ず成し遂げることを誓ってやれ。ふらふらしていると本当に死ぬ」そういうことです。

どんな機会に完全投入ということを言うんですか。

それもやはり出発式のときに、唱和して出発したりとか、現地で出発するときにペアで唱和して読んだこともよくありました。

勝利圏を受け継ぐということで、あなたは堀井ブロック長の写真をいつも持ち歩いていたんですって。

そういう時期もありました。

どういう意味なんですか、なんで堀井さんの写真を持ち歩くということがあるんですか。

中心者の運勢を引き継いでいく中で、神がはたらくと信じていたからです。

激しく分別されるということがあるんですね。

はい。

どういう意味ですか、分別。

活動に対してマイナスの気持ちを否定されるということです。

平たく言うと、しかりとばされるんですね。

そうです。

どんなしかりとばされ方するんですか。

ちょっと今は思い浮かぶ言葉がありませんけれども。

かなり激しくしかられることがあるんでしょう。

はい。

ちょっと不思議なのは、そうやってしかりとばされると、ばかばかしくてやっていられるかという気になると思うんだけれども、そういうふうにはならないんですか。

はい、しかりとばされる、そういうふうに分別する立場の人がいれば、それをフォローする立場の人もいて、店長がしかりとばせば、マザーがフォローするような形で、決意を促していましたので、だと思います。

アベル・カインの教えというのがありますね。

はい。

どういうふうに理解していましたか。

アベルが言ったことに神が働いていると確信していましたので、アベルの言ったことになんの疑いもなくて従っていくことだと思いました。

逆らっちゃいけないんですか。

はい、逆らうというような気持ちを持つところにサタンが働いて、神が働けないと信じていました。

人間ですから、かぜを引いたり、お腹の具合が悪くなることもあるでしょう。

はい。

そんなときにはどうしていたんですか。

かぜを引いたり病気になるということは、サタンがその人の気持ちに働く要素があると言われて、悔い改めをして、祈っていました。

やっぱりそういうふうに体調を崩すのも信仰が足りないせいだと。

はい、そのように言われました。

原告　菊田和江の調書から

［霊感商法に従事する統一協会内部の実情］

菊田さんは宮城県で八四年二月に伝道された。彼女は八四年九月から九〇年八月までの約六年にわたって献身者として、主に霊感商法に従事させられた。また、八八年一〇月の合同結婚式に参加させられた後、八九年一月から韓国に他の合同結婚式に参加した女性信者とともに渡航して、韓国内でセゲイルボ（世界日報）という統一協会系の日刊紙の配布や拡販活動にも従事させられた。

そこで、彼女が霊感商法や韓国での体験について証言している部分を紹介する。

［略歴］

61年10月　出生（岩手県）

81年3月　SE衛生士学院卒業

　4月　医院に就職

84年2月　同医院の同僚より三度目の勧誘でビデオセンターへ

　3月　七日トレーニング、3ディズ

　4月　新生トレ、実践トレ

　8月　退職

　9月　宮城地区（仙台）学生部へ

　11月　宮城地区伝道機動隊

85年4月〜90年6月　東北ブロックの宮城、福島、青森、岩手の各地区で印鑑、壺、多宝塔等の販売従事

88年10月　合同結婚式参加

90年8月　脱会

霊感商法の前線を担当する信者の生活

［甲第三〇四号証を示す］

これは下にあなたの署名がありますけれども、前線当時のスケジュールをあなたが思い出して書いたものですか。

はい、そうです。

これによると、実働はスケジュールではどれくらいになっているでしょうか。

スケジュール上は一〇時間よりちょっとあるくらいですけれども、実際は一五時間くらいから一七時間くらいです。

睡眠時間は、まずスケジュール上は。

睡眠時間は五、六時間となっていますが、大体は四、五時間くらいです。

それは何で食い込むのかしら。

まず、前線を終了するのが、その日によって全く決められていませんで。

前線を終了するというのは、外でそういう販売活動をして、帰ってくるのがという意味ですね。

そうです。店長の指示によってすべて決まるのですが、実績が悪ければ、貫徹路程といいまして、夜中まで訪問させ続けられたりしますので、それによって終了時間や就寝時間が遅くなるのは日常茶飯事でした。

［前線］
霊感商法において、戸別訪問や街頭アンケートなどで相手に声をかけて話し込み、印鑑や数珠を売りつける担当のこと。これでリストアップした市民を霊場やビデオセンターなどにつれ出して、より高額の商品を売りつけたり伝道の対象にする。

甲第三〇四号証に、朝食の後に出発式というのがありますね。

　はい。

これは実際に外に売りに出る前にそういう式をやるわけ。

　そうです。

毎日。

　そうです。大体店長を中心にして、前線に出発する信者が全員集まりまして、店長のみ言葉や今日の目標ですとか、出発のときに決意表明させられたり、歌を歌ったりして、士気を高める、そういう式です。

み言葉という言葉が出たけれど。

　これは、文鮮明の言葉を、今日はこういう言葉を目標にして出発するようにということで、文鮮明の言葉をみ言葉と言っていました。

歌を歌うというふうなこともやるわけね。

　そうです。

内容的にどんな感じの歌をやるわけでしょうか。

　今日一日、目標に向かって頑張りましょうということで、みんな、士気を高めるために、替え歌とか、そういうものを作ってやっています。

その手の歌を集めた歌集なんていうのもありましたかね。

　ありました。

出発式で歌うような歌について歌集のようなものがあったわけですね。

　はい。

[甲第三〇五号証を示す]

あなたでない、ほかの脱会した方が持っていた歌集の一部をコピーしたものですけれども、このような歌集にあなた自身、見覚えはありますか。

　これと同じものを使って歌を歌っていました。

これはだれかから配布されるものなんでしょうか。

　買うこともありますけれども、店舗に常備されていました。

目次があって、こういう歌を現に出発式等のときに歌っていたということですね。

　はい、そうです。

ここに出ているもの以外で、特に印象深く覚えている歌というようなものがありますか。

　はい。

どういうものですか。

　歌謡曲の「異邦人」という曲を替え歌にして「未亡人」というふうにして、未亡人はお金があって、ターゲットにして、よく目標で未亡人を獲得するようにということで言われたこともありまして、そういう歌がありました。

〔甲第三〇六号証を示す〕

これが、今あなたが言った替え歌の歌詞を、あなた自身が思い出して書いたものですか。

　はい、そうです。

元歌が「異邦人」というヒット曲があるわけね。

　そうです。

甲第三〇六号証歌集から（「異邦人」の替え歌「未亡人」）

先祖たちが　空にむかい
両手を　ひろげ
ツボや　マナや　多宝塔
つかもうとしている
きのうの夜　突然に
さそわれて　みたけれど
ちょっと　お話を　聞くだけと　思ってた
株と　保険と　定期預金と
裏山の　権利書が　私のすべて
今は　いない　あなたのため
すべて　捧げ　まつり
あとは　みことばを　聞くだけの　未亡人

それの替え歌。

はい。

これは歌集に載っていないのはなぜなんでしょうか。

確か、神奈川の国際機動隊のメンバーに教わったんですけど、あまりにも歌詞が露骨なので、文字にして本にはしなかったと思います。内部の人が見たら動揺するということなので、あまり歌われてはいなかったです。

内部というのは。

結局、印鑑とかを買って、伝道途中の、ビデオセンターに通ってきたりして、実践壮婦になって信者になった方が、もしそういうものを見たり聞いたりしたらば、やはり動揺があるので、あまり歌わないようにはしてたようです。

実践壮婦というのは、要するにおばさんたちということですか。

そうです。

当時、あなた方はそういう活動をして、住まいはどういうところだったんでしょうか。

ホームがありまして、実際、その経済活動に携わっている人たちが寮になって入っているところです。

そこにずっと住み込みだったということですか。

はい、そうです。

そこでの生活だとか、経済活動全般等、生活全般についての指示書のようなものはありましたでしょうか。

はい。

[甲第三〇七号証を示す]

「実践壮婦」
既婚の女性で統一協会の活動（伝道や教育、霊感商法）などを手伝うようになった信者のこと。その多くが、霊感商法の被害にあったことをきっかけにしてビデオセンターの教育を経て信者になっている。

これがその指示書になりますか。

　はい、そうです。

このもの自体はあなたの持ち物だったものでしょうか。

　いいえ、違います。

これ自体はやはりほかの脱会した人のですか。

　はい。でも、このような内容のものはノートに持っていたこともありましたし、よくホームのトイレなんかに切り抜いて張ってたりしていたことがありました。

ということは、あなたがホームで生活していた時期には毎日のように見ていたということかしら。

　はい、そうです。

表題が「新規必勝」、これはどういう意味ですか。

　これは、訪問販売の実績がより上がるように、売上が上がるように、どういった生活を生活態度でしなければならないのかということのチェック項目だと思います。

「新規必勝」というのはどういう意味なんですか。

　これは訪問販売の売上の実績を勝利するということです。

内部の用語では、売り付けに成功することを勝利するというわけですね。

　そうです。

ということは、新規必勝ということは、新しいお客さんに売り付けを成功させるための項目という理解でいいのかしら。

　はい、そうです。


甲第三〇七号証（新規必勝四五項目）の一部

天に導かれた新規三軒の勝利基準を立てる為には一軒目が出たらＴＥＬ報告、決意の祈りをし飲まずに食べずにすぐ隣から飛び込もう

トークを始めたら父母の代身として自信と確信を持って堂々とトークしよう

夜のスケジュールがどうなっているのか聞いておくことも時間主管を心がける私達には重要なことであるし、ゼロで帰って来た時、明日何に気をつけたらよいか聞いて見ることも貴重な心情の分別になります

夕食時は中心により近いところを争って座りながら家族団らんのひとときとしましょう

反省会、祈禱会など公的時間をどのように生かしていくかで店舗の運勢が決まります

布団に入ってからでもいいので今月の目標にいくら足りないか、販売大会中の目標まであといくらか毎日チェックして明確にしておきましょう

御父母様がいつもそうであられるようにたとえ短い時間でもみ旨が果たされていないのに休ませていただくことを申し訳なく思い感謝して休みましょう

で、一日何件新規の売上を上げなさいということを具体的に言っている部分はありますか。

はい。一二番とか二〇番で新規三軒必ず販売できると、三軒は勝利できますというようなことを書いています。

それは一日に。

そうです。

それから、これを見ると、五項の小さい字のほうの最初に「路程」、それから一一項の大きい字のところに「摂理」というふうに、そのほかにもありますけれども、通常では使わないような言葉や言葉遣いがされているように見受けられるんですけれども、これはどういう言葉なんですか。

統一教会の内部用語で、路程というのは、まず責任者から指示があるんですが、いろいろな路程が組まれまして、ある期間、このような強化期間ですよということで、それの目標に対して、みんな競い合って、販売活動なら販売活動を競い合う期間です。

特別にそういう売上の強化期間みたいなのが設定されるわけ。

はい、そうです。

それを路程というわけ。

はい。

摂理というのは、訴状に説明をつけていますので省略しますが、これらは全部どちらの用語ということでしたか。

統一教会の内部の用語です。

「摂理」
本来は神のみ心の意味だが、統一協会では文鮮明の指示のことで、「いつまでに何百億円集めなさい」とか、「八八年はどうしても××を達成しなさい」というようなもの。しかし、統一協会ではこの摂理が文鮮明の思いつきで頻繁にかわる。

そうすると、甲第三〇七号証に書かれていることというのは、統一教会による信者に対する活動についての心構え、指令ということになるんでしょうかね。

はい、そうです。

確認しますが、その活動内容の指示の中に五項の「祈禱会」、あるいは七項の「聖歌」、そういったものだけでなくて、さっき言った一日三軒の新規契約を取りなさいということが入っているわけですか。

はい、そうです。

それから、一一項の小さい字の最初のほうに「お父様」とあります。それから一四項の小さい字の一行目の真ん中辺に「真（まこと）の父母様」とありますね。

はい。

これはだれのことですか。

これは、文鮮明のことを内部で信者はお父様と呼んでいますし、文鮮明夫妻のことを真のご父母様とか、真の父母様というふうに呼ぶように言われます。

そうすると、一一項や一四項の意味というのは、簡単に言うと、どういうことになるんでしょうか。

文鮮明が一日三軒は新規で勝利できますよというふうに言っていることですし。

それが一一項ですね。

はい。

一四項は。

一四項は、毎日の店長への電話報告は、真のご父母様に報告すると同じことだということで、文鮮明ご夫妻に報告することだということで言っています。

そうすると、あなた方は当時の意識として、経済活動の最終指示者というのはだれだという意識だったのですか。

それは文鮮明です。

文鮮明の指示で献金目標がノルマに

この事件の被告の統一教会は、自分たちが霊感商法なんかの被害回復を求める裁判の被告として訴えられますと、教会は一切収益事業をしていないというコメントを発することが多いんですが、これについてあなたはどういう感じを持ちますか。

当時、私がかつて訪問販売をやっていたときも、もしそういうことを聞かれるようなときがあったら、統一教会とはいっさい拘わりないというふうに言うように指示されていましたし、組織を挙げてそういった嘘を言うように言われたことだと思います。

実際は、収益事業を教会でやっているかどうかというふうに聞かれると。

もう、そのもの、やっています。

さて、契約が取れたお客さんについて、次々買わせたり献金させたりするようですけれども、そういう次のものを買わせるというようなことでなくて、既にした契約のキャンセルを防ぐという目的で、お客さんに働きかけをするというようなことはありましたか。

はい。

具体的にはどういうことをしたんでしょうか。

契約してくれましたら、すぐに黙止行といいまして、キャンセルをしないように、四〇日間は家族や身近な人にもだれにも言わないほうが、そういうお守りの役目をしますよとか、そういうふうなことを言って、電話とか葉書とかでアフターケアをしながら、そうやって言います。

要するに、ほかの人に言わないほうがいいですよということを言うわけ。

はい。

実際に、それは、本当のところは、何を目的にしているんでしょうか。

それはクーリングオフの期間を何事もなく経過させるためのことです。

それから、あなたが活動していた時期というのは、時期的にマスコミがいわゆる霊感商法を取り上げることが多かった時期にも重なっているようにも思うんですが、特にマスコミ報道に対する対策、お客さんとの関係で対策をとったようなことはありますか。

テレビでそういったマスコミ報道があるというふうに分かっている場合には、お客さんに電話をして、先生からのご命令で、今すぐお風呂場へ行って水行するように言われますから、今すぐ行ってくださいというふうに、そういうふうにして、テレビを見ないように仕向けて、テレビから遠ざけるように、そういうことをやっていました。

そういう黙止行だとか、報道対策というようなことは、あなた方は自分で考えてやったことなんでしょうか。それともだれかから指示されてやったことなんでしょうか。

やはり、責任者に指示されてやっていました。

それから、販売成績を上げることに努めさせられたようですけれども、販売成績が良いと何か恩典はあったんでしょうか。

「黙止行」

良い行ないは他の人にはだまって隠れてやるべきものであるという理屈で、霊感商法で壺を売りつけた相手などにこの「行」を実行するよう指導する。

この外に霊能師役の信者は、「真理行」(壺をさずかるだけでなくビデオセンターで真理を学びなさいという指示)や「積善行」(良い行ないや真理を他の人に紹介して広めていきなさい、つまり新しい被害者をつれてきなさい、という指示)もあわせて指示することがマニュアル化されていた。

はい。私が前線で活動していた当時は、東北ブロックで月間の献金の勝利者、実績の良かった人一〇人くらい集めまして、ブロック長とか専務とか、そういった幹部の人たちとお食事会とか、そういうことをやって、こうやって実績を出したんだということの証し会とか、幹部からおほめの言葉をいただいたり、そういうことがありました。

証し会というのは、実際私はこうやってたくさん売り上げましたという報告なんかということ。

はい、そうです。

そういう集まりに特に名前はついていましたか。

勝利者の集いというふうに言っていまして、それを目標にして頑張ったり、優秀者に対してはいろいろな商品がついていることはよくありました。

じゃ、その反対に、実績の上がらない人に対しては、どういうようなことが言われたり、されたりしたんでしょうか。

実績のない自由はないというふうな原理用語がちゃんとありまして、それをいつも店長などから言われていましたし、例えば、実績が三日間ゼロであれば、信仰的に狂っているから、それは何らかの条件を立てないといけないと言われまして、断食とか水行するように指示を受けたこともあります。

水行というのは。

水をかぶるんです。

販売目的というのは、どこかで決められていたりしたんでしょうか。

はい。上からの献金実績、献金目標がブロックから地区に下りてきまして、そう

「証し会」（あかしかい）
ブロックや地区の信者を集めて、霊感商法や伝道で実績をあげた信者の成功談を報告させ（これを「あかし」という）て、他の信者にもこれを見習ってがんばるよう指示する会のこと。

いったものはいつもあります。

それは、特に発表される機会、儀式みたいなものはあったんでしょうか。

月に一度の決断式というのがありまして、ブロックの伝道担当の支部のメンバーとか、それから勝共とか、そういう店舗のメンバーとか、ブロック総揚げで、そういう地区の人が集まってやります。

そこには伝道担当の人らも来るわけ。

そうです。

一堂に会するということになりますか。

はい。

そこで、その販売目標の通告ですかね。それ以外には何かほかにもやることはありますか。

主にブロック長だとか、総責任者が文先生の指示だということで、献金目標額をお話ししたり、文先生のみ言葉を語ったり、みんなで決意表明をしたり、歌を歌ったりします。

そこでもさっきみたいな歌を歌うということはあるわけ。

はい。

販売目標に関連して、TV一〇〇という言葉をあなたは知っていますか。

はい、知っています。

どういう意味ですか。

あれは、八五年くらいに文鮮明の指示ということで発表されたんですけれども、一箇月の献金額を一〇〇億やりなさいということで、トータルビクトリーの略で

TV一〇〇ということで、文鮮明の指示ということでありました。

大善の前に小さな悪は許される

活動内容について一通り話してもらいましたけれども、あなたが担当したケースのうち、今考えてみて、経済活動の典型じゃなかろうかと思われるようなケースがあったら、一つ話してください。

法会課時代に担当していた信者献金のケースなんですけれども、子供が一歳くらいでご主人を亡くした未亡人が、こつこつと二〇年間ためたお金をほとんど全額、二〇〇〇万くらいだったと思うんですが、それを献金させてしまったことです。

その人に対しては具体的にどういうトークでもって献金させたのですか。

息子さんもご主人のような同じ道をいきやすい運勢だから、絶家の家運だから、献金しないと同じ運命をいってしまうということでトークしたように記憶しています。

二〇〇〇万円くらいということでしたっけね。

はい。

その人の有り金全部ということですか。

はい、そうです。

当時、そういうことをしていて、自分のしていることについて当時はどのように考えていましたか。

やはり一時的にはその方が大変だというふうな、気の毒だなという思いも沸くん

「法会（ホウエ）課」 メシア万物を買わされた壮婦に対して、メシアを証するためのケアや、再度の万物を買わせるケアを担当する店舗営業部の一つ。この後、壮婦が実践信者（伝道や動員ができる信者をさす）へとさせられていく。

ですけれども、しかし、そういったこの世的な人情は切り捨てないとお客さんは救われないんだとか、天情に徹していきなさいとか、そういうことを言われたり。

天情というのは、言い換えるとどういうことなんでしょうか。

　お金をできるだけ献金して、統一教会に捧げることが、従うことが天の情というか、そのときは一時的に苦しくても、後々、あの世に行けば最高の救いになるんだと、それは霊界で永遠に覚えられるんだというふうに思っていましたので。

だれが救われるの。

　お客さんを始め私自身がそれにかかわって、救いの一つの仕事に加わったので、自分自身も救いにつながると、そんなふうに思い込まされていました。

お客さんもそれに関与した人もということ。

　はい。

天情というのは、要するに天の考え、天がそういうふうに考えているんだという意味でいいのですか。

　はい、そうです。

それに対応する言葉として、人情というわけ。

　はい。

それはこの世の俗世間の考え方という理解でいいですか。

　はい、そうです。

そう言われてはいたかもしれないけれども、因縁についての話なんかについては、自分が嘘をついているという自覚はあったでしょう。

　そうですね。作り話をしているというような自覚はありました。

⦿先生．霊石．霊場の証詞

（先生）：「・先生は．代々神仏に仕えられた清い家系にお生まれになり．お若い頃から様々な行を積んで来られたんです．

・先生は．霊界に通じておられ．先祖の救いや現実に於いても．様々なあらゆる問題を解決して下さいます．

人に合わせて＝

・ふつうは．政界．財界　宗教界などの指導者を指導されることが多いんです．

・又．先生は考えられぬような苦労をして来ておられ．人の心がよーくわかられます．

親のようなお心で．どんな人にも希望と幸せを与えて下さいます．

・半年．1年待たなければ会えない事が多いんですよ．

・今回は．こんなに早くお会いできるようになって良かったですね!!」

信者が霊能師を紹介する時のせりふ（マニュアルから引用）

じゃ、それが悪いことだという自覚、考えはなかったのですか。

そういう店舗の活動のときによく言われたのは、この世の法律は破っても、結局、文鮮明の指示に従うことが天法、よく天法といって、天の法律に従うことが、そのほうが優先すると。神の文鮮明の救いに携わることは大善といって、それに対して、嘘をついたりは小さな悪だと。大善の前に小さな悪は許されると、そんなふうに教わっていましたので、最初はさまざまな葛藤はありましたけれども、後に活動するにつれてそういう気持ちはだんだん麻痺していったと思います。

天法という言葉が出ましたけれども、天法とこの世の法律との関係については何か言われていましたか。

天法はこの世の法律よりも優先するというふうに言われていました。

それにしても、こつこつためた有り金を巻き上げると、その人は実社会ではかなり経済的に窮迫するわけですよね。そういうことについてはどういうふうに思っていましたか。あるいは教えられていましたか。

やはり、たくさん持っている人が少なく献金するよりも、本当に苦労してためたお金を精一杯捧げることが、苦労すれば苦労するほど、神様はそれを、苦労を本当に条件としてより救われる条件になるんだというふうに、苦労したほど尊いものなんだというふうに教えられていました。

その人にとってもということ。

はい。その人にとっても、後々は、そのときは分からないけれども、あの世に行ったら、もう最高の栄光だというふうにたたえられるから、今は多少はそういうことは目をつむるようにというようなことを言われていました。

今は、まあ、考えてみれば、ひどいことだというふうに思っているだろうと思いますが、当時はそれはひどいとは思わなかった。

　気の毒だとか、やっぱり人情的なことは思うんですけれども、やっぱりそう思っていたら、結局、自分自身をも不信仰につながってしまうことになりますので、そういうことは思わないように、自分の思いを押し殺して献金を目標達成することが、今一番文鮮明が必要としていることだからということで言われていましたので、それに対しても必死に死に物狂いでやっていました。

気の毒だというように思うこと自体について、何か言われていましたか。

　そういうことを思うこと自体が罪であると、摂理に反逆するものだというふうに叱咤というか、檄を言われたこともあります。

考えちゃいけない、そういうことを思っちゃいけないと言われていたわけですか。

　はい、そうです。

考えてはいけないと言われていた状態で、当時、上司から言われること以外のことを考えようと思えば、考えることというのはできましたか。

　考えたらむしろいけないというほうが強いですし、そもそもそういう時間的余裕とかいうのはほとんどなかったと思います。何々の摂理とか何々のノルマとかというふうに、いつも目標とか、そういうノルマに追われ続けている生活でしたので、ありませんでした。

物理的にも無理だと。

　精神的にも無理だったと思います。

ところで、統一教会の信者であって、経済活動に従事しないということは可能なんでしょうか。

自分の意思というか、そういうことを言うことというのは不信仰につながりますし、そもそも人間が最初に堕落したきっかけは、自己中心が出発だったので、そういう自己中心の思いは完全に否定されましたので、完全に自己否定というふうに常々言われ続けていましたので、そういったことは一切考えられませんでした。

じゃ、そういう経済活動なんかをやらないという選択はできなかった。

できなかったです。

それは、今、自己否定ということが出ましたけれども、ほかに何か選択ができなかった理由はありませんか。

自分の意見を言ったりということ自体、そのものがアベルに対する不信罪というか、アベルに対して責任者、上司に対して絶対服従ということが言われていましたので。

服従しないやつはどうなるのですか。

服従しない人は、結局、自分で地獄の道を選ぶようなもので、償いをするためにそういう活動をしているわけですけれども、自ら償いをもっと大きくするもので、そんなことは恐ろしくてできません。

地獄という言葉が出たけど、具体的にどういうふうに恐ろしいの。

結局、自分は氏族のメシヤで、菊田家なら菊田家のメシヤで、先祖から選ばれて、メシヤの救いに与かるために万物復帰をして、すべてのものを文鮮明に送り届けるような、そういう活動をするわけなんですが、そういったことはむしろ先祖代々の代表として選ばれてやっていることだから、もしそういうものを放棄したならば、先祖はすべて地獄にいるという教えなんですけれども、地獄にいる先祖も救われないし、後々、自分も地獄に陥れられるし、そういう使命を放棄したならば、後々、おまえにせっかく救いの道を施したのに、なんでおまえはその道を行かなかったんだというふうに億万の先祖からたしなめられるというか、攻撃されるというふうに教わっていましたので、そういうことはできない精神状態でした。

先祖から手ひどい追求を受けるということを教え込まれていたということですか。

そうです。

一方、一生懸命そういう経済活動をやるとどうなのかということを言われていましたか。

それは、後々、文鮮明から選ばれて、祝福を受けられる条件になるということです。

神体験で文鮮明のロボットになった

ところで、経済活動の従事中に、あなた自身、転機のようなものはありましたか。

最初の経済活動をやり始めたころに、なかなか実績が上がらずに、活動自体もやっていけるかどうかという、気持ちが低迷したときがありまして、そのときに、上司の指示で二一日修練会というところに行くように言われまして、そこで体験したことなんですが、お茶売りのときになかなか売れなくて。

二一日修練会のときにお茶売りをやったわけですね。

そうです。

二一日修練会というのは、先程のNさんに出てきた二一修と同じことですか。

はい、そうです。大体献身者が再教育のために行かされるところなんですけど、そこでアベルから、売ろうとするのじゃなくて、完全に既成概念だとか、そういった今までの自分を無にしていかなければ、霊界が働かないと、売れないんだよと、実績が出ないんだよと、あなたは完全に自分をなくしなさい、そして、左にお父様、右にお母様、目の前にフンジン様、これは文鮮明の亡くなった息子のことをフンジン様というんですが、そういうふうに朝の最初の出発から最後までずっと、訪問して玄関開けたときから、ずっと意識して歩みなさいと言われて、それをずっと一日中やっていましたら、最終の終わりのころに文鮮明の幻を見たような気がして、玄関の明かりの下で文鮮明が手招きしているような幻想を見て、そこに行ったらやはり思うようにお茶が売れて、目標を達成したという体験がありまして、そのとき以来、もう完全に自分を自己否定して、アベルの言うことに完全に柔順屈服に従っていったら絶対にいけるんだというか、実績が上がるんだということを本当にそこで体験したように思いました。

それ以後、変わったなという感じがするということかしら。

そうですね。ですから、そういった訓練の場で、店舗でもよく言われるんですが、中心性と一体化、中心というのは責任者のことなんですが、中心の心情と一つにして一体化していくことが何よりも必要なんだということで、教わりましたし、体験したように感じました。

今考えると、そういう中心との一体化という指示というのは、要するにどういうこと

「神体験」 神様や文鮮明が自分の活動や思いを支えてくれていると実感すること。上記のように神あるいは文鮮明が支えてくれたので物が売れたり、伝道できたことや夢に文鮮明が出てきたことなど、あらゆるできごとが文鮮明の特別の能力や霊的な力と結びつけて説明される。これによって信者はより確信を深めて活動に奔走する。

だと思いますか。

常識ですとか、これまでの本来の自分を捨てさせられて、ロボット化されたのだと思います。

当時とすると、だれのロボットということなんでしょうか。

文鮮明以下、上司ですね。よく店舗の中でも、一般の常識は統一教会の非常識だというふうに言われましたので、もしアベルが黒いカラスを白だと言えば、白と思いなさいということも常々言われていましたので、そうしていくことが、後々、祝福を受けるときに、文鮮明から、この人が相手だというふうに言われたときに、完全に受け入れられるような、そういう訓練のものなんだというふうに言われていました。

とにかく上司から言われることなら何でも言うことをきくというふうに聞こえるんですけれども、じゃ、例えば中心ですか、上司から、人を殺せという指示があったとしたら、当時だったらどういう対応になるんでしょうか。

文鮮明の指示だから、地上天国実現のためとか、原理的な意義とか価値付けをされたら、自分の葛藤はあったとしても、それを押し殺してやっていたと思います。

それ以前に、文鮮明というのはメシヤなんでしょう。

はい。

そのメシヤである人が、人を殺せなんて言うはずはないというような発想はないの。

むしろ、地上天国実現のためであるならば、それに反対する者は、イコール、サタンですから、そういうことはあり得るんじゃないかと思います。

じゃ、その場合、その指示でもって殺されるサタンの人の立場はどうなるのですか。

結局、地上天国実現のために、メシヤの行く手を阻むようなことであったならば、生きているよりも、霊界に送り届けたほうがその人の救いになるというような教えですから、それはそういうことでもなると思います。

じゃ、指示通り人を殺した結果、刑務所に入る側の人、その人の立場というのは当時どういうふうに説明されていましたか。

文鮮明自身も、活動の最中に何度も牢獄に入っていますので、同じように文鮮明の指示で牢獄に入るようなことがあったとしても、それはお父様の勝利圏を相続することだから、むしろそれは信者として栄光なことだとか、誇りだというふうに教えられていました。

韓国で世界日報（セゲイルボ）配り

韓国で、そのとき一月に渡って、何の仕事をするようにという指示だったのですか。

世界日報の配達とか、それから世界日報を買ってくれる人を拡販する、そういう仕事でした。

そのときの一月以降の韓国滞在資格は何だったのですか。

そのときは学生ビザで渡るようにということで行きました。

そうした学生ビザで、世界日報の拡張とか配達というのは、これも立派な仕事だと思うんですが、そういうことは許されるのですか。

法律的には違法に当たるので、聞かれたら、ボランティアでやっていますと言いなさいと上から指示されました。

「違法滞在」　多くの日本人信者が文鮮明の指示で世界各国に派遣されて、詐欺的伝道や南米での開拓作業に従事している。そのほとんどは観光ビザや学生ビザでの入国、滞在である。このため、違法滞在として日本に強制送還されたり、他国へ逃亡をくりかえしたりしている。各国の日本大使館員にとって頭痛の種のひとつになっている。

韓国では、毎日の暮らしはどういう生活だったんでしょうか。

　女性も男性も、世界日報の配達のために、朝三時くらいから起きて、暗いうちから活動するというような、とても危険が伴うような活動でした。

女性だけで朝三時くらいから暗いうちから外で仕事をするということもあったのですか。

　はい、そうです。

そうすると、何か事故とか、そういうこともあったんでしょうか。

はい。実際に女性も男性も配達途中に暴行に遭ったりした人を知っていますし、活動最中にやはり女性同士で活動しているときに強姦されたりということを聞きまして、途中から女性全員に防犯ベルが配られるというようなことがありました。

その韓国滞在中はどこで寝泊まりしていたのですか。

　韓国人の祝福家庭の一室を借りて間借りしていました。

一室で、その仲間何人かで暮らしていたのですか。

はい。女性メンバー五、六人が四畳くらいの狭い部屋で荷物と一緒に寝起きしていました。

その生活の中で、今、思い出して、印象に残っていることは何かありますか。

はい。オンドルという床暖房のときに使う練炭が不完全燃焼を起こして、一酸化炭素中毒を起こしてしまって、部屋が狭いというのもありますし、荷物も一緒に寝ていますので、それで一酸化炭素中毒に遭って、あと少しで死んでしまうというか、死に目に遭ったような体験に遭いました。

一月に韓国に渡って、世界日報の仕事をして、またその年の八月ごろ日本に戻れという指示を受けたようなんですが、そのときは日本に帰ってどうしろという指示があったのですか。

日本の経済状態が思わしくないので、韓国に渡った人員、メンバーというか、経済活動のメンバーが不足しているので、日本に帰って経済活動をしてほしいというようなことを言われました。

何かその際、目標とかノルマというのはあったのですか。

はい。そのときは一九〇万の献金を集めなさいということと、それから霊の子を四人作って再び韓国に戻るようにということを言われました。

八月に日本に戻れという指示を受けて、また再び霊感商法に従事したわけですか。

はい、そうです。

原告　矢田友枝の調書から

［東大原研での活動実態など］

矢田さんは某国立大学在学中の八一年四月に原理研究会のメンバーになった。活動的な彼女は、東京大学の学生をビデオセンターに誘い込んで信者にするための女性部隊（これを「エバ部隊」と称していた）として東大駒場の近くのホームに住んで「伝道」活動を担当させられた。この間、徳野英治の指揮下で活動していたこともある。このため、彼女の消息を心配して訪問した矢田さんの両親に徳野が面談したこともあった。このやりとりの内容の一部が本書四一一頁の徳野証言でも紹介されている。

そこで、彼女の証言のうち、このテープの部分と脱会のいきさつの部分を紹介する。

［略歴］

62年4月　出生（山梨県）
81年4月　T大学入学、訪問でアンケートを受け世界思想研究会の集会へ
82年4月　原研二ディズ、七ディズに参加
　5月　ホーム生活へ
　冬　珍味売り（青森）
83年春　特別新人研修会
　夏　珍味売り（岩手）
　冬　募金活動（仙台）
84年4月　ビデオセンタートーカー
　夏　霊感商法（占い、印鑑販売）
85年夏　メタライト売り
　秋　伝道活動、ビデオセンター
　冬　メタライト売り
86年春　雑巾売り（福島）
　3月　大学卒業後献身
　　東大原研アシスタントマザー
　夏　勝共キャラバンのチケット売り
87年1月　京大アシスタントマザー
88年5月　脱会

徳野英治が指導した東大原研の活動

［甲第一二一号証、甲第一二二号証を示す］

矢田幸子さんというのはお母さんですね。

　はい。

テープの内容は読まれましたね。

　はい。

徳野さんとお父さん、お母さんの話合いの席に、友枝さんもいたんですね。

　はい。

このとき、徳野さんと話合いをしたのはどこですか。

　東大のサンハウスです。

東大のサンハウスというのは、どういう施設ですか。

　東大のビデオセンターとホームです。

［原告提出一九九二年四月二八日付準備書面各論第八を示す］

矢田さんの個別請求原因末尾の経歴の二枚目、一九八六年四月から一九八七年一月まで、東大原研にいたんですね。

　はい。

サンハウスというのは東大原研のビデオセンターですか。

そうです。

徳野さんは、当時、どういう立場の人でしたか。

東大の学区長です。

矢田さんは。

アシスタントマザー、献身者です。

お父さんは、どうして徳野さんと話をしたんですか。

その年の三月三一日に私が異動しまして、その後行方不明になったので、心配して両親が訪ねてきました。

どうして、東大にいるとわかったんですか。

その前に、私から連絡したからです。

何故、連絡したんですか。

しばらく行方不明だったんですが、その後、余りにも反対が激しいので、徳野さんが、とりあえず連絡しなさいということで、連絡しました。

途中から同席されているようですが、どうしてですか。

私が信仰したいかどうかの意思を確認するために呼ばれました。

そのとき、録音テープのカセットデッキはどこに置いてありましたか。

机の上で回っていました。

何故、とってあると思いましたか。

話合いの様子を録音するためだと思いました。

徳野さんも了解済みだったんですか。

彼の目の前で回っていましたので、了解済みだと思っていました。

三月三一日以降行方不明になったのは、だれの指示ですか。

　富田巡回師の指示です。

それは、どういう立場の人ですか。

　原研では、ブロックにいる心霊ケアの巡回師で、帰省したときに毎日電話連絡していましたので、その人の指示で家出しました。

ブロックというのは、正式名称は。

　筑波大学の原研に所属していましたので、それが第一ブロックですから、第一ブロックの巡回師だと思います。

何故、筑波大学から東大の原研に移ったんですか。

　家出してしばらく行方不明でしたが、その後、徳野さんに呼ばれたと思います。

東大に移ったのを、両親にどういうふうに説明しましたか。

　筑波大学で一緒に活動していた森長さんが東大にいましたので、その人を頼って行ったというふうに説明しました。

それは本当ですか。

　いいえ。

本当は、どういう理由ですか。

　人事で東大原研に配属されました。

森長さんを慕ってという説明をしろと言ったのは、だれですか。

　徳野さんです。

徳野さんとは京大原研にいたときも一緒ですね。

　はい。


「心霊ケアの巡回師」

信者の心情面の管理を統括して指導するため各地区を巡回している幹部のこと。統一協会や原理研では、精神的に動揺している信者をこの巡回師など先輩格の信者が細かくチェックしておちこぼれを防ぐ体制をとっている。同一施設内に多数が寝泊まりしているからこそできることである。

経歴書の二枚目、八七年二月から京大原研人事とあるんですが、当時、徳野さんはどういう立場でしたか。

関西ブロックのブロック長でした。

関西全体を統括するブロックですか。

はい。

徳野さんとは一年半ぐらい一緒だったんですね。

はい。

どういう人でしたか。

伝道活動に積極的な方で、強引に入教プッシュをしていました。東大原研のときに、徳野さんの指示で、入教しないという学生を三日三晩家に帰さずにプッシュし続けたことがありました。

それは何度ぐらいありましたか。

何度も、三日間というのは二、三回だったかもしれませんが、一日、二日はしょっちゅうありました。

入教するとき、どういうことを言って説得するんですか。

ありとあらゆることを言うんですが、最終的には先祖がたたるとか、地獄に堕ちるという脅しめいたことを言っていました。

徳野さんが直接言うんですか。

私たちを通して言わせる感じです。

原理講論に、入教しなければ先祖がたたるとか、地獄に堕ちるという教えはあるんですか。

「入教プッシュ」
統一協会や原理研に入会するよう強引に説得すること。勿論統一協会であることなどは隠して、ビデオセンターに通うことだけを承諾させることからはじめる。

原理講論から導き出される教えで、氏族のメシアとして立つということを、入教は意味しますから、それを自ら放棄することはサタンのざんそ条件になりますので、悪霊が何をしてもいいということになります。

サタンにざんそされるとか、そういう言い方ならわかるんですが、何で地獄に堕ちるというんですか。

原理の専門用語ですから、一般の人にわからないので、わかりやすくいうと、そういう言い方になると思います。

原理の教えが入っていない人にわかりやすく、原理講論を使えば、そういうふうになるんですか。

そうですね。

血分けの事実を韓国人元幹部に聞いた

そんなに一生懸命やっていた統一教会をやめたのは、どうしてですか。

それは血分けの事実を知ったからです。

血分けというのは、エバがサタンと堕落した、それは性的な理由で堕落したから、それを救済するためには、堕落した女性が神側と性交渉を持って、女性が更にアダム側の男性と性交渉を持つことによって人類が救済されるということですか。

そうです。

それが合同結婚式の原型になったということですが、血分けというのは、そういうことをやっていた人が現実にあったんですか。

「血分け」
原罪をぬぐうためには、メシアである特別の人物と性交渉（血分け）するしかない。更にそれで無原罪になった人が他の原罪をもつ人と性交渉する。こうして無原罪の人を増やしていくという考え方。

韓国に行って、実際、当時の幹部だった人の口から直接、自分たちがやっていたということをはっきり聞きました。

純潔をうたう宗教だったはずだけど、その事実を聞いてどう思いましたか。

大変驚きました。ホーム生活では厳しく禁止されていて、手を握ることはおろか、そういった思いを抱くこと自体罪だとされていましたから、それを隠そうとしない幹部の人たちの言動を見てショックを受けました。

血分けというのは、統一教会で、どういうふうに教えられていましたか。

私が聞いた限りでは、そういうことはあり得ないと言われていますので、ほとんど、はっきりと教わっていないです。ただ、セックスにまつわることだとは聞いていましたが、その程度しか聞いていません。

それが、相当ショックで、やめる原因になったということですね。

はい。

[甲第四〇〇号証を示す]

一九ページ、班長のところに、「講師、進行と班員との仲保者であり、一人一人の修練生に対して責任を持って指導する立場であるから、特に母の心情をもってよき相談相手となり生活上の具体的な指導をなすよう努める」とあるけど、原研においてセブンデイズは、できるだけ和気あいあいとした雰囲気で、できるだけ入教させるためにやるんですか。

とりあえず、入教させてからということです。

入教後に脅迫観念を持つようになった、特に新人研の後。

はい。

それは、学生だから、入教までずるずる来る人がいるんですか。

そうですね。ツーデイズに出た人の半分ぐらいは入教していたと思います。

一人暮らしの。

そうですね。

統一教会に対して、言いたいことがありますか。

私が信仰を持とうと思った動機は、自分が救われ、幸せになりたい、家族や友人たちが幸せになってほしいという純粋な思いからでした。しかし、六年間の信仰の結果、ますます苦悩と葛藤が深まり、両親や友人に辛い思いや悲しい思いをさせ、伝道活動や経済復帰の活動を通して多くの人を不幸にしていたと思います。そのことを思うと悔しいですし、今でも大変な憤りを覚えます。かつて私と活動していた兄弟姉妹が、今でも統一教会の中で活動していると思いますが、自分たちの傲慢な思いがいかに多くの人を傷つけ、苦しめているかを反省してほしいと思います。

入教というのは、ホーム生活に入ることで、そのときに、合同結婚式の説明も霊感商法の説明もしていないんですね。

はい。

キリスト教の一派程度の認識しかなかった。

はい。

献身というのは、どういうことですか。

卒業した後に、統一教会に身も心も捧げてやっていくことですから、卒業するときに、初めて献身ということです。

あなたが献身したのはいつですか。

　大学を五年間かかって卒業した後です。

経歴書二枚目、東大原研に人事する前に献身したということですか。

　そうです。

統一協会代理人の反対尋問

さっき、血分けについて韓国の幹部から聞いたということですか。(注)

　はい。

韓国の幹部が、何か別の信者と性交渉をどんどんやっていると、こういう意味なんですか。

　はい。御自身でそういうふうに大変楽しそうに告白されていました。

いろいろな女性とやるということですか。

　そうですね。

だれが言ったの。幹部の名前は。

　金得振（キムドクチン）という聖歌を作曲している人と、あと劉孝敏（リュウコウビン）という、統一原理を書いたとされる劉孝元（リュウコウゲン）という人のいとこの方から聞きました。

そういう人たちが自慢そうに自分は何人の女性と性交渉したと言ったわけ。

　はい。

どこで言うの、そういうこと。大勢の前で言うんですか。

(注) これ以降は全て被告統一協会代理人の尋問に対する証言である。

はい、言いました。私たちがやめた信者だと知っていて言いました。

信者のときに聞いたんじゃないんですか。

違います。やめてからです。もうある程度統一原理の教えが違うと思ってからですね。その後に韓国に行きましたので。

やめたあとどうして会ったの。やめたあとこういう人に会えるんですか。

はい。

どうして会えるの。

知り合いのつてを通じて会いました。

どこで会ったの。部屋の中で会ったんですか。

韓国の、ホテルのロビーだったと思いますけれども。

一対一だったんですか。

いいえ、仲間が何人かいましたから、その人たちの前でそういった人たちが来ていろいろ話しました。

ちょっと信じられないんですけれども、統一教会信者がそういった信者じゃない人の前で自分は血分けをやったというようなことをおおっぴらに言うんですか。

ええ。それでびっくりしたんです。だから、全然これは韓国ではシークレットでも何でもないことなんだなと思って、驚きました。

そうすると、あなたが脱会を決意したころにはそういった幹部の話は聞いていないから、それは反対派の宮村さんたちの話から血分けがあるということでやめる気になったということですか。

いろいろなことで疑わしいとは思っていたんですけれども、決定的な決め手がなかったんですが、最終的に血分けという話を聞いて完全にこれは間違いだというふうに確信しました。

それが、韓国で幹部に会う前の話でしょう。韓国の幹部に会ったのはやめてからあとですよね。

どこの時点でやめたというのか分からないんですけれども、徐々に疑いを持っていって、最終的にそのときにもう完全に私の中でやめたというふうに思ったということです。

あなたは、脱会届を出したのはいつなんですか。

脱会届は記憶が定かではないです。出したかどうかもよく覚えてないです。

八八年の何月ごろに脱会したと考えられますか。

夏ぐらいだと思います。

別に脱会届とか出さなくて、自分の気持ちでやめたということですか。

そうですね。私が三か月たってももう完全に連絡しないですし、統一教会側ではやめたと思っているというふうに私自身は思っていましたから。

統一教会というか、原理研究会というか、何か連絡来なかったですか。

実家に、かつての兄弟姉妹というか、かつて共にやっていた人から電話が何度かあったというふうには聞きました。私自身は話してないです。

あなたは、韓国に行ったというのは何年ごろの話ですか。

八八年の夏。

甲第一二四号証の陳述書(二)の二ページのところ、真ん中ちょっと前ぐらいで、あなたは当時の状況を自由意思と言っても教義上だまされたんだと。脅されて選択肢がなか

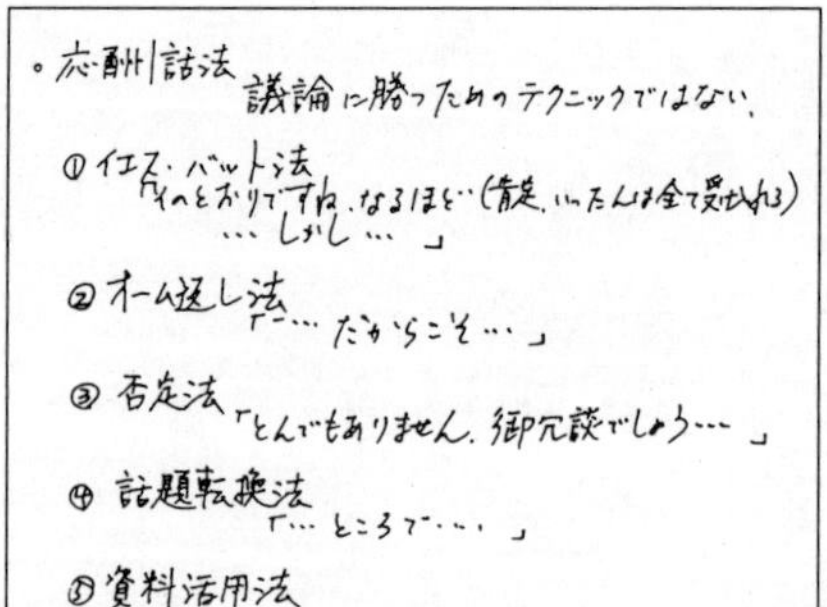

・応酬話法
議論に勝つためのテクニックではない。
①イエス・バット法
「そのとおりですね、なるほど（肯定、いったんは全て受け入れる）
…しかし…」
②オーム返し法
「…だからこそ…」
③否定法
「とんでもありません、御冗談でしょう…」
④話題転換法
「…ところで…」
⑤資料活用法
⑥例話法
⑦黙殺法 → 聞き流す。

統一協会でよく用いられる応酬話法のマニュアルの例

った状況で一方的になされたということをおっしゃっていますね。

はい。

こういったことは、例えば途中でやめた人なんていうのはどうなんですか。そういう人は選択肢はあったということなんですかね。

いえ、それは私の知っているかぎりでは個人の自由意思でやめたというよりも、もうほとんど逃亡に近い形で、もうできないから逃げ出すという形でやめていった人がほとんどでしたから、自分で情報が極端に制限されていて統一教会が正しいという情報しか与えられていない中で、これが間違いであるということを気付く方は決してあり得なかったと思います。

被告証言

小山田秀生　証言

小山田秀生は一九四一年五月一〇日生れ。九七年二月六日に東京地方裁判所で証言した時には、五五歳だった。

この証言でも明らかになるが、彼は統一協会の学生組織である原理研究会の活動を経て、一九六四年四月に統一協会の献身者になった。統一協会が宗教法人として認証された同年七月から長年にわたって、会長であった久保木修己（一九九八年一二月一三日没）の下で会長代理や副会長の職にあり、ナンバーツーの地位にあった。

九一年七月、久保木会長が更迭されて、神山威が新会長として霊感商法批判で集金力が落ちた日本の組織の再建を期した。神山は文鮮明とともに脱税でアメリカの刑務所に入った男である。しかし彼は九二年八月の桜田淳子らの合同結婚式参加問題や翌年春の山崎浩子の脱会問題などで、かえって統一協会の人、金集めの力をそいでしまった。そのため九三年一月、会長は藤井羑雄にかわる。ところが藤井は会長になって早々、統一協会とその別働隊である天地正教の負債が四〇〇〇億円にのぼることを認める文書を全国霊感商法対策弁護士連絡会の弁護士に送付するなどの大失敗をやらかす。藤井の失敗を受けて、九四年五月に会長になったのが小山田秀生であった。しかし彼も翌九五年六月に桜井設雄と交替させられた。その後も会長は毎年のように石井光治、江利川安栄、大塚克己と交替する。全て文鮮明のさしがねである。

小山田秀生が証言した九七年二月時点で、彼の住所はブラジル、サンパウロのイピランガとなっている。職業は「宣教師」と書いている。

一時から五時まで四時間足らずの証言は、予想通りごまかしにごまかしを重ねるものだった。原告弁護団は、動かぬ証拠をつきつけない限り、組織の不利になることは言わないと予想したため、統一協会創立当時からの古い機関紙・誌や証拠書類を調べなおした。

証言を読んでいただければ、彼が如何に苦しい見えすいた言いのがれに終始しているかは明らかだろう。しかし、そのようなごまかしの証言であっても、動かぬ証拠書類をつきつけられて、次の重要事実を認めたのである。

① 統一協会にはかつて事業部があって、ハッピーワールドの前身である幸世商事が第二事業部と言われていた。この事業部はその後組織整備されて、統一協会では事業活動はしていないという。しかし、統一協会信者が組織的に人参液や大理石壺、多宝塔などを売っていることは明白であり、小山田も多宝塔が売れたことを「実績」と称していることを認める発言までしている。

② 統一協会はビデオセンターの運営はしていない、古田元男ら「連絡協議会」なる信者の団体が勝手にやっていることだという。しかし、統一協会の機関紙である「中和新聞」にはビデオを使った「伝道」の方法がくりかえし紹介され、ビデオセンターを通した伝道の推進が統一協会の方針として提示されている。

③ 文鮮明の献金指示（日本からの送金指示）に従うため、日本の統一協会は信者になりかかった不動産所有者に名義を提供させて、その所有不動産を担保に億単位、千万円単位の借金をノンバンクからさせた。ノンバンクの借金は統一協会が責任を

もって返すと言いながら、実際には返さないことから、この借金の取立てのため自宅などが競売に付されるなどの事態に至った人が全国に何百人も出た。その負債合計が四〇〇〇億円であると認めた藤井会長の文書の内容の真実性を否定した小山田は、信者たちの借金はこのように相当額にのぼるとしても、宗教法人統一協会としての借金は三〇億円程度であると苦しい弁解をしている。

④ 統一協会信者にさそわれた若者たちは、ビデオセンターに通いはじめて、ツーデー、ライフトレ、フォーデー、新生トレ、実践トレのコースを経て「献身者」になっていく。この「伝道・教育」のシステムは、「連絡協議会」のものであって、統一協会とは関係ないかのように言い張った。しかし、このようなコースを経て、現に多くの若者が、文鮮明ひいては幹部の言いなりに霊感商法や詐欺的伝道にかりたてられている現実を否定しきれなかった。

⑤ おどろくべきことに、小山田は、霊感商法にしても、ビデオセンターを通した「伝道」にしても、全て古田元男が勝手にやったことであって、統一協会は迷惑していると言わんばかりの証言をした。霊感商法で先祖の因縁や家系図をもち出すことについて「それは統一協会の教理を著しく歪めるものである」「これが将来大きな教派分裂の教訓になる」とまで証言した。そして、ビデオセンターでの教育について、「それこそ原理まがい、原理ごときものを教えて、誤解を受けることは到底許しがたい」とまで言ったのである。

傍聴席を埋めた元信者たちはあまりのことにあきれ果てまさにあいた口がふさがらなかった。ここまで言うのか。組織をかばうために、こんなうそをつくのか。長年副会長や会長として組織に君臨してきた人が。

統一協会に事業部があり、経済活動を行っていた

〔原告ら代理人〕

まず古い時代の組織体系についてお伺いします。

〔甲第五五九号証を示す〕

これは一九六六年一月八日付の成約週報という冊子なんですが、これは統一教会の機関誌ということで間違いないですね。

　はい。

1ページ目、年頭挨拶ということで伝道局長田中光義、文化局長浅野重吉、この当時は統一教会には本部部局として、伝道局と文化局があったわけですね。

　はい。

2ページ目、真ん中の辺りを見て下さい、経済局長条谷与作とありますけれども、当時統一教会にはこういう経済局というものがあったのですか。

　このことについて事実ございました、ただ意味は違っているんですね。

あったことは間違いないわけですね。

　はい。

それからこの当時事業部というのもありましたね。

　この内容を見るとあったと書かれていますね。

8ページの左下ですか、第一事業部長ということで書いてありますね。

　はい。

甲第五五九号証の一部（成約週報の抜粋）

成約週報

オ五十二号
1966. 1. 8
発行所
東京都渋谷区
松濤町1の102
統一教会
（文化局）

「年頭挨拶」

伝道局長
田中光義

第一事業部長の石井光治（いしいみつはる）さんという方は、古くからの責任役員みたいですね。

　そうです。

それで現在は会長さんですか。

　そうです。

この当時は幸世物産（こうせいぶっさん）、後の統一産業ですね、その社長さんをやっていらっしゃった方ですね。

　はい。

それで9ページの最初の行を見て下さい「経済局の使命は万物復帰であり」と、こういうふうに書いてありますね。

　はい。

この万物復帰という考え方というものは統一教会の教義の中にあるものですね。

　教理の中にあります、原理講論にこの言葉は使われております。

［甲第五七三号証を示す］

89年10月のファミリーですが、これも統一教会の機関誌ですね。

　はい。

その8ページ、これは先生の御言（みことば）というところがありますね。

　はい。

これは文鮮明さんの語った言葉ということですね。

　はい。

その20ページを見て下さい、第二段落五行目、終わりの方からですが「世の中のすべ

「統一産業」

渋谷区宇田川町を本店所在地とする統一協会の戦略企業のひとつ。取締役は統一協会の経済活動を担当する幹部らが歴任してきた。

ての万物を神様の所有にしなければなりません、神様が所有すべきなのに、それを失ってしまったのですから再び取り戻すべき責任が私たちにあるのです。すべての万物を取り戻して神様の前に捧げなければならないのです。」と、こういうふうに書いてあるんですけど、これが万物復帰の考え方ということでよろしいのですか。

はい。

そうするといずれにしても経済局というのは、今ファミリーに書いてあった万物復帰の考え方に基づいて経済活動をするセクションと、こういうことでよろしいのですね。

違います。

どう違いますか。

この時はたまたま条谷与作さんという方が統一教会に入って自分の事業を続けておりました、それで「あなたはじゃあ、事業部担当をやりなさい」そういうふうに頼んで事業部長、経済部長となった話であって、いわゆる営利事業をやるような事業経済部ではございません。

私が聞いたのは万物復帰の考え方に基づいて、経済活動をするセクションかどうかというふうにお尋ねしたんですけれども、それとの関係で、そうじゃないのですか。

意味が違います。

経済活動をやるセクションではないということが違うのですか。

ですから万物復帰というのは、ただ単なる経済ばかりを言っておりません、宇宙全体を万物と言います、それを神のもとに返すという意味が万物復帰の意味でありまして、必ずしも経済復帰という狭い意味を言っているのではありません。

それは具体的に経済活動をやるセクションではないのですか。

　ちょっと聞いている意味がよく分かりません。

要するに万物復帰の使命をはたすというふうに書いてありますけれども、それは一種の教義としての考え方ですよね、それに基づいてどういうことをやるセクションなのかというふうに聞いているわけですよ、それが経済活動をやるセクションかどうかということを聞いているんですよ。

　経済局長は経済をやるところですけれども、万物復帰が即経済活動とは限っておりません。

いずれにしても経済をやるところですね。

[裁判長]

経済活動はやっているんですね。

　はい。

（中略）

ハッピーワールド社の前身幸世商事は第二事業部だった

それでこの経済局とか、あるいは事業部でもいいんですけれども、これはその後も存続していましたね。

　一時期存続し、後に整理いたしました。

その整理したというのはいつごろですか。

　一九七七年です。

それまではその事業部なり、経済局なりがあったわけですね。

幸世商事（後のハッピーワールド）傘下の霊感商法企業体制

ハッピーワールドが韓国の一和や一信石材から輸入した人参液や壺、多宝塔は次の卸元会社を通して全国に数百ある販売会社に卸され、信者が販売する。

旧社名	現社名
㈱世界のしあわせ北海道	㈱アークカンパニー
㈱世界のしあわせ東北	㈱興宇物産
㈱世界のしあわせ関東	㈱丸興
㈱世界のしあわせ	㈱ハッピーワールド
㈱世界のしあわせ東京	㈱ユニバーサル東京
㈱世界のしあわせ名古屋	㈱一成
㈱世界のしあわせ大阪	㈱生立商事
㈱世界のしあわせ広島	㈱パシフィック産業
㈱世界のしあわせ九州	㈱東亜商事

はい。

それからちょっと別なことを聞きますけれども、あなたはハッピーワールドという会社はご存じですね。

はい。

設立されたのが一九七一年、昭和で言えば四六年ですね、設立当初は幸世商事と書いて、しあわせ商事と読むのですね。

そうです。

この幸世商事という会社は統一教会の中では第二事業部というふうに呼ばれていましたね。

通称、そういう表現をしておったことがあると思いますが、統一教会の事業部ではありません。

それはどういう趣旨ですか。

これはこのころから正式な事業と教会というものを分離をして参りまして、それでこれは正式に教会組織から分かれたものでありまして、教会組織とは全然別個の組織です。

先程七七年に組織を整理したとおっしゃいましたね。

はい。

そのことを今おっしゃっているんですか。

そのプロセスを一段階、一段階、ずうっとやって参りました。この幸世商事というのは元々統一教会とは関係ない組織です。

そうするとその幸世商事というのは第二事業部と呼ばれていたことは間違いないので

すね。

はい、通称呼ばれておりました。しかし、教会組織とは一切関係ない部門でした。

[甲第五四五号証の八を示す]

石井光治供述調書昭和四七年一一月一六日に作成されたものなんですが、これは神戸事件の調書です、一番最後の添付されている表を見ていただきたいのですが、一番左の上、本部と書いてあるんですけれども、それでその責任者の欄のところ、これは久保木修己（くぼきおさみ）さんですか。

私目が悪いので、無理して読めば、そう読めますね。

あと第1ブロックということで、いろんな地区名が書いてあるんですけど、ざっと見て、これは統一教会の組織表じゃないかと思うのですけどね。

これは何年度ですか。

昭和四七年ですね、一九七二年です。

七二年度でしたらブロックと言えば統一教会のものでありました。

それで二枚目を見て下さい。一番上が第9ブロックですね、それで各地の地名が書いてあるんですが、それでいろんなブロック名が出てきますね、東京第3地区とか、その右下のところを見ていただきたいのですけれども、ここですね第1事業部として統一産業と書いてありますね。

はい。

その幾つか下、第2事業部として、幸世商事と書いてありますね。

はい。

〔第1事業部〕				
統一産業本社	03(464)2637	150	東京都渋谷区神南1－19－10 九重ビル5F	井　久[illegible]
杉並営業所	03(321)3179	167	東京都杉並区永福町2－1－16	
世一観光	03(464)2090	150	東京都渋谷区神南1－19－10 九重ビル5F	
神川村工場	0195(01)有線182～147	367-02	埼玉県児玉郡神川村二の宮105	
杉並ホーム	03(321)3179	167	東京都杉並区永福町2－1－16	中川[illegible]
〔第2事業部〕				
幸世商事	03(463)0584～5	150	東京都渋谷区神南町1－20－17	大山[illegible]
池田店	0727(51)7136	563	大阪府池田市神田1－3－20	
仙台ホーム	0222(41)1341	980	宮城県仙台市中田町字[illegible]1－32	
勿来ホーム	02466(2)2741	974	福島県いわき市小浜町中の作280金沢アパート	
大阪尼崎ホーム	06(417)3871～2	660	兵庫県尼崎市道意町5－42	
福岡ホーム	092(58)5544	816	福岡県筑紫郡大野白木原109－7	
名古屋ホーム	052(702)1634	465	愛知県名古屋市千種区猪高町大字[illegible]大井	
下総教会		289-01	千葉県香取郡下総町大菅字原245	
若林ホーム	03(414)0707	154	東京都世田谷区若林2－19－12	
[illegible]	03(721)5801	145	東京都大田区田園調布4－6－6	
厚木店	0462(23)5232	243	厚木市酒井[illegible]475	伊[illegible]

甲第五四五号証の八（組織表）の二枚目の抜粋
この組織表に第一、第二事業部の記載がある。

当時はこういうふうに統一教会の中の部局として見られていたんじゃないのですか。

これは光言社でしょうか、教会本部が作ったのでしょうか、この後ろの表はどこが作成したんでしょうか。

これは事件の時に押収されたものですが、曹叉億萬さんという方ご存じですか。

いいえ。

調書の後ろから二枚目に出てきます、その方のパスポートにあった組織図です。日本名で大山さんという方です。

これは大山さんが作ったのでしょうか、どなたが作ったのでしょうか。

正確に言えば大山さんのパスポート等と共にあった組織図と、こういうふうにされています、だれが作ったかは調書では分かりません。

それによって観点が全然違って来ると思います。

いずれにしても統一教会の各地方組織とともに書かれていることは間違いないですね。

これは書かれています。

幸世物産（こうせいぶっさん）というのは、第一事業部というふうに言われていたんじゃないのですか。

違います。

先程幸世物産の社長は石井さんがなっていらっしゃいましたよね、それで同時に事業部長を兼ねていらっしゃいましたね。

それは七一年ですから古田さん、古田さんの前に多分大山さんという人がその社長をやっておったと、私は記憶しております。

いずれにしても、第二事業部というのは通称なわけですか。

通称です、法人としては別物です。

法人として一緒だというふうに私申し上げているわけではないのですけどね、統一教会の一部局というとらえ方で当時いたんじゃないのですか。

私はそう理解してはおりません。

何でそのほかの信者さんたちが、幸世商事（しあわせしょうじ）のことを第二事業部というふうに呼んでいるんですか。

それは統一産業という教会内部の部門にあったのに対して、新しくできたその表現で第二事業部という通称をしたと、私は理解します。

事業部、地区間で人事交換があり、それは文鮮明の指示に基づくものだった？

こういう事業部等、地区の信者との間で、人事異動というのが行われましたね。

その事業というのはいつの時代のことをおっしゃっていますか。

［甲第五六八号証を示す］

50ページ、上の段六人目、津田澄子さん、これは十字軍53団から第二事業部への人事異動ということですね。

これは（下の段）旧、これは新（上の段）という意味ですか。

そうですね、そうじゃないのですか。あるいは逆ですか。

うーん。

どちらでもいいんですが、この十字軍というのは伝道専門の部隊ですよね。

そうです。

甲第五六八号証（「祝福」抜粋）

人事異動

先山修	広報	勝共中央後援会
佐藤悟郎	長崎	愛知団長代理
岡山一樹	福岡開拓地	長崎学生部指導
田村三二子	愛知	福岡
北山敏明	本部	十字軍32団
津田澄子	[redacted]	十字軍53団
梅本憲二	東一	超教派
野島登美子	[redacted]	勝共
加藤幸恵	東二	本部総務
内田てる子	栃木	東第二
坂本美奈子	〃	東第三
神山昇		特別巡回師
宗像正夫	学生地区	高校生部
大鹿玲子	[redacted]	会計巡回師
池田貴美子	[redacted]	[redacted]
古田征子	[redacted]	[redacted]
門林朝子	[redacted]	[redacted]
中野京子	渡米	大阪会計
遠山秀子	大分	青森
清水恵行	愛知	勝共

それとその事業部との間で人事があったと、こういうことは分かりますね。

　この姿見ればそうなっています。ただ自分が辞めて事業に行ったり、あるいは事業を辞めて教会に来たということもあるかも知れません。

それで下の段の六行目、門田泰三さん、北部大阪地区長から……。

　これは何年度ですか。

七四年度、第一事業部、この第一事業部というのは幸世物産のことですね。

　はい。

先程の第二事業部というのが幸世商事。

　そうですね。

こういうことがあったわけですね。

　はい。

人事交換があったことは間違いないでしょう。

　私たちは人事というのは職員に対して使うものであって、それ以外は人事という言葉は使っておりません。

表題に人事異動ってありますよ。

　はい。しかし、これどっちからどっちに行ったのか私知りたいですね。

どっちにしろ上と下、方向が逆ですからね、それでこういった人事に関して、文鮮明さんの指示に基づいて本部が関与したということがありましたよね。

　ちょっと意味が分かりません。

こういう例えば地区から事業部への人事に関して、文鮮明さんの指示、あるいは指導に基づいて統一教会の本部が関与した、こういうことがありましたよね。

ありません。

［甲第五四五号証の一〇を示す］

これも神戸事件の藤本さんの供述調書です、藤本さんという方はご存じですね。

はい。

末尾添付の番号5のメモを示す、9月30日、大先生様のお話、ということで、②として名古屋地区の人事一五〇名、10月1日より6ケ月の間は名古屋地区からはなれて幸世商事の人事になると書いてありますね。

はい。

本文の五枚目の表、真ん中辺りに㈤番号5の内容はということで書いてありますね。

はい。

その中で、大先生というのは文鮮明さんを指すと、こう書いてありますね。

はい。

それで、次のページの裏ですね「①から④まで書いてありますことは云々」と、それで最後の二行目「幸世商事の立場でお伺いし、指示を仰いだのです」と、書いてありますね。要するに文鮮明さんから指示を仰いだと、②についても。

これは事実に反します。

違うのですか。

ええ、こういう細かい内容を文先生は指示いたしません。

そうするとこの方は虚偽のことを述べたと、こういうことになりますか。

アドバイスはしたとしても、こういう指示はいたしません。指示はそれぞれ日本の教会が自分たちの規則に従って動くものですから、こういう指示はありません、

甲第五四五号証藤本メモの抜粋

9/30　大先生のお話

① 佐藤初子、浜田操　両婦人は巡回師に人事すること。

② 名古屋地区の人事　150名　10/1より6ヶ月の間は名古屋地区からはなれて、幸世商事人事になる。その間に名古屋地区に於いて新たに150名復帰した場合には、以前の150名と新しい150名と交換するか、しないかはその時になってみなければわからない。

③ そのために本部の経済850万位幸世商事にて責任をおわなくてはならない。

④ 幸世商事の人事を早く1000名位にしなくてはならない。

藤本さんの記憶の違いだと私は理解しております。

メモまでありますよ。

よくあの人は間違ってメモを書く名人です。


人参液（マナ）の販売が統一協会組織をあげて推進された

次にマナ販売の関係についてお尋ねします。マナという言葉をご存じですね。

はい。

人参茶をさしますね。

そう言ってましたね。

［甲第五六七号証を示す］

これは一九七四年、二月の成約の鐘、これも統一教会の機関誌ですね。

そうですね。

46ページ以降、地区の動きというのがありますね。

はい。

この中に地区、まあ統一教会の地方組織ですね、そこでマナとかマナ販売をやっているという記載があるんですけれども、こういうことが当時は実際あったわけですね。

事業部でやっていると思います。事業部隊でやっていると思います。教会ではなくて。

教会ではなくて。

教会ではこのようなマナ販売をやったことありませんから。

甲第五六七号証（七四年二月号「成約の鐘」抜粋）
同誌には「地区の動き」として次の記述がある。

■南大阪
二月二日、韓国の食口来教された。マナ販売競争を三日間つづけるなど、この週は大きくのびた。又開拓を各三ヵ所に新しく手を加えた。
■佐賀
マナ販売は軌道にのりつつある中、伝道は、これからである。勝共は、大学教授、佐賀婦人部長、教育次長を中心に訪問がつづけられている。
■長崎
マナ訓練の為、事業部へ三日間出張。最近青年部が良い実績をあげている。
■東京第一
マナ・伝道・勝共の統一的勝利の為、条件祈禱と徹夜祈禱しながら勝利しつつある。
■東京第二
マナ愛飲家のしあわせの集いを開催、これを機会にエンジェル・伝道・勝共につなげている。一日〳〵が貴重なる闘いの日と思い頑張っている。
■東京第七
み言学習に重点をおいて活動している。勝共は議員渉外に重点おく。マナにしろ、伝道にしろ、方法論よりも実績の結果をみて判断している。

又青年部の指導を徹底化し、生活指導から伝道のやり方、開拓まで行っている。

事業部でやっているということですか。

　事業部、幸世（しあわせ）ハッピーワールドとかね、それがやっているということです。

48ページ、一番上の段、長崎のところを見ていただきたいのですが「マナ訓練の為、事業部へ三日間出張。最近青年部が良い実績をあげている。」と、こう書いてありますね。

　ただこれは事業部門にいっているわけですね、教会ではありません。

訓練のために出張ということですよね。

　ですからそれはハッピーワールドの地方部隊が、この本社に行って訓練を受けたという意味です。

その次に「最近青年部が良い実績をあげている。」と、こう書いてありますね。

はい。

この青年部マナ販売をやって成績が良かったと……。

　青年部自体がここに行ったとは書いていませんね、別なものです。そのことと、このこととは全然別の内容です。

じゃあ、この実績って何の実績ですか。

　地方部隊の事業部門が本部に行って訓練を受けたという内容ですよ。

これ「事業部へ」というふうに書いてありますよ。

　地方の事業部が、この本社に行ってやったという意味ですよ。

それでは49ページから51ページまで、教会の活動方針ということで書いてありますね。

はい。

それで49ページでは伝道についての方針を書いてありますね。

　はい。

次のページ、マナについてということで、「マナ販売については今まで以上の努力が傾注されなければならない。」と、こう書いてありますね。

　書いてあります。

これは統一教会の方針として出しているんじゃないのですか。

　これは私は広報委員長が間違って、信徒の動きを表現してると理解いたしております。

その前の伝道について、これは統一教会の方針ですか。

　そうです。

そうするとこのマナについての次の項、会長講演会を成功させようと、こういうことが書いてありますね。

　はい。

これは統一教会の方針ですか。

　そうです。

そうするとこのマナのところだけが信者の方針と。

　これは違っております。

ここだけが違うと。

　違っております。

それで同じくマナの項のところですけれども、五行目「しかも天が願っておられるのはマナ販売のみでなく、伝道もしなければならないのである。むしろ伝道した基盤の

阿部正寿は七四年二月当時、統一協会本部の広報委員長であったが、「成約の鐘」にこう書いている。

> マナ販売についても今まで以上の努力が傾注されなければならない。天が要求する基準を勝利しなければ天宙復帰の重大な計画が狂ってしまうのである。
> （中略）
> そしてコーヒーやお茶が国民の嗜好品となっている以上にマナがその位置を奪うまでにしなければならないと思う。
> （中略）
> 我々一人一人がかつて狭山湖で天に誓った個数が果されなければならない。これは天に誓ったものであるからいい加減に考えずに死力を尽してこれを全うしなければ天に対する負債は清算されないのである。

上にマナを販売することが望ましいパターンである。」こう書いてありますね。

　はい。

要するに伝道とマナを両方ともやると、こう書いてありますね。

　教会は伝道をやっておったでしょうし、事業部隊はマナを販売しておったと。

そうすると信者としては、伝道とマナを一緒にやったということは間違いないですね。

　教会組織ではありません。

私が聞いているのは、信者が伝道とマナの販売を一緒にやっていたことは間違いないですか。

　そうですね。

それでこのマナ販売については万物復帰の考え方に基づく活動ですね。

　私はそう理解しません。

今読んだ次のところ「天の計画としては早くマナ販売の基盤を確立して我々が万物復帰のために多くのエネルギーをさかなくとも販売ルートができたらそこに流すだけで万物復帰になる状態を願っているのである。」と、こう書いてありますね。

　はい。

これは明らかにマナ販売が万物復帰のための活動である……。

　これは事業部門でやっていることですね。

いずれにしてもマナ販売というのは万物復帰の考え方に基づくものであると。

　いや、違います。

統一協会の百日修練会でも人参液販売

じゃあ、そういうふうに伺っておきましょう。それから同じ項ですね、統一教会として、室長、あるいは団長ですね、そういった地方の責任者を対象にした百日修練会ということを行っていましたね。

いつごろのことを言っておられますか。

今の教会方針が出たころです、一九七四年二月。

書いてある何か証拠ありますか、どこかに書いてありますか。

甲第五六七号証の34ページ、これは百日座談会という記事ですね、それで司会をあなたがやっていますね。そのしょっぱなのところ「百日修練会を終えて、云々」とありますね。

はい。

その当時やってましたね。

はい、やったことあります。

それで対象は、地区長、団長といったクラスですね。

はい、そうです。

この百日修練会でマナの販売をやっていますね。

やってますか。

35ページ、下の段、あなたの発言「では、今回の百日修練で各自が伝道、マナで思い出になったことをしゃべってもらいましょうか。」と、こういうことで参加した方がそれぞれ感想を述べていっているんですが、やっているでしょう。

ここを見たら頼んでそこに行ってやっているようですね。

やっていますね。

　はい。

それで34ページの左下の方、これはあなたの発言ですが「そうですね。これは勝利の基準であって、これからはそれを地区に帰って、実体化し、普遍化していかなければ……。」と、こう言っていますね。

　はい。

要するに百日修練会でやったマナの体験を地区に戻していきなさいと、こういうことですね。

　それはポイントが違います。

霊能者を使って大理石壺を大量販売

［甲第五七〇号証を示す］
74年12月の聖徒、これも統一教会の機関誌ですね。
　はい。
63ページ、十一月行事表というのがありますね。
　はい。
これは大体統一教会の本部の行事表のようですね。
　そうですね。
21日、22日のところを見て下さい、霊能者大会というふうに書いてありますね。
　はい。

甲第五七〇号証（七四年十二月「聖徒」抜粋）
統一協会の十一月行事表より

17（日）	聖日礼拝（小山田会長代理）	
18（月）	局長会議、伝道局会議（フォード大統領来日）	
19（火）	宗教者青年懇話会	（フォード大統領歓迎500名）
20（水）	思想新聞人材集合	
21（木）	霊能者大会	
22（金）	〃	
23（土）		
24（日）	聖日礼拝（小山田会長代理）、局長会議、伝道局会議	

この霊能者というのはどういうことをやる方なんですか。

これは多分、私たちの宗教部門が日本で有名な霊能者と呼ばれている人々の共通の会議をやった時だと思います。テレビや何かに表れてくるような有名な人々を集めて、我々の超宗派部門がやったことだと記憶しております。

霊能者という方は統一教会の方なんですか。

違います、うちではありません。

〔甲第五六八号証を示す〕

これは74年3月の成約の鐘ですが、47ページを見て下さい、各地の動きということで、北海道第一というところがありますね。

はい。

その一行目の下の方「壺が一人の霊能者を通じて八十個売る。」と、こう書いてありますね。

はい。

その霊能者というのは、こういう壺を売っていたんじゃないのですか。

霊能者自体が売っているとは受け取れませんね、紹介したということはあったと思いますけれども。

いずれにしても販売に関与しているわけですよね。

そうです、そうとれますね。

八二年頃から各地区でビデオ伝道体制を導入

それから話が、がらっと変わりますけど、伝道の関係についてちょっとお聞きします。統一教会では一九八二年、本部方針として伝道にビデオを活用するという方針を出したことがありますね。

証拠を見せて下さい。

［甲第一五一号証の四を示す］

これは一九八二年四月一日の付の中和新聞、これも統一教会発行の新聞ですね。

はい、機関紙です。

右側の方にビデオチャーチ時代の幕開けということで本部伝道事務局名義の記事が載っていますね。

はい。

内容としてはこの二段目の終わりの方、「これら二点をふまえたときもビデオを効果的に活用することが伝道勝利の鍵となります。」と、こうありますね。

はい。

それで一番最後の下から二段目、㈢というところがありますね。「ビデオ伝道体制を早急に教会と支部は早急に教育体制の中にビデオ導入をはかるようにしなければならない」と、こうありますね。

はい。

こういう方針を出したことは間違いないですね。

はい、方針は出しました。

それで同じ中和新聞の今言った囲みの記事の上の方なんですけれども、一番右上「全国各教会でビデオを使った体制のもと、伝道が大きく飛躍していることが報告されて

ビデオ活用で伝道の飛躍を

全国各教会でビデオを使った体制のもと、伝道が大きく飛躍していることが報告されています。新規伝道への投入、求道者の教育の均一化をはかり、多く集ってくる人たちを短期間に、効率的に教育していくうえでビデオは欠かせません。伝道、和動、牧会に徹底して力を向けることが利点で、「伝道の飛躍はビデオ活用が鍵」といえるでしょう。今回は効果的なビデオ活用をしている東京、大阪のホームチャーチのルポ、倉原克直さんのインタビューをとりあげました。

ビデオチャーチ時代の幕開け

本部伝道事務局

三、四、五月の[illegible]が[illegible]されます。「[illegible]」の[illegible]で出発した本年を占う伝道が、この[illegible]伝道です。

天の願いは、より大きな、また強固な基盤、[illegible]ともいうべき人的基盤を[illegible]ことです。[illegible]、三に伝道です。「[illegible]しなさい、必ず[illegible]」とイエス様が[illegible]ように、一心不乱、[illegible]のお心を[illegible]動かなされるのです。

(一)ビデオ活用による伝道

天の願いにこたえるため、今[illegible]に伝道がなされています。その[illegible]不足です。伝道は多くされても、[illegible]がいなければ生まれる人も生かされません。

また一方、み言葉を求め、[illegible]を[illegible]人が多いという時代[illegible]、天の時と[illegible]した時代に入ったことが伝道への大きな[illegible]となっています。

これら[illegible]をふまえたとき、もビデオを効果的に活用することが伝道[illegible]の鍵となります。

現在活用されている[illegible]ビデオは、講師不足を補うだけでなく、均一化された[illegible]の学習ができます。ビデオ活用は、単なるアフタケアの[illegible]ではなく、[illegible]としての新しい段階に入ったと認識しなければなりません。ビデオに対して[illegible]

また、[illegible]はすぐに[illegible]できるとは限りません。しかし、ビデオの操作を知れば誰にでもみ言葉を伝えることができるのです。[illegible]

初動→導入講義→和動を繰り返し、心をほぐしてビデオ講義を聴いてもらうというパターンがよい効果をあげています。ビデオ教育の和動が勧誘を大きくも小さくもすることになるのです。

(二)ホームチャーチとビデオ

「[illegible]」はホームチャーチの[illegible]スローガンです。三六〇軒ホームチャーチの[illegible]となるのもビデオです。文先生はすぐからスビデオ・チャーチ、エレクトリック・チャーチ時代の到来」を[illegible]されています。

ホームチャーチを完全に勝利するには、ビデオを見ホームチャーチに[illegible]、[illegible]の人たちを気軽に誘うことが必要です。[illegible]を聞いてもらい、み言葉とともに会員となってもらうことです。ホームチャーチにビデオがあれば、一日がかりで来なければならない人も、[illegible]で見て好きなだけの時間み言葉を聴くことができるのです。

ホームチャーチの場合、[illegible]、牧会、対応をはじめとして[illegible]だけでなく[illegible]も[illegible]に[illegible]いなかったにして多くという利点があるのです。

(三)ビデオ伝道は[illegible]を[illegible]に

教会と[illegible]は[illegible]に教育体制の中にビデオ導入をはかるようにしなければなりません。[illegible]の[illegible]に[illegible]するためです。ビデオ活用を[illegible]にし、[illegible]伝道[illegible]へ大きな[illegible]をはたしてください。ビデオ活用の方法は[illegible]ものを[illegible]が必要があります。[illegible]の[illegible]を[illegible]、具体的に[illegible]さい。

今後ビデオテープも[illegible]、教会、[illegible]などをはじめとして[illegible]。これらを[illegible]に充実したものが[illegible]、[illegible]に入ります。伝道は[illegible]ばなりません。[illegible]をとってみましょう。

チケットと感想文採用

東京・杉並　北原久嗣ホームチャーチ

全国の教会に先駆けて伝道システムの中にビデオを取り入れて、いちはやく効果を上げた東京では、教会、ホームチャーチでビデオの台数も増え、それに比例して求道者の数、[illegible]参加者の数も増加してきました。

杉並区高井戸の北原久嗣ホームチャーチは、京王線の[illegible]駅で降り、[illegible]を通り過ぎた閑静な住宅街の一角にあります。[illegible]求道者は、[illegible]午前から午後にかけてはけっこう[illegible]ですが、夕方ともなると[illegible]りの勤労者たちが[illegible]に[illegible]、五台のビデオがフル回転し、[illegible]も牧会、和動で[illegible]が[illegible]っています。

ここでは[illegible]（[illegible]）を求道者が[illegible]める時に、十三枚つづりの「受講チケット」を[illegible]ってもらい、[illegible]してビデオを見る都度その[illegible]のチケットを[illegible]という形式をとっており、受講者がたとえ[illegible]がかかったとしても、[illegible]まで[illegible]るようにおかれています。

新規の[illegible]たちは、ビデオを[illegible]ごとに感想文を書き、み言葉に対する[illegible]の[illegible]を[illegible]して[illegible]さんの[illegible]をめざします。そして、[illegible]ばならない自分の責任を[illegible]と、もっともっと勉強して[illegible]に[illegible]る自分になろうと[illegible]しています。この[illegible]を向けたことを[illegible]から感謝します」と[illegible]かれています。その[illegible]の[illegible]の[illegible]の[illegible]にも[illegible]に[illegible]していると[illegible]ています。

ちなみに[illegible]を[illegible]すでに四日間（三月十九〜二十二日）に参加した[illegible]さん（二〇）の[illegible]を見てみると[illegible]してやることが大切ですし、[illegible]のビデオを見ての[illegible]、[illegible]を与えたときに、[illegible]がどんなに大切なものであるかを実感させられました。そして伝道していかなければ[illegible]

は、三月二十[illegible]日からの七日[illegible]に参加し、伝道の[illegible]で[illegible]でいます。

北原さんは、「[illegible]が[illegible]ないように[illegible]してやることが大切ですし、[illegible]の和動の[illegible]によって、[illegible]することができると思います。今[illegible]は、[illegible]に加えて「[illegible]」「[illegible]」「伝道」[illegible]、求道者が自宅でみ言葉を[illegible]できるような[illegible]もつくっていきたいと思います」と語ります。

[illegible]とともに東京は、ビデオ伝道体制の強化の中で、[illegible]、[illegible]新人伝道の[illegible]が大きく[illegible]っています。

受講者にビデオの解説をする教会員（右）

視聴覚伝道の到来

東京・[illegible]のホームチャーチで、数年前からビデオを導入した伝道体制をとり、効果的に実践してきた倉原克直講師（人生開発センター・J-CV所長）は、「これからの伝道はビデオを採用した形が主体となるでしょう」と語ります。現在一[illegible]に四[illegible]のビデオを設置して、受講、和動、牧会という教育システムを確立して、ひっきりなしにやってくる求道者を手際よくさばいていきます。最初はビデオの効果を信じられなかったという倉原さんは、ビデオを[illegible]わって[illegible]から[illegible]で[illegible]、ビデオの威力を知ったといいます。

倉原克直専任講師にインタビュー

今、み言葉宣布の時

受講前後の和動に力を

――最初にビデオに関心をもったのはどういうきっかけからだったのでしょうか。

倉原　以前から「今日のみ言葉は[illegible]のために神が準備したものである」という文[illegible]先生のみ言葉もあって関心を持っていました。最初は一九七[illegible]年に札幌でナレーションや音楽入りの「統一[illegible]」のビデオを作ったことがありますが、自分としては[illegible]であるのではありませんでした。ある[illegible]、本格的に行い始めたのは一九[illegible]九年で、東京の[illegible]の勧めがあったからです。

私は東京のある教会にいた時、午前十時と午後二時、そして夜七時からと毎日三回の講義をしていました。しかし訪れる求道者の時間にも限度があるし、新規の伝道に割く時間があまりにも取れなかったのです。

体的説明もかなり大きかったわけです。もっと[illegible]に、また[illegible]を知らない多くの人に、み言葉を早く伝える方法はないだろうか、そういう考えの中からの発案だったのです。

とにかく一[illegible]でビデオで講義してみて、それを実際に見たら「これはうまくいくかも知れない」と思ったわけです。ナレーションや音楽にこだわらずそのような[illegible]ものを[illegible]ったほうがいいのではないかという印象でした。

いざやってみるとその不安はどこかに消え去ったのです。とにかく[illegible]までやってみたわけです。

――[illegible]ビデオ十三巻を一回（七九、八〇、八一年）より[illegible]していったわけですが、どういう[illegible]されたのでしょうか。

倉原　スタジオでカメラに向って[illegible]ったわけですが、あの時は[illegible]所で三日間の講義をしているのと同じように語りました。自分の[illegible]が入り[illegible]

――[illegible]要な[illegible]もの[illegible]しなければならないという[illegible]、ビデオを[illegible]いて[illegible]を[illegible]くの[illegible]でつかむことができた。

そして[illegible]られた人材で効果的な伝道を進めるためには、ビデオを[illegible]にしては考えられません。ビデオの導入によって、[illegible]は新規伝道と教育に、力を[illegible]して投入できるでしょう。

――ビデオの効果はどこにあると思いますか。

倉原　求道者の教育の均一化をはかれるということです。そしてその人に応じた教育を[illegible]ることができると思います。

――ビデオで求道者に[illegible]ようなことを[illegible]ているのでしょうか。

倉原　現在は[illegible]から[illegible]時代まで、その十三巻を[illegible]としています。それ以外の人には[illegible]のビデオを[illegible]しています。[illegible]

甲第一五一号証の四（中和新聞八二年四月一日号）

います。」と、こう書いてありますね。

　はい。

そうするとこの方針を出す前に既に地方ではもうビデオを使ったわけですね。

　このビデオを始めた出発はこの倉原さんだと私は聞いています。そういう人の内容を通してビデオ伝道をしようという方針を検討いたしました。

それで実際にある程度本部の方針とは別に地方の教会では使われていたわけでしょう。

　だれかが始めておったと思います。

〔甲第一五一号証の八を示す〕

右上のほうに、「ビデオで大衆伝道」という記事がありますね。

　はい。

その冒頭のところに、「ビデオセンターを拠点としたビデオのシステム化は、全国各地区で進められ」うんぬんと書いてありますね。それから、本文のところに、「四月から本格的にスタートしてきたビデオのシステム化は、上半期伝道路程の強力な推進力となり、教育や管理面にも画期的な効果を与えました。」とあって、その次に「ビデオ伝道の中核となるビデオセンターは、現在、全国十五カ所に開設され、今後も各地でオープンします。」というふうな記載がありますね。

　はい。


ビデオセンターは統一協会ではなく信者が主体的にやってたこと？

これは、先ほど示した四月の本部伝道事務局の方針に基づいて各地にビデオセンター

「倉原さん」

倉原克直のことで、前頁の中和新聞に統一協会の専任講師として紹介されている。統一協会のビデオセンターでは、この倉原が統一原理を講義しているビデオが森山操や佐野の講義ビデオと共に多用された。

ビデオで大衆伝道
優秀な求道者多数集う

甲第一五一号証の八（中和新聞八二年七月一五日号）

が開設されているということを示しますね。

教会ではこれやれなかったんです。

私が聞いているのは、その方針に基づいて各地でビデオセンターができているという記事じゃないですかというふうに聞いています。

これは教会ではないですよ。これは全然記事の内容が違うんですね。信者たちの動きを表現しているものであって、統一教会ではこれはやろうとしたけれどもできなかったわけです。

この文面の中から、信者の組織がやっているというのはどこに出てきます。

この新聞の性質が、教会の方針以上に信者の活動を表現するのがこの中和新聞の主たる目的ですから。

そうすると、本文の第三段目の第二段落のところ、「大阪教会・梅田支部では、梅田駅前のビデオセンターを拠点に」うんぬんかんぬんとありますね。

はい。

大阪教会梅田支部というのは、統一教会の下部組織じゃないんですか。

これは、信者の教会の場合には統一教会の法人が管理しないようになっているんです。

大阪教会梅田支部というのは統一教会の下部組織ではないんですか。

これは、統一教会の正式な法人化の下部組織ではありません。

では、何ですか。

開拓教会です。

それは、統一教会の指導の下にあるんじゃないんですか。

直接ありません。私たちは、公認教会と支部教会というのがありますけれども、このような開拓教会はホームチャーチと似たもので、信者が主体的にやっているものですから、直接関知いたしません。

ここに書かれている大阪教会というのが公認教会かそうでないかどうして分かるんですか。

　私が責任を持っておったんですから。

大阪教会というのはないんですか。

　大阪教会に属している教会自体の中には、公認教会と支部教会と開拓教会と三つのレベルがあるんですね。公認教会と支部教会というのは直接宗教法人が管理しているものなんです。その他の信者たちが自発的にやっているものは職員ではありませんから、直接関知してないようになっているんです。

大阪教会というのは、統一教会の下部組織としてないんですか。

　大阪教会といいますが、梅田支部という部分は開拓教会なんです。大阪の中にたくさんあるんですよ。梅田支部ばかりではありません。

統一教会の中に、教会の下の組織として支部というのがありますね。

　一時あったときがありますけれども、今は存在しておりません。

当時はあったでしょう。

　これいつごろでしょうか。

一九八二年です。支部という組織が当時あったでしょう。

　私は、今時代の記憶がちょっとはっきりいたしませんですね。ただ、私がはっきり申しますように、これは信徒の組織がやっているものですから。

支部という組織が下部組織としてあったかどうかを聞いているんです。

当時は………。

このころの中和新聞を見ますと、支部長修練会とかそういうものが随分出てきますよ。

ちょっと私はその点の記憶が今はっきりしておりませんですね。

いずれにしても、統一教会の正式の下部組織としてあった時代があったことは間違いないですね。

ええ、それ一時あったことはあります。このときにあてはまるかどうかは私は今はっきり申し上げられないです。もう一回チェックした上でお答えしたいと思います。

その梅田支部が、あなたは今単なる信者組織だというふうにおっしゃったけれども、この文面すっと見て、それは何で分かるの。あなたは、今支部がこの当時あったかなかったか分からないとおっしゃったでしょう。

私がここで言っているのは、統一教会ではビデオセンターというのは作ろうとしたんですけれども、作ってないんです。

あなたのおっしゃるのは、結局統一教会としてはビデオセンターをやっていないから、ここにある梅田支部というのは単なる信者の組織なんだと、こういうお答えですね。

そうです。

それで、先ほどの記事の本文の一行目、「四月から本格的にスタートしてきた」うんぬんかんぬんというのは、先ほど示した本部の方針に基づくということじゃないんですか。

ビデオ伝道しようとは本部の方針で出したんですね。しかし、ビデオセンターは開設できなかったんです。

でも、これは「四月から本格的にスタートしてきたビデオのシステム化」というふうに書いてあるでしょう。これはだれがやっているんですか。

ビデオ伝道は本部が推進しました。しかし、営利事業のために統一教会はこれをできなかったんです。

ビデオセンターは古田元男らが始めたこと、協会は関係ない？

この八二年の七月段階でこれを進めているのはだれなんですか。

ビデオセンターをやったのは連絡協議会でした。

何の連絡協議会ですか。

これはハッピーワールドの部門です。

当時できていました。

できていました。

それは何で分かります。

この当時、先ほどの倉原さんの中にあって、ビデオの出発を始めたのは倉原さんと古田さんが始めたと私は知っております。

本文の一段目の終わりから三行目に、「『上半期終了の総括』で、久保木会長は」という記載がありますね。

はい。

上半期終了の総括というのは、統一教会の伝道の上半期という趣旨ですね。

そう取れますね。

久保木さんがおっしゃっているんだからね。

そう取れますね。

そういう伝道を総括している中でビデオ化システムが進んでいるということを言っているんですよ。これでも統一教会はやっていないというわけですか。

やろうとしたけど、できなかったんです。

この当時もやっていないというわけですか。

やっておりません。

久保木さんの発言で、「私たちは、現代文明の利器という時代の恩恵を得ていることを、先人たち、とりわけ」うんぬんかんぬんと書いてありますね。

はい。

この現代文明の利器というのはビデオのことでしょう。

もちろんここではそのことを言ってますね。

同じく甲第一五一号証の八、今示した記事の下のところに、「全国各地で開設」「ビデオセンター」という記事がありますね。

はい。

神戸では、ライフ・クリエイト・センターというのができていると。それで、室内がどうなっているとか、生涯教育入門講座・自己啓発ビデオコースという名称で人を集めているということが書いてありますね。

はい。

それから、和歌山のところで、一番下の段の右から二行目、「富山関西ブロック長に

『和歌山国際希望会館』と名付けられた」と書いてありますね。

はい。

（中略）

統一協会の機関紙に書かれていても協会の活動ではない？

連絡協議会のブロック長が中和新聞にあいさつを出すんですか。

当然出ます。

新年のあいさつですよ。

中和新聞というのは、信者の活動を載せていると最初に私は申し上げました。

そうすると、あったかどうか分かりませんけれども、あなたのおっしゃる信者の組織と統一教会というのはかなり密接な関係なんじゃないですか。

いいえ、違います。

じゃ、何でこういうのが出るんですか。

飽くまでもこの中和新聞というものは信者の末端の活動を地方に示そうというのが目的ですから、当然起こっていいはずです。

同じ新聞の上のところに福井ブロック長の写真がありますが、この方は何なんですか。

同じだと思います。

これは信者の組織のあれなんですか。

そうですね。

出席者のところに寺田伝道部長というのがありますね。

はい。

これは何ですか。

これは本部の伝道部長ですね。

桜井節子さん、巡回師、これも統一教会の方ですか。

そうですね。

次の横井さん、婦人部長、統一教会の方ですね。

そうですね。

そうすると、こういう中にブロックのブロック長が来て対談をしたと。

信者の動きに対して当然あり得ることです。

要するに、本部の伝道部長と、あなたのおっしゃる信者組織のブロック長が対談をするわけですか。

信者のいる場合には起こります。

あなたは、西井敏一さんて御存じですね。

はい。

この方は、中国ブロック長をやっていたことがありますね。

いつごろですか。

一九八二年。

…………ブロック長であったことは知っていますけれども、中国であったかどうかはちょっと今。

[甲第一五一号証の六を示す]

この中に、西井敏一中国ブロック長という方が出てきますが、これは統一教会のブロック長で間違いないですね。

同じブロック長だと思いますよ。連絡協議会のほうの。

この記事は、そうすると信者の組織のことを書いているんですか。

そうです。

その冒頭の一番上のほう、「春期伝道も前半期を終え」と書いてありますね。

はい。

春期伝道というのは、統一教会がやっていたものじゃないんですか。

はい、統一教会の目標でした。

そういう中で、中国ブロック長にその様子を聞いていると。

はい、信者の動きを聞いていると思います。

（中略）

活動も人事も文鮮明の指示（アドバイス）で決めるのではないか

略称を「協会」から「教会」に変更した理由は何ですか。

いろいろな神戸事件や一連の動きの中で、教会と事業活動を分離するというプロセスの中で宗教活動に集中するためにはっきり分離していきました。

［甲第五六三号証を示す］

一九六九年一〇月一八日号ですが、表紙を入れて二枚目に、「人事発令後の久保木会長のお話」と。ここで、久保木さんが「先生のもとに相談にいきまして、日本に全国二十一地区が決定されたのです。」とあって、それぞれの地区の責任者の顔写真が紹介されていますけれども、統一教会では、このようにいろいろな人事というものが文鮮明の指示の下に決まるというふうに伺っていいですね。

　違います。

じゃ、これはどういう意味ですか。

　相談に行っただけであって、指示を受けたことではありません。

相談を受けて、文鮮明の話があったんで、それに基づいて決定されたんですね。

　主体的に、人事は日本が決めております。

質問に答えてほしいんだけど。

　違います。

じゃ、相談に行って決まったというのはどういう意味ですか。

　相談に行ってアドバイスを受けただけであって、日本の人事は日本が決めます。

そうすると、文鮮明のほうから人事についてアドバイスがあるということですね。

　それはあります。

あなたが、副会長、会長代理になった、それから統一教会の会長になった、これは文鮮明の指示ですね。

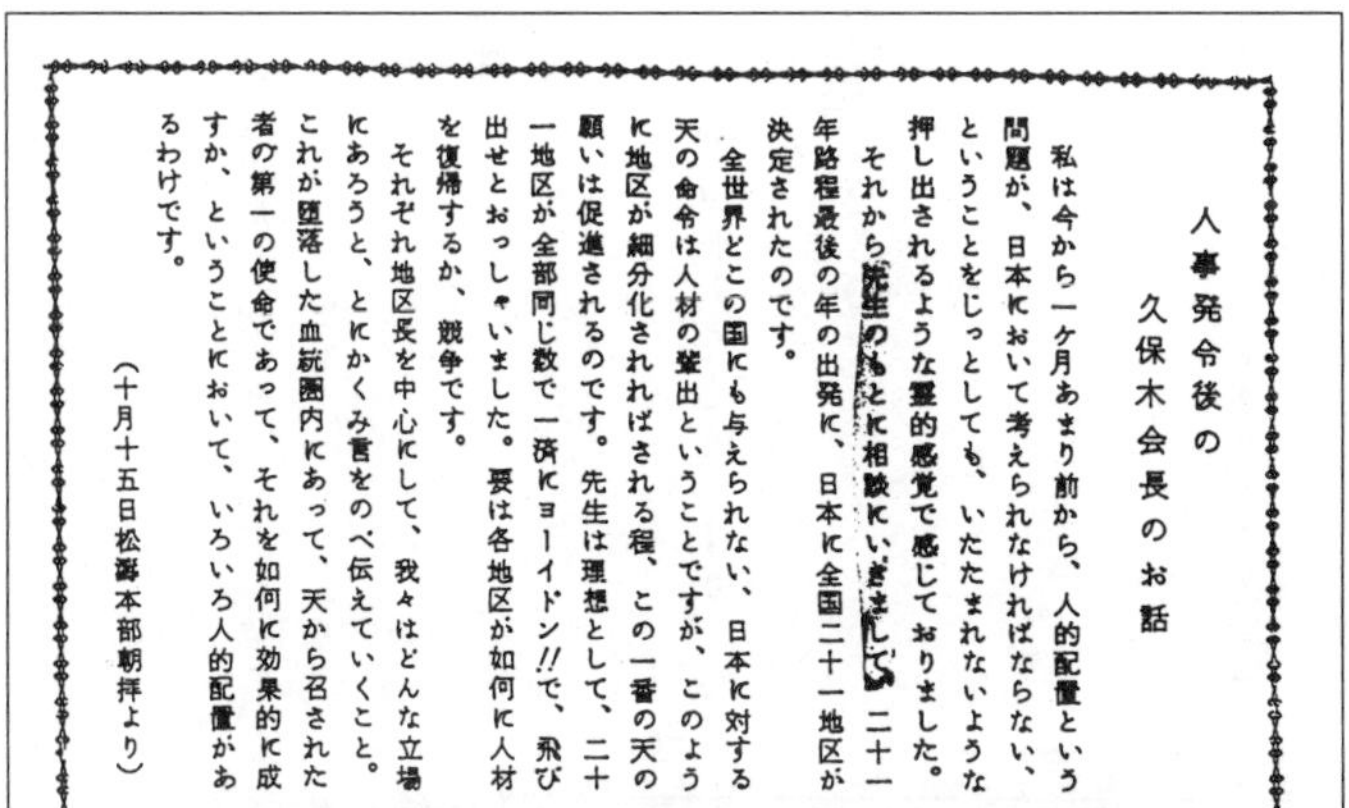

人事発令後の
久保木会長のお話

私は今から一ケ月あまり前から、人的配置という問題が、日本において考えられなければならない、ということをじっとしても、いたたまれないような押し出されるような霊的感覚で感じておりました。それから先生のもとに相談にいきまして二十一年路程最後の年の出発に、日本に全国二十一地区が決定されたのです。

全世界どこの国にも与えられない、日本に対する天の命令は人材の輩出ということですが、このように地区が細分化されればされる程、この一番の天の願いは促進されるのです。先生は理想として、二十一地区が全部同じ数で一斉にヨーイドン!!で、飛び出せとおっしゃいました。要は各地区が如何に人材を復帰するか、競争です。

それぞれ地区長を中心にして、我々はどんな立場にあろうと、とにかくみ言をのべ伝えていくこと。これが堕落した血統圏内にあって、天から召された者の第一の使命であって、それを如何に効果的に成すか、ということにおいて、いろいろ人的配置があるわけです。

（十月十五日松濤本部朝拝より）

全面的進撃へ新体制

新任地区長紹介

1.奈田　2.今井　3.西田　4.高津　5.坪井　6.横井　7.桜井

甲第五六三号証（成約の鐘、六九年一〇月一八日号）

違います。

文鮮明のアドバイスですか。

アドバイスもありませんでした。

統一教会の機関紙に、その辺あなた書いていませんか。文鮮明がやれと言ったんだと。

いいえ。


勝共連合のカンパ活動の行き過ぎで逮捕問題発生
［甲第五四三号証を示す］

一九八二年一月一九日にあなたが行った年頭訓示のテープを反訳したものですが、この年頭訓示というのはどこでだれに対して行ったものですか。

ハッピーワールドの会計巡回師、及び心霊巡回師に語ったものです。

場所はどこですか。

これは厚木の研修所でやりました。

厚木の研修所というのは、統一教会の所有する研修所ですね。

そうです。

これの一丁表の二行目、局長たちが全国から集まったと書かれていますが、この局長というのは統一教会の局長ですね。

そうですね。

局長といったら、この年度で何人のどういう役職の局長がいましたか。

総務局長ですね。それから、伝道局長、教育局長、渉外局長、出版局長、広報局

甲第五四三号証
八二年一月一九日に厚木の研修所でした幹部を集めた会合での年頭訓示で、小山田秀生は次のように述べている。

> 今までの我々の実績は個人の実績です。頑張った、奇蹟が起こった、多宝塔が売れた、これも実績ですよ、偉大な。でも、この至上の時代の実績っていうのは質が違うんです。
> （中略）
> エバ国家の問題にかえりますと、その、エバというものが神の前に帰って行くためには、まず、カインとアベルをいかに一体化させるかということが、これ、一番の大きな使命であるわけです。だから、そのためには、エバがまず日本とならなければならない。
> （中略）
> だから、母親に万物を与えたのは、その万物をもって子供に身を持って示してあげてる。「信仰生活」じゃなくて「生活信仰」だと。

小山田はこう述べて「万物復帰」つまり資金集めの重要性を述べている。

長、巡回室長、主だったものはそういう人たちでした。

巡回室長のもとにいる会計巡回師、心霊巡回師というのは、統一教会の組織の中の人間ですね。

違います。統一教会はただ巡回師ということのみあるんであって、会計巡回師とか心霊巡回師というのはハッピーグループ、連絡協議会の指導の人であります。

同じページの三行目、「本部としては、八月の実績の三割ぐらい下回るんではないか、こういう非常に固い予想をしておったわけでしたけれども」とあなたは話していますが、ここで言う本部は宗教法人統一教会の本部のことですね。

違います。

何ですか。

これは、私を呼んでくださった中央本部、即ち連絡協議会のこと言っております。

それから、古田社長が、あなたが年頭訓示した前年の一二月二五日に、全国から集まった局長たちに報告をしたと述べていますが。

いいえ、古田社長がアメリカに行き、また久保木先生がアメリカに行きと、こういうことです。別々の話です。

全国から集まった局長たちに報告したのはだれですか。

久保木先生です。古田さんもアメリカに行った、久保木先生もアメリカに行った。アメリカで報告したのは久保木さんです。古田さんではありません。

それから、同じページの六行目、「正月のカンパが、一斉に数千名やったはずですから、相当逮捕者も出て来るんではないかというふうに心配しておった」とありますけれども、どういう犯罪行為で多数の逮捕者が出ると心配したんですか。

多分このころ勝共連合がカンパをやったと思うんですね。そのことを私がここで聞いて、そういうものがなかったということでそのことを私が代弁して言っただけです。

なぜ勝共連合がカンパをすると逮捕されてしまうんですか。

熱心にやりすぎるからですね。

逮捕されるというのは、現行犯、犯罪行為があるとかいう場合なんですけれども、カンパをやりすぎるとどういう犯罪行為に当たるんですか。

そういうふうに皆さんが心配しておったことを私がここで表現しているんです。

あなたも心配したわけでしょう。

皆さんの報告を私が聞いて、それを代弁して言っただけです。

だから、あなたはどういう犯罪行為を心配したんですか。

やりすぎたりですね。

具体的な犯罪の罪名は言えませんか。

別に具体例がどうこうということではありません。

それから、「始末書程度で終わることが出来た」というふうに書いてありますけれども、どういう始末書を書いたんですか。

具体的には分かりません。私がその巡回師たちの報告を聞いて、その上で私がここに立ったわけですから。

万物復帰・物売りの実績があがった

それから、三丁表の二行目で、「教育の証として万物復帰をしておるんだ」とあなたが言うのは、具体的にはどういうことですか。

ここで言っている私のポイントは、敵を愛するという伝統精神、これ教育という意味なんですね。この次の次の行を見てください。日本が世界のために伝統精神を果たさなければならない。何の伝統精神か、敵を愛するという伝統精神だと。そういう精神を、皆さんは事業部隊ですから、経済活動において示していきなさいということを言っているんです。

それから、六丁表の九行目、「今までの我々の実績は個人の実績です。頑張った、奇蹟が起こった、多宝塔が売れた、これも実績ですよ、偉大な。」というふうにあなたはおっしゃっていますが、なぜ多宝塔が売れたというのが実績になるんですか。

私の意味を間違って取っています。次の行をごらんください。ハッピーグループの人々が奇跡が起こった、多宝塔が売れたと喜んでいるけれども、そんな実績が問題じゃないんですよと。あなたが誇るべき実績は質が違うんです。夫婦が一つとなって隠れたところに現れた実績を現しなさいという私の説教です。意味が違うんです。

そうすると、あなたがおっしゃったその集まっている信者たちが多宝塔が売れたと言って実績が出たんだと喜んでいるというのは、なぜ多宝塔が売れると喜んだ、実績が上がったというふうに考えるんでしょうか。

ですから、その事業部隊が輸入して販売しておったわけですね。だから、それを喜んでいたわけです。でも、私が言いたい実績はそんな意味ではありません。もっと内的な、宗教的な実績を誇りなさいと私は言ったわけなんです。

この当時多宝塔がかなりの数売れていたと思うんですけれども、いろいろな多宝塔ありますけれども、大体単価はどのくらいと認識していましたか。

この値段は、私は具体的に分かりませんですね。

この当時も値段は分からなかったですか。

私は知っておりません。

一〇〇円のものか一〇〇〇万円のものか、そういうの分かりませんか。

二、三百万だったということは私は記憶に残っています。

最高で幾らぐらいのものでしたか。

三〇〇万ぐらい。

四三〇〇万円ぐらいのものはありませんでしたか。

それは韓国から来たものの中にはなかったと思います。

教会は伝道と事業活動を一体化してやる

それから、二二丁の裏の終わりから六行目ですが、教会、渉外、事業、完全にこれを一元にしてやっていくと。伝道は伝道、事業は事業、勝共は勝共と、そういうふうに分かれてやってはならないと。これはどういう趣旨の話ですか。

この時期どういう時代の変換があったかといいますと、教会体制からみな地域社会に下りていく時代でした。ですから、一人一人地域社会に下りた場合に、伝道活動、それから渉外活動、それから経済活動、生活自立は自分自身でやっていかなきゃならないという意味で一体化ということを言ったのです。

同じく二一丁の表の七行目の下、「教会長さんは社長でもあるんです。教会長兼社長なんです。」というふうな趣旨の指示があるので、統一教会の教会長は経済活動についてもいろいろ責任分担を果たすということになるわけですね。

それは韓国のことを言っているんじゃないですか。韓国のことです、これは。日本のことじゃないんですか。

ええ、違います。韓国のことを言っているんですよ。これ全部韓国の説明ですから。

あなたが、会長代理、それから統一教会の会長をやっていたころでいいですが、地区の統一教会の教会長さんは事業部門についてもいろいろ責任分担果たしていましたよね。

原則的にはありません。

例えば、物品の展示会の動員の計画とか、展示会の日程とかそういうのを責任持って教会長さんがやっていたんじゃないですか。

それはないはずです。

ないはずというのは、絶対ないですか。

ありません。

例えば、八王子教会はフロア複数階借りていますけれども、事業のいろいろな商品が教会の建物の中の棚にいろいろ陳列されていたと。置かれていたということを御存じないですか。

知りません。

八王子教会というのは公認教会ですよね。

はい、だと思います。

（中略）

天地正教の教祖故川瀬カヨは統一協会信者だった

それから、二二ページに「天地正教と統一教会は関係ありません。」とありますが、天地正教の教祖であって、既に死亡している川瀬カヨさんという方は統一教会の信者だったわけですね。

信者として勉強したことがありました。

信者だったんでしょう。

だったことがありました。

新しい宗教法人を彼女が立てられましたね。

やめたんですか。

［甲第一五〇号証の一を示す］

これの一番下の欄に、個人伝道優秀者として二番で川瀬カヨ、北海道第二地区と出ていますが、これはもちろん信者ですね。

一時的にこのルートを通したということは知っております。

藤井美雄統一協会会長（当時）**が四千億円の借金を認めたわけ**

［甲第五五六号証の一、甲第五五六号証の二を示す］

甲第一五〇号証の一（中和新聞一九七八年二月一五日号）の抜粋

'77

個人伝道優秀者

昨年は新体制の出発により、教会、支部、班の組織化と教育が施され、より計画性を持った歩みと伝道活動の質的向上が計られました。特に七月から教会員と本部教会員の規約が改正され、伝道目標と教育目標が明確になるなどの準備がなされて全国的に伝道が出発しました。しかし体制が定着するまで仲々足並がそろわず、伝道実績が今一歩という教会もありました。個人の伝道実績優秀者も一部の教会に集中するという傾向が出ていたようです。ここに掲載した人達はその上位者です。なお三面にその中から二名の伝道の証しを掲載しました。

1	小林弘子	三重
2	川瀬カヨ	北海道第二
3	岩本久子	千葉
3	溝渕恵子	大阪第二
3	鳥山早苗	東京第三
3	矢作洋子	東京第三
3	小沢真弓	東京第十六
8	高田敏子	大阪第三
8	松田真治	東京第十二
8	吉田教子	大阪第四
8	三井茂子	東京第一
8	金子格明	東京第三
8	武田恵子	東京第三
8	滝田和美	埼玉
15	佐賀初音	北海道第二
15	川端 貫	群馬
15	前田由美	栃木
15	亀井博子	神奈川第一
15	冨田千代子	愛知第三
15	安那恵美子	静岡
15	飯塚久美子	静岡
15	河村 勉	岐阜
15	北川雅美	大阪第四
15	池田進治	京都第一
15	辻村悦子	兵庫第三
15	伊藤光枝	長崎
15	三代陽子	大分
15	小倉節子	鹿児島
15	田原涼子	鹿児島
15	鍋長由美子	沖縄
15	冨山朋美	東京第三
15	佐藤幸子	東京第三
15	外間枝美子	東京第三
15	石原和彦	東京第三
15	平真由美	東京第六
15	高嶋由季子	東京第六
15	小林雅明	東京第八
15	石井恵子	東京第十一
15	金子光枝	東京第十三
15	吉成恵子	東京第十六

これは、あなたが会長代理だった当時、藤井羑雄会長が霊感商法の被害者救済に携わる弁護士あてに一九九三年一月一四日、それから一九九三年一月一八日に内容証明郵便で送ってきた通知書です。この二つの通知書の内容はあなたは御存じですね。

　はい。

まず、甲第五五六号証の一の一ページで、「統一教会並びに天地正教の支払い、返済を一時停止し、根本的に整理し、再出発致します。」と。それから、三ページ目の終わりの二行ですが、「出来る限り負債額四千億円（統一教会三千二百億円、天地正教八百億円）を解決し」、「終結することを願うものであります。」と記載があります。ここでは、宗教法人統一教会と天地正教が一体のものとして記載されているんだけれども、この文面どおり受け取っていいですね。

　いいえ、事実に反します。

そうすると、藤井羑雄会長が間違ってこういうふうに一体のものとして書いてしまったんですか。

　そうです。

ただ、あなたはこのとき会長代理として藤井会長を補佐していたわけですね。

　いいえ、私日本におりませんでした。アメリカに行っておりました。

じゃ、この四〇〇〇億円というのは具体的にはどういう債務なんですか。

　これは事実に反しますから、そういうものはございません。

甲第五五六号証の一　九三年一月一四日に統一協会の藤井会長は次の内容の内容証明を原告代理人に送付してきた。左はその一部である。

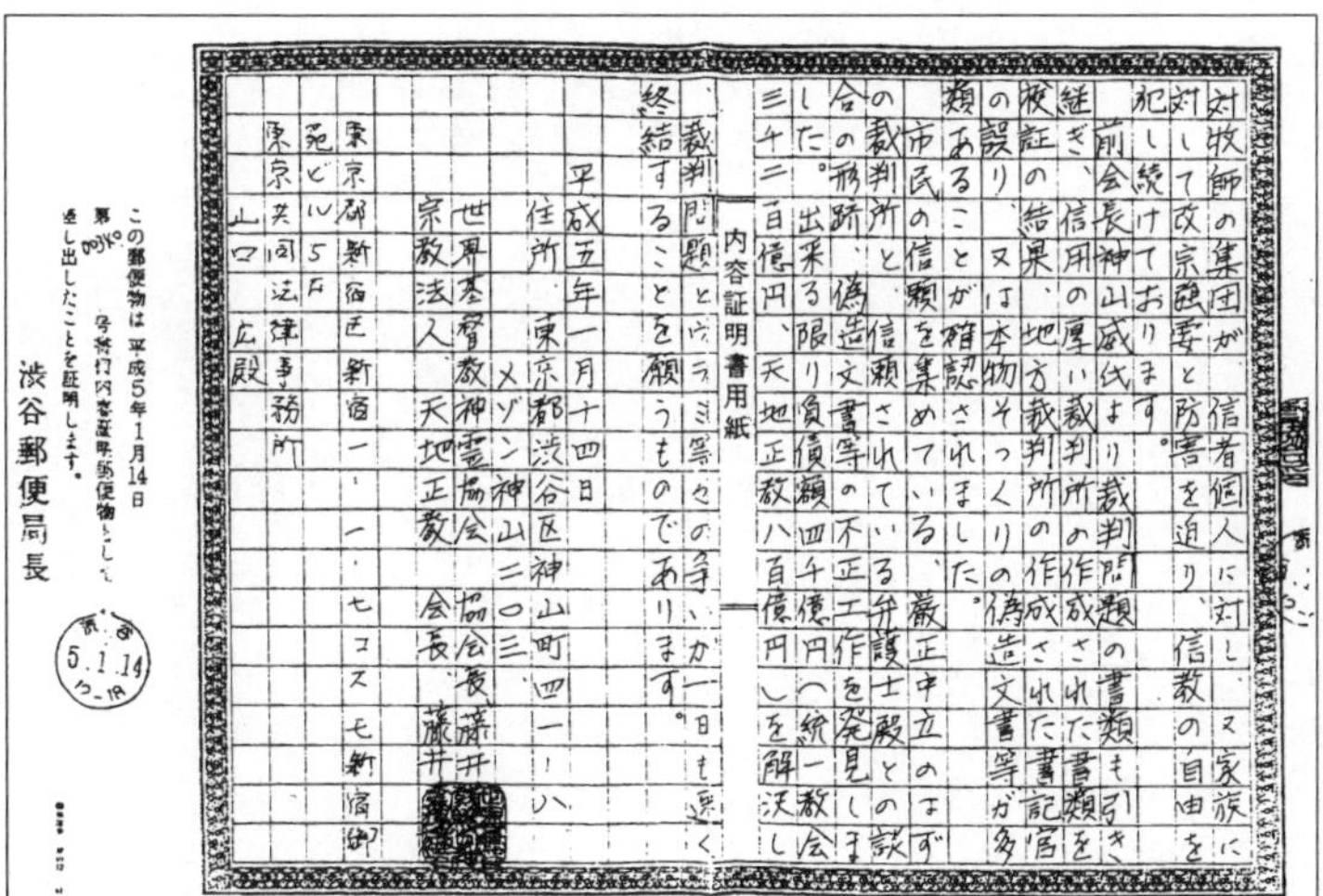

内容証明書用紙

対牧師の集団が信者個人に対し、又家族に対して改宗強要と防害を迫り、信教の自由を犯し続けております。
前会長神山威氏より裁判問題の書類も引き継ぎ、信用の厚い裁判所の作成された書類を検証の結果、地方裁判所の作成された書記官の誤り、又は本物そっくりの偽造文書等が多類あることが確認されました。
市民の信頼を集めている、厳正中立のはずの裁判所と信頼されている弁護士殿との談合の形跡、偽造文書等の不正工作を発見しました。出来る限り負債額四千億円（統一教会三千二百億円、天地正教八百億円）を解決し、裁判問題とミラミ等々の争い、が一日も早く終結することを願うものであります。

平成五年一月十四日
住所　東京都渋谷区神山町四一－八
メゾン神山二〇三
世界基督教神霊協会　協会長　藤井
宗教法人天地正教　会長　藤井

東京都新宿区新宿一－一－七コスモ新宿御苑ビル5F
東京共同法律事務所
山口広殿

この郵便物は平成5年1月14日第　号書留内容証明郵便物として差し出したことを証明します。
渋谷郵便局長

借金がないのに借金四〇〇〇億円あると言ってしまったんですか。

そうです。

借金ゼロだったんですか。

ゼロとは言いませんけれども、こういう金額は存在しません。

ケタを一個間違ったんですか。四〇〇億を四〇〇〇億とか。

とにかくそもそもこういうことは事実無根のことを書いてあるんです。

だから、事実をおっしゃってください。事実無根とおっしゃるんだから、事実があるわけでしょう。統一教会のこの当時の借金は幾らでしたか。

私自体は、この間日本におらなかったですから。

あなたは、今四〇〇〇億は間違いだと言うから、真実を聞いているんですよ。幾らでしたか。

これは、責任役員会議に発表しないとそんなこと私は言えません。

証言は拒否するということですか。

拒否よりも、そういう要請があれば責任役員にかけてその後に検討したいと思います。

［裁判長］

あなたは知っているんですか。

知っておりません。

今分からないんですか。

分かりません。

［原告ら代理人］

そうすると、あなたは借金の額が幾らか分からないけれども、四〇〇〇億が間違いであること自体は分かるんですか。

これはあとで私が日本に来てからこのことを聞きました。自分が教会長として初めて十数年間日本を離れておりました。急激な、教会長になってその気負いとか、そしてまた緊張のゆえにこういうものを書いてしまったと。で、こういうことは会長としてやってならないことなんですね。全部責任役員会議を通してやるべきなのに、そんなことは何にも経過しないでやっておりますから、そういう点においてこれは何の根拠もないことであるということで、その後にすぐ撤回文書を出しているはずです。

私の質問にだけ答えてほしいんだけれども、あなたが四〇〇〇億円が間違いだと言ったのは、当然借金の額が真実は幾らだから四〇〇〇億円は間違いだというふうに言ったはずです。

私は事実そう報告を受けました。

実際の借金額を知っているけれども、今この場では責任役員会に諮ってからでないと言えないということですね。

そうです。

〔裁判長〕

さっき言ったことと違いますが。さっきは知らないと言ったでしょう。

撤回します。これほどの四〇〇〇億ということは、私が藤井のあと会長を引き受けました。で、この四〇〇〇億の借金ということは、事実こういうものはないという報告を聞いたんです。そのことを言っているんです。

それで、現実には幾らあったかは知っているんですか。

私は聞きました。

それは幾らだったんですか。

こういう問題は、今私は責任役員会のOBなんです。ゆえに、責任役員会議にかけて、それから報告させていただきたいというふうに思います。

ただ、ここへは証人で来ておられるんで、知っていることは隠さず言うという宣誓をしているんです。その責任役員会を通るというのは内部事情ですよね。

そうです。

あなたの知っていることをしゃべってください。

多分私が知っているかぎりでは、銀行からの借入れとで幾らになったでしょうかね。それは、私のおった当時でいいんですか。今の話でしょうか。

その当時幾らあったか、今知っていることです。

私が知っているのは、一三〇億ぐらいを借りているということを私は聞いています。

それしか知りません。

藤井会長（当時）は間違いを書いてしまった

〔原告ら代理人〕

同じく甲第五五六号証の一ですが、一ページに「特定、ヤミ公務員の作成された偽造文書」とか、三ページに「地方裁判所の作成された書記官の誤り」とか書いてありますが、これは具体的にどういうことですか。

これは、私があとで藤井から聞いたのですけれども、統一教会が抱えているさまざまな問題はこんなふうにしたらいいんじゃないかというふうに藤井さんにアドバイスした人がおったということを聞いています。それは、名前とか分かりませんけれども、その話を彼は聞いて、そして出したということであります。これはもう大変な間違いであるということが分かって、彼があとでこういう取消しの文書を出したんだということを聞きました。

質問に答えてほしいんですけど、私は、「ヤミ公務員の作成された偽造文書」とか、「裁判所の作成された書記官の誤り」とか、具体的にどういうことですかと聞いているんです。

ですから、今言ったのは彼にアドバイスをした人のことをヤミ公務員と言っていますね。

書記官なんですか、それは。

ヤミ公務員というのは違うと思います。彼にこういうアドバイスをした人ということです。

じゃ、三ページの、厳正中立のはずの裁判所と弁護士との談合の形跡、偽造文書等の不正工作というのは具体的にどういうことですか。

この意味内容は私はちょっと今理解できません。

あなたは、アメリカから帰ってきて会長代理として会長さんに対してこれはどういう意味ですかとか聞かないんですか。

これは聞いておりません。

[甲第五五六号証の一、二を示す]

この文書は、アメリカから帰ったばかりの藤井会長に対して、誰かが誤ってアドバイスをしたと、そのようにして作成されたんだ、とおっしゃったんですが、会長にアドバイスをして、こうした文書が即出来る、ということであれば、当然アドバイスをした人はある程度以上の地位を持った方だと思うんですが、その方はなんとおっしゃる方ですか。

そういうふうな報告を受けただけですから、誰が言ったかは知りません。

藤井さんから聞いてないいんですか。

聞いておりません。

どういうアドバイスだったんでしょうか。

その時、私は引き継ぎだけですから、詳しいことは聞いておりません。ただ、こういうふうになった、ということを聞いただけですから。

アメリカで長年仕事をして帰ってきたばかりの藤井会長が、日本にあるいろいろな文書の報告を読んで、それで、統一教会と天地正教が一体であって、総額四〇〇〇億円の借金があると素直に認識した、ということではないんですか。

そうじゃなくて、アメリカで一六年間やってきましたから、その気負いで、なんとかやれることをやろうと思って、気負ったと思いますね。

統一協会を隠して勧誘することは問題ないのか?

乙第一一五号証のあなたの陳述書の八ページの一一行目に、「宗教を信じる人が宗教教義を知らない人に対して、自らの信仰、宗教を明かすことなく」、それから少し飛んで、「一般教養を学ぶ場や人生の根本問題を共に考える場や哲学、宗教、聖書などを学ぶ場等を紹介したりすることは何ら問題はない」と述べているところなんですが、何故、特定の宗教団体であること、それから、特定の宗教の伝道であることを明かさずに伝道するということが、正当になるのか、その理由をちょっと聞かせてもらえますか。

これは、皆様方が不実表示ということをずっと非難してきておりました。それに対して、私はアメリカに長くおりましたし、一般のキリスト教の伝道においても、イントロダクションをおいて本論に入るという、その意味を言っております。イントロダクションで、特定の宗教団体であることを明かさないで、本論で言うんだ、ということをおっしゃっているんですか。

統一教会は、そういう伝道はしておりません。今やっているのが統一教会の伝道であるということに答えてほしいんだけれども、特定の宗教団体であるということを明かさないで、人を誘ったりしても構わない、とあなたは言っているんでしょう。

そういう意味ではありません。

モルコ、リール事件で統一協会敗訴でも法廷では都合のいい証拠だけ提出

二四ページと二五ページに、アメリカのモルコ、リールの判決について、あなたは述べていますが、モルコ、リールの主張は、本件裁判の原告らの主張とほぼ同じだとして、モルコ、リール事件の裁判について、原告らの請求を棄却する判決が出たんだとしていますが、その後どうなったか、もちろん、知ってますね。

「モルコ、リール事件」米カリフォルニア州最高裁判所は八八年一〇月一七日判決で、米統一協会の元信者モルコとリールの訴えについて、統一協会の詐欺的勧誘行為に不法行為責任を負わせることは信教の自由を保障した憲法に抵触するものではないとして、元信者の訴えを却下した原判決を取消して、事実審理をするため差戻した（本書三九頁参照）。

はい。

どうなりましたか。

従って、こういうふうな反論という問題が、いわゆるマインド・コントロールをやっているから、統一教会の行動に対して攻撃してきたわけですね。しかし、このマインド・コントロール自体が、専門家達の法廷助言者によれば、認められない内容であるということで、統一教会の主張を認めたという結果です。

そうじゃなくて、棄却判決に対して、原告が当然上告審に訴えて、どうなったか、ご存じですか、と聞いているんです。

その結果は、知っておりません。

知らないんですか。

はい。

[一九九一年八月二七日付・原告準備書面(一)を示す]

六ページに、一九八八年一〇月一七日、カリフォルニア州最高裁判所大法廷判決で、原告が勝訴しているんでしょう。

………。

その程度も知らないんですか。

…………はい。

一一ページで、この判決は、統一教会の正体を明かさない伝道方法について、採か否か、裁判所が法律に基づいて判断することが許される、というふうな結論を出しているんですが、そのこともご存じないんですか。

そのことは知ってます。

そうすると、あなたが、陳述書（二）で書いた、ある判事の考えというのは、上級審で否定された、ということはご存じですね。

はい。

何故、それは、陳述書に書かないんですか。あなたにとって有利な点だけ引っ張った、ということですか。

そうじゃありません。それは違います。

あなたの陳述書（二）の一九ページで、米国心理学会（ＡＰＡ）が法廷助言書を提出した、と書いていますけれども、これが、ＡＰＡ自身の正式な文書であるということでないことはご存じですね。

はい。

どういう文書ですか。

そこでクレームがあったということを聞いております。その中の一部の者が、自分たちの専門家の意見から書いたものである、ということを聞いております。

ＡＰＡの会員の一部が、ＡＰＡの名前で出したものだと、そして、あとでクレームがついたことは知っているんですね。

はい。それで、あとで、自分たち自身の名前でもう一回陳述書を出した、ということを聞いております。

今回、あなたが陳述書（二）で触れているＡＰＡの文書というのは、クレームがついた文書を証拠として出してきましたよね。

はい。

人参液販売に統一協会が関わることは、都庁の指導で止めた？

二七ページの終りから二行目に、「統一教会では、都庁からのご指摘もあり、一九八三年から組織整備の一つとして、組織を明確化するために職員制度を採用し、職員に対する給与体制を確立し」と書いてありますが、都庁からどういう指摘があったんですか、具体的に述べて下さい。

神戸事件の判決において、統一教会は無罪になったんですけれども、事業との関わりを十分注意すべきであると、そういうことがきっかけとなって、都庁から注意があったんですね。それで、私共は、なんとか教会でもって人参販売が出来ないものかどうか、というふうに、相談に行ってみたんです。そうしたら、これは収益事業であるから、完全に分離すべきである、という指導をいただいて、それで、私達は、九月一五日の責任役員会議でもって、一切収益事業はやらないと、指導の結果、そういう判断をした、ということであります。

そうすると、都庁からの指摘があるまでは、あなた方統一教会としては、伝道とマナ販売等の経済事業は一体のものとしてやりたい、と考えていたわけですね。

事業というんではなくて、事業をやっている人々に金を貸し付けておったときがありましたから、そういうものをやれないものかと企画してみたんですけれども、実際は出来ないということで、止めたわけなんです。

いつ、都庁の指摘があって、そういう事業への貸付とか、そういうことを止めたんですか。

何度もありましたですね。七七年一月に神戸事件の判決がありましたから、それから約四、五箇月間、一二回ほど都庁へ行って相談してみました。しかし、それでも、難しいと、止めたほうがいいということで、九月一五日に止めるということを決定いたしました。

（中略）

統一協会の借金問題

［甲第五五七号証の二を示す］

ここで、信者間の借金問題が深刻であると、統一教会自ら特別対策委員会を設置し、信者間の金銭貸借問題の現状を把握し、事態が悪化しないような方策を検討し、事案によっては個々に宗教法人統一教会が対処していくことも検討する方針を決めたんだ、と言っているんですが、この問題は、あなたが会長だった当時も、かなり深刻な問題だったですね。

　それほど深刻ではないけれども、ありました。

何故、こんなに機関誌で特別対策委員会設置をうたわなければいけないほど、借金問題が深刻になっちゃうんですか。

　直接統一教会がこの問題に対して責任があったんじゃなくて、信者がやっていることに対して、都庁としては、信者の指導をよくしなさい、という指導がありましたから、私達は間接的な意味においてこれを助けましょうという形で、こういう委員会を作ったものなんです。

特別対策委員会を設置
信者の金銭貸借問題で
有効な対処方法検討へ
「組織整備」で
全国で説明会

甲第五五七号証の二（中和新聞九六年八月一日号）

信者に対し、統一教会が、借金してでもいいから貢献しなさい、お金を統一教会に献金しなさい、ということをおっしゃるから、こういう問題が深刻になるんじゃないんですか。

それは事実に反します。

こんなに借金問題が深刻になっている宗教法人はほかにありますか、日本に。

それは私はわかりません。

あなたが統一教会の会長を辞めた一九九五年六月時点で、こうした借金は総額幾らありましたか、全国で。

私が先程申し上げたじゃないですか、三〇億という。

三〇億の中に、信徒会の借金も入るんですか。

辞めたあとの金額のことについては、私はわかりません。

あなたが会長在任当時のことを聞いていますよ。

今言ったのは、統一教会はこういう活動をしておりませんから、私達が知っているのは、三〇億だけです。

同じく一九九五年六月時点で、統一教会の信者の方の自宅の土地建物が裁判所から強制執行にあっているという件数は、あなたが会長を辞める直前、何件ありましたか。

あったことは事実ですが、何件あったかということは、今は調べてみないとわかりません。

あなたが統一教会の会長を辞める前年の七月一六日・七月二〇日・七月二九日と三回にわたって、統一教会の松濤本部四階で、この借金問題についていろいろ抗議をしてくる壮年・壮婦の信者達と、あなたやあなた以外の統一教会の幹部が会合を持ったんですね。

そういう意味ではなかったけれども、会合は持ちました。意味が全然違っております。そういう意味での会合ではありませんでした。

借金を返さない統一協会のために苦しむ信者たちの全壮協とのやりとり

［甲第五九三号証を示す］

これは、一九九四年一〇月一八日に、全壮協会長の加藤さんがあなたに宛てた文書ですが、これは読んだことはありますね。

はい。

この二ページ目に、全壮協の方が、統一教会の松濤本部での三回の会合の模様を記したものですが、「合意した基本内容」ということが記されていて、状況の認識として、『必ず返すから貸して用立てて下さい』という教会のトークによって、現金を貸し、あるいは土地・家屋などの資産を担保にして金融機関から借り入れて、教会に用立てた多数の壮年・婦人の信徒たちが、教会の返済の滞納または停止によって大変な不安、動揺の中にあり、さらには競売にかけられて恐怖のドン底にある。」と、こういう認識を持ったと、統一教会は用立ててもらったお金は必ず返済すると、これは真の父母様からも厳命を受けていることであると、こういう話し合いをしたわけですね。

私の記憶では、青年達があまり苦労しているから、自分達で何か協力することは出来ないか、ということの相談にきたことはあります。

質問に答えて下さい。今私がちゃんと読み上げた部分、こういう内容の話をしたんで

(写)総連合会長　黄　煥采　様　　　1994-10-18

世界基督教統一神霊協会
会長　小山田　秀生　様

全壮協会長　加藤光

聖恩感謝申し上げます。

全壮協につきまして、ご配慮いただき、有り難うございます。

早速ですが、7月10日の全壮協発足に伴って、貴御要望によって、7月16日、20日、29日と3回にわたって、当方最高幹部が教会本部にお伺いして、貴総合会長様、小山田・江利川両会長様はじめ責任者の方々と会議を持ちましたことは、ご高承の通りです。

その結果、基本方針（後述）について、両者は完全に合意し、7月29日には、貴総連合会長様から教会側を代表して、双方の協定の内容に基づき全壮協に一任するとのお約束を頂きました。

甲第五九三号（全国壮年から、九四年一〇月に統一協会会長（当時）の小山田あてに出した文書の抜粋）

すね。

　いいえ。

じゃあ、これは、誤った内容を記載しているんですか。

　私の記憶とは違います。

どこが違うんですか。

　こういう経済問題のぐちぐちした内容ではありませんでした。

あなたは、この時に、真の御父母様、文鮮明のことですが、借金問題を八月中にけりをつけなさいと、解決する人が必ず出てくるというふうに言われたんですと、あなたは皆さんにおっしゃっていますね。

　どこに証拠がありますか。

証拠があるなしの問題でなくて、あなたの認識を聞いています。

　私は、そういうことは言った覚えはありません。

「4、全壮協として」のBに、「丁度この頃小山田会長の言によれば、真父母様から、『借金問題を八月中にケリをつけなさい。解決する人が出てくる』と言われた」というふうな記載がありますが、これも誤りですか。

　私は、こういう意味で言ったんではありません。

七月二〇日・七月二九日のところに、「小山田・江利川両会長」というふうに、あなたと江利川さんが同格の会長として記載されていますが、江利川さんは、当時あなたと同様に統一教会の会長だったんですね。

　いいえ、違います。

どういう意味ですか、「小山田・江利川両会長」という意味は。

甲第五九四号証の六の上段

西東京問題案件報告書

杉並　地域　責任者　木原　均

氏　名	[redacted]　年齢（[redacted]）	祝福	双・(未)　職業　農業
担保物件	(自宅)・アパート・その他（　　）	ローン会社	日本エステート
元金残額	2億8000万円	年　利	10.98　%（延滞利息　18　%）
延滞金	競売中	借入日	1989年6月23日
競売開始通知	きていない・(きた)（　10　ヶ月前）	返済期日	1995年6月21日

本人・家族の状況

　4億の借り入れの直後、さらに10億の借り入れのお願いをして不信し、それ以来きていない。

　94年になって弁護士が入り教会を相手に裁判をしている。

　上山部長が弁護士と対応している。

　最近、奥さんがもともと悪かった目と足をさらに悪くして相当心労がたまっている様子。

私は統一教会の会長でした。江利川さんは、婦人達の組織をまとめておった会長ですね。

なんという名前の会ですか。

全国婦人連合会の会長だったと思います。

統一教会の職員ですね。

江利川さんは職員です。

職員として、全国婦人連合会の会長をなさっていたんですね。

そうです。

小山田さんが名目的な会長だけれども、実質上は江利川さんが会長ですよ、というふうな認識は、この当時統一教会の会員の中にあったんですか。

ありません。

そういう話がいろいろ信者の間から出ていることはご存じですか。

それは事実誤認です。

そうすると、先程、私が読み上げた「必ず返すからと言われて、信じて、お金を自宅を担保にして貸したところが、統一教会が返さないということで、自宅が強制執行にあっている」と、その程度の事実認識は、この当時間違ってないですね。

そういう話は沢山聞きました。

借金問題で苦しむ信者の実態

[甲第五九四号証の一ないし七を示す]

甲第五九四号証の六の下段

ローン会社の状況、要求

月々５００万円の元利金の支払ができず、９３年の１２月から延滞をし９４年６月に競売が開始しアパート家賃も差押えられた。

３月１４日に鑑定人がきたので最低競売価格が出るのも間近とおもわれる。

今後の方向性

裁判の進展をみながら本人を説得して１６所帯あるマンションの家賃が差押えられないよう保全していく。

裁判所に供託金5600~8400万円で競売の執行停止をする。

教会側で債務者になっている熊倉さんが被告になって裁判がすすむ予定。

今月の最低必要額	５００万円

これは、西東京でそうした深刻な状態にある方の事情報告なんですが、これを書いている責任者の木原さんは、武蔵野教会長をやっていた統一教会の職員ですね。

　いつ頃の話ですか。

返済期が一九九五年のものがありますから、あなたが教会長だった当時のものですが。

　これは、ちょっと調べてみないとわかりません。

木原さんが武蔵野教会長だったということは当然ご存じですね。

　いや、私は個人的には会ったことありません。多分メンバーだったと思います。

非常に皆高齢の六八歳・六三歳ぐらいの方が、毎日睡眠薬を飲まなければ眠れないほど苦しんでいるとか、自殺願望が強くて大変だとか、この返済問題で苦しんでいる方のこうした悲惨な状況が報告されているんですが、こういう報告はあなたは受けていますね。

　個々のケースは存じておりません。

[甲第五九五号証の一、二を示す]

甲第五九五号証の一の「競売予備群」という表、甲第五九五号証の二の「競売決定物件」という表、こういう報告がなされていたのはご存じですね。

　個々のことはわかりません。ただ、こういう事態があったという報告を聞いております。

[甲第五九六号証を示す]

八王子地区の信者さん達がノンバンクからどんどん借入させられているということの「借入状況一覧表」で、サラ金の武富士・プロミス・アコム・レイク、軒並みそういうところから借入をしているんですが、信者さん達が皆こうやってサラ金から借金を

本人状況	今後の対応
一人暮らし 借入時には夫婦で行ったが93年に夫が亡くなり、反対する長男を無理に債務者として立て、契約しなおしたが支払えないので本人はやりきれない思いでいる。	教会員でない長男は順調に払い込んでくれていると思いこんでいる。 この長男に借替えもしくは延長の話をする予定ではあるが読売新聞社に勤めていることもあり、対応を検討中。 未払い分　約1,378万円
一括交渉の業者だと思って少しは安心していたが内容証明に電話そして訪問などで業者からつめられて一時パニックになっていた。 教会不信が強烈で反対派と内部からの教会資産の資料を20枚くらいもっていた。	本部に約束してもらったマンションで担保割れした分を補充してもらう。 業者には任意売買を弁護士から言ってもらい時間稼ぎをする。 延滞利息　約1,200万円

していることもご存じですね。

個々のケースはわかりませんけれども、そういう問題があったという報告は聞いております。

[甲第五九七号証を示す]

「教会関係地区別取引状況表」として、平成七年・一九九五年の五月末と一〇月末の東京都の借金の状況を全部合わせて、天地正教も合わせて、合計で一一三億六六〇〇万円あるんだと。

これは、誰が作ったものですか。

統一教会です。こういう報告も受けていましたか。

おりません。

文鮮明が「借りてでも献金しなさい」と指示

[甲第五七二号証を示す]

「ファミリー」の八二年九月号の一三ページに、文鮮明の言葉として、「統一教会の会員は必ず万物復帰をしなければなりません」と、それから一四ページに、「もう一〇分の一じゃなくて、一〇〇%捧げます」と、それから一五ページの二行目に、「この道を行くには、借りてでも天に捧げようとする心がなくてはなりません」と、こういうふうな指示があるんですが、こういう指示があるから、要するに、持っているものを一〇〇%出しなさいと、そうしたら、生活するために借金しなければいけない、あるいは借りてでも捧げなさいと言われれば、借りに行って献金してしまう、そういう

甲第五九五号証の一（競売予備群、一九九五年三月二五日、単位：万円）の抜粋

No.	氏　名	借入金額	残　額	業者名・状況
1	A 65歳 未亡人	3,100	2,700	但馬信用保証 95年9月完済期限 元金均等200万円の15回払いになっているが支払が滞り、延滞が7ヶ月目になっている。
2	B 67歳	11,100	11,100	但馬信用保証 94年9月完済期限 完済期日から延滞が7ヶ月目になっている。内容証明が自宅に郵送され、但馬の担当者も上司と任意売買を求めて訪問にきた。

ことがあるから、こうした借金問題が深刻になってくるんじゃないんですか。

　これは、文先生の意思の全体をとらえないで、一部を取り上げて言ってますね。一部を取り上げたら、そういうことになるでしょう。

　文先生は献金の勧めはしますけれども、具体的に指示するとか、指示しないではなくて、受けるかどうかは個人の問題にかかってくるんです。借りてでも献金しなさいという勧めはしているんですね。

　そういうふうに言葉は下さっています。


（中略）

統一教会の伝道システム

［甲第一〇一号証の二〇を示す］

一九八四年三月一日付の中和新聞ですが、左上に「主張」の欄がありますが、ここの最後のところに、「全国伝道部長内野宏」と書いてありますね。この方は、統一教会の本部の伝道部長ですね。

　そうでした。

その本文の中の、三段目の一行目以降に、「第三に、四月末と五月初めにかけての上級四日修練会に参加者を数多く獲得するためには」と書いてありますね。

　はい。

統一教会には、上級四日修練会というのがあったわけですね。

　ありません。

なんで、こういう記載になっているんですか。

　混乱して書いているんですね。

下から三段目の三行目以降に、いくつかの教会へ行って、兄弟たちの伝道対象者のチェックしてみると云々」とあって、少し先に、「アンケート用紙が整理されないまま放置してあるのです。」と、こういうことが書いてあるんですけれども、統一教会では、伝道するときにアンケート用紙を使っていたわけですか。

　使いません。

これは、なんでこういう記載があるんですか。

　連絡協議会とこれを混乱して書いているんじゃないでしょうか。この修練会を見ても、内容を見ても、統一教会の伝道の仕方ではありません。

伝道部長が混乱するほど二つの組織というのは関連があったんですか。

　いいえ、違います。記者が間違っているんです。

荒川教会というの

（5）　昭和59年（1984年）3月1日

主張

三月こそ伝道の最絶頂期

春期伝道の最も重要な時期が三月であります。非常に伝道しやすい社会的環境が備えられてくるということです。

　学生は春休みの期間に入り、時間的余裕があると同時に、四月からの新しい出発のための精神的空白期でもあります。とくに高校三年生、浪人生、大学四年生は、進学や就職を前にして、特殊な心理（新しい人生に対する希望、受験の緊張からの解放感、友人と別れた孤独感）になる時期です。勤労青年も、四月からの新年度の出発に備えて、新鮮な気持ちになる時期であります。

　第二に、教会内部の伝道体制が整うということです。二月からスタートした伝道復興団は、本格的に実りを結ぶ時期であり、学生も春休み特別伝道団を編成し、二月中旬より、すでにスタートしています。

　第三に、四月末から五月初めにかけての上級四日修練会に参加者を数多く獲得するためには、三月末までに伝道対象者をプールしておかなければなりません。このように考えてみると、三月こそ伝道の最絶頂期と言わざるを得ません。

　三月の伝道をいかにして勝利するかを考える時、新規伝道で出会った伝道対象者に対するケアを徹底強化することが、何よりも必要であることを強調しておきたいのであります。

　いくつかの教会へ行って、兄弟たちの伝道対象者をチェックしてみると、手紙も出していないし、電話もしていない対象者も数多く持っていました。名前と住所と電話番号を書いたアンケート用紙が、整理されないまま放置してあるのです。神の導きによって出会った伝道対象者一人ひとりをもっと貴重に思うべきではないでしょうか。

　具体的には、アンケート一枚一枚をていねいに確かめ、整理し、電話をし、手紙を書いて、ケアをしなければならないと思うのです。そういう細かい一つ一つの努力の積み重ねが、実績として現れてきます。

　調査によると、新規来教者の約八割が街頭でその日初めて出会って来た人であり、約二割が、以前街頭で出会い、約束して来てくれた人です。ところが、実践メンバーとして活躍している兄弟たちの約五割は、約束を一度しておいて、後日来教した対象者でした。すなわち、約束して来教した人の方が、街頭からその日来た人の四倍、実践メンバーになる確率が高いということです。

　このような観点から考える時、伝道対象者に対するケアがいかに重要かが改めて分かります。三月の伝道を奇跡的に勝利するために、伝道対象者一人ひとりに対するケアを細かく、ち密に、ミスのないように徹底して頑張って下さることをお願いいたします。

全国伝道部長　内野　宏

甲第一〇一号証の二〇（中和新聞八四年三月一日号）

は、あなたはご存じですね。

　はい、知ってます。

これは、公認教会ですね。

　どうだったでしょうかね……、教会ではないんじゃないでしょうか。

前期伝道の優秀教会として表彰されますね。これは、公認されてない教会も対象になるんですか。

　いいえ。

そうすると、優秀教会として表彰されていれば、公認教会ですね。

　そうですね。

〔甲第一五一号証の一一を示す〕

「前期伝道優秀教会レポート」ということで、荒川教会の名前が出ていますね、これは、統一教会の教会ですね。

　はい。

そうすると、ここで書かれている内容というのは、統一教会がやっている伝道ですね。

　違いますね。

なんで違うんですか。

　こういうライフトレーニングとか、こういうものは公認教会では使っておりません。

なんで、公認教会の荒川教会の記事の中に、信者の組織のものが入っちゃうんですか。

　記者が混乱したとしか言いようがありません。

内野さんにしても、記者にしても、随分混乱なさるんですね。

そうですね。

［甲第一五一号証の一四を示す］

一九八四年三月一五日付の中和新聞ですが、「内野宏伝道部長に聞く」という記事がありますね。

はい。

その本文の第一段目に、「伝道復興団の結成は云々」というのがありますね。その一番最後の行に、「ビデオ講義が定着する中で」と書いてありますね。これは、内野さんの発言だと思うんですが、ビデオセンターをやっていたんじゃないんですか。

違います。

統一協会の信者管理

あなたは、神戸事件で、神戸地裁で、昭和六一年・一九八六年二月一六日に証言してますね。

神戸地裁ではありません。ここでした。

その証言のときには、あなたが統一教会の献身者になったのは、六四年四月一日だ、と証言してますね。

はい。

つまり、その頃、献身者になったんですね。

そうです。

ところで、統一教会の信者の名簿の管理は、どういうふうにしているんですか。


神戸事件（外為法違反）での八六年二月一六日付小山田証言の抜粋

主任弁護人臼井
あなたは統一教会に入教したのはいつか
一九六三年、昭和三八年一一月です
献身者になったのはいつか
昭和三九年四月一日からです
献身者とは何か
職業として、生涯をすべてこの道にしたがう者です
あなたの入信の動機は
私は以前日本キリスト教団の信者、教師でしたが、現在の教会に問題を感じ新しい道を求めていました
日本キリスト教団と統一教会のちがいは何か
共通点は神、キリストを信仰し聖書を教典とすることですが、キリスト教では人間の果す責任がないがしろにされ、天国は目にみえぬ霊の国という観点が強いが、統一教会では、天国は地上につくる、人間の使命を果してはじめて地上に天国ができる、地上に再び救世主があらわれる、ことを教えの中心にしています
四六年頃のあなたの地位は
春から秋まで伝道局長、九月一日から今まで会長代理です。しかし勝共連合、事業部門、経理部門は関係ありません。宣教、海外接遇、出版活動はしました

いつ頃でしょうか。

現在でもいいです。

現在は、本部会員・一般会員というものをちゃんとコンピューターに入力して、登録しております。

[甲第五五五号証の一を示す]

昭和六二年・一九八七年当時でお聞きしますが、本部教会員の人事カードというものがありますが、御覧になったことはありますね。

はい。

こういうもので管理していたときもあるわけですか。

はい、そうですね。

合同結婚式の参加条件は信仰歴と献金と伝道実績

六五〇〇双というのはわかりますね。

はい。

何年の合同結婚式ですか。

一九八八年です。

イルファ(一和)の工場でやったんですね。

はい、そうでした。

その時の合同結婚式の日本人の信者の参加条件はどういうことでしたか。

基本的には、本格的な信仰者となって三年期間、だから、教会員として入会願書

甲第五五五号証の一の一部

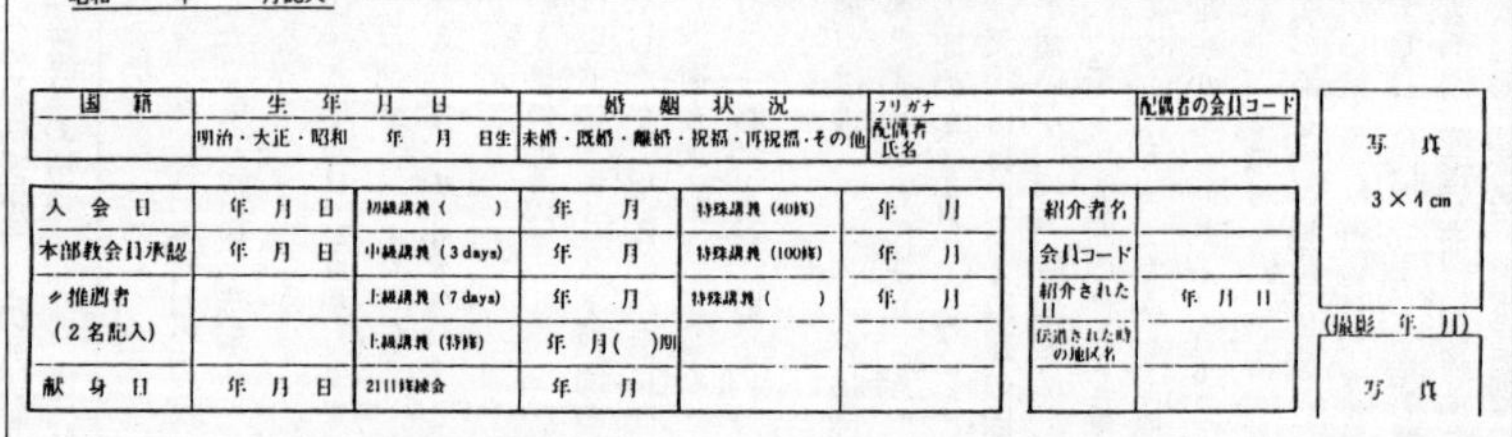

本部教会員人事カード
(転記用)
昭和　年　月記入

氏名	性別 男・女	フリガナ 旧姓	祝福、再祝福 双	会員区分

国籍	生年月日	婚姻状況	フリガナ 配偶者氏名	配偶者の会員コード
	明治・大正・昭和　年　月　日生	未婚・既婚・離婚・祝福・再祝福・その他		

入会日	年　月　日	初級講義(　)	年　月	特殊講義(40日)	年　月
本部教会員承認	年　月　日	中級講義(3 days)	年　月	特殊講義(100日)	年　月
〃推薦者(2名記入)		上級講義(7 days)	年　月	特殊講義(　)	年　月
		上級講義(特修)	年　月(　)期		
献身日	年　月　日	21日修練会	年　月		

紹介者名	
会員コード	
紹介された日	年　月　日
伝道された時の地区名	

写真 3×4cm
(撮影　年　月)
写真

小山田が認めた統一協会の人事カードにも、「献身日」や「伝道された時の地区名」などを記入する欄がある。小山田は、統一協会に「献身」はないし、地区は統一協会と無関係な連絡協議会の組織だと強弁している。

を書いてから三年ですね、それが一番中心と、それから、一定の祝福に向けての祝福献金、それから、自分が伝道した霊の子供達を三名持っている人で、正式な申請をして、そうして間違いないという人を祝福の候補者として申請したんです。三年、三人以上の霊の子と、一定程度の献金と、一定程度の信仰歴と、こういうことですね。

そうです。

[甲第五八七号証を示す]

あなたの巻頭言が出てますね。

はい。

これの四枚目の裏に、「今までは、祝福を受けるためには、本部会員になってから、最低三年の献身生活」とありますね。

はい。

これは、あなたが証言した意味ですね。

そうです。

それに、蕩滅献金問題というのがありますね。

はい。

これはなんですか。

今言った祝福を受けるための感謝献金です。

そういう意味じゃないでしょう、この蕩滅献金というのは。

そういう意味です。本来、蕩滅献金というのは、祝福のための献金です。

それから、あと、霊の子三人、ということですね。

　そうです。

それが、例えば、九二年の合同結婚式の条件では、緩和されている、ということですね。

　そうです。

[甲第五九八号証を示す]

これも、六五〇〇双の人が本部で記入するように求められたものですが、知ってますね。

　こういうものがあったことは覚えています。

この裏側に、「会種」ということで、「D・DK・H・P」とありますね。

　これは、統一教会のものではありません。

何のものなんですか。

　知りません。統一教会にはこういう会員区分はありません。

信徒会の会員区分というわけですか。

　いや、わかりません。

ツーデー、ライフトレ、フォーデー、新生トレ、献身の伝道コース

あなたは、陳述書で、七〇日の修練会と言っていますね。

　そうです。

七〇日ということと、二日の修練会・七日の修練会・二一日の修練会・四〇日の修練会を公式の修練会としている、ということと符号しないんだけれども、どうしてですか。

甲第五九八号証

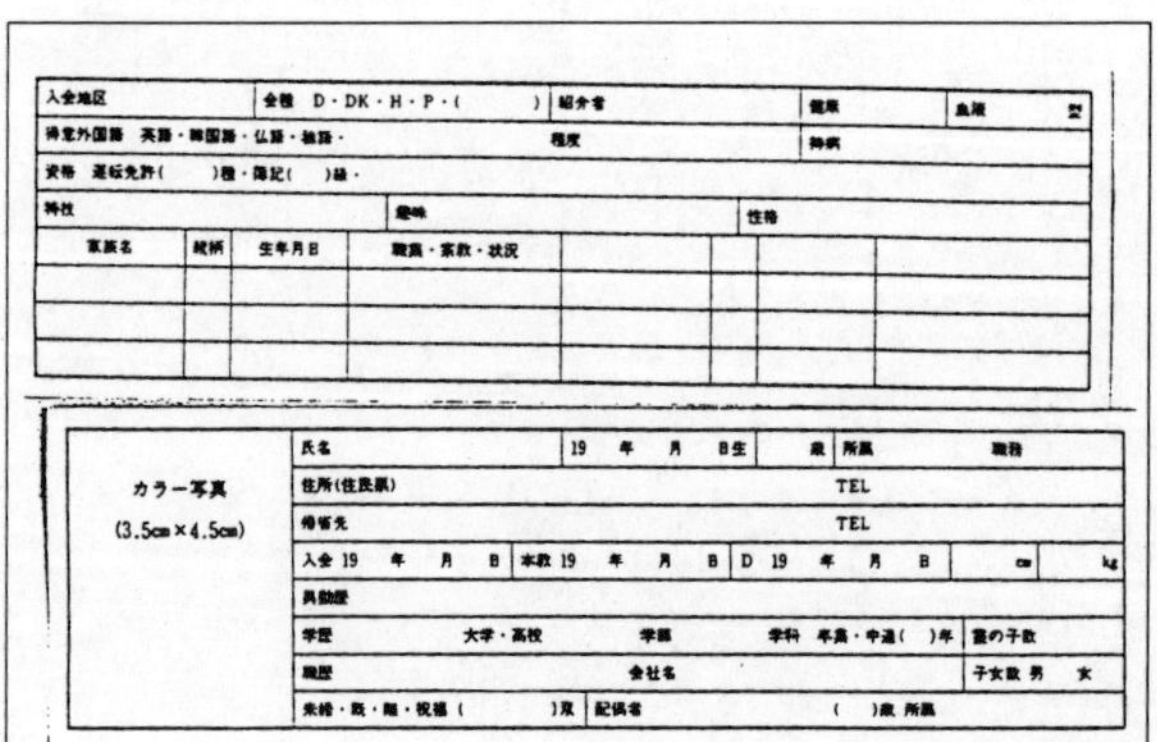
入会地区　会種　D・DK・H・P・(　　　)　紹介者　健康　血液型
得意外国語　英語・韓国語・仏語・独語・　程度　持病
資格　運転免許(　　)種・簿記(　　)級・
特技　趣味　性格
家族名　続柄　生年月日　職業・宗教・状況
カラー写真 (3.5cm×4.5cm)
氏名　19　年　月　日生　歳　所属　職務
住所(住民票)　TEL
帰省先　TEL
入会 19　年　月　日　本教 19　年　月　日　D 19　年　月　日　cm　kg
活動歴
学歴　大学・高校　学部　学科　卒業・中退(　)年　霊の子数
職歴　会社名　子女数 男　女
未婚・既・離・祝福(　　　)双　配偶者　(　)歳 所属

「D・DK・H・P」Hは本部会員、Pは実践会員を指し、統一協会内の立場を指す。小山田はこの区分について証言を拒否した。

合わせれば、七〇日となるんです。

ツーデイズ・セブンデイズ・二一日トレ・四〇日トレ、これは、統一教会で正規にやっているものだと認めるわけですね。

呼び方が違います。二日修・七日修・二一修・四〇修という言葉を統一教会は使っています。

ツーデイズ・フォーデイズ・ライフトレーニング・新生トレーニング、こういう言葉はあなたは知らないんですか。

統一教会では使っておりません。

あなたは知っているのか、知らないのか。

知ってます。

信者の方々がビデオセンターに誘い込まれて、あるいはビデオセンターに通い出して、ツーデイズ・ライフトレーニング・フォーデイズ・新生トレーニング・実践トレーニング、こういうコースをたどることは、知っていますか、知ってないですか。

知ってます。

そのあと、献身者になるんですね。

いや、それとまた違います。

じゃあ、新生トレーニングのあとは、どうなるんですか。

それは、連絡協議会の研修のプロセスで、統一教会の修練会とは違います。

あなたは、信徒会の人達の活動も知っているでしょう。

知ってます。

実践トレーニングのあとは、どうなるんですか。

そのあと、統一教会になるかどうかは、その信者本人のことだと思います。

多くの人が献身者になるんですね。

そこから来た人も事実です。

統一教会がやる二一日修練会

ところで、その二一トレというのは、千葉修練会あるいは宝塚の修練場でやりますね。

そうです。

そこで、誰が参加するかの人選はどこでやるんですか。

各教育部門に教育部がございますから、そこに申請があって、そこで決めます。

誰が申請するんですか。

それぞれの本部及び公認教会並びに支部教会のほうから申請があります。

地区あるいはブロックで人選するんじゃないんですか。

各教会が教育部に連絡してやっておりました。

皆さん、それぞれの地区、あるいはそれぞれのブロックで、それぞれの信仰実績を考えながら人選されてますよ、そういう認識はないんですか。

私はそういう認識をしておりません。

二一修において、あなたは何回も講義をしてますね。

はい、いたしました。

あなたが会長当時、あるいはその前、白井康友がこの修練場の責任者だったことがありますね。

はい。

現在は、統一教会本部の教育の責任者ですね。

はい。

この白井康友がやっていた修練会で講義したこともありますね。

はい。

ところで、この二一修練会の意義なんですが、一定程度の信仰歴あるいは教育を受けた人が、信者としての仕上をすると、こういう認識でよろしいんですか。

本部会員となるための修練です。

(中略)

多宝塔のねだんと目標

先程の話で、多宝塔について、あなたは、韓国からきたものに四三〇〇万円というのはなかった、と言いましたね。

はい。

翡翠の多宝塔が四三〇〇万円でしたね。

ということを聞いております。

ローズクオーツの多宝塔は幾らでしたか。

私は……。

一三〇〇万円じゃないでしょうか。

そうだったでしょうか、私は記憶ございません。

記憶ない。

　はい、それに関わっておりませんから。

あなたの認識で、八六年の摂理的な意味を簡単におっしゃって下さい。

　一九八六年………。

八七年の春に、あなたは、宗教弾圧があった、と認識しているんでしょう。

　はい、そう考えておりました。

その前の八六年はどうですか。

　それは、別にありません。

経済的にも活動的にも大変うまくいった年でしたね。

　八七年と比べればね。

八六年は大変うまくいったんじゃないんですか、違いますか。

　私は、いつも不足・不足と感じてますから。

八六年の一一月・一二月には、外的目標が達成出来たでしょう。

　意味がわかりません。

あなた方は、お父様から内的目標と外的目標を示されるんじゃないんですか。

　指示はありません。

目標を示されるんじゃないんですか、と聞いているんです。

　目標は示されることはあります。

それは、外的目標と内的目標の二種類あるんでしょう。

　私はそう認識しておりません。

信仰面の目標と、実践面の目標と、二つ示されませんか。

そういうふうに文先生は指示されません。

信者の方々が、その目標の達成のために毎日奮励努力しているのは認識してないですか。

もしそれが真実ならば、そうするでしょう。

つまり、今月の目標は、伝道何人・献金なんぼ、この目標が示されるでしょう、違いますか。

どなたからですか。

上から。

上というのは、誰ですか。

それはどっちでもいいです。信徒会でも統一教会でも結構です。

そういう示し方はしません。

じゃあ、どういう示し方をするんですか。

あくまでも信仰の勧めとして我々は内的な指導をするのであって、現実的に伝道目標とか献金目標という、そういう指示はいたしません。

それは、信徒会がするんだ、ということですか。

そうです。

なぜ多額の借金が生まれたのか

先程、四〇〇〇億円の借金問題のことで、違うんだ、とおっしゃいましたね。

はい。

そうすると、信徒会の借金と混乱した、ということですか。

　それはわかりません。信徒会が幾ら借金があったか、私は知りませんから。

あなたは、先程、全壮協の会合に三回出た、と言いましたね。

　参加しました。

全壮協に出る前に、あなたが下から報告を受けた信徒会の借金はトータル幾らだったんですか。

　確かな記憶はありません。

確かじゃなくてもいいですよ。何百億だったのか、何千億だったのか、どうなんですか。

　三〇〇ぐらいと、一度聞いた記憶があります。

どうして、そういう借金が出来るんですか。

　統一教会自体がそれにタッチしてませんから、私は、直接的な回答をすることは出来ません。

信者さん達が集めて統一教会に捧げられた献金は、海外に送られるんですね。

　私達にくるのは、個人的な自発的な献金しか統一教会にはきておりません。

そのお金は海外にかなり送られますね。

　送られます。

お父様のもとにもかなり送られますね。

　お父様にはいきません。

そのお金が統一運動のために使われるわけですね。

　世界宣教のために。

甲第五九九号証の一、二

1994年1月15日

1. 月例献金：10分の1（または10分の3）献金
2. 礼拝献金
3. 感謝献金：家庭の出発、出産、昇華、子女の誕生、祝福を受けたときに、感謝の意を持って捧げる献金。
　①祝福献金
　②出産献金
　③家庭出発感謝献金
4. 自由献金：教会の献金箱などに自由に入れる献金。
5. 特別献金：特別な活動を支えるために、その都度捧げる献金。

以上は既成教会の献金とほぼ同じようなものですが、これ以外に統一教会には以下のような特有の献金があります。

6. 名節献金：七大名節に感謝の意を表して捧げられるもの。
7. 心情献金：神と人類の救いと御国建設の為に、感謝と精誠の心情を込めて捧げるもの。
8. 家庭献金：祝福家庭は天の血統に転換

あるいは、統一運動のために使われるんでしょう。

私は、その後の動きについてはよく存じておりません。世界宣教であるという形で私達は送っていますから、そこで使われていると思っております。

世界宣教のために使われるお金を、信者さん達は献金しているわけですね。

そうです。

そうやってどんどん海外に送られるから、日本の組織が資金的に苦しくなるんじゃないんですか。

それは別です。

なんで、別なんですか。

献金というのは、無理してやっていくものではありません。自発的にやっていくものですからね。そういう発想は、そちらの認識だと思います。

さまざまな献金

［甲第五九九号証の一、二を示す］

これは、世界基督教統一神霊協会総務局が、一九九四年一月一四日にカイセイリョウ（開成寮）にファックスした文書ですね。

これは、私は理解出来ませんね。

こういうファックス文書を本部から各寮あるいはホームに送ってますね。

これは理解出来ません。

甲第五九九号証の二に、「月例献金・礼拝献金・感謝献金」とありますが、これは聞

され、真の父母の身内になることのできる恩恵を与えられています。よって家庭献金は、父母と共に国と世界を救う為の祝福家庭の最低限の税金と考えられるものです。祝福家庭は本来ならば実体の父母を迎え、実子となるために霊御共に直接侍らなければなりませんが、現実にはそれができません。家庭献金は、直接侍ることのできない家庭が日々の生活の中で、毎日感謝を込めて献金することにより、直接真の父母に侍った蕩減条件となるものです。昨年までは家庭会費と家庭基金とに分けられておりましたが、一括して家庭献金として納めて下さい。

9. 教会員献金：教会員となった時点より捧げるものであり、信徒生活を常に感謝と心服と奉仕の精神を持って送るために捧げて行く。

10. 蕩減献金：イエス・キリストを銀貨30枚で売り渡してしまったことに対する人類としての連帯的蕩減条件を、再臨主を迎える信者たちが立ててゆくということを意味しており、祝福（結婚）前に3数を4年間連続して捧げます。しかし36万双以降は、4年間で捧げてきたものが3×4＝12数を一時に捧げるようになりました。

いたことがありますね。

　はい。

月例献金というのは、一〇分の一献金なんですね。

　はい。

「自由献金・特別献金・名節献金・心情献金」というのもありますね。

　はい。

それから、「家庭献金・教会員献金・蕩滅献金」、こういうのもあるんですか。

　ありますね。

「子女養育献金」、こういうのもあるわけですね。

　献金ではありません。基金です。

そういう献金を本部のほうで指導しながら信者さんに勧めていると、こういうことになるわけですか。

　そうです。


（中略）

統一協会は何度も収益事業をしないと決めたが……

［統一協会側代理人］
決めたのは、一九八二年じゃないんですか。
　二回やったんです。神戸事件の判決を引き継いで一回人参販売をやらないということと、もう一つは、後にも何度も決めたんです。何度も何度も収益事業をやらないということをやってきたんです。

完全に収益事業をやらないと決めたのはいつですか。

八三年一月二二日です。

それまでは、唯一の収益事業というのは何をやっていたんですか。

規則にありますように、出版事業としてやっておったんです。その他、免税措置をもらっていくために、八三年一月二二日に出版事業も光言社として独立させて、分離させました。

現在は、全く収益事業はやっていないと。

一切やっておりません。

金の貸し借りもやってないわけですね。

やっておりません。

先程来、献身者という言葉が出るんですけれども、献身者というのは、どういう意味ですか。

これは、慣習上の表現であって、心の姿勢を言っているんです。神の前に身も心も捧げていくという心の形を言っているんであって、具体的に形態を言っているものではありません。ですから、お百姓さんをやっていようと、仕事をやっていようと、心の姿勢がそうであれば、献身者と認められます。

献身者によって教会が支えられていた、ということはあったんですか。

そうですね。彼らの奉仕活動によってやっていたことは事実です。

それは、いつ頃までやっていたんですか。

八三年から八四年にかけて、都庁の指導によって、職員制度・給料制度を立てて

(注) 小山田は、宗教法人統一協会としては、収益事業をやらないと何度も決めたが、古田元男を中心とする信者の団体がこの決定を無視してやりつづけたと言いたいらしい。あまりに白々しい言いわけである。

いくまでです。

職員制度を採用したと。

そうです。

今迄の献身者は、職員になる人とそれ以外とに分けた、ということですか。

そうです。

統一教会では、こういう献身制度というのはあったんですか。

制度はありません。ただ、慣習的にそう呼んでおっただけです。

（中略）

統一協会ではビデオセンターは作っていない？

教会では、ビデオセンターを作りたいということを言われたんですか。

そうです。

それは、いつ頃のことでしたでしょうか。

八二年の一〇月・一一月です。

それは、どこにそういうふうに言われたんでしょうか。

私達は文化庁あるいは東京都庁でいつも指導を受けておりましたから、統一教会でもビデオセンターは出来ないか、というふうにお聞きしたら、収益事業になるからそれは止めたほうがいい、ということと、規則を変えなければならない、それはとても時間がかかるから、止めたほうがいいと、こういう指導を受けまして、仕方なしにビデオセンターは断念すると、ビデオ伝道ということをやって、ビデオセンターは作らないと、やるとすれば、それぞれの家庭・ホームでやる、というふうにはっきりと峻別をいたしました。

それが、八二年の。

八二年の一〇月・一一月からやって、八三年に、はっきりとそういうふうに分けていきました。

連絡協議会が出来たのは、八二年八月、ということですね。

そうです。

連絡協議会のビデオセンターは、それ以降ということになりますかね、作ったとすれば。

そうですね。

[甲第一〇一号証の一一を示す]

一番下のほうに、西井さんがビデオセンターの名前を付けたと、これは、八二年五月ですが、ビデオセンターというのはまだ出来てないような気がするんですけれども、時期的に。

正式なビデオセンターというのは、その後に出てくるんですから、たまたまそう呼んだにすぎないんじゃないんでしょうか。

これは、ビデオセンターと言っても、普通、ビデオセンターというのは、どういうものを言っているんですか。

ビデオセンターは、正式に受講料を取ります。そして更に、統一原理まがいというますか、そういうジンセントレとかライフトレというものを教えていくわけです。そういうものを教えたら、ビデオセンターの内容なんですね。

「西井さん」 本書三〇一頁にも登場する西井敏一のこと。堀井宏祐の前任者として東京ブロックのブロック長でもあった。

規模としては、どうなんですか。

ビデオセンターは大きいですよ。一〇ないし二〇とか、時には、ワンフロアービルを借りたり、二階を借りたり、大きいところに何十人あるいは一〇〇人単位でもって本格的にやっているんですね、ビジネスとして。

（中略）

光言社というのは、どういった会社なんですか。

独立した宗教法人ですけれども、株は統一教会が持っていることは事実であります。独自の光言社としての出版もありますし、あるいは更に統一教会の機関誌を印刷しているという、両側面があります。

（中略）

壺を売ったのは統一協会ではない？

壺、多宝塔の販売をしていたことは知っていたんですか。

当然、それは営利事業ですから、韓国の一和とか一信石材から壺を輸入して、販売しておった、ということは知っております。

古田さんのそういった詳しい組織内容を知ったのは、いつ頃ですか。

八七年に霊感商法という問題が世の中で騒がれるようになって、特に文化庁から三回ほど呼出があって行ったり、こちらから説明に行ったりしまして、八七年二月一六日に文化庁の宗務課から指導がありまして、おまえたちが収益事業をやってないのは知っておるけれども、信者に関わることであるから、指導をよくするように、ということがありまして、その時から知りました。

今言った中央本部はどこにあったか、知ってますか。

　知ってます。

どこですか。

　渋谷の宮下公園のハッピービルにございました。

ハッピービルというのは、ハッピーワールドのことですか。

　そうです。

それは、どうして、そこに中央本部があった、ということを知ったんですか。

　いろいろのクレームが出始めたので、私が初めて訪ねて行ったから、わかりました。

年代的にはいつですか。

　八七年三月です。

古田さんを訪ねて行った理由は、先程言われた、霊感商法が問題化したということからですね。

　そうです。

統一教会の本部と中央本部とは違うんですか。

　全然、別物です。

統一教会の本部は、どこにありますか。

　渋谷区松濤にあります。東急本店の裏のほうにあります。

中央本部の場所を統一教会が借りているとか、そういうことはありますか。

　一切ありません。

（注）ハッピービルにある中央本部（実態としては「裏の本部」と言うべきであろう）で、資金集めのための壺等の販売やビデオセンターを通しての信者集めをしていることを認識するだけでなく、これを利用していた小山田ら統一協会の幹部が、古田元男らの活動に責任がないとどうして言えるだろうか。

所有しているとか。

そういうことはありません。

古田元男中心の連絡協議会は小山田ら統一協会の指示を無視した？

甲第五四三号証のあなたの講演テープなんですけれども、これは、会計巡回師と心霊巡回師ということですね。

そうです。

統一教会にも巡回師というのがあった、ということですけれども、これはどういったものだったんですか。

これは、七〇年以降、私が会長代理になったときには既にございましたから、あくまでも純粋な統一教会信徒の指導・教育・牧会のためにやっている幹部の婦人達であります。

巡回師は、現在もありますか。

今はございません。

心霊巡回師とか会計巡回師というのは、統一教会にそういう制度がありましたか。

ありません。

心霊巡回師というのは、古田さんの事業部隊の連絡協議会の制度ですか。

そうです。

どういったことをやるんですか。

最初、私は、顧客管理・顧客ケアを指導するところである、と理解しておりました。

会計巡回師というのは。

会計巡回師というのは、事業部門のそれぞれの会社に会計がございますから、それを指導する責任者達である、と聞いております。

連絡協議会にブロックとか地区とかがあったというのは、いつ知りましたか。

やはり、こういう問題が起こった前後であります。

起こった前後というのは。

社長会がまず出来て、それから販社が出来て、その前後にも何か紛らわしい名前を使っているな、ということを知っておりました。

どういったものと理解したんですか。

ですから、私は、「これはなんですか」と、「これは、自分達の販売エリアである」という表現ですので、「ああ、そうですか」と、「でも、紛らわしい言葉は使わないで下さいよ」というふうに忠告してまいりました。

それは、誰に忠告したんですか。

古田さん初めその事業部隊の人々に対してであります。

それは、八二年頃ですか。

それ以降です。

あなたの忠告を古田さん達は聞かなかったんですか。

「これは、顧客の管理ですから、信徒会の内容とは違いますよ」というふうに言っておりました。

どうして、教会にあったブロックという紛らわしい名前を使ったか、という理由は聞かなかったんですか。

ですから、自分達の意味は違うんだ、ということだったんですね。ですから、それ以上突っ込むことは出来ませんでした。

現在の統一教会の教区数は幾らぐらいあるんですか。

五六だと思います。

教会数は。

多分、公認教会が八〇で、支部教会が一四じゃないかと思います。

さっき、開拓教会とおっしゃいましたが、それはどういうものですか。

これは、私達がホームチャーチと言って、地域社会に定着している運動ですから、そういうホームチャーチに毛の生えたような、信者達自体がまだ公認教会としての基準が足らないので、信者達が独自にやっているのを敢えて開拓教会と、ホームチャーチのことを呼んでおります。

そういった開拓教会については、統一教会の監督は及ばない、ということですか。

そうです。

単に教会と言っても、いろんな意味で使われている、ということですね。

そうです。自分達のホームを教会だと言っている部分も多くあります。

教区教会というのは、統一教会にありますよね。

はい。

それと、連絡協議会のブロックとか地区とは対応しているんですか。

全然、違います。

統一教会が連絡協議会のブロックとか地区に対して指揮監督するということはあるん

(注) 文鮮明にとって、日本の組織で大いに資金を集めて文鮮明のもとに運んでくれていた古田元男は便利な人物であった。その古田らが全国の統一協会組織を牛耳って深刻な社会問題を起こしつづけたのである。小山田もその片棒をかついだと評されても仕方あるまい。

ですか。

一切別法人ですから、そんなことはありません。

統一教会の人事権なんですけれども、統一教会は役職員でない人に対して、人事権を持っていますか。

ありません。

教区長とか教会長と、販社特約店の役員が兼任する、ということはありますか。

ありません。

古田元男さんあるいは小柳定夫さんが責任役員とか会長になったことはありますか。

いや、ありません。

統一協会機関誌がまちがって古田元男を「局長」の肩書で紹介した?

[甲第一七〇号証を示す]

二五ページに、古田さんが局長というふうに載っていますね。

はい。

これは、どうしてこういうふうに載っているんですか。

ですから、慣習上、各統一運動といいますか、その中の責任者達、勝共連合とか原理研究会とか、こういう人々の責任者を慣習上局長と呼んでおった時期があったから、それを機関誌のほうが間違って、そういうふうに表現したと思います。

[甲第一七四号証を示す]

ここにも、四一ページに、局長となっておりますが、これも同じ趣旨ですか。

そうです。

これは、いずれも一九七八年のことなんですけれども、この頃ははっきりとまだそういった区別というのがなかったんですかね。

そうですね。私達が神戸事件の教訓を中心として、宗教と事業というものを分離していく、そういう間隙の混乱期の現象であったと思います。

連絡協議会が出来た一九八二年当時ですけれども、あなたは統一教会の会長代理でしたね。

はい。

古田元男らと統一協会のあつれき？

小柳さんの証言では、全国しあわせサークル連絡協議会と統一教会の間にあつれきがあった、と言ってますが、どういったあつれきだったんですか。

まず初期に、ビデオの使用問題等について、なんでこういう統一教会と紛らわしいことをやるのか、と聞いたときに、「これは統一原理を使ってませんよ、顧客管理のケアですよ。」というふうに言っておりました。第二番目に、「個々人の信者の伝道のやり方は、信者の創意工夫でもってやっていいじゃないか」と言うから、「それは、そうだ」と、ですから、信者個人でやっている限りにおいては、我々はそう問題にしなかったんですが、それが非常に顧客管理にプラスであるということになって、それを組織化して、拡大して、統一教会が公式に認めていない人生ビデオとか映画のビデオとか、そういうものを見せて、名前もはっきり言わないと、教会でないから、当然言わないと思うんですけれども、そういうものを使い出していることに対して、クレームを出したわけです。だんだん自分達自体の営業部門がそれこそ伝道までやってくるという、教会と事業との原則に反するので、そういうことにクレームをつけ始めたわけなんです。それはもう自分達の顧客管理だ、とつっぱねてきているわけです。それで、私がいる約一〇年間そういう対決がありました。

古田たちは原理まがいのことを教えて誤解を受けてきた？

連絡協議会では、ビデオセンターで、ツーデイズとかフォーデイズとか、あるいはライフトレーニングとか新生トレーニングというのがありますね。

はい。

これと、統一教会の修練会とは同じものですか。

違うものです。

関連性はないんですか。

ありません。

統一教会の修練会というのは、どういうものがあるんですか。

二日修・七日修・二一修・四〇修、合計七〇修、これが統一教会の正式な修練会です。

ツーデイズ・フォーデイズとか、あるいは新生トレ・実践トレが終ったら、こういった統一教会の修練会に行く、というような関連性があるんですか。

（注）小山田は、統一協会が起こしたと批判されている霊感商法やビデオセンターでの詐欺的伝道の問題は全て古田元男らの責任になすりつけて、宗教法人としての責任を回避する作戦で、このような証言をしたものと思われる。

それは全然別です。

統一教会の修練会は、どこでやっていたんですか。

統一教会の修練場として、千葉修練場あるいは名古屋にある守山修練場、ときには関西にあります宝塚修練場とか、まずここを中心としてやっております。

そういった連絡協議会のビデオセンターとか、あるいはトレーニングをやる場所は、教会が管理しておりましたか。

全くしておりません。

連絡協議会のビデオ伝道なんですけれども、統一教会の伝道と違うところはどういう点ですか。

まず第一番目に、テキストが違う、ということです。統一教会は金を取ってビデオを見せるということはありません。それから、統一教会のビデオ伝道は、正式に統一原理だけを中心として教えるんです。第三番目に、統一教会自体の内容は、そのまま終ったら、礼拝とかそれから更に伝道集会につないでいくと、そういう点で基本的に違っております。統一教会は、あくまでもビデオを見せるときは教会で見せておりますし、あるいは更に信者の個人の家庭で見せると、そういうことであります。統一教会の名前を使わないでやったということはありません。

統一教会では、統一原理以外の、例えば一般の映画とか、そういうものを見せるんですか。

それは統一教会のビデオでは見せません。

原告らは、統一教会であることを隠してビデオセンターに連れて行って、統一教会の伝道をしている、というふうに主張しているんですが、その点はどうですか。

全然、そういうことはありません。

こういうことは問題なんでしょうか。

根本的に問題です。

あなたとしては、こういった伝道をやっているんだけれども、これはどういうものだと思ったんですか。

ですから、あくまでも顧客管理という、それが第一と、信者個人の伝道は信者個人でやっていいいんじゃないかと、それはいいと、しかし、それを組織化して、それこそ原理まがい、原理ごときものを教えて、誤解を受けるということは、到底許しがたいと、そして更に、伝道部長とか教会の言葉らしきものを語っておりましたから、それを相談長とかあるいは更にフリーという、我々の訴えを聞いてくれて、少しずつ変わってきたことは事実であります。

今、顧客管理とおっしゃいましたが、何か伝道管理と関係あるんですか。

ですから、古田さんの霊感商法の真相を見て、私はわかったんですけれども、文先生の言葉を活用すると、信者さんがよく受け入れて下さるんですよね、ということで、営業のために、文先生とか統一教会を活用したということを知って、私はびっくりしたわけです。

因縁話や家系図は教派分裂の教訓？

それから、連絡協議会では、委託販売員が商品を売るに際して、家系図を見せるとか、因縁話をしたことがあるんですけれども、こういった因縁話とか家系図は、統一教会と関係があるんですか。

　一切関係ありません。

じゃあ、これはどういったものですか、家系図を見せるのは、あなたはどういうふうに考えますか。

　私達統一教会は、キリスト教的伝道に立ったものでありますから、そういう中間的な霊をたたえるものは聖書の中にはないんです。聖書で霊といった場合には、神の霊、あるいは聖人達が霊界に行ったという、そういう霊でありますから、中間の仏教的なそれらしきものは、統一教会の霊界には存在いたしません。ですから、それは統一教会の教理を著しく歪めるものであると、これが将来大きな教派分裂の教訓になると、そう考えておりました。

信者を拡大するについて、古田さんに任せた、ということは。

　断じてありません。伝道と教育は、統一教会の責任であります。

連絡協議会の信者が献金を別の信者に勧めて、当該信者が教会に献金している、ということもあるようなんですが、これは、献金行為を連絡協議会にやらせていた、ということにはならないんですか。

　そんなことはありません。

どうして、そういうふうに言えるんですか。

　献金の根本精神は、自分が自発的にやってくることであって、人にやらせるとか指示するというのは、献金の精神に反するんです。

統一教会が、昭和六一年に、TV一〇〇のスローガンを掲げたことがありますか。

　ありません。

信者の献金勧誘行為を不法行為であると認めた福岡高裁九六年二月一九日判決にあたって、統一協会が申請した霊能師役の証人は、被害者（原告になった未亡人）にこう述べたと陳述している。

> 　権藤は、その家系図を見ながら、原告が長い間妻子ある亡夫と内縁関係にあったことや亡夫が昭和六三年三月に早世したことについて、「あなたがそうなったのはあなたの母方のおばあちゃんの因縁です。あなたが先祖の因縁をすべて清算しないとあなた自身も天国へ行けないし、あなたの家系は誰も救われない」などと因縁を説いた上で、「因縁を清めるために財産をすべて投げ出しなさい。献金しなさい」などと言って献金を要求した。これを聞いた原告は、（中略）不安な気持ちに陥り、権藤に対し、「考えさせてください」と言って、献金をするか否かを考える猶予を求めた。これに対し、権藤は、「あなたがこの天の気持ちを断ればもうこの話はなくなります。一度断れば今後あなたが献金したいと言ってきても、もう決して受け付けません。そうするとあなたはもう救われないことになりますよ。それでもいいんですか。今ここで返事をしなさい」などと強い口調で即答を要求した。

あなたとか統一教会の会長とか責任役員が、連絡協議会のブロック長会議で話をするとか決断式に参加するとか、そういうことはありましたか。

会議には参加したことはありません。

霊感商法が社会問題になって統一協会は何をしたか

一九八七年頃に、霊感商法が問題化したわけですね。

はい。

それについて、あなたはどうされたんですか。

先程申し上げましたように、文化庁から呼ばれたのが、二月二六日でした。我々は直ちに責任役員会議を開いて、これに対する対策委員会を開きまして、責任役員の石井光治が対策委員長になりました。それから、もう一度三月六日に文化庁に相談しました。責任役員会議としてはこういうふうにやろうと思うと、そして三月一二日に、もう一人の責任役員であった斎藤俊樹、当時総務局長でありましたけれども、彼を通して、正式にハッピーワールドに対して、文化庁からの指導と責任役員会議の意思を伝えました。その後また、四月一〇日にもう一度文化庁に行きました。四月一四日に都庁にも行きました。それでどういう回答を出すかと待っておったら、同じく五月一日に、ハッピーワールドの古田さんのほうから回答がきました。我々は霊感商法なんかやってないけれども、誤解されるような商品販売は三月末日をもって一切止めると、こういう回答書がきまして、各関係官庁に連絡をしました、ということで、我々の言い分を聞いてもらったんだな、というふうに思っておりました。

統一教会は何も経済活動はやっていませんよね。

そうです。

そういった文化庁の中から話があったとしても、それで蹴るということは出来なかったんですか。

もちろんそうですけれども、しかし、文化庁は、お宅がやってないということは知っておると、でも、信者が関わる限りにおいては座視することは出来ないんじゃないか、ということで、敢えてそれをやってきたわけです。

税務署から、統一教会が経済活動をしているんじゃないかと指摘されたことがあるんですか。

ありません。

神戸事件でちょっと来たときに、何かありましたか。

だから、それをきっかけとしてみんな整理してきたわけです。

それ以降はない。

はい。

古田・連絡協議会が悪いので統一協会は迷惑している?

それから、いろんな訴訟で、そういった連絡協議会の活動が統一教会の活動と誤解されるということが一番問題になったんですけれども、どうしてそういったことが起きたんでしょうかね。

ですから、先程言ったように、第一番目に我々の課題でもあるんですけれども、営利事業部門が伝道部門まで枠を広げたと、宗教法人は非常に制限が多いんです。宗教というものはそれこそ数千年にわたる伝道を大切にしますから、勝手気儘に講義したり、勝手気儘に解釈するということは許されないんです。それを信者達であるから自由にやったということで、原理まがいもの・原理ごときものをやって、それが多くの誤解を受けて、その大きな問題が我々統一教会が行く道の大きな教訓になったと思っております。

統一教会が行為する場合には、責任役員会議で決めるんですか。

重要なことはそうです。

統一教会の信者というのは、世界何箇国にわたっていますか。

今、一六〇箇国にありますし、一八五箇国に広がりつつあります。

信者数は、世界、日本でどのぐらいですか。

今、世界で五〇〇万人です。日本では四八万人です。

統一運動というのは、どういったものですか、一言で言えば。

ですから、文先生が神様から願われた地上天国を作ると、詳しくは岡村証言で出ていると思いますが、地上天国実現のために、教育を平準化する・平等化する、それから更に科学技術を平準化していく、また経済を平準化していく、という形において、日本とかアメリカやドイツのような優れた国々が第三世界に向かって、教育平準化・科学技術平準化・経済平準化をやっていく、ということがメインです。

連絡協議会というのは、統一運動を支える団体なんですか。

いいえ、違います。

それは、どうして違うんですか。

一言でいえば、統一運動というのは、正式に定款・組織があって、対外的に発表してやっているものが全部統一運動の参加であります。ですから、連絡協議会は、その分野には入っておりません。

統一教会では、伝道はどういうふうにして行ないますか。

ですから、初期は路傍伝道、いわゆる辻説法と、その次には訪問伝道、そして更に、知人・友人伝道、これらを必ず礼拝に連れてきます。礼拝で伝道集会、これが、統一教会のメインの伝道方法です。

統一教会の場合は、統一教会であることを明かして伝道するんですか。

当然です。統一教会はあくまでも礼拝に連れてくるのが一番中心ですから、礼拝は必ず誰々教会となっておりますから、統一教会を知らないで教会に来るということはあり得ません。

伝道マニュアルを作るということは。

ありません。

（中略）

〔原告ら代理人の補充尋問〕

一九八四年・五年・六年あたりですけれども、文鮮明さんは韓国にいましたね。

文先生はそこにおりません。

霊感商法が問題になる前の年あたりはどこにおりましたか。

ほとんど文先生はアメリカがメインです。八四年・五年はアメリカにおったんです。

南米に彼が出たのはいつですか。

一九八四年七月二〇日から八五年七月四日まででした。

あなたは、度々、少なくとも月一回以上、アメリカに渡って文先生に会いましたね。

はい、そういうことがありました。

日本の組織の幹部が沢山、数十名あるいは数名単位で、文先生のところに会いに行きましたね。

はい、重要な行事や国際会議のたびに、行きました。

その時に、あなたは何回も古田元男とも会ってますね。

会ってます。

その時に、古田元男がどういう活動をしているのかは聞かなかったんですか。

直接私の関連部門でありませんから、聞いておりません。

（中略）

［**裁判官の尋問**］

統一教会として、収益事業をやらないというふうに何度も何度も決めた、とおっしゃいましたが、何度決めたんですか。

まず、神戸事件の後、一九七八年一月二二日、まず人参販売をやらない、ということをやりました。ですから、実際人参販売をしておりません。それから、八二年のビデオセンター問題をめぐって、そして、八三年一月二二日も、我々はビデオ活動もしない、故に収益事業をしないと、それから、八七年の霊感商法問題をめぐって、我々は東京都庁にも正式にこういう仕事はやりません、ということですから、正式に行ったのは二回ですね。その伝統に従ってやっている、ということです。

同じことを何回も決めたのではなくて、やらないと決めた対象が違うわけですか。

　ちょっと意味がわかりません。

まずは、人参販売をしない、と決めたわけでしょう。

　そうです。

その次、ビデオセンターの問題で、そういうことをやらないと。

　はい。

ですから、やらないと決めた内容が違うんですか。

　収益事業をやらないという総論は同じです。各論はその都度出てまいりますだけの話ですね。

最終的に、収益事業を完全にやらないと決めたのは、いつなんですか。

　ですから、八三年です。

徳野英治　証言

一九五四年一二月二日生まれで、九三年七月に証言した時は三八歳だった。金沢市で生まれ、七三年石川県立高校を卒業後、富山大学経済学部に入学。同大学を九七年三月に卒業。

七三年四月に富山大学に入学してすぐに原理研究会のホーム生活に入った。七八年六月には統一協会の学生部長になる。七九年三月に大学卒業後東北大学原理研究会支部長、八一年四月に京都大学原理研学区長を経て、八二年四月から東京大学原理研学区長になる。八六年八月に中日本ブロックのブロック長、八八年三月原研本部の伝道組織部長兼東京ブロックのブロック長。九二年四月に統一協会杉並教会の教会長となり、九四年一月に原研本部の副会長となった。九九年末時点では全国原研の会長である。また、二〇〇〇年春には統一協会の副会長に就任した。

徳野の証言によると（どこまで本当かは不明だが）、七〇年一二月にリトルエンジェルス（統一協会傘下の韓国少女の舞踊団）のチケット売りに来た平井にさそわれて統一協会に通うようになったという。そしてカトリック教会と統一協会のどちらを選択するか考えた結果、統一協会を選んだ。

徳野証人は統一協会代理人による主尋問に対し、多弁であった。彼特有の言いまわしで、ごまかしを重ねていく。統一協会と原理研究会は全くの別組織。統一協会とビデオセンターを使って「伝道」活動している信者の団体とは別組織。統一運動と統一協会の活動も別の組織の活動。統一協会だと言わないで勧誘するのは個々の信者の判断であって上の指示ではない、などなど。

青春を返せ裁判の原告の中には一〇名余の原理研究会入会者がいた。このため、徳野証人に対する尋問ではこの原研の活動や組織実態が中心になっている。原研は統一協会の学生組織であって統一協会の資金集め（霊感商法）や人集め（伝道）活動の中心的活動家の人材供給源でもある。徳野証人はその原研をあたかも統一協会とは切りはなされた独立した学生組織のように事実を歪曲して証言しようとしたため、反対尋問はその嘘をあばくことにかなりの精力が注がれている。その中で、統一協会の組織活動の実態が相当明らかにされた。

徳野は自分の下で原理研究会で活動していた数名の原告について、次々と印象や評価を語っていく。ここでは矢田数枝さん（仮名）についての証言部分だけを紹介する。

徳野英治の証言は四回に及んだ。

九三年　七月　五日　統一協会代理人の主尋問
九三年一〇月　四日　右同主尋問と最後に少し原告代理人の反対尋問
九三年一二月　六日　原告代理人の反対尋問
九四年　二月一四日　右同反対尋問、最後に双方代理人の補充尋問

ここではその長大な尋問の中から紙面の都合上、原告代理人による反対尋問の部分について、証言全体の二割程度を抜粋して紹介する。

●第二回証言

（前略）

責任者は文鮮明の意向で決まる

［原告代理人］

まず原理研究会の全体の会長というのはだれが決めるのですか。

それは推薦されて決まる場合もありますし、また文先生からこういう人がどうかというふうに依頼があって、それを検討して決まる場合もございます。

推薦するというのはだれが推薦するのですか。

主たるメンバーたちです。

ですから、どういう立場にある人が推薦するのですか。

ブロック長であるとか。

ブロック長が推薦するのですか。

ええ。

それから、文鮮明という人が名指しで指名するということもあるのですか。

そういう意向が伝わってくる場合もあります。

（中略）

原理研のトップ

「文先生」文鮮明のこと。信者は「お父さま」と言い、文を「真（まこと）のメシア」であると信じている。

現在の原理研究会の会長は何という人ですか。
　現在は古田武士さんです。
古田さんはいつから会長をしていますか。
　今年の八月ぐらいではないでしょうか。
それ以前はどなたですか。
　大塚克己という名前です。
大塚さんはいつから会長ですか。
　一九九〇年からです。
大塚さんの前はどなたですか。
　太田洪量です。
太田さんはいつから会長ですか。
　確か一九七五年からだと思います。
太田さんの前の会長はだれですか。
　藤井羑雄。
藤井さんは何年から会長ですか。
　七三年ごろだというふうに思いますが。
それから、世界原研というものがありますね。
　はい。
これは今までおっしゃった日本の原理研究会とどういう関係になるのですか。
　各大学に原理研究会がございまして、それが年に一回交流をしている立場で世界

「**藤井羑雄**」と「**大塚克己**」は原研の会長をした後、統一協会の会長にもなった。藤井は九三年一月から九四年五月まで、大塚は九九年一月から。

原研と総称を申し上げます。そういうふうに私は理解しております。

日本以外の国の原理研究会との交流があるのですか。

だから、各国に原理研究会があって、それが時々交流している、またその総称を世界原研と申し上げます。

世界原研の会長さんというのがいますね。

はい。

何という人ですか。

文孝進（ムン・ヒョージン）。

その人はいつから会長をしていますか。

ちょっと記憶にございません。おぼろげです。

その人は文鮮明とどういう関係なんですか。

文先生のご長男です。

（中略）

原理研で立てるノルマ達成のための断食・水行

先程、ノルマという話が出たときに、統一教会が課するノルマはないけれども、原理研究会自身が立てるノルマはあるんだという話がありましたね。

はい。

具体的には、今言ったリーダーたちの会議の中でノルマというものが決められるわけですか。

「文孝進」

文鮮明と韓鶴子の間に生まれた最年長の男子。ただし彼は、麻薬や家庭内暴力等の乱行が度重なったため、現在は世界原研の会長にはその弟（文と鶴子の間の子）の文顕進（ムン・ヒョンジン）が会長と称している。

私はノルマという表現は納得がいかないと思っております。目標だったら分かります。

そうすると、参加者の目標人数というのが定められるわけですか。

はい、そうです。定められる場合もあるし、その場合も自主的に各ホームで、うちは今回何名ぐらいが理想ですというような自主申告的な目標を決める場合がどちらかというと多いです。

各原理研究会のメンバーたちに、この次のツーデイズに何人参加するように参加者を確保する目標というのは伝達するということはありますか。

寮の責任者が、今度のツーデイズ、何名頑張りましょうというふうに、寮長から出る場合もあります。

普通、それは具体的な人数が各メンバーに伝わるわけですね。

はい。

それは大体達成できるものなんですか。

達成できない場合が多いですね。

目標とした人数には達しないという意味ですか。

はい。

ただ、一応、努力目標としては、その人数を目指すわけですか。

そうですね。

そういった目標の人数を達成するにあたって、うまく目標が達成できない場合に、「条件を立てる」という言い方が原告たちの陳述書等で出ているんですが、それはどういう意味だか分かりますか。

蕩減条件

中心人物：
条　　件：
期　　間：
目　　的：

蕩減条件のカード例

それは目標を達成できなかったから、悔い改め反省するための条件を立てるという意味だろうと思います。

具体的には条件を立てるというのは何をするのですか。

それはケースバイケースです、全く。

断食をしたり、水行をしたりするということが出てきますが、そういう場合もあるのですか。

そういう場合もあります。

そういう場合に条件として断食とか水行というのは、だれが考え出したことなんですか。

それは責任者から言い出す場合もあるし、下のメンバーからそういうふうにやりましょうというふうに言う場合もあります。

そういう断食や水行をすると、目標が達成されたり、あるいはそれに近づいたりするということはあるんでしょうか。

それはやはり本人たちのやる気の問題が一番中心ですね。やる気がなくてそんなものをしても意味のないことですから。

責任者のほうで檄を飛ばして、断食とか水行をして努力目標を達成するようにという指導をすることもあるのですか。

そういう場合もあるでしょう。

あなた自身がそういった檄を飛ばして指導したことというのは記憶ありますか。

はい、そういうときもありました。

あなたが東北大学の責任者をしていたころに、原告のK・Wさんがメンバーになりま

「努力目標」
統一協会は信者に集金（献金）そして伝道（ビデオセンターへの誘いこみ）について常に過大な目標を設定し、その達成のために奔走させる。徳野の下で活動していた原告の中には、「今お父さま（文のこと）からこの窓からとびおりなさいと言われたら君はとびおりるか。僕はそうするよ」などと、文鮮明への絶対服従を徳野から指示された者もいる。

したね。

はい。

（中略）

原理研の新人研修会で物品販売をなぜさせるのか

それから新人研修会というものの中で、これは何日間くらい通常やるものなんですか。

通常は二一日間が多いです。

前半は講義が中心ですね。

はい。

後半は珍味売りとか募金活動というようなことをするようですね。

はい。

これはなんでそういう募金活動や物品販売をするのですか。

それは先程主尋問でも話しましたように、そういう物売りというものは非常に人格的、あるいは人間的な修練としては最高であります。また実際に新人研修会の経費を賄わなければなりません。その二つの意味で行います。

そうすると、この新人研修会でやる募金集めや物品販売というのは、信仰との関係もあって行う活動だということになるのですか。

まあ、訓練としてですね。

訓練という面もあるのですか。

はい、あります。

それから、新人研修会を経た後の会員については、夏休みとか春休みの長期の休暇の間に物品販売を行いますね。

はい。

これも信仰の一環という面も含まれているということですか。

いわゆる人格的、人間的な修練という意味であります。

先程主尋問で出ていた万物復帰の教えとのつながりはないということでしたね。

はい。

それはそれでいいわけですね。

はい。

先程の表現ですと、内的、精神的なものというふうに万物復帰のことを説明しておられましたね。

はい。

この万物復帰という考え方を実現する具体的な行動というのは特にないのですか。

万物復帰という概念自体があくまでも内的で宗教的で精神的な概念として完結しているということなんです。

そうすると、その考え方に基づいて具体的に行動するというようなものはないのですか。

献金というような行為に至るかもしれません。

かもしれないというのはどういう意味ですか。献金というのはそういう意味があるのですか。ないのですか。

それは本人のあくまでも自由意思に任せられた問題ですから。

（中略）

原理研に入った信者のホーム生活

責任者としては、ホーム生活を勧めることはあるのですか。

　勧めはします。

なぜ勧めるのですか。

　それはホーム生活の意義を一番体験しているのが責任者でもあるからです。

具体的にはどういうことですか。

　ホーム生活の中で、いわゆる共同生活ですから、自分勝手という、自己中心的な生活というのはやはり許されないわけですね。そこに、お互いに同じホーム生活をしているメンバーのことを配慮してあげる、そういう愛情なり心遣いなり、そういうものが訓練されます。つまり、協調性とか社会性というものがホーム生活の中で自然と身につくということなんです。また、実際に生活を共にする中で礼拝をしたり祈禱会をしたりしますので、その生活の中で信仰というものが自然と体現されていくという意味において、ホーム生活は大変意味のあることであります。

原理研究会のメンバーで信仰に至った人というのは、ホーム生活に入っていくことになるのですか。

　ええ、大体そうです。

それから、ホーム生活をすることになった場合に、各会員から、その親からの仕送り

「ホーム生活」

信者を統一協会の指示どおりに、考え、感動し、また活動するように仕向ける最も効果的な方法がこの「ホーム」での合宿生活である。

が徴収されるわけですか。

　はい。

これは全額徴収するわけですね。

　いや、全額徴収するといっても、本人が拒む場合があります。だから、一部だけ徴収する場合があります。それは本人とその寮の責任者との間で話し合う中で決まる内容であります。

具体的にはだれか会計の責任者というのがいるわけですか。

　はい。

それは各大学ごとにいるわけですか。

　そのホームにマザーがいますね。そのマザーの人がやる場合がほとんどです。

ホームごとに会計の責任者がいるわけですか。

　はい、そうです。

ホームには必ずしも一つの大学の学生とは限らない人たちが入っているのですね。

　はい。

その各ホームの会計というのは、全体の例えばブロックの会計とはどういうふうに関係してくるのでしょうか。

　先程も申しましたように、ホームは恒常的に赤字の場合が多いわけですよね。それで夏休み等を通して行う経済活動の収益の一部を各ホームの不足分に充てるというふうな意味で、会計同士が打合せをするということはございます。

具体的にはブロックの会計担当という部署もあるわけですね。

　まあ、一人ですけどね。


「全額徴収」

ホームに入って共同生活する信者たちは、親からの仕送りやアルバイト等の収入の全てをホームの会計担当者にわたすよう指示される。徳野自身、ホームでの生活は「原始共産制のようなもの」であると、別の証言部分で認めている。

そのブロックの会計責任者から各ホームの会計責任者のほうにお金が渡されることがあるということですか。

はい、そうです。

逆はないのですか。各ホームの会計の責任者がブロックの会計責任者にお金を渡すということはないのですか。

日常的には各ホームは赤字状態ですから、その逆はほとんどありません。

（中略）

原理研での物品販売

この夏休み、春休みの経済活動というのは、全国一斉に行われるわけですね。

はい。

この中身なんですが、物品を販売する場合がありますね。

はい。

中身としてはどういう物品があるのですか。

いろいろございます。

覚えている限りで言ってください。

珍味、化学雑巾、靴下、それからハンカチ等々です。

これは全国どこでもそういう内容なんですか。

若干、ブロックによっては、うちのブロックはこういうのをやりたいというふうにして、ブロックの色が違う場合もございます。

何をうちでは売るかというのはだれが決めるのですか。

それは先程言いましたように隊長たちが集まって決める場合が多いです。

そういった販売する商品というのは、どこから仕入れるのですか。

私が原理研究会にいたときには、野の花会というボランティア団体がございまして、そこから、こういう商品はどうですかと、この商品は非常に需要がいいですよと言って勧められて、そして、隊長たちが、じゃあ、それでいこうというふうにして、話合いの中で決めてやっていたようであります。

野の花会という団体は原理研究会とはどういう関係になるのですか。

直接関係はございません。

あるいは統一教会とどういう関係になるのですか。

直接関係ありません。

野の花会というのはどこかに所在する事務所でもあるのですか。

ありますよ。民間のボランティア団体です。

どこにあるのですか。

確か、本部は中野にあったように記憶しております。

それは珍味だとか、化学雑巾だとかの卸を行っているところなんですか。

要するに、こういう商品がいいですよというふうに、私たちに、隊長たちに推薦しますよね。で、隊長たちがそれを、これがいいということでやります。学生たちがそれを販売して、当然その収益の原価代、それからリベートを野の花会という民間団体に納めます。そしてそのボランティアの民間団体からいろんな施設に、車椅子であるとか松葉杖であるとか、そういうのを寄付して、そういう民間のボ

「野の花会」
統一協会が、正体を隠してカンパを集めたり、ハンカチ、コーヒー、化学雑巾、珍味などを売るために用いる外向けのボランティア団体。この外「しんぜん会」などがある。

しんぜん会の機関紙

ランティア団体です。

そうすると、単に商品を推薦する団体ということのようですけれども、そうじゃなくて、商品そのものをどこかから買ってきて、それをまた売るわけですよね。

ええ、そうです。

そういう意味で、どこから珍味とかそういうものを買ってくるのですか。キャラバン隊で売るために。

民間のボランティア団体野の花会は暮らしの友社というところからいろんなものを仕入れています。

暮らしの友社というのは会社ですか。

はい、会社です。

そこは別に珍味を作っているわけではないですね。

珍味じゃなくて、雑巾とか、そういうものを仕入れているんです。

雑巾を作っているのですか。

いえいえ、だから、作っている業者があるんでしょう。そこから仕入れるんでしょう。

そうすると、野の花会が別にほかから買うということじゃないわけですね。

そうですね。そのへんは私は隊長たちに任せておりましたので、詳しくは存じ上げません。

それから、マイクロバスないしはワゴン車で販売して回るようですね。

はい。

そうしたマイクロバスやワゴン車というのは、だれがどこから手配するのですか。

「マイクロ隊（キャラバン隊）」

マイクロバスやワゴン車を改造して、この車両内で六名前後の信者が寝泊まりしつつ、朝から夜まで指定された地区を戸別訪問して珍味などを売り歩く。わずかの睡眠時間で重い荷物を持つので体調をこわす信者も多いが、ここで「神体験」をしてのめり込む者も少なくない。

マイクロ隊で珍味を売るについては、巧妙なマニュアルがある。徳野はそのマニュアルについての尋問に正直に答えず、知らないふりをした。

それは隊長たちが手配するんじゃないですか。

あなたの経験では、どこから手配したことがあるのですか。

私自体は原理研究会で、前線をやったことはないんです。だから、基本的に全部隊長たちに任せてありますから、詳しくは存じ上げません。

珍味を売る場合に、何と言って売るのですか。買ってくれる人に。

おいしいですよ、珍味ですよと言って売るんじゃないでしょうか。

いや、自分の立場をどういうふうにして説明するのですか。

だから、野の花会の場合には、野の花会の会員ですという立場で言う人もいるでしょうし、自分は学生ですと言う人もいるでしょう。

いや、野の花会は商品を推薦する団体で、その人が会員なわけじゃないですね。

いや、学生たちはその物売りを通してボランティア活動をするときに野の花の会員になります。


（中略）

決断式（出発式）で語る文鮮明のことばや目標

原研の中でも決断式というのはやりますね。

やる場合があります。

統一教会の中でも決断式というのをやるわけですね。

やる場合もあります。

そういう中で、あなた方、あなたは、例えば中心の立場で食口に向けて、あるいは原

「決断式」

信者が集って、幹部信者から檄をとばされ、これから必死でがんばると誓い気勢をあげる会合。

研の会員に向けて、お父様の言葉を聞かせてあげるとか、あるいは今月の内的目標、外的目標を聞かせてあげるということがあるわけですね。

　ある場合もあります。

その中では伝道の数も目標として言うこともあるし、経済の具体的な金額も目標として言うこともあるんじゃないですか。

　経済の目標を言うことはあまりないです。伝道の目標を言うことはよくあります。

経済の目標を言うことはないのですか。

　ないわけじゃないですけど、言うことは伝道の目標を言うほうがはるかに多いです。

要するに、経済の目標を必ず言うわけではないと、言うこともあるけれどもと、こういうわけですか。

　はい、そうです。

あなたは古田元男さんを知っていますね。

　名前は存じ上げています。

古田コマンダと言われているんじゃないですか。あなたが原研でやっていた当時。

　いや、それは記憶にございません。

W原告のお話によると、あなたは東大で原研活動をやりたいんだということで、東北大にいるときは荷解きをしなかったと。

　そんなことないですよ。解きましたよ。

ただ、東大でやりたいんだということは極めてはっきり言っていましたね。

　言ったかもしれません。

原研の信者のノートから

1985.　決断出発式　　1/12
（会長）
　　「天の前に誓うな！」　　中途半端はダメ
　　天の前に責任をもつ。決意する1人を天は待ち望まれておる
　　経済→人づくりとR. Moonを訴えられる
　　原研…人づくりの中枢
　　　　　　「伝統の旗手」　—R. Moon—
　　　　　　「原研の伝統を守ってほしい」　—孝進様—
　　　　自分自身が伝統を立てていく先頭に立っていかなければいけない
　　　　率先垂範

窓から飛び降りなさいとお父様から言われたら、自分はそれぐらいのことはできると、君はできるかと、こう言ったことはありますか。

内的に迫ったことは一度もありません。

そういうことを言ったことはない。

私は自分はそういう精神でやっているけれども、あなたたちに対して何か迫るようなことは言ったことはありません。

（中略）

●第三回証言

正体を偽った珍味販売活動

〔原告代理人〕

それから、販売するときに、例えば珍味を売るときに、どういう立場の者だというふうに自己紹介して売るかということを前回もお聞きしましたが、日訪販の社員ですというような説明の仕方をするということがあるんじゃないですか。

私が学生のときに珍味を売ったことがありますけれども、そのときには、珍味はおいしいですよと、あなたはなんでこんなことをやっているんですかと言われたら、私は学生だからこういうセールスは非常に訓練になると、人間の修行として人生修行としてやっていると、私はいつもそういうふうに申し上げておりました。

それは聞きました。私が今お聞きしているのは、日訪販の社員ですと、あるいは新人社員の研修ですという言い方で珍味が売れることがあるんじゃないですかと、そういうことをあなたは知っているかということを聞いているんです。

詳しくは存じあげません。

詳しくなくとも、そういうことがあるということは知ってましたね。

ええ、そういうふうな話をしているということは、ちらっと聞いたことがあります。

だれから聞きましたか。

いや、それは隊長たちから聞いたことがあります。

まず日訪販という会社は実在するんですか。

実在するんじゃないでしょうか。

するかどうか分からないということですか。

多分していると思いますよ。

なぜ学生が日訪販の社員だという嘘をつくんですか。

いや、それは分かりません。

（中略）

長時間、目標と競争のキャラバン隊の物品販売

大体キャラバン隊で売る場合は、朝何時から夜何時ぐらいまで売るんですか。

詳しいことは存じあげませんけれども、一生懸命熱心にやっているんだということは聞いたことがあります。

何時から何時までということは知らないんですか。

ええ、詳しくは存じあげません。

大体でもいいですよ。

それは六時ぐらいからやるところもあれば、七時ぐらいからやるところもあるんじゃないでしょうか。ときどき寝坊しちゃったという話もちらっと聞いたことがあります。

徹夜でやったりすることもあるんじゃないですか。

いや、そこまでは詳しく存じあげません。

こういう販売活動というのは全国一斉に行うという話でしたけれども。

ええ。

全国で実績を競争しているようですね。これはなぜ競争させるんですか。

それは多分、そのいわゆる意欲を鼓舞するためじゃないでしょうか。

意欲というのは販売意欲ということでしょうか。

ええ、そうですね。


（中略）

一日数百万円を全体で売り上げる

あなたの経験でというか、あなたの知っている範囲で、大雑把でもいいですから、一回の全国的な活動でどのくらいの実績が出るものなんですか。

一回の活動といいますと。

三〇日なり四〇日なりの単位で大体ありますね。

それは実に人、もう千差万別です。

例えば、多い場合、少ない場合でどのくらいの金額になりますか。

それはそのまま、例えばこの人が一日これぐらいやるというふうにして、それを日数で掛ければ出てくるんじゃないでしょうか。

大体平均的に一人幾らぐらいやるんですか。

そうですね、大体一日の売上げとしては二万とか三万ぐらいが平均じゃないでしょうか。

そうすると、全国でこの間一五〇〇人ぐらい会員がいるとおっしゃったけど、それ、掛け算すれば出てくるということですか。

いやいや、一五〇〇人というのは、そういう活動をする人数の数ではありません。

じゃあ、そういう活動をする人数は、そのうちのどれぐらいなんですか。

そうですね、一五〇から二〇〇ぐらいじゃないでしょうかね。

そういう売上げの実績というのは、そうすると、本部で把握しているということになるわけですね。

まあいわゆる休みのたびごとに立てられる責任者が把握しますね。

肝心の売上げの代金は、だれが集めるんですか。

それは具体的に隊長たちがやることになっています。

隊長が自分の隊のお金をどこへ届けるんですか。

だからそれは野の花会に原価代を納めますね。野の花会に納める分と、それと具体的にブロックに蓄える分と、そういうふうに二つに分けるというふうに大体聞いています。

原価の部分を後払いして、残りをブロックに蓄えるということですか。

ええ、そうですね。

ブロック止まりなんですか。それとも原研本部には行かないんですか。

それは以前主尋問でお話をしたことがありますけれども、純益の売上げの分で、大体学舎というものはホーム生活をしていますけれども通常的に赤字です。それで通常のホームの赤字分を補塡したり、あるいはブロック本部の経費に充てたり、その一部金が本部に上がって本部の経費になっているんじゃないかと、大体そういうふうになっています。

（中略）

ホームで生活する原理研信者の生活資金と原研活動経費の実態

あなたの話の中では、通帳だとか、あるいはキャッシュカードだとかを預かるという話が出てきますね。そういう形で丸々管理していたんじゃないですか、本部のほうで。

いや、管理するとしても、本人の了解がなかったら管理はできません。本人が了解した人のメンバーの分だけ管理するということになっています。

じゃあ高田さんのことについて聞きましょう。高田さんについては、ご本人に了解を得て、通帳とかそういうものを管理していたんですか。

もちろんです。

その管理した中で、どういう目的でお金を使っているかということは、本人に説明

ホームの経理（原研に所属していた原告は次のとおり証言している）

ホームに移って、あなたは、月五万円の実家からの仕送りを、全部ホームのほうに出していたということを言われていますね。

はい。

で、これは、あなただけが出していたんでしょうか、それとも、そのホームに入っている人は皆さん出していたんでしょうか。

基本的に、全員出していると聞きましたし、私が後に責任者になったときは、全員出させましたし、そうするのが統一協会の教えでしたので、そうだったと思います。

なぜ、仕送りを全部出したんでしょうか。

出すように言われたから出しましたし、原理の教えから、そうすることによって、自分の親とかあるいは先祖も間接的に救われていくんだよという話を聞きましたので、それは出しました。

ホームでの衣食住は、どういう形でまかなわれていたんでしょうか。住むところ、食べるもの、着るものは、どういう形でまかなわれていたんでしょうか。

着るものは、自分が持っていたものだけです。で、ホームに入って

しているんですか。

　寮母は最初のころは説明したと言っていました。

あなたが先程見てもらったような内訳がこういうふうになると、データを出してもらいましたけれども、そういうことというのは本人に伝えているんですか。

　いや、詳しいデータは伝えてはいないと思います。

ホーム費として五万とか七万とか、そういう一定のお金が必要になると、それを払ってもらうという話をしているんじゃないですか。

　そうですよ、もちろん。

だけれども、実際には固定的な費用を徴収しているんじゃなくて、自由に、預かった預り金の中から出し入れしているんじゃないですか。

　それは本人の了解済みです。

本人に一々了解を取って引き落としているというふうに理解していいですか。

　ええ、そうですね。

高田さんの場合、三年あまりホーム生活があったようですが、その間に四〇〇万円近くのお金が引き出されているんですが、そうするとあなたの話だと、それは本人の了解を得て引き下ろしたはずだということですか。

　ええ、寮母の話だと、最初のころは本人にその都度その都度了解を得ていたと、しかし入寮の期間が長くなるにつれ、本人の信仰も深まっていっているだろうから、今までの習慣上、一々は了解を得ないでも、もう当たり前のものだということで下ろしていた、ということを言っておりました。


から、服を買ったことは一度もありませんし、食事は、ホームから支給されて、朝、ミニパンを食べて、お昼、お弁当を作ってもらって、夜、またホームで食べましたけれども。

食事はホームでしていたということですか。

　はい。

寝るのもホームで、寝たり起きたりしていたということですか。

　はい、そうです。

衣類関係について、どうしても着るものがなくなっていったり、あるいは新しいものに替えなければいけなかったり、季節の変わり目など、そのときには、ホームのほうに言えば、あなたが言われている寮母にあたる人、この人からお金が渡されたりということがあったんじゃないんでしょうか。

　服を買うとか、個人的な出費は、サタン的なお金の使い方だという教育がありましたので、できるだけ、そういった私的に使うものは、家の親に言って送ってもらったりとか、たまたま家に帰ったりしたときに買ってもらうとかしますので、個人的に服を買うからお金をくださいと言ったことは、私自身にとっては記憶にありません。

信者の家庭問題とその対策

それからあなたの陳述書にも出てくるんですが、家庭問題というのがありますね。

はい。

あなたが言っている家庭問題というのは、簡単に言うとどういう問題のことを指して言っているんですか。

残念ながら、信仰を持つということは一般社会におきまして、どうしても偏見を持たれがちでありますので、統一原理を学ぶ中で信仰に至ったと、それをご両親に理解していただくということは、なかなか私の経験上も容易ではございません。そのご両親になんとか信仰を持っている状態、あるいは信教を理解してもらうという意味で、家庭問題という言葉をよく使います。

両親に理解してもらうという問題ですね。

はい。

これは逆に言うと、なかなか両親に理解されてないということですか。

もう主尋問以来、再三再四、私申し上げましたように、残念ながら原理研究会なり統一教会は風聞が悪うございますので、原理研究会に入っていると分かっただけで、お父さん、お母さんとしてはご心配されるという現実がございます。

具体的には原理研究会のどこが反対だというふうに言われるんですか。

どこが反対というより、ともかくやはりご両親から見れば、深い信仰を持っているご両親はそう簡単にいませんから、信仰を持つということ自体がやっぱり深入りしてほしくない、何か自分の知らない未知の世界に息子・娘が行ってしまうという意味での不安感なり、あるいはご両親なりのご心配だというふうに思います。

そもそもメンバー本人は両親に対して、原理研究会に入った、あるいは統一教会に関係しているというようなことは、きちんと話をするのが普通なんですか。それともそういう話をしないのが通常なんですか。

やっぱり時を見て、いわゆるタイミングを見て、ご両親に自分は信仰を持っているということを、まあ明かすというような表現をしますが、打ち明けるということは当然いたします。

いつごろ親に打ち明けるかというようなことは、責任者はある程度相談に乗るわけですか。

そうですね。

あるいは、積極的に言ったほうがいいとか、まだ言わないほうがいいとかという指導をするわけですか。

そうですね。

それはどういう判断基準で、責任者としては、その見極めをするわけですか。

一つは、本人の信仰に対する確信の度合い、それはなぜといいますと、打ち明けた瞬間、ご両親の中で宗教に対する偏見なり、あるいは統一教会ないしは原理研究会に対して非常に悪イメージを持っている場合は、当然やめろと言ってくるでありましょうから、それに対して必死になって説得できるということになれば、本人の中によほどの確信がなければなりませんから、まず本人の確信の度合いと、もう一つはご両親のご性格、家庭環境、宗教に対する考え方等々の、様々な要素を総合して判断すると。

実際、両親が反対をして、あなたなりのところに押し掛けて来るというようなこともありましたか。

　ええ、何度もありました。

あなたの経験で、そういう反対する親御さんに対しては、どういう説明をしていたんですか。

　私の基本的な説明の仕方としては、ご両親に対して、こういう信仰の道というのは本当にご理解していただくのは難しいと思いますが、どうぞしばらくの間はご本人の変わる姿、成長する姿を見守っていただきたいと、息子さんがよかれと思って選んだ道ですから、確かに理解しにくいでしょうけれども、ともかく信じて見守ってあげてくださいと、きっと立派になってきますから、というような表現でご両親にお話をいつもいたします。

あなたのほうでそういう話を親御さんにした回数というか、相手の人数は何件ぐらいありますか。

　それは私も責任者の経歴が長くありますので、まあ数として何人と言われても、

　多分……。

大雑把に言って。

　二〇〇人から三〇〇人ぐらいは話していると思いますね。

そういう親御さんと話をするときというのは、例えば息子なり娘に当たるメンバーがどういう生活をしているかとかいうことはきちんと説明をするんですか。

　ええ、親御さんがそれを望んでいる場合はもちろん説明はいたします。

あなたの話だと、統一教会や原理研究会に対する悪い噂なり偏見があるということで、

むしろ実態を話すと余計反対されるんじゃないかと思うんですが、そういう配慮して話をするということじゃないんですか。

　いや、それは、率直に言って、その質問自体が随分偏見だと思います。実態を話せば反対されるということはございません。

そうすると、あなたとしては実態をそのまま説明をして、理解を求めるということですか。

　はい、そうですね。

それはあなたの経験で二〇〇なり何なりの中で、親御さんの反応というのは、概ね理解してもらえるんですか、それとも理解してもらえないんですか。

　大雑把に言って、半分半分ですね。

親元に帰省するのも責任者の許可

それから、例えば両親なりがホームに訪ねて来た場合、あなたが対応に出るわけですね。

　はい。

そういう場合、息子や娘の本人というのは一緒に対応するんですか。

　ええ、一緒に対応する場合が多いです。

一緒に対応するんですか。

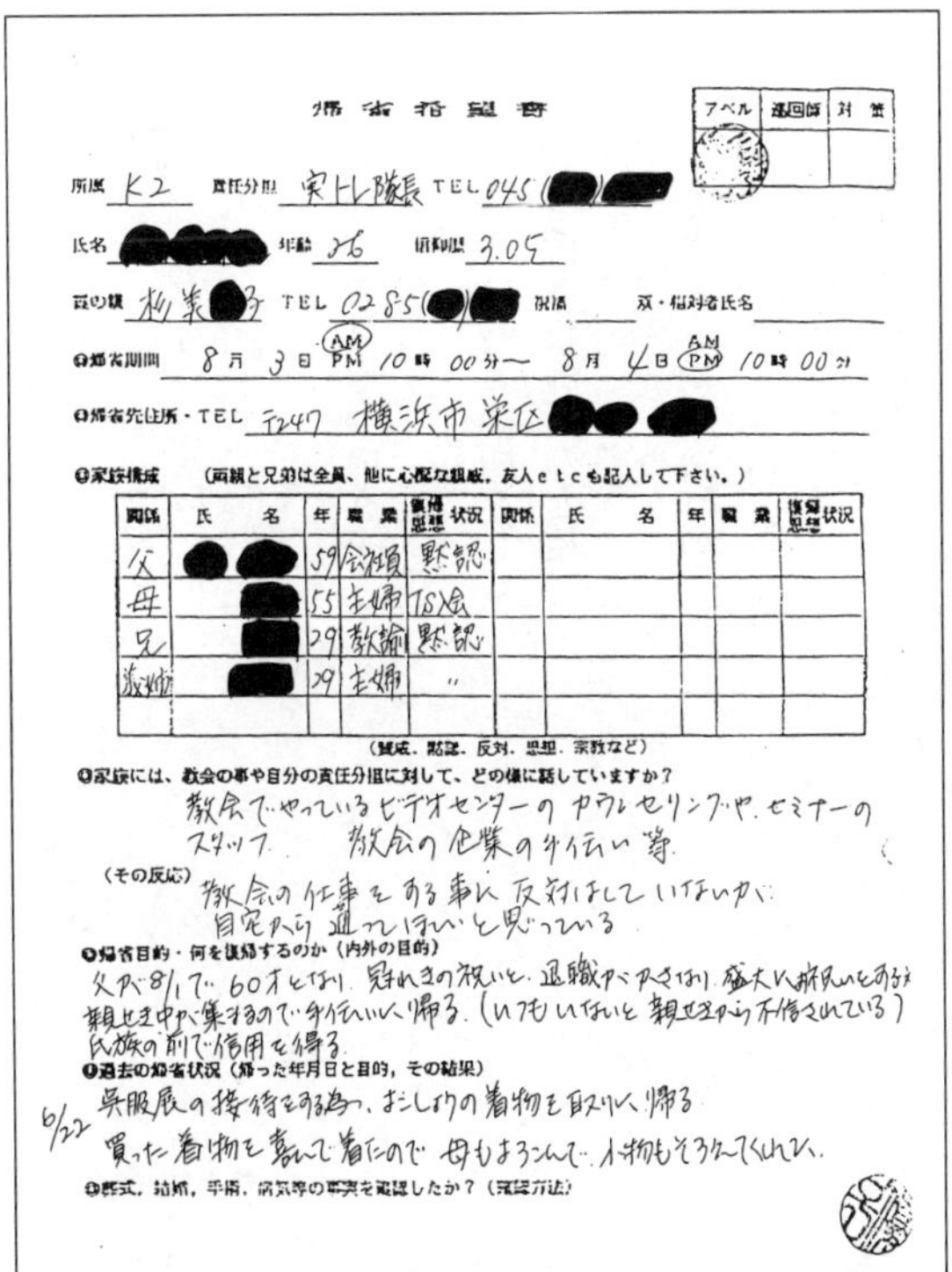
帰省希望書

アベル	巡回師	対策

所属 K2　責任分担 実トレ隊長　TEL 045 [redacted]

氏名 [redacted]　年齢 26　信仰歴 3.05

父の職 杉業[redacted]　TEL 0285 [redacted]　祝福 ____　双・相対者氏名 ____

●帰省期間　8月3日 AM PM 10時00分～8月4日 AM PM 10時00分

●帰省先住所・TEL 〒247 横浜市栄区[redacted]

●家族構成　（両親と兄弟は全員、他に心配な親戚、友人etcも記入して下さい。）

関係	氏名	年	職業	復帰思想状況	関係	氏名	年	職業	復帰思想状況
父	[redacted]	59	会社員	黙認					
母	[redacted]	55	主婦	TS会					
兄	[redacted]	29	教諭	黙認					
兄嫁	[redacted]	29	主婦	〃					

（賛成、黙認、反対、思想、宗教など）

●家族には、教会の事や自分の責任分担に対して、どの様に話していますか？
教会でやっているビデオセンターのカウンセリングや、セミナーのスタッフ　教会の企業の手伝い等

（その反応）教会の仕事をする事に反対はしていないが自宅から通ってほしいと思っている

●帰省目的・何を復帰するのか（内外の目的）
父が8/1で60才となり、還暦の祝いと、退職が重なり、盛大に祝いをする為親せき中が集まるので手伝いに帰る。（いつもいないと親せきから不信されている）氏族の前で信用を得る。

●過去の帰省状況（帰った年月日と目的、その結果）
6/22 呉服展の接待をする為、おふくろの着物を取りに帰る
買った着物を喜んで着たので母もよろこんで、小物もそろえてくれた。

●葬式、結婚、手術、病気等の事実を確認したか？（確認方法）

親もとに一時帰る際要求する許可証の例
このように信者はホームから親元に一泊で帰る時にも、上司の許可が必要。

ええ。

すると、話はその本人がするんですか。あなたがするんですか。

いや、本人もするでしょうし、私も必要に応じていたします。

主としてあなたのほうで話をするんじゃないですか。

そうです。もちろん。

あなた以外にも、例えば原理研究会の責任者という立場にある人は、大体そういう家庭問題の対応をするわけですか。

学舎長という立場の人は積極的にご両親と会って、ご両親にいろいろと説明をしなさいというふうに私も指導しておりますので、学舎長たちは大概親御さんと相対して説明するようになっております。

それから、夏の盆だとかお正月になったたびに、親元に帰省をするかどうかというのは、やはり責任者として、つまり学舎長が考えられるわけですか。

考えるんじゃなくて、本人の希望、家の事情、そして責任者のまたそのメンバーに対する認識、いろいろな諸要素を鑑みて、最終的に相談しながら決めます。

（中略）

選挙活動の支援（マルエス）

それから原理研究会の活動として、今まで話された伝道活動、経済活動のほかに、選挙の支援活動というのがありますが、これは国政選挙などが行われる際に行われる通常の選挙活動と同じようなことをするんですか。

　そうですね。絶えずやるわけじゃないです。

なんかⓈというふうに略号があるようですが、選挙支援活動のことをⓈというふうに通称していたんですか。

　多分そうじゃないでしょうか。

あなたが直接関わった阿部令子さんという候補者の支援活動について、これはあなたは直接関わっていますね。

　直接は関わってませんよ。

その阿部令子さんという候補者の支援活動をするということがありましたね。

　ええ。

あなたは原研のメンバーに対して一生懸命応援活動をするようにという指示をしたことがありますね。

　東京大学の責任者のときです。

東京大学の責任者時代にメンバーにそういう指示をしたことがありますね。

　ええ、私自体が大阪に行ってやったわけじゃないです。それは私が直接関与したわけじゃないと申し上げたんです。

阿部令子さんというのは大阪から衆議院議員の選挙に立候補したわけですね。

　はい。

メンバーが東京から大阪へ、選挙区のほうへ移動して活動を行ったということになるわけですね。

　そうですね。

（中略）

統一協会が組織的に推進した阿部令子衆議院議員候補

個別訪問で検挙された

なんか公職選挙法違反でそのメンバーが取調べを受けているようですね。それはご存じですね。

いや、それはちらっとは聞きましたけれども。

ちらっと聞いたということは、だれからどういう話を聞いたんですか。

いや、それは原理研究会の各責任者の集まる会合とかで、そういうことがあったらしいよというふうには聞きました。

その詳細については。

聞いておりません。

聞いてないんですか。

ええ。

あなたの指示で大阪まで行かせて、刑事事件までなって、調べもしないんですか。

東京大学のメンバーが刑事事件を起こしたわけじゃないですよ。東京大学のメンバーたちが戻ってきたときには、無事にちゃんと戻って来たはずです。

そういうことじゃなくて、そういう処罰されたかどうか別にして、取調べを受けたという事件があったわけですね。そのことを聞いて、いったいそれはどういうことなんだとか、何が法律に違反するのかとか、そういうことをあなたは調べもしなかったんですか。

調べて聞いただけは聞きましたよ。それ以上詳しくは私は別に調べようとも思い

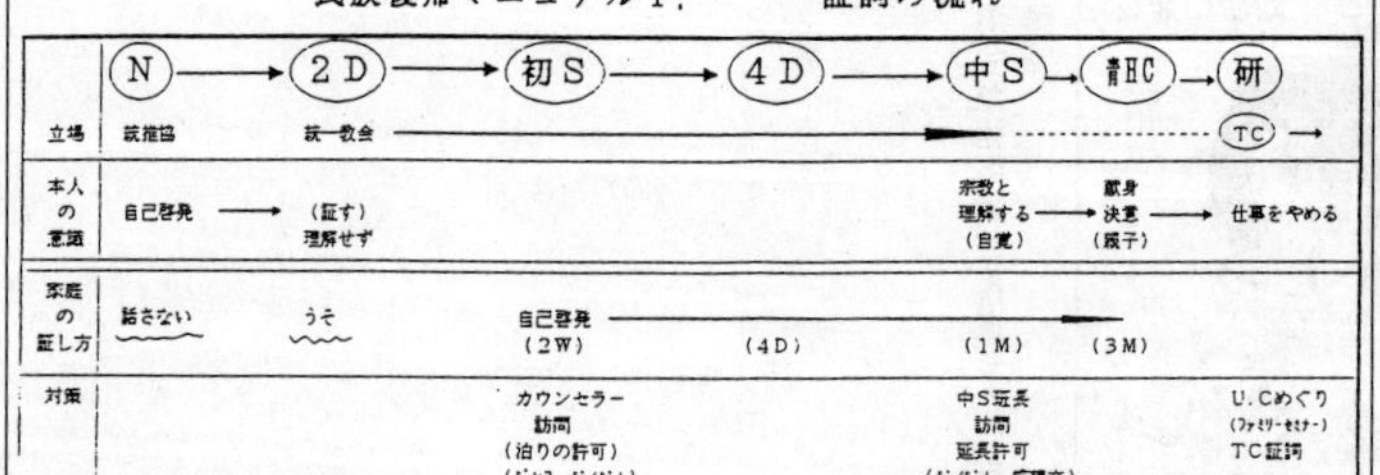

統一協会の内部資料（ビデオセンターに誘いこんだ信者をどう変容させていくのか、立場・本人の意識・家庭へのうちあけ方・対策の四項目に分けて書かれている）

ませんでした。

じゃああなたの聞いた内容というのは、どこがどう選挙違反になったんですか。

だからどうもそういうことで選挙違反があったらしいという程度で。

だからどういう違反があったんですか。

だから詳しくは聞いておりません。

だからどこまで知っているんですか。どういう違反行為があったんですか。

個別訪問でちょっとやりすぎたというような感じのことは聞きましたけどね。その程度です。

個別訪問で何をしたんですか。

やっぱり、入れてくださいというようなことを言ったんじゃないでしょうか。

そもそも個別訪問ということ自体が公職選挙法で禁止されている行為ですけれども、具体的にはどういう個別訪問をしたのかということは、後日でも、あなたは聞いていいるんですか、いないんですか。

聞いたけど、詳しくは聞いていませんし、そのときの記憶は大分薄れています。

あなたの記憶で、何人ぐらいの人が取り調べを受けたという記憶ですか。

それは全く記憶にありません。

全く記憶がない。

ええ。

あなたにとって、選挙違反で取り調べを受けるというのは、それほど強い関心がないということですか。普通の感覚からいったら、警察から調べを受けるというのは、かなり印象的な出来事だと思うんですけれども、あなたとしては重要視しなかったんで

（注）統一協会信者が勝共連合の推薦する議員を組織的に応援するべく、うぐいす嬢や個別訪問担当要員を各レベルの選挙の度に多数派遣していたことは多くの原告の供述にある。これを「マルエス作戦」と称していた。この活動の行き過ぎのため公職選挙法違反などで信者が警察に検挙されることは度々あった。

すか。

私としては、自分が指示して送ったメンバーがそういうことになったんだったら、これは大変だということで根掘り葉掘り聞いたと思いますし、またそのときの記憶も鮮明にあると思いますが、うちのメンバーが特別何もなく帰ってきましたので、ああよかったということで、それ以上の印象はありません。

（中略）

原理研の信者が卒業して献身するとどうなるか

大学を卒業すると献身するという話が出てくるんですけれども、概ねその原研のメンバーというのは、大学を卒業すると献身するということなんでしょうか。

献身という言葉自体は正式にはございませんので、献身的立場というような表現じゃないでしょうか。

献身という言葉はないですか、原理研究会の中で。

内部的にはよく使ってはいますけれども、しかし、社会的に献身といってもなかなか。

私が言っているのは、原理研内部の使い方として献身するとか献身したとかということがありますね。

ええ。

そういう意味で献身を大学卒業後はするということですね。

はい。

通常の国語としての献身とは別に、原理研究会でいう献身というのは、一言でいうとどういうことをさしているんですか。

　専従的立場に立つということでしょうね。

何の専従的立場ですか。

　原理研究会の場合には学生指導、W君もそうでしたし私もそうでしたけれども、いわゆるOB会員として、学生の指導を専従的にやるという立場です。

身も心も統一教会に委ねるということでしょうか。

　統一教会とか、その場合は原理研究会ですね。

あるいは、どこで何をするというような自分の活動の内容について、統一教会なり、原理研究会なりに身を委ねるという意味でいいわけですね。

　個別的に違いますから、大ざっぱな総論的に言われてもちょっと返答に困りますけれども。

献身をすると今言われたのは、指導的な立場に立つということになるわけですか。

　はい。

原理研究会のあなたの言い方だとOBということで、責任者になったり、そういう立場につくということですね。

　はい。

例えば、ある献身者がどの原理研究会の責任者になるかというのは、だれが決めることなんですか。

　それは先日もお話ししましたけれども、OB会員上は本部のほうで検討して決定を出します。

原理研究会の本部が決めるということですか。

ええ、もちろん本人の希望も多少入れまして。

本人の希望というのは、例えばどういう希望があるんですか。

厳密に申しあげれば、卒業の時点で、飽くまでも私は一般の企業に就職したいと、あるいは統一教会系の、いわゆる統一教会の信者さんが経営している会社法人のほうに行きたいというふうに強く希望すれば、そちらのほうに進路を進めますし、原理研究会で専従的に指導したいという場合も、特に最近のことのようですけれども、氏族メシアという言葉がありますので、より家に近いところの大学の学舎の寮母とか学舎長をやりたいというふうになった場合には、そういう本人の希望を考慮して、じゃあここの寮長をやってください、寮母をやってくださいというふうにして決定いたします。

本人の希望を聞いた上で、本部のほうが決めるということですか。

ええ、そうです。

何かその辞令のようなものが出されるんですか。

原理研究会なりの辞令書というものが出る場合も出ない場合もあります。

その辞令として、統一教会のどこどこ教会配属ということもあるんですか。

それは当然原理研究会から統一教会本部のほうに、原理研究会の卒業生で、本人が宗教法人統一教会のほうでやりたいというふうに希望をしておりますので、こういう卒業生をそちらのほうのメンバーとして、活躍してもらえますかというふうに打診をいたします。そうすると、宗教法人統一教会のほうでも、じゃあ面接いたしましょうということで、面接をしてその上で採用を決めると、確かそのようになっていたというふうに思います。

（中略）

原理研のOB会員と統一協会との間の人事交流

統一教会のほうのある程度の幹部といいますか、上位に位置している人というのは、概ね原理研究会の出身者が多いんじゃないんですか。

そういう場合もありますし、そうでない方もいます。

例えば、統一教会の会長の職につくような人というのは、原理研究会の出身者だったということなんじゃないんですか。

まあ例えば神山会長などは原理研究会の出身者ではないです。

その後の藤井会長なんかはどうですか。

藤井会長は原理研究会の出身です。

あるいは今の原理研究会の古田武士会長、この方もやはりもともと出身者ということですか。

いや、古田会長が学生のころは、原理研究会というのは存在しないんじゃないでしょうかね。

太田洪量さんという方は原理研究会出身ですか。

はい、そうです。原理研究会といっても、太田洪量さんの場合も、学生時代はまだ原理研究会というものが存在していません。

どういう立場、どういう形で原理研究会に関与したということですか。

太田会長の場合も、やはり京都大学のご出身ですけれども、京都教会の学生部ですね。

そうすると、統一教会のほうの人事と原理研究会の人事というのは、どっちが最終的な決定権をもっているんですか。

これは、別団体です。

どっちにだれが赴任するとかというのは、どっちの意向が最終的に優先権をもっているんですか。

そういうものではありません。同等です。

統一協会の借入問題

吉田文子（仮名）さんという方を御存じですね、杉並で四億円の被害にあった人です。(注)

はい、知っています。

あなたは、この吉田文子さんのご主人に、去年の四月二四日に会いましたね。

はい。

朝七時五〇分ごろに自宅に伺ったんですね。

はい。

何のために伺ったんですか。

当時の信徒の会の責任者でありました増澤さんから、行ってほしいと言われまして、私は赴任当時よく事情も分からない中で、頼まれたもんですからお伺いしました。

（注） 徳野証人が、杉並地区の信徒会会長だったと認める増澤や会長代理だった神谷の名義で吉田文子さんに対し四億円を必ず返金するという念書が交付されているにもかかわらず、一向に返金しないため、吉田夫妻と統一協会との間で紛争が発生した。この件は弁護士が介在して何とか被害回復されている。ちなみに神谷は当時杉並地区で霊感商法を行なう際の名義会社である「天命堂」の社長であった。しかし、徳野証人は神谷がどのような活動をしていたか調査する余裕がなかったなどと別の箇所で無責任な証言をしている。

何のために行ったんですか。

　吉田さんに対して、増澤さん自体がいろいろと自分の気持ちを伝えるというつもりで行ったんだと思います。

あなたがついて行ったんですか。

　ええ、ついて行きました。

要するに四億円を金融機関から借りて、統一教会の組織に提供していたんですね。

　そういうことだったと思います。

それが約束の日に返せなくなってトラブっていたわけですね。

　まあそういうことですね。

あなたは、教会長の立場として何を言いに行ったんですか。

　私は増澤さんから頼まれて、増澤さんが随分困っているようですから、まあ教会長の立場というよりは、一個人として困っている人を見過ごすわけにはいきませんから、私のできる範囲で協力してあげようということで行きました。

あなたは、ご主人に名刺を渡したでしょう。

　ええ。

何のために一信徒として名刺を渡すんですか。あなたが教会長の立場で、責任をもって対処しますからというふうにご主人に言っていませんか。

　それはそういう意味ではなくて。

言ったかどうかだけ答えてください。

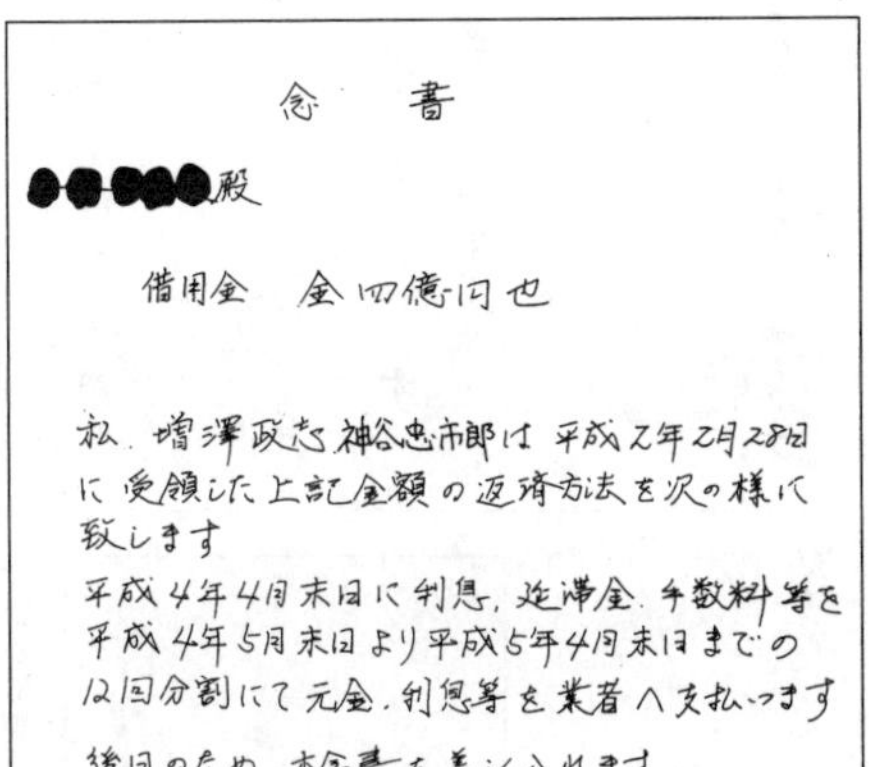

念　書

[redacted]殿

借用金　金四億円也

私、増澤政志 神谷忠市郎は 平成2年2月28日に受領した上記金額の返済方法を次の様に致します

平成4年4月末日に利息、延滞金、手数料等を平成4年5月末日より平成5年4月末日までの12回分割にて元金、利息等を業者へ支払います

後日のため、本念書を差し入れます

平成4年4月22日

住所　杉並区荻窪4-7-35

氏名　世界基督教統一神霊協会

杉並区信徒会長

増澤政志

杉並区信徒会長代理

神谷忠市郎

借用証（甲第二五号証の九）

気持ちはそういう気持ちはないです。

ご主人に、私が教会長として責任をもって対処しますと言ったかどうか答えてください。

そういう言い方はしてません。

ではどう言いましたか。

私はできる限り精一杯のことをいたしましょうというふうに言ったと思います。

教会長の立場としてということで、あなたは名刺を渡したんじゃないんですか。

そのときはただ渡しただけで、私は一言も語ってません。

じゃあ何のために名刺を渡したんですか。

あのときは、私もちょっと自分がなぜ渡したか分かりません。

この四億円は統一教会のほうでお金を使って、結局返せなくなったということでトラブったんですね。

統一教会ではありません。

じゃあ何のためにお金を四億円も借りるんですか。

それは、増澤さんが飽くまでも知っている内容です。

あなたは何のために四億円を使ったか聞いてないんですか。

聞いていません。

じゃあ、この四億円はどうやってお金を捻出して返したんですか。

それは、増澤さんが知っています。

あなたは知らないんですか。

知りません。

徳野が被害者に差出した名刺

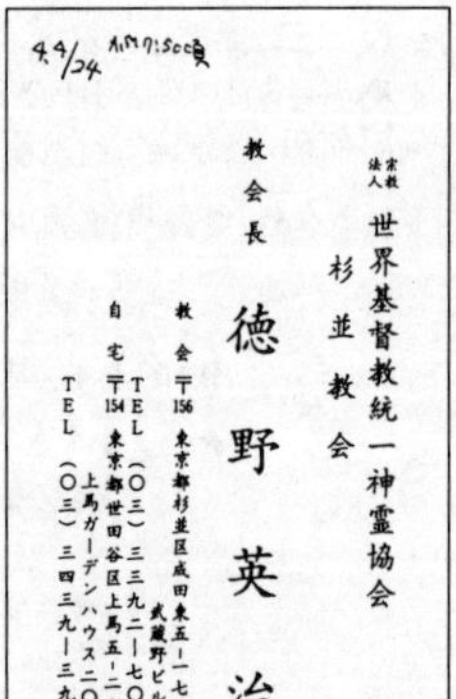
宗教法人 世界基督教統一神霊協会
杉並教会
教会長
徳野英治
教会 〒156 東京都杉並区成田東五-一七-一七
武蔵野ビル三階
TEL （〇三）三三九二-七〇四四
自宅 〒154 東京都世田谷区上馬五-二六-八
上馬ガーデンハウス二〇一号
TEL （〇三）三四三九-三九八三

同じような億単位の被害が、不動産を担保にお金を借りて、それがトラブっているケースがたくさん出ていますね、違いますか。

　まあそういう話は聞いております。

何のためにそんな億単位のお金が出るんですか、いるんですか。

　当時私は原理研究会にいましたので、その当時のことはよく分かりません。

今も出ているんでしょう、そういう被害は顕在化しているでしょう。

　被害という表現は、若干主観的な内容があると思います。

被害かどうかはともかく、二年後、三年後に返しますからということでお借りしたお金が返せなくなっているということがたくさんありますね。

　まあそういう話は聞いたことがあります。

何のためにそんなにたくさんのお金を使うんですか。

　それは、私は原理研究会におりまして。

去年の四月から教会長でしょう。

　はい。

統一教会の重要な立場にありますね。

　はい。

そしたら、過去のことでも何のためにこんな事態になったのか聞かないんですか。

　私は、経済問題には深く関与しないようにしておりまして、またそういう立場でもありません教会長は。

阿佐ケ谷フォーラムは分かりますね。

　確かビデオセンターの名前だったと思います。

統一教会の信者にするための場所じゃないんですか。

　その表現には随分納得のいかない点がございます。

そうじゃないんですか。

　それは、学ぶ中でご本人が主体的信仰をもとうと思ったらなるでしょう。

吉田文子さんは信者なんですか、そうじゃないんですか、あなたの認識では。

　私は実際に面識自体はございませんから。

信者であるかどうか、どう聞いているんですか。増澤さんからどう聞いていましたか。

　昔は一時期通っていたというふうに聞いております。

信者なんですか、どうなんですか。

　私は、当時の吉田さんのことは知りません。増澤さんがその当時どう認識していたかということです。

どう報告を聞いていますか。

　信者というよりはまあ通っておられたと、で、信仰をもち始めていたというような表現で聞いております。

杉並教会で、こういう形で、金額はどうでもいいですけれども、金額の枠でいいますと一〇〇〇万以上の借金を信者のほうからしていて、あるいは信者の幹部の名前でしていて、現在返せなくなってトラブっているのは何件くらいあるんですか。

　そこまでは知りません。


（中略）

販売活動でする「神体験」とは

統一協会の幹部が作成した借入金問題でトラブルになった人の実例の表の一部にはこう書かれていた

本人の状況
御夫妻は三万双の祝福を授かっているものの意義価値は充分に理解できていない
この案件が発生してからは殆ど教会に足を運ばなくなり一時期教会に対する不信・不安で一杯でした
Aさんは純粋で真面目な方だけに精神的プレッシャーに耐えきれず飛び降り自殺（未遂）まで追い詰められている
B子さんは全ての責任を感じその結果が身体に現われ寝込む日々が多くなった
今年の1月息子（次男Cさん）の耳に全て入り教会に対し強硬な主張を述べ弁護士を改めて立て教会並びに関連者を訴え裁判を興す準備をしている
御夫妻は一刻も早く解決することのみを願い今は息子を頼りにする以外ないと思っている

業者及び現在の状況
H4・9・27 一五三一万／月×六ヶ月の返済計画で変更契約をむすんだが翌月から不履行
毎月数拾萬づつ（地域の精一杯）支

あなたはそこで出発式のときに、摂理として頑張りなさいということを言うんでしょう。

私は、ともかく文先生のご苦労を思いながら頑張りなさいということはよく話したことはございます。

実績を上げてきなさいということを言うんでしょう。

そんなことは言ったことはありません。

文先生の苦労をしのぎながらやりなさいということですか。

そうです。

そうすると実績が上がるからということですか。

実績を上げなさいとはっきりと言ったことはないです。

神体験というのは何ですか。

神の心情にふれるということです。

具体的にはどういうことなんですか。

具体的には宗教的な世界ですから。

この万物復帰をやると、神体験ができるとあなたはいうでしょう。

万物復帰ではなくて、これは経済活動です。

経済活動の中で神体験ができますからといいますね、あなたは。

ええ、そうです。

どういう神体験ができるんですか。

まあ、苦労している中で、本当に神様の六〇〇〇年の苦労がずっとしのばれてく

払ってきたがＨ４・12月までの返済内容でＨ５・12・６東京地裁から競売開始の通知が届いた

Ｈ６・６・30　松濤本部にて上山専務に会って頂き、今後の返済計画を口頭で立てて下さった

その時はＨ６・10～半年間一〇〇〇万／月で返済　Ｈ７・３には完納の約束

Ｈ６・８・31　Ｓ弁護士を立会人として債務弁済契約書（別紙参考）を結んだ

Ｈ７・４・12現在の入金は七〇〇万

ファーストクレジットは競売開始後全額返済のみ

それ以外の交渉は一済耳を傾けない

通常競売公示価格の設定には一年六ヶ月～二年の間に決定される

この案件が開始されて一年五ヶ月が立っているため期限の余裕が無い

「神体験」

神様がいる、神がつかわしたメシアが文鮮明である、その神や文が自分を見守り支えてくれると実感するような体験のこと。この神体験によって、文鮮明への帰依はより一層強固で絶対的なものになる。

ると、これはやった人でないと分からないと思います。

売れないですね、なかなか。で、罵声をあびせられますね。その苦労もお父様が歩んだ苦労の一部だといっていますね。

お父様が歩んだ苦労であり、神なる苦労だといってます。

売れない売れない、ふらふらいいながら、あなたはどうやって指導しますか。お父様、お母様、興進様助けてください、あるいは興進様とお父様とお母様の三人のことをお祈りしながら人の家の門の中に入りなさい、こう言いませんか。

そういうふうな話は聞いたことがあります。

そこで売れるわけですね。

ええ。

そこで感謝が出てくるわけですか。

そうじゃないんです。売れるから感謝なんじゃなくて、その苦労の中で神の苦労を知り、神の涙を知り、そして、文先生の苦労を知り、その文先生の涙にふれ、そこにもっと本質的な価値があるんです。

売れるのはだれのおかげなんですか。本人の努力のおかげなんですか、あなた方が言う文先生のおかげなんですか。

あらゆる要素のためです。

自分の実力として誇ってはいけないんですね。

それは信仰者だったらそうじゃないんですか。

（中略）

アベルとカインについて

あなたが今年の一月二五日に婦人礼拝でお説教をされたときのビデオがありまして、これのビデオをテープおこししたものが甲第一二五号証なんです。

（中略）

この中で、あなたは、もし、これ、記憶ないと言ったら、検証したっていいんですけど、この三ページの真ん中辺りに、「このアベルとの関係に、情的なねじれ現象、アベルに情が行かない、アベルに反発がある、アベルに対して批判的な気持ちが湧いてくる、ということはカイン・アベル問題で、もうすでにサタンが相当忍び込んでいるわけです」。こういう話をしているわけじゃないですか。

だけど、その意味は、伊藤弁護士がおっしゃりたいようなアベルは絶対だということを言いたい趣旨ではございません。

では、どういう趣旨ですか。

カイン、アベルにおいて、お互いがやはりしこりがあるとか、あるいはわだかまりがあるとか、それ自体は精神的にいい状態ではないと、したがって、仲良くするために早く打ち解け合って、そのいわゆるしこりを取りなさいという意味で言っているわけであります。

そのこと自体は私は否定しませんけれども、もう示しませんが、この中であなたは、カインはアベルに対して、はい、分かりましたという委ねる気持ちが必要だと、こういうふうなことも説いておられますよね。

ええ、それは確かです。

「アベルとカイン」

統一協会では先輩格の信者と後輩信者の間、上司と部下の信者の間をアベル・カインと称する。信者はカインはアベルに絶対服従するようにいつも教え込まれている。

（中略）

文鮮明の指名した相手との合同結婚式を破棄することができるのか

あなたたちは文鮮明さんが選んだ相手以外を選ぶということは許されていないいんじゃないですか。

だから、既に陳述書の中に述べましたように、祝福の相対者、相手を文先生に委ねるということを面接の段階で祝福請願書、並びに祝福誓約書というのにサインします。その時点で自分自体が文先生に委ねたいという場合はサインするでしょうし、委ねたくないという人はサインしないでしょうし、だから、委ねるのは一つの基本になっています。

委ねたくないということが許されるかどうかを聞いているんです。

それは本人が決めます。

委ねない場合にはどうなるのですか。

祝福は当然受けられないでしょうね。

そうすると、やはり文先生に委ねない限りは祝福は受けられないということでしょう。

その言い方は非常に納得のいかない言い方です。

ちょっと論理的に考えてください。ですから、祝福を受けるときに文鮮明に委ねるという一筆を書かせるわけでしょう。

そうですね。

書かない限り祝福は受けられないわけでしょう。

合同結婚式の教義上の意味（七四年冬季号「祝福」から）

七〇年一〇月一〇日文鮮明は聖酒式において「血統転換」についてこう述べている

> **血統の転換**
>
> 堕落したんだから、汚れた血統を受け継いだのを復帰しなければならない。六千年の歴史を全て復帰するような式をしないと祝福まで帰ることができない。約婚式は、アダム・エバが約婚の時に堕落した、それを復帰しなければならない。堕落して汚れた血統を受け継いだ、その血統を転換しなければならない。これをしないと原罪が脱げないし原罪を乗り越えないと真の子女として祝福される段階に上ることができない。原理がそうなっているんだね。
>
> 堕落した原罪を脱ぐ血統の転換、血肉の交換がこの聖酒式である。
>
> この聖酒式は、イエス様を中心として言えば、聖餐式である。血と肉の代りにパンとぶどう酒を飲む。堕落したんだからイエス様の体を受けることで新しい肉体を受肉しなければならない。それと同じように、この聖酒式は堕落した行程と反対の方向にもって行かなければならない。

そうです。

祝福を受けないで、なおかつ信者でありながら自分で勝手に結婚相手を選ぶということは、やっぱりおかしなことでしょう。

信仰上は好ましくないことです。

だとしますと、あなたたちの信仰を持った以上は、文先生に相手を委ねない限りは、結婚相手はあてがわれないということになりませんか。

原罪清算という立場での祝福は、文先生に委ねるという確認が本人の中になければ、それは当然祝福は受けられないということです。

ただ、それで原罪なんて清算しなくていいんだ、なんていう信者はいないんじゃないですか。信者である限り。

もちろん信仰の深い人であれば、そうは思わないでしょうね。

あなたは、二回意思確認をするというところで、二回目の意思確認はマッチングの後に、この相手でいいですかという意思確認があると、こう証言されましたね。

はい。

間違いないですね。

基本的には、私なんかが担当した場合にはそうしておりました。

例えば、いや、この相手じゃいやだということになれば、どうなるのですか。

その場合は、その時点で祝福破棄ということになります。

[乙第五一号証の二六ページを示す]

「どうしても今後夫婦としてやっていけない、という合意に達した場合にはこれが認められます」。つまり、合意に達したら夫婦にならなくていいということが認められるということですか。

はい。

これは、二人とも、じゃ、やめにするわと言わない限りは、そのまま結婚させられるのか、それとも二人のうち一方でもいやだと言えば破棄できるものなんですか。どうなんですか。

例えば、一方だけがいやだという場合がありますね。その場合には、当然祝福を推薦した者、また、導いた霊の親なり、極力一緒にやっていきなさいと、もちろん説得はしますよ。それは祝福が壊れることを望むはずがないですから。その祝福に応じて、じゃ、なんとかやっていきましょうと、本人がそうやって承諾した場合は、そのまま合同結婚式に参加すると。承諾しない場合は、実際、例えば行かないと言ったら、もうそれまでですから、その場合はどうすることもできないですね。

それで、祝福を受けた後は、もう取り返しはつかないのですか。祝福の儀式を受けた後、やっぱりこの相手じゃいやだというふうに言い出しても、これは認めれらないのですか。

その場合はケースバイケースでありまして、例えば、もうちょっと考え直してみればなんとかやっていこうというぐらいの気持ちの場合は、こちらも十分説得した上で、何とかやっていきなさいと、本人も、じゃ、分かりました、何とかやっていきますという場合はそのままいくでしょうし、やっぱり何ともならないという場合はどうすることもできないです。その場合は、こちらとして、いわゆる解約の手続を進めざるを得ないと。決してそれは望ましいことじゃないんです。望ましいことじゃないだけに、精一杯、こちらとしては一緒にやっていきなさいと説得はします。しかし、どうしてもだめな場合は仕方ないということになります。

あなた方の祝福の儀式は、確かにたくさんの人がいますよね。

　はい。

原告は、祝福の儀式の前に、そんな相手なんて紹介されたことないなんていう人が多いですけれども、実際にも、当日行ってみないと相手が分からないとか、写真も見ないまま会場に行ったとか、そういう例は実際にはあるわけでしょう。

　基本的には、写真が届いて、写真を見て、自分自身の意思を確認した立場で出発しますけれども、ぎりぎりまでまだマッチングが決まらないという場合に、会場で決まるというような場合も幾つかあります。

そういう場合に、取りわけ、やはりこの相手じゃいやだということが往々にして起こるんではないかと思うんですが。

　それは本人の信仰と気持ちの問題、正にケースバイケースだと思います。

それで、あなた方は、本人がどうしてもこの相手じゃいやだということになったら、それなりに解消の手続はちゃんととるのですか。

　それはしょうがないですね。

そうではなくて、あなた方は、それは不信仰だということで、かなり強くこの相手と、相対者と結婚しなさいということを迫るんじゃないですか。

　それは説得の仕方ですし、説得されたメンバーの受け止め方次第ではそういうふうな受け止め方になるかもしれません。

相対者が受け入れられないことが大きな原因となって脱会していくことも少なくない

んじゃないですか。

　少なくないというのは、私は事実に反すると思います。(注)

（中略）

原理研、文鮮明の物品販売

［甲第一一六号証を示す］

上田さんの陳述書ですが、六ページの最後の段落ですが、「ハッピーワールドの関係者も」「経済活動の出発式に来ており、徳野学区長からの指示で、ホーム経費を稼ぐため、実家に壺を持ち帰らせられて親に売らせられた原研のメンバーもあります」と、こういうふうに言っておられますよ。

　だから、これはあれですね。東大の学舎にあった壺を持って家に帰ったときに、お父さん、お母さんに壺を買ってもらうということができるならば、やってみなさいというようなことはあったのは覚えています。

更にそういうことだけではなくて、あなたは、こういうハッピーワールド等々の営利事業を統一教会の事業部だというふうに位置付けていることを知っていたんじゃないですか。

　いや、そういう位置付けではありません。

文先生自身は、こういった事業活動に特に熱心なところがありますよね。

　いろんな広範囲な運動を展開しておられます。

特に最近はビジネスのことで頭を悩ませていたりとかするんじゃないですか。

（注） 徳野証人は原告の一人が合同結婚式の相手の女性を受け入れられなくて統一協会を脱会したと認識していることをみとめた。しかしそれでも次のとおり言い張った。
「ですから、確かにそういうメンバーもいますけれども、私の認識としては、それはごく一部であるというふうに認識しています。」

さあ、そのへんまでよく分かりません。

[甲第一二五号証(注)を示す]

一一ページから一二ページにかけて、あなたは、お父様は一分か二分で霊通すると、それが最近は「事業ばかりやっているので、先生も霊通するのに五分ぐらいかかるようになった」と、こういう話をされているじゃないですか。

そういう話は聞いたことはあります。

更に、一二ページにいきますと、「事業ばかり考えて、外的なことばかり、ビジネスのことばかり考えて、そういうときには、五分以上かかると」。あなた、知ってるじゃないですか。

だから、こういう話を聞いたことはあるということです。

こんな聞いたぐらいのことで、壮婦何十人相手にあなたは話をしているのですか。

いや、もちろん。

確実な話だからされているんじゃないですか。

いや、それは、聞いた話をどのように話をするか、私の自由じゃないですか。

(中略)

矢田さんの両親に徳野が話した内容

東大原研にいたときに、矢田さんのお父さん、お母さんと話をしてたときに、間に本人も入れて話をしたという記憶はございますか。

本人を入れた時期もあるし、ちょっと本人を外してもらってお父さん、お母さん

(注)甲第一二五号証は、徳野英治が杉並教会の教会長の時に講演した録音テープの内容を反訳したものである。

と私だけで話したような気がしますけど。

これは、場所は東大のビデオセンターであったサンハウス、ここで話をしたことは間違いないですか。

ええ、だったと思います。

まずその前に拉致、監禁ということがあったということですが、それはあなたの考え違いであって、お父さん、お母さんが説得さえしていないのに、途中で数枝さんが帰ってしまったということを、むしろ、お父さん、お母さんが、なぜもっと話をさせてくれないんだということをあなたに詰め寄ったと、こういう話ではありませんか。

いえいえ、それはもう拉致、監禁するご父兄、また牧師さんたちはみんなそう言いますよね。本人と話ができなかったと。本人に聞けば、明らかに拉致、監禁であると。肉体的拘束と肉体的抑圧を受けたと。私ははっきりと彼女からも、そういうことを経験したと言っておりました。命からがら逃げてきたと、そういうふうに言っておりました。

あなたは、あなたの陳述書の中で、お父さんのお話は一方的に信仰をやめさせたいと、そして家に戻らせたいと、こういう話だったと言われていますが、こういう記憶で間違いないのですか。

ええ、私はそういう印象で記憶しております。

あなたは先程の証言にもありましたが、こういったお父さん、お母さんと話をするときにも、かなり率直にお話しされるほうですよね。

そうですね。

あまりごまかしたりとか、そういうことはしないほうですね。

そうですね。

このときも、お父さん、お母さんにもかなり率直なところはお話しになったのですか。

私なりに率直に話したというふうに、今までの私の行動パターンからみて、たぶんそうだったろうなと思いますね。何分にもだいぶ前の話ですから、記憶は定かではありません。

あなたは、サンハウスでお父さん、お母さんと会ったときに、お父さん、お母さんのほうがあなたに断ってそのときの会話をテープにとったことを覚えておられますか。

いや、それは覚えていません。

［甲第一二一号証、甲第一二二号証(注)を示す］

これが、そのときのテープが残っていまして、その反訳書なんですよ。あなた、このテープの中では今話したことと全然違うことをたくさん話されているじゃないですか。

だから、私は何度も言いましたように、記憶は定かではないと。私は何十人、何百人というご父兄と会ってきましたから。

献身や人事はある

じゃあ、具体的に確認していきますけれども、一二〇ページ、あなたは、「統一教会は大体三つのルートがあるんです、卒業してからは。やっぱり献身というルートが主流なんです。これは嘘偽りなく私はしょっちゅう言うことですから」ということで、やはり献身が主流のルートだということは認めているじゃないですか。

だから、これは、あくまでも献身というのは、信仰を持って指導的な立場に立つ

（注）甲第一二一、一二二号証は、徳野英治が東大原研の施設内で信者の両親と話し合った時の録音テープを反訳したもの。この証拠に基づく尋問になって、徳野証言は急に歯切れが悪くなった。

のが本来統一教会で期待する部分だという、そういう意味です。

更に、二五ページの真ん中辺りですが、「こういうふうにして大体三〇過ぎると、大体固定してくるんですね。それまでは率直に言って、あっちにも行ってみたり、その人間の可能性をいろいろなところに人事して、人事の中でその可能性を試すわけです。あるいは伸ばしてみると」、その直後ですが、「どうも商売に向かないという人間をハッピーワールドに置いておいてもしょうがないわけです」と。あなた方はこうやってハッピーワールド、ハッピー人事も含めて人事をいろいろなところに試して、それで落ち着くところに落ち着かせると、こういうことをやっていたんではないのですか。

私は人事をする立場ではありません。ただ、ハッピーワールドにいた人で事業部門に向かないから教会のほうのそういう宗教分野に来た人がいるということを話で聞いていたというだけです。

これ、あなたが言っているんですよ。

そうですよ。

あなたは、だから、こういうふうに人事でいろんなところに飛ばして、三〇ぐらいまでに落ち着かせるんだということも知ってたじゃないですか。

それは私自体が人事する立場じゃないです。ただ、統一グループの中でそういうふうにして、若いころというのはいろいろと可能性を伸ばすためにいろんなところにいろんな立場で経験するんだということは当然私は知っております。

統一協会事業部がやってる壺売り

更に、二六ページですが、あなたの発言ですけれども、「今の壺売りとか印鑑というものよりも、だんだん、健全な経済活動に移行しつつあります」と。一つ置いてその次ですが、「不健全といったらあれですけど、要するに信仰販売ですよ」と、更に、「例えばこの壺を買えば、この印鑑を買えばあなたの先祖の悪しき因縁を切れると。要するに宗教の世界でないと通じない世界ですね」と、こういうトークをしながら壺や印鑑を売ってたことを知ってるじゃないですか。

そういう話を聞いたことがあるということです。私自体は実際に。

あなたは、これ、知ってることを率直に話されていたんでしょう、このとき。

だから、話を聞いたことがあるのをお話ししただけです。

更に、五三ページ、あなたの言葉の中で、経済活動のことが話題になったときに、「統一教会の事業部とは全く関係がありません」と、「統一教会の事業部がやっている活動はそれとして、統一教会の事業体がいわゆる具体的に存在するために必要なお金であり、また、御存じのように、」云々と。こういうふうにしてあなたは統一教会の事業部というのがあることをちゃんと認めているじゃないですか。

これは私の勘違いです。統一教会に事業部はありません。

更に、あなたは、矢田さんのお父さんと矢田さん自身の話し合いについて、六五ページで、夏休みに一〇日間ぐらいだったら家に帰してもいいいと、こういうようなことを言っていますよね。

はい。

更に、「一〇日間ぐらいだったら、私が次の責任者に言って、説得はできますから。それは自信がありますからね」ということで、要は、あなた方は本人が夏休みに帰っていいかどうか、何日帰っていいか、そういうこともすべてこれで縛っていたんじゃないですか。

縛っているんじゃなくて、本人との話し合いの中でもちろん決めますけれども、基本的には、信仰を持っておれば、やはり自分の行動に対してはアベルの意向を尊重するという意味でそういう話が出てくるわけです。

アベルの意向といいますか、あなたは次の責任者に対してさえ、一〇日間ぐらいなら約束できるけれども、それ以上長期になると分からないという話をしているじゃないですか。

話していますよ。

結局、あなた方は責任者レベルでそういったことは全部決めていたんでしょう。

でも、それはあくまでも本人自体もそれは了解した上での内容であります。

これは反訳書ですから、裁判所にも詳しく読んでいただきますけれども、全体からして、あなたが証言されているのと随分違いますよ。

それは、まあ、あなたの誤解、いわゆる認識の問題だと思います。

（中略）

実現力、実践力が強い統一協会

［甲第一一二号証を示す］

これは、徳野さんが、矢田さんのテープⅡのA面の七ページでお父さんに言われているんですが、「それは先程から言っている通り、統一教会は極めて目的指向の強い団体だ。そういう意味においては、共産党と似た部分がある。その代わり逆に言えば、共産党がある一つの目的実現のためには、普通の集団よりもはるかに実践力があり、実現力があるように、統一教会も共産党に負けない実現力、実践力を持っているわけです。だからこそこんな短い歴史なのに世界的な基盤を作ったわけです」というふうにおっしゃっているじゃないですか。

そうですよ。

だから、目的志向が強いわけですか。

だから、そこでは、実現力が強いということを申し上げているんです。たくましいということを申し上げているんです。

じゃ、目的のために何でもやる、ということですか。

そういう意味ではありません。それは偏見です。

目的のために強い指導を行う、ということですか。

そういう意味ではなくて、そのいわゆる目的を実現していこうという意味においては、私は最初の主尋問で申し上げたようにカソリック教会から相対的に見ると非常にパワフルである、エネルギッシュである、情熱的である、ということを申し上げたかったんです。

そしたら、統一教会の中で、あるいは統一教会信者の中でつぼや多宝塔を因縁トークして売っている信者がいると。これについてどう思いますか。

それは、その信者個人の考え方次第でしょう。

しかし、愛情を前提とするんであれば、他人の権利を侵害してもいいわけですか。

いや、それは、もう紀藤弁護士はそういうふうに決めつけて御質問なさっているから、私としては答えようがございません。

一九九二年の合同結婚の後で、合同結婚式の費用欲しさに窃盗をした、というニュースが流れたことは御存じですか。

ありましたね。

それについて、どう思います？

やっぱり、私は非常に残念に思います。残念に思うと言いますのは、信者さんの中でそういうことをなさる方がいることによって、やはり宗教法人統一教会のイメージが大変なダメージを受けます。

要するに、悪いと思っているんですね。

悪いと思います、もちろん。

それから、去年、統一教会の信者さんの中で、改造拳銃を売って逮捕された人がおられるのを御存じですか。

ええ、そんなのがありましたね。

これについて、どう思います？

それも非常に残念に思います。

逮捕されたら残念と思うわけですか。

いや、そうじゃなくて、一信者さんの行動によって統一教会のイメージがまたダウンする、ということが残念だと申し上げているんです。

青森事件という事件で、統一教会の信者がかかわって、霊感商法をやって逮捕されて、恐喝で有罪となった事件があるのは御存じですか。

ええ、聞いたことがあります。

これについては、どう思いますか。

それも残念に思います。非常に残念に思います。

残念に思うということは、よくないということでしょう、結論的に言えば。

それが事実だとしたら、いけないと思いますよ。

阿部令子さんの選挙に関して、選挙違反をやって逮捕された東大学区の学生については、どう思いますか。

私は、それ、記憶にありません。

だけど、逮捕された人が現にいるんですよ。それについては、どう思いますか。

もしそういう人がいるとすれば、それは残念です。

それは、東大学区の学区長として、アベルとして残念と思うんであれば、面接して指導するということはしないんですか。

だから、それが事実だとしたら、残念に思います。

（中略）

合同結婚式の実態

元統一教会の信者だった女性は、それも祝福に参加した人が口をそろえて、祝福というのは文鮮明、これを恋人と思って慕って参加すると。だから、そのときマッチングされた相手というのはあんまり印象ないというふうに言うんですよ。こういう認識というのはあなたにとって誤った認識ですか、それとも非常に正しい認識ですか。

偏った認識ですね。

どういうふうに祝福に参加すればいいんでしょうか。

文先生を教祖として慕うのは当然だと思いますけれども、しかし文先生に対する愛情、また文先生への尊敬心が強ければ、文先生によって選んでいただいた相対者に対して愛情がうつるというのはごく自然な情の流れだと思います。したがって、文先生から与えられた相対者に全く情がないとかということは、むしろちょっと例外的ではないでしょうかね。

［甲第一三九号証を示す］

これは東京家裁の婚姻無効の審判書きですが、日本人女性が申立てして、相手方はアメリカ人男性になってます。アメリカ人男性には代理人がついて、統一教会の対策の方も二名この審判に立ち会って、それで成立した審判なんですが、ここで認められて双方認めた事実として、一九九二年の合同結婚式の翌日、この日本人女性はアメリカ人男性と相手決まったよと言われて、これは韓国にアメリカ人男性がいるわけです。日本に日本人女性がいたわけです。そういう報告を合同結婚式の翌日受けてびっくり仰天したという件なんですが、これでもやはり祝福は祝福なわけですか。

それも祝福は祝福でしょう。

だけど、あなたがここで証言なさった合同結婚式というのは、ちゃんと事前に意思確認するんだと。参加するかいなかちゃんと自由意思に則ってやっているんだとおっしゃったんじゃないですか。今の場合、ないですよ。

主尋問でもちゃんと述べてありますよ。要するにあらかじめ写真がきて、そしてその写真を認知して、そしてその時点で韓国にいった人たちが大半であると。しかし、まだ決まってない人で、行って当日決まった人も、本当にごくわずかだけどいますと、既に主尋問で私申し上げてますよ。

当日じゃないですよ。合同結婚式が終わった次の日。

だから、そういう場合もあったかもしれませんが、私はソウルにいたわけでもありませんが、そういう極めて例外的なものはあったかもしれませんが、存じません。その事実自体がですよ、私初めて知りましたけど。

そうすると、こういうふうに伺っていいですか。こうやって合同結婚式後にマッチングがされても、それは事前の自由意思確認された上でのことで、祝福であることには間違いないと。

ええ、多分その女性も間違いなく祝福を受ける前に面接受けてると思います。そして、あなたは祝福を希望しますかということで面接受けて、はいと。祝福誓約書、そして祝福請願書に署名しているとすれば、それはあくまでも本人の意思確認が事前になされているということになると思います。

いえ、この方はびっくり仰天だから祝福に参加する意思じゃなかったんですよ。祝福後にあなたの相手決まったよといって説得されて、最終的に入籍までしちゃったんですよ。

だけど入籍したということは本人の意思があったんじゃないですか、そこに。なぜ、本人の意思がなかったら入籍しないでしょう。

甲第一三九号証の二ページ。合同結婚式後の祝福ということで疑問も持ち、納得しなかった上、両親が反対していたこともあって、関係者の申立人に対する働きかけは強力なもので、相手方の滞在資格取得の便宜上の理由も掲げて説得が続き、ついに昨年三月一五日に婚姻届けを提出したと。なんか自由意思というよりも、統一教会の方の強い働きがずっと続いて入籍したという事実が認められるんですが。

だけども、本人の意思があったからこそ入籍したんじゃないでしょう。

こういう場合も本人の自由意思というわけですか。

いや、もちろんその案件を私は詳しく調べたわけじゃありませんからここで責任ある発言はできませんけど。

原理研と世界平和教授アカデミー

あなたは一九八七年の四～五月当時は原研の中日本ブロックのブロック長だったんですね。

はい。

そのころ、あなたは世界平和教授アカデミーのお世話もしてたんですか。

いやいや、お世話なんかしてませんよ。

肩書が付いてましたね。

どんなですか。

世界平和教授アカデミーの。

どんなですか。

あなた、肩書付いてませんでしたか。

付いてませんよ。

世界平和教授アカデミーには関係してませんでしたか。

いやいや、世界平和教授アカデミーの会合があれば、お時間があったら来られた

「世界平和教授アカデミー」大学の教授たちの集まりだが、実際の事務運営は統一協会（原理研）によってなされている。最近はあまり目立たないが八〇年代には夕カ派の論陣をリードするため『知識』という月刊誌を刊行したり、勝共連合と連動した各種活動をしていた。

らどうですかという誘いを受けて、何度か行ったことはございますよ。

世界平和教授アカデミーというのは、原研の方が世話してる団体でしょう。

原研が世話してる団体じゃありません。

じゃあ、なぜリカビルに、同じビルにあって、同じ人が世話役してるんですかね。

だから任意団体として、教授アカデミーも任意団体、原理研究会も任意団体ですけれども、たまたま原理研究会の会長さんである太田会長さんがアカデミーの事務局長を兼任されたものですから、それで事務所を同じビルにしたというだけの話です。

（中略）


徳野名義で借りた家が「双葉」という物品販売会社担当信者のホームになった

いずれにしても、そのころあなたは双葉という会社が京都にあったことはご存じですね。

いや、覚えてません。

信者の人たちが運営している物品販売の会社である双葉という会社があったでしょう。

いや、全く記憶にないです。

当時、京都府上京区新烏丸頭町、この街にホームがあって、あなたの名前の表札がかかってましたよね。

ああ、私が借りたときですね。私がいわゆる京都大学の責任者のときに、そのいわゆる館をお借りしました。


「双葉」

京都地区の統一協会信者が、霊感商法で印鑑、壺、多宝塔、人参液などを売る時に、表向き用いていた屋号。実際は統一協会の一部門の信者たちがホーム生活をして資金集めをしていた場所のこと。

ここの館は三階建てだったですか、二階建てだったですか。

　あれは二階だったと思います。

表から見ると二階建てだけれども、実際中は三階建てだったんじゃないの。

　……二階だったような気がしますけどね。

表には一和のドリンクの自動販売機がありましたね。

　いや、私がいたときはそんなのなかったですよ。

あなたはこのホームには住民登録してないんだけど、なぜ徳野英治と表札がかかってるんですか。

　私の名義で借りたからです。

あなたは実際住んでなかった。

　私は行ったり来たりしてました。

ここには双葉の販売員が二〇人ほど一緒に住んでたんですよ、違いますか。

　いや、存じあげませんね。

信者さんたちが住んでたという認識はあった。

　とにかく、私は異動してからはそういう認識はございません。

じゃあ、何のためにあなたの名義で借りたの。

　私の名義であくまでも借りて、そして大家さんが、私は異動になりますから私の名義を変えて別な方にしたいと思うんですがと言ったら、いや、徳野さんはいい人だからそのまま名義にしておいてくれと頼まれたものですから、それで私はそのまま名義を変えないでいたわけです。

で、表札もそのままにしておいたの。

じゃないでしょうかね。

ここは一人で住むには大きい、二、三十人が一緒に住めるような館ですね。

館としてはそうですね。

何のために使うつもりで借りたんですか。

私が借りたときはあくまでも京都大学の原理研究会の宿舎として借りましたよ。

それがその後、信者さんが何に使ったかあなたは分からないんだということですか。

そうですね。

その後、これが京都プリンスホテルという統一教会の方々が買収したホテルの従業員の居住する部屋になってるんだけど、それは知ってますか。

いや、知りません。

韓鶴子が「原理研は統一協会の宝である」と述べた

八六年五月の一〇日から一六日ごろ、文鮮明の奥さんの韓鶴子（ハンハッチャ）さんが来日しましたね。

ああ……。

覚えてますか。

そんなことあったかもしれません。

[甲第一四一号証を示す]

来日記念御言葉ということで、お母様の恩恵という小冊子が作られているんだけど、見たことあるでしょう。

甲第一四一号証の表紙

ええ、見たことあります。

後ろから四枚目に、アカデミー事務局で、あなた方がいうお母様、韓鶴子さんがしゃべった内容が書いてあるんだけど、アカデミー事務局というのは世界平和教授アカデミーのことですよね。

はい。

この発言を見ますと、お母様が、「その間、日本のカープでは、そのような経験をたくさんしたでしょうが……」とありますね。このカープというのは原研のことですね。

でしょう。

お母様も原研とカープを一緒にしてるんじゃない。

いや、だから原理研究会は英語でカープというんです。

いや、聞き間違えました。お母様もアカデミーとカープを一緒にしゃべってるんじゃない。

そうじゃなくて、当時は原理研究会の会長であった太田会長が、一時期ですけどアカデミーの事務局長兼任しておられたので、で、たまたまそこに文先生の奥様がアカデミーの事務局に来ると。で、カープの人たちももしよろしければ来られたらどうですかということがあって、カープの人が何人か数人前にいたもんだから日本のカープは……というふうにおっしゃったのか、あるいは太田会長は長い間カープの責任者をしてきましたから、太田会長の顔を見るとついついカープのことを言いたくなるということでカープとおっしゃったのか、いずれかだろうと。

あなた、かなり具体的に言うけど、このころいたのかな。お母様の話聞いてたのかな。

ちょっと……記憶は定かではないですね。

「先程も小山田さんが、原理研究会とアカデミーは私たち統一教会の宝であると言いましたが、本当に天国創建をするにおいての中心、核心的役割をしてくれることを願います。」とありますね。

はい。

韓鶴子さんも原研が統一教会の宝であると。活動の中心になるんだと認識されているようですね。

統一運動ですよ、この意味はあくまでも。

ああ、そう。じゃあ、あなたと同じ間違いしてるわけだ。統一運動のことを統一教会とつい言っちゃうわけだね。

統一運動という意味だと思いますね。

キャラバン隊の過酷な労働条件

マイクロ人事という言葉がよく出てくるんだけど、これはどういう意味ですか。

いや、よく分かりません。

あなた方が先程もう聞かれてた、キャラバンと同じことですか。

いや、よく分かりませんね。

じゃあキャラバンという言葉で聞きますが、主尋問でも反対尋問でも、キャラバンの目的は資金集めだけではなくて、修練としての意味があるんだとおっしゃってますね。

はい、そうです。

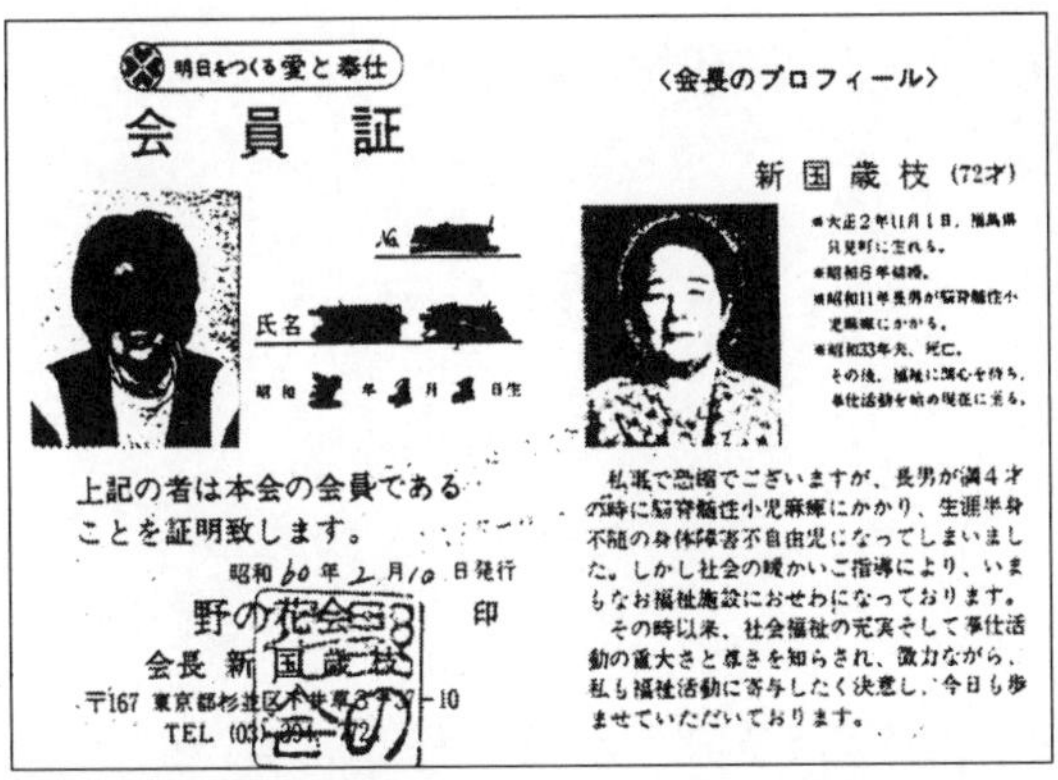
明日をつくる愛と奉仕
会員証
No. [redacted]
氏名 [redacted]
昭和 [redacted] 年 [redacted] 月 [redacted] 日生
上記の者は本会の会員であることを証明致します。
昭和60年2月10日発行
野の花会 印
会長 新国歳枝
〒167 東京都杉並区…—10
TEL (03)…

〈会長のプロフィール〉
新国歳枝 (72才)
＊大正2年11月1日、福島県只見町に生れる。
＊昭和6年結婚。
＊昭和11年長男が脊髄性小児麻痺にかかる。
＊昭和33年夫、死亡。
その後、福祉に関心を持ち、奉仕活動を続け現在に至る。

私事で恐縮でございますが、長男が満4才の時に脊髄性小児麻痺にかかり、生涯半身不随の身体障害不自由児になってしまいました。しかし社会の暖かいご指導により、いまもなお福祉施設におせわになっております。
その時以来、社会福祉の充実そして奉仕活動の重大さと尊さを知らされ、微力ながら、私も福祉活動に寄与したく決意し、今日も歩ませていただいております。

信者は「野の花会」の会員証を持参してニセ募金の戸別訪問をする

神体験ができるんですか。

それは一度先生とやり取りしたような気がいたしますけど。

修練というのは、自らの肉体あるいは精神を痛めつけて、それで実績が上がると。これで何か修練的な意味があるということになるんですか。

いやいや、もうそれは根本的認識が違いますね。

このキャラバンが余りに過酷すぎて、体を壊したりする人が多くいませんか。

まあ、キャラバンの中で少し体の調子が悪くなったというメンバーがいることは私も認めます。しかし、多くのメンバーたちはキャラバンの中で、また経済活動通して、本当に内的にも人格的にも修練されて立派になって、そして本当に喜んでやっているという話のほうがむしろ大半であると私は認識しております。

元信者さんの中にもこのキャラバンを経験して、今も腰痛で悩んだりする人も多いようなんだけれども、かなり重い荷物を持つんですね。

今はそういうことはないんじゃないでしょうかね。

今はというのは、いつごろから改善したんですか。

昔、珍味なんかを売っていたころは、やはり珍味自体は結構重いですから、そのころはそんなことあったような記憶はございますけども。

しかも、走らなければいけないんですね。

走る人もいれば走らない人もいますよ。

キャラバンあるいはマイクロをやってて、実績が上がらないので窃盗事件を起こした人がいるということを知りませんか。

知りません。

実際に中国地方で窃盗事件でつかまって有罪判決を受けてる人がいるんだけれども、ご存じありません。

　いや、それは私知りませんね。

キャラバン隊の過労運転で人身事故

このキャラバンで過労になって、居眠り運転などをして交通事故、かなり頻発してますね。

　かなりかどうかは知りません。時々、交通事故あるというお話は聞いております。

過労で居眠り運転して、二人マイクロの人が亡くなったという尾鷲で起こった事故のことはご存じですか。

　いや、それ知りませんね。

[甲第二四五号証を示す]

かなり大きく新聞に、訪販の車激突大破とか、居眠り二人死ぬ、販売研修の移動中という表題の新聞記事が出たんだけれども、知らなかった。

　ええ。

[甲第一四二号証の一を示す]

佐野能徳。この人が実刑の一年の禁固刑に処せられているんですよ。

居眠り、2人死ぬ

尾鷲の国道　販売研修の移動中

十一日午前五時二十分ごろ、尾鷲市[illegible]の国道42号矢ノ川峠で、浜松市[illegible]町、会社員佐野能[illegible]徳さん(二七)運転のワゴン車が橋のガードレールに激突した。車には佐野さんを含め、同僚七人が乗っていたが、岡崎市[illegible]町二丁目、平田[illegible]子さん(二〇)と岐阜県[illegible]、[illegible]子さん(二〇)が頭などを打って間もなく死んだ。佐野さんら残る五人も軽いけがをした。

尾鷲署の調べでは、現場は国道42号の矢ノ川トンネル北の[illegible]で、下り坂になっている右カーブ。車は[illegible]約二十[illegible]のところで道路左側の側溝に車輪を落とし、[illegible]防止用のフェンスに車体をすりながら橋のガードレールに激突して止まった。同署の調べに対し、佐野さんは「居眠りをしていた」と話しているという。

同署の調べでは、平田さんらは、名古屋市北区[illegible]二丁目にあるスルメなど海産物の訪問販売会社「日本[illegible]中部」の社員。新人研修のため、十一日から熊野市で訪問販売の実習をしており、十一日は尾鷲市内で実習するため、同市へ向かっていた。十一日午前[illegible]ごろから同五時[illegible]まで、JRの熊野市駅前で車の中で仮眠したという。

佐野さんを除く負傷者は次の通り。(敬称略) [illegible]

甲第二四五号証

知りませんね。

[甲第一四二号証の二を示す]

これは検察官の冒頭陳述書ですが、その中に、「販売時間は第一ラウンドの午前六時ころから第三ラウンド終了時である午後九時ころまでであり、第三ラウンドが終了した時点で一定の売上がないと、更にBラウンドとして午後一〇時ころから翌日午前二時ころまで行っていた」ということで、結局、実際に供述調書たくさんあるんだけれども、午前六時ごろから翌日の午前二時ごろまでやり続けていたという検察官の冒頭陳述になってるし、その冒頭陳述に沿った供述調書があるんですけどね。これはあなたの認識からすると、かなり行き過ぎなんですか。それとも大体こんなものだろうという感じなんですか。

いや、ちょっと行き過ぎじゃないですか、明らかに。

[甲第一四二号証の三を示す]

H・N子という方の供述調書、検察官の面前調書がありますので、九ページ、あなたと同じような趣旨をおっしゃっているんですが、「右にお話ししたセールス等の活動は、単に資金集めの目的だけでなく、苦労することにより神体験ができる。その様に苦労していると自分の近くに神様がついているということを知らされるという目的もあるのです。」と、こうあるんですね。やはり共通の認識として、こういう苦労をすることが自分の近くに神様がついているということを知らされる、そういう意義付けを皆さん持ってやってらっしゃるわけですね。

いや、意義付け自体は個人個人違うんじゃないですかね、信仰の深さとかとらえ方次第で。

キャラバン隊の交通事故について
一九九一年一月二五日付判決の内容

(量刑の理由)

本件事故は、被告人が同じく世界基督教統一神霊協会に所属する本件被害者らとともに、自己に精神的にも肉体的にも困難なことを課することが、自己の精神面や信仰面を強化することになるものと信じ、前記ワゴン車を借り、これを無断で改造した上、これに被告人を含め七名が乗車し、被告人の計画により、一二月四日から同月一杯の予定で、西尾市を出発し、熊野市に向かい、事故当日まで八日に亘り各地で珍味の訪問販売を続け、その間、右販売員は早朝から深夜に至るまで稼働し、被告人は右販売員グループのリーダーとして、右車を専ら運転するほか、販売員の食事の用意、仕入れ、売り上げ金の管理等に従事し、深夜から早朝までの短時間に、広場等に駐車した右ワゴン車の中で他の販売員とともに仮眠を取るだけという極めて不十分なものであり、このような状態で自動車を運転し続けることは、過労及び睡眠不足をもたらし、注意力散漫や居眠りの状態に陥り易く、極めて危険なものであったものであり、特に右のように多数の女性を乗せていて、事故が発生した場合の結果も重大なものになるのであるから、これを差し控えるべきものであったにもかかわらず、無謀にもあえこの事件でも正にあなたの供述と一緒なんだけれども、交通事故でけがした人が対策の人に指導されて、統一教会でやっていたということは隠せと。日訪販中部の訪問販売のアルバイトということで警察にはしゃべりなさいと指導されているんですよね。何かやはり統一教会として、例えば先程の選挙活動やっている、あるいはそういうマイクロやっている、キャラバンやっている、こういうことやっぱり正面から言っちゃいけないという何かがあるんですか。

　いや、それは存じあげません。

なぜビデオセンターは統一協会をかくすのか

阿佐ヶ谷駅北口にある杉並フォーラムは知ってますね。

　はい。

杉並教会の信徒たちがやっているということは認めますね。

　はい、認めます。

ここも統一教会の教理を教える場所ですね。

　ビデオを通して統一原理を紹介しているということは聞いてます。

あなたももちろん行ったことあるでしょう。

　行ったことはありますよ。

[甲第一四三号証を示す]

これが杉並フォーラムのパンフレットで、来はじめた人にこういうものを見せて説明してますね。

て右のような行動を続け、事故当日は深夜午前一時半に就寝し、午前四時四五分頃起床し、五時頃運転を開始し、本件事故に至ったものであり、その責任はグループのリーダーであった被告人一人に帰すべきものであること、右事故が同乗者のうち二人を死亡させ、四人に加療一週間ないし三週間の傷害を負わせたという重大なものであること、被害者がいずれも春秋に富む若い女性であったこと、被害者の内の何人かが本件の訪問販売が前記協会の活動の一環として行われたと述べていて、右供述が充分信用できるものなのに、これを正面から否定し、右協会をかばい、その販売状況や睡眠状況等についても供述を変えるなど、真実を述べていないことが窺われること、当公判廷における供述において、本件事故当時睡眠不足に陥っていなかったなど、その原因が右のような認定の事実によるものであることを否定し、再び同じような犯罪を犯すおそれもあること、これまで速度違反（三回）等の前歴もあり、必ずしも優良な運転手とは言えないことが認められ、……

これは私は初めて見ました。

嘘をつきなさんな、あなた。正直に言いなさいよ。杉並フォーラムの入口にもたくさん置いてあるでしょう。

だけど私は本当、初めてですよ。

この杉並フォーラムのチラシのどこを見ても、統一原理を教えるための場所ということ何にも書いてない。統一教会のトの字も出てこないんだけど、これは詐欺的伝導とは言えませんか。

いや、だからそれは信徒会の人たちが自主的にやっているわけですから、どのようにやっているかについて私は詳しくは存じあげません。

あなた、杉並教会の教会長として、信徒たちが統一教会に誘い込むための施設として作っている場所がどういう形で運営されているのかも知らないわけ。

その誘い込むという表現やめていただけませんか。

統一教会に伝道するための施設ですか。

統一教会の教理を紹介するための、信徒さんたちがやっているビデオセンターということでいいと思いますけどね。

あなたの前提でそうしたとしても、杉並教会長としてどういう案内の仕方をしてるのかぐらいのことは指導しないんですか。

私は自分の信念から、できるだけ統一教会であることは明示してやりなさいということは日頃から指導はしております。ただ、私は何分にも教会長ですから、信徒会の責任者ではありませんから、信徒会に対して何か方針を徹底させる立場にもありませんし、私の信念は申し上げますよ、礼拝等々で。しかし、信徒会がど

甲第一四三号証、杉並フォーラム（表）

のように勧誘活動してるかについては詳しくは存じあげません。

そこに通いはじめた人が次に町田ハウスというところに連れていかれて、何百万も献金させられると。その相談が被害相談が弁護士のところにくると。こういうことが重なるんだけれども、これはやはりあなたの立場からするとよろしくないことになるんですか。

　そうですね。できるだけトラブルはないほうがいいんじゃないでしょうか。

何百万もの献金を杉並フォーラムに通いはじめてから二〜三カ月のうちに出すということも、どうなんですか。

　私はそういう事実は知りません。

（以下略）

（裏）

堀井宏祐　証言

一九五五年三月三〇日生れ。九四年六月に証言した時は三九歳だった。京都府で生まれ、東京大学文学部入学。入学した七三年の一二月に「伝道十字軍」に所属していた信者に街頭で声をかけられたことが契機となって、七四年五月に統一協会に入会した。そのあとすぐ東京大学原理研究会のメンバーとなり、東大に五年間在籍して卒業までホームに住んで原理研で活動した。七八年三月、大学卒業後就職しないで「献身者」となり、統一協会の千葉修練所で四〇日間の研修に参加。研修の最後に大阪第一教会に「人事」となった。本書ではこの「人事」以降の証言（統一協会代理人の主尋問）から紹介する。

大阪で壮婦その後学生の担当をした後、八〇年三月から教育担当になる。八一年春から大阪の「福寿堂」、八二年には奈良の「天馬堂」「大和一」などで霊感商法の手口による印鑑や人参液販売の担当。要するに霊感商法を陣頭で指揮した。八四年一月から仙台で霊感商法の商品の卸元である「世界のしあわせ東北」の営業担当として東北ブロックの霊感商法を指揮。八四年四月東京第二ブロックのブロック長、同年九月東京第三エリア長を経て、八六年二月に西東京ブロックのブロック長となった。五年間西東京ブロック長として霊感商法の前線の指揮を担当したが、霊感商法に対する社会的批判の高まりに伴って組織が動揺し、九一年三月に同じエリアの相談役、復興師に降格され、九二年三月郷里の京都に戻った。

堀井は東京地裁のこの証言に先立って陳述書を提出した。その中で、原告が主張してきた統一協会（中央本部）―ブロック―地区―地区内の青年支部・店舗の組織の実態を統一協会側の証人として初めて認めた。ところが、これらの組織は全て信者の任意の組織であって、宗教法人の組織とは別のものだと主張した。統一協会の下部組織を信者の団体であると虚偽を述べた点は許しがたいものの、原告ら信者が関わってきた組織の実態を、幹部が法廷で認めたことは重要である。

堀井は原告代理人が尋問した、霊感商法で堀井自身が一億円もの人参液を婦人に売った話などについて「忘れました」などと言ってごまかしつづけた。しかし、堀井が八六年七月に西東京ブロック長として信者に語った録音テープをつきつけられて、霊感商法に関わってきたことをごまかしきれなくなる。一カ月で全国の組織で一〇〇億円を集めるという「ＴＶ一〇〇」のスローガンの下でのノルマ達成のために、信者をかりたてていたことを認めざるをえなくなった。

堀井の尋問も九四年六月一六日、同年七月四日、同年一一月七日の三回に及んだ。ここではその二割足らずの証言のポイントを抜粋して紹介する。

●第一回証言

（前略）

ハッピーワールドと世界のしあわせ各社

［被告統一協会代理人］

株式会社ハッピーワールドという会社を知っていますか。

はい、知っています。

どういった会社ですか。

私が昭和五八年頃ですか、世界のしあわせ大阪で営業しておりましたので、そういう世界のしあわせ大阪の取扱う商品を仕入れる、その卸元と言いますか、そういう会社でした。

納入元ということでしょうか。

高麗人参であれば輸入元になりますし、それを全国各地にある卸売り会社に卸している会社でした。

あなたのおられた世界のしあわせ大阪ですか、それはハッピーワールドとどういった関係なんですか。

いわゆる商品をそこから仕入れ、また取引先のある特約店に卸すと、そういう関係です。

世界のしあわせ大阪がハッピーワールドからそういう商品を仕入れて、それを各特約

堀井証人は、証言に先立って提出した陳述書（乙第八三号証）で、㈱世界のしあわせ東北、㈱世界のしあわせ大阪、㈱世界のしあわせ関東、更にコスモジュエリー、日本ジェム、アイ・ビー等の会社の職員や役員を歴任したと述べている。これらはいずれも統一協会傘下の企業であり、堀井証人は各地方組織の幹部を担当しつつ、資金集めのために設立したこれら企業の名目上又は実質上の役員にもなっていた。

店に卸すという関係ですか。

はい。

ハッピーワールドが扱っていた商品というのは分かりますか。

ええ、高麗人参とか、昭和五八年頃は高麗大理石の壺とか、あるいは高麗大理石の多宝塔ですか、こういった物を扱っていたように思います。

この会社ができた経緯については御存知ですか。

それは全く知りません。

統一協会の事業部とか、統一協会が資金集めのために作った会社であるというようなことを聞いたことはありますか。

そういうことは聞いていません。

株式会社ハッピーワールドの古田元男さんという人を知っていますか。

はい、知っています。

どんな人でしょうか。

ハッピーワールドの当時は社長さんをしておりましたけれども、最近会長さんにかわられたというふうに聞いておりますが。

古田さんが統一協会の役員とか職員になったことがあるか聞いていますか。

なったとは聞いていません。


（中略）

その後、証人が移られた会社が何社かありますね、乙八三号証の一二ページ以下によりますと株式会社世界のしあわせ大阪、それから世界のしあわせ東北、世界のしあわせ関東、コスモジュエリー、日本ジェム、アイ・ビーこういった会社に行かれたわけ

霊感商法の販売・資金捻出の仕組み

韓国の一和（人参液）、一信石材（大理石壺）が製造
⬅
ハッピーワールドが輸入
⬅
世界のしあわせ（全国に七、八社）が卸し元
⬅
全国三〇〇程の販売会社が販売
⬅
委託販売員（信者）が霊感商法の手口で販売

ですね。

はい、そうです。

世界のしあわせ大阪、あるいは世界のしあわせ東北、世界のしあわせ関東、こういった世界のしあわせグループというのがあったんですか。

私の認識ではしあわせグループと言いますか、そういう感じで高麗人参であれば輸入元であるハッピーワールドから商品を仕入れて、末端の特約店に卸す、そういう意味での卸売り販売会社と言いますか、そういうものが北海道から九州まで、各地に通称、販社と呼んでおりましたけれども、そういうものとして存在しておりました。ですから非常にグループ的な結びつきは強かったんじゃないかと、具体的な何かどういうことがあったということは存じませんが。

販社というのは卸売り会社ですか。

ええ、卸売り会社です。販売会社を略して販社と呼んでいました。

責任者としての販売員・信者の啓蒙活動の内容

陳述書にも書いてありますが、あなたがおっしゃる世話役というのは販売員とか、信者の指導ということですか。

それもありましたし、ブロック長という形で明確になってからはそういう方もいらっしゃいますし、それ以外の信者さんもいらっしゃいますから、すべての統一教会の信者さんがブロックなりに収束しているわけではないのです。それはごく一部なんですね、例えば西東京という地域があれば西東京ブロックという単位の枠内に入っている信者さん以外の信者さんも西東京地域には沢山おられましたし、あるいは統一運動を推進する各種団体がございますが、例えば世界平和教授アカデミーとか、原理研究会もそうだと思いますが、そういう方の信者さん達が西東京ブロックの一員であるとか、そういうことはないわけです。そういうことを前提として信者さん達の中には販売員の方もおられますし、当然そういうサークル会ができればその事務を行っている方もいらっしゃいますし、いろんな方達がいらっしゃったと思うのですが、そういう販売員の方だけじゃなくて、全般的な西東京ブロックの枠内に入る信者さん達にいろんな激励とか、お話をしていたということです。

陳述書（二）の一三ページを見ますと、あなたが関西ブロックの世話役として、あるいは東北ブロックの世話役として販売員の指導にあたっていたと、中身は販売員の啓蒙だと書いてあるんですが、具体的にいうと啓蒙というのはどういったことを言うのですか。

統一原理を分かりやすい形で噛み砕いて講義をするようなこともございましたし、あるいはセールスマン活動というのは中々忍耐を要することですし、例えば一軒一軒訪問すると、それは辛いことですよね、断り方が激しい方もいらっしゃれば、水を撒かれたとか、塩を撒かれたとか、そんなもの要らないと強く断られたりする時に精神的にショックを受けたりとか、そういうこともありますし、そういう時に自分自身をどう克服していくのかとか、私も多少セールスマンとして、福寿堂の委託販売員時代とか、あるいは奈良の天馬堂という会社で高麗人参の販売をやった時とか多少の経験がありますので、そういう体験を基にして、己をいかに克服していくかと、そういう面では自己の克己といいますか、自己の修行と言いますか、そういう面でのとらえ方、あるいは克服していく仕方と言いますか、そういうことの体験的な話もありました。

啓蒙する場所なんですが、これはどこでおやりになりましたか。

各県にある特約店の委託販売員の皆さんの住んでいる寮に行くことが多かったです。

大体一日どの位啓蒙の仕事をされるのですか。

例えば東北の頃は一日かけて青森に行くとか、そういうことがありますから、近いところでは例えば朝行くとか、あるいはその日の夜も行くとかということもできましたが、遠いところは一日に一箇所行くのがせいぜいだったと思います。

（中略）

定着経済（毛皮・宝石・絵画・呉服の販売）

それから定着経済とか委っているんですが、ブルー、そういう言葉を知っていますか。

ブルーという名前で通称されている商品群がありました。

どういった商品ですか。

宝石とか、毛皮とか、絵画とか、呉服とか、そういうものです。

どうしてこれをブルーというのか、理由は分かりますか。

いや、いつしかそういうふうに言われていたと言いますか、ただ中央の連絡協議会のスタッフをしておられた西井さんという方が非常にそういうことの扱いとい

「特約店の委託販売員の皆さんの住んでいる寮」
この寮のことを統一協会では「店舗」とか「ホーム」と称していた。霊感商法の前線基地である。

いますか、そういうことをよくされる方だったものですから、その方から出てきた名前じゃないかと思います。

ブルーといった理由はよく分からないのですね。

意味合いは全く分かりません。

展示会で大体ブルーというのはやるんですね。

はい、そうです。

こういった販売にもあなたとしては啓蒙に行ったということですね。

啓蒙と言いますか、私自身が日本ジェムとかコスモジュエリーとか、そういう役員もしておりましたので、会社として売上を伸ばしたいというのは当然ですから、信者さんに対しても同じ着物を買うのだったら、こういう会社でも扱っているので買っていただけませんかとか、あるいはいろんな方に紹介していただけないですかと、そういうふうに言うのはごく自然だと思いますが。

そうするとブルーにおいては啓蒙とかいうのはあんまり……

私個人はしておりませんが。

（中略）

●第二回証言

統一協会会員の区分

［被告代理人］

まず、いろいろな会員の名前がありますのでその点確認いたします。統一教会では、どういった会員区分になっていたのかという点について、証人はお分かりですか。

宗教法人統一教会においては、本部教会員と一般会員の二つに区別されていたということです。

本部教会員というのはどういうのを言うんですか。

本部が確定したという意味だと思いますが。

「本部」というのは、教会の本部ですね。

はい。

それ以外を一般会員というわけですか。

はい。

それから信者のブロック組織なんですが、この中では信者の区分というのはありましたか。

ええ。信者の組織、ブロックの中で時期によって異なりますが、会員の区分を任意でしてました。

例えばどのような区分があったでしょうか。

管理上アルファベットでやっていたと思いますが、いつの時期かは定かではないんですが、講義を聞いてそれを受け入れて、そして様々な集会とかそういうものに定期的に参加する人をF会員、それから信者の組織の中で活動している人をP会員、あるいは献身的にやっている人をD会員、そんなふうに呼んでいた一時期がありました。

このFとかPとかDとかいうのは、何か頭文字を取ったものですか。

いえ。どうしてそういうアルファベットなのかは私は分かりません。

そうすると、先程献身者をD会員と呼んだということですが、「献身」というのは一般的にどういうことを献身と言うんでしょうか。

わたしの理解では、講義を聞いてそれを受け入れて、その説かれる、神様に身をゆだねるというか、そういう意味合いであって、それがそのまま宗教法人統一教会の組織、例えばその職員になるとかそういう意味合いにおいて身をゆだねることではないわけです。信者の組織の中で、いわゆる今まで勤めていた職場を辞めて信者の組織の活動に専念すると、そういうふうな人を「献身者」と呼んでいました。

（中略）

献身者へは月一万円足らずのこづかい

次に、給与体制についてお聞きします。あなたの場合を例にとってお答えいただきたいんですが、あなたの場合に、献身してからどういった給与体制になっていたかという点について説明していただけますか。

最初に大阪にまいりました。大阪第一教会に所属しましたときは、まだ信者の組織としてのブロックというものがありませんでしたので、私は大阪第一教会の中で、殆ど教会の運営そのものが自給自足といいますか、朝食とか昼食、夕食もあてがわれて、それからどこかに伝道に行くという場合の交通費も教会の中でまかなっていただいておりました。あとお小遣いですかをいただいてました。

小遣いはどのくらいもらっていたんですか。

　大阪にいった当時で、月に七、八千円から一万円の間だったと思います。

その次に、有限会社福寿堂の委託販売員になっておりますね。

　はい。

委託販売員のお世話をしていたときあるいは自らも販売をしていたとき、そういったときはどうでしたか。

　委託手数料をいただいてました。ただ、非常に精神的に献身、献身というのは先程も言いましたように、神様に身をゆだねる、そういう修道精神というものがありますので、いただいた委託手数料とかそういうものを、委託販売員のグループのメンバー達と一緒に寮で生活しておりましたが、その寮の中に信者の中から会計担当者を立てて、その会計担当者が一括して管理しながら一緒に住んでいる者たちの、いわゆる家賃とか食事代、あるいは様々な光熱費とかそういうものをまかなってみんなはお小遣いをいただくと。それを当然のごとく受け入れてやっておりました。

そういったお小遣いですが、月どのくらいもらっていましたか。

　……古いことなので記憶が定かでないんですが、大阪のときと同様一万円弱ぐらいだったと思います。

昼食代もらっていたんでしょうか。

　昼食費込みでいただく場合は、大体一回八〇〇円から一〇〇〇円ぐらいの昼食代を一緒に。ですから四万、五万をいただくということもありました。

その後、世界のしあわせ大阪等の社員あるいは役員をされておりますが、このときの給料ないし報酬はどうなっておりましたか。

給料は出ておりました。世界のしあわせ大阪のときは、豊中市に社員寮がありましてそこで社員は全員一緒に住んでおりました。で、その中からそこの家賃とか、朝食、夕食は作ってもらってましたので、そういう食事代あるいは皆でまかなっている維持費ですね、光熱費等そういうものを納めてました。ただ、先程も言いましたように、精神的に殆ど全員が原始キリスト教的な共同体といいますか、ちょうど聖書の使徒行伝に、「信じた者の群れは全ての物を共有しあい、必要に応じて分け与えられていた」と、そういうふうな一節があると思うんですが、そういう精神でやっておりましたので、会社からいただく給料というものを寮の会計担当者に一旦預けて、そして必要なものをいただくということを精神としてみんな受け入れておりました。

寮の会計担当者というのは、会社の会計担当者とは違う人がやっているわけですか。

もちろん違います。

とにかくそれは、今おっしゃったような原始キリスト教的共同社会ですか、そういった考えがあるからということですね。

ええ。それがもう大前提だったというふうに認識しておりますので。また、そういうものを受け入れた人がいわゆる信者の組織の中での献身者というふうに呼ばれておりました。

そうすると、例えば月の小遣いが一万円ちょっとぐらいですか、昼食代込みで四、五万ですかね、それが例えば少ないとかそういった不満というのはなかったんでしょうか。

元々精神的にボランティアという、托鉢、就労的な精神を受け入れてやっておりましたので、いただけるだけでも有り難いということが前提でした。

あなた以外のほかの社員の方とか、ほかの信者の方、それについても大体同じですね今おっしゃったことと。

ええ、同様であると思います。

そういう人達も別に、小遣いが少ないとかいう不満があったわけじゃないわけですね。

個々人がどう思っておられましたか分かりませんが。

献身者というのはそういった人を言うということでしょうか。

はい。信者の組織の中の総意として確認されていたと認識しております。

（中略）

ブロック組織の実情

それからその組織の中に、「スタッフ」と呼ばれていた人はいましたか。

はい。

そのスタッフというのは、各ブロックのブロック長の下にいるんですか。

はい、そうです。

スタッフにはどういったものがありました。

専務とか伝道部長とか組織部長、総務部長、そういう人達がおりました。

専務というのはどういったことをやるんですか。

各地区にある世界のしあわせグループと取引をする特約店があるんですが、その特約店を指導しておりました。

伝道部長というのは。

伝道部長は、私がブロック長になったときには既にありましたが、青年サークル会というものがありまして、そこがビデオセンターをもっておりましたが、そういうものの青年サークル会の活動を指導しておりました。

伝道部長と言っても、教会のあれとは全然違うんですね。

宗教法人統一教会の伝道部長ではありません。はっきり言えば、そういう言葉を無断で使っていたと思うんですが。ですから一時期、何年ごろでしたか、西東京の私がブロック長になってから、教育長さんのほうから紛らわしいということとそういうものを勝手に使ってほしくないということで注意をいただいたこともあります。伝道部長というのは、いつかはっきり思い出せないんですが、総団長という名前に変わりました。

それから、組織部長というのはどういうことですか。

組織部長は、壮年、婦人のサークル活動

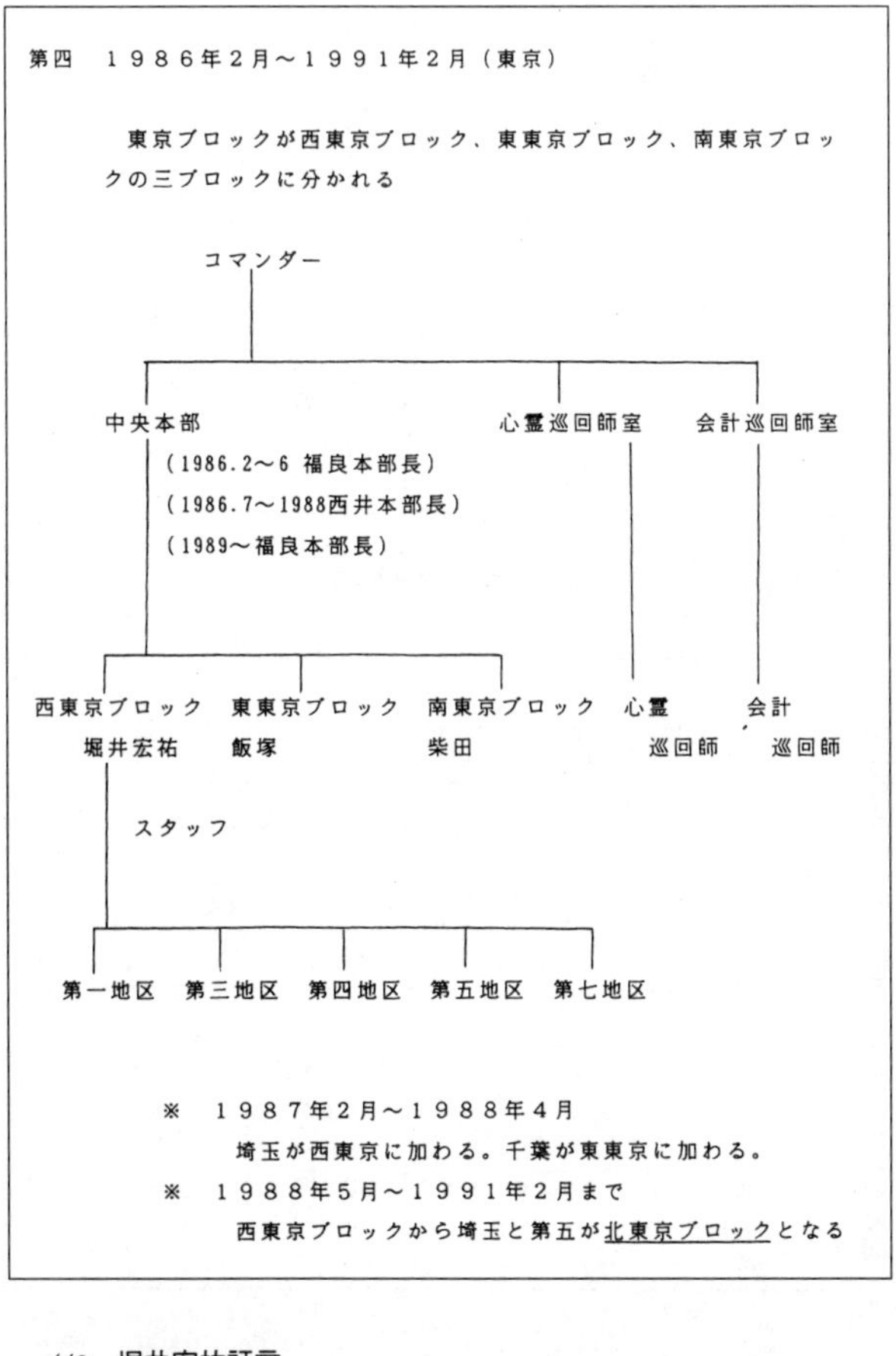

堀井が書いた東京の組織図（八六年二月～九一年二月）

等を指導していた人です。

総務部長というのはどうでしょうか。

信者の組織の中での、先程言いました会員区分等ありましたので、そういうことを管理している人でした。

そういったスタッフの人の給料というのは、やはり先程と同じように地区単位といいますか、ブロック単位と言いますかで出ていたんでしょうか。

いわゆる、各地区と同時にブロックのスタッフあるいは事務局等のお世話をしている人達がいますので、そういう人達の中での会計担当者がおりまして、そこからいただいておりました。

（中略）

ブロック長など幹部が統一協会傘下企業の役員になる

[後に提出する乙第八七号証を示す]

これはあなたが作ったものですね。

はい。

これはあなたの経歴を書いたものですね。

はい。

あなたとしては、会社の社員あるいは役員と同時にブロック長もやっているわけですけれども、こういったことは同時にされていたということでしょうか。

はい。

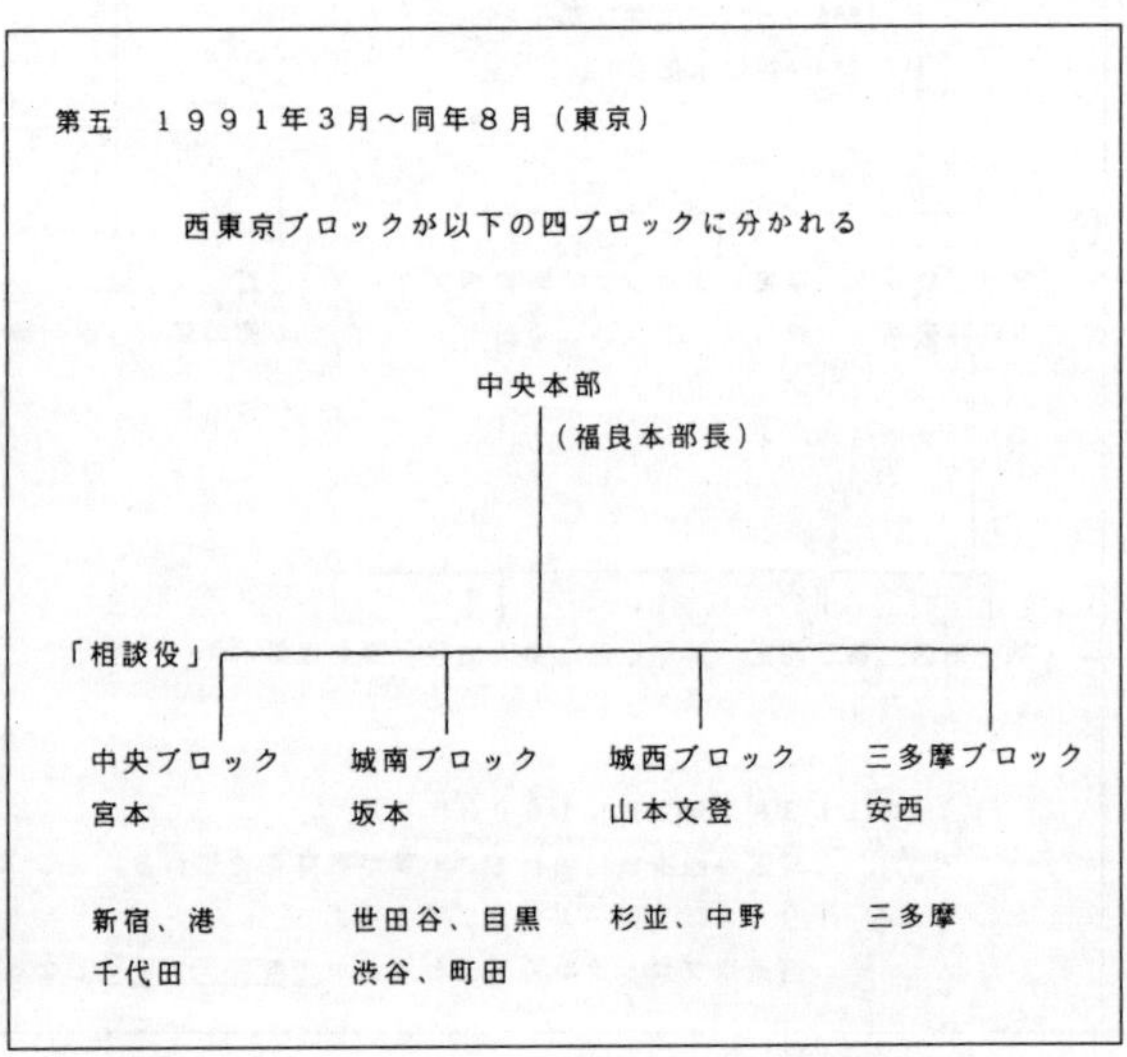

堀井作成の九一年三月～同年八月の組織図

簡単で結構ですから順番に言ってもらえますか。社員の時代はどうだったとかいうのは。

　世界のしあわせ大阪、世界のしあわせ東北は、文字通り会社の営業をしておりました。それから世界のしあわせ関東の社長は小林さんという方でしたが、この方とは以前から懇意でしたので、役員で来てくれないかということがありまして、殆どこの期間は非常勤のような形でした。実際は定期的に行く以外は、信者のブロック組織のほうの仕事をしておりました。

そうすると、世界のしあわせ関東に定期的に行くことはあったわけですね。

　はい。

そこで何をされたんですか。

　小林社長さんといろんなお話をしたり、打合せをしたりぐらいで、殆どこの期間は記憶にはないんですが。

殆どブロックとかエリア長の仕事をされていたと。

　はい。

コスモジュエリーのときはどうでしたか。

　会社の代表取締役として、当然朝礼に出

乙第八七号証

堀井宏祐の経歴について

年	会社	社	信者のﾌﾞﾛｯｸ組織
1983	83.7.21 ～83.12.28 ㈱世界のしあわせ大阪 社員		
1984	84.2.13 ～10.21 ㈱世界のしあわせ東北 社員		84.5～8 東京第二ﾌﾞﾛｯｸブロック長
	84.10.30～87.1.24 ㈱世界のしあわせ関東 取締役		84.9～85.1 東京ﾌﾞﾛｯｸ第二ｴﾘﾔ 長
1985			85.2～86.1 東京ﾌﾞﾛｯｸ第三ｴﾘﾔ 長
1986		86.12.1 ～88.11.28 ㈱コスモジュエリー 代表取締役	86.2～91.2 西東京ﾌﾞﾛｯｸ ブロック長
1987			
1988			
1989		89.9.1～92.6.10 ㈱日本ジェム 社員	
1990		90.6.25 取締役	
1991			91.3～8 相談役（旧西東京ﾌﾞﾛｯｸ）
			91.9～92.2 復興師
1992		92.6～93.11 ㈱アイピー 取締役	92.3～93.12 復興師（関西）
1993			

ては社員の前で訓示をしたりとか、あるいは実際市場が東京ですから、ブロックと言われるところと重なってまいりますので、ブロックの信者さん達にいろんな激励とか話をしていったついでに、こういう展示会がありますから頑張りましょうとか、そういうことも言っておりましたし。それ以降は全部一緒です。

日本ジェムも取締役ですね。

はい。

あとは西東京のブロック長では、これは前回も言いましたが啓蒙されていたということですね。

はい。

西東京ブロック長時代には、信者の数は何人ぐらいいましたか、そこの中で。

私の記憶では、西東京ブロックという組織に所属されている方は六〇〇〇人ぐらいはおられました。

(中略)

原理研から統一協会地区への人事

[原告代理人]

そういう指示というのは結局従うべきものとしてみんな聞いているわけですよね。

ええ、私はそう思っておりましたので。

あなた以外の方も同様ですね。

だったと思いますが。

原研の卒業生、要するに統一教会のために献身的に歩みたいという人は全員参加する研修が統一教会主催であるというような話を聞くと、何か統一教会と原理研究会というのは一体のものだというふうに私の方は感じるのですが、そういうふうに伺ってよろしいですか。

どうでしょうか、原理研究会の中のそういう献身的にやりたいという方が教会主催の修練会に出られるということだけですね。

私の質問は、あなたの年度の方が原研の出身者がみんな統一教会の研修に加わって統一教会からの人事(注)を受けると、あなたの次の年度のことですけれども、統一教会からの辞令書も受けるということを聞くと、原研と統一教会というのは組織的に一体ではないかというふうに私は質問してるのですが。

原理研究会の卒業生全員がその修練会に出たかどうかは私は分かりませんが。

質問の趣旨は組織的に一体じゃないかという質問です。

とはならないと思いますが。

あなたの方で当時の原研と統一教会の関係でもいいですよ、全く別個というふうに言っているのと、実体を見ると大分違うような気がするんですが。

そうですか。

［後出甲第一六七号証を示す］

ファミリーという雑誌、これは統一教会が発行する機関誌ですね。

（注）堀井証人は七八年三月に大学を卒業して統一協会の「献身者」になるにあたって、人事発令を受けた。統一協会の「人事」については信者は絶対に従うべきものとされている。

甲第一六七号証（ファミリー七七年二月号）

本部の動き

学生部

学生部は、昨年暮れ、真心をこめた手紙と贈り物を家に送り、正月帰省をしないで元旦より伝道に出発しました。神の日の礼拝で、太田会長は、「国家的基準においてみ言宣布の年であり、大学界、国家界において決戦の年である。従って、勝てばサタンから個人、家庭、大学、国家を解放する年である。」と語られました。特に一月九日から十六日までの期間、早朝祈祷をして出発し、飛躍的伝道の渦を巻き起こしました。昨年十一月二十一日から四十日路程を組み、また、試験前一月十六日までを区切りとして、伝道一本に走ってきたわけです。この期間において会員四〇〇名が増えました。

一月十六日の聖日には、都原研と関東ブロックだけではありましたが、今までの慰労と新たなる決意のために、神の日記念礼拝と大和動会が催されました。ここにおいて先生の願いである〝月一人食口確保〟を、試験中であっても勝利する事を誓い合いました。現在、み言の実力をつけるため、全員が何も見ないで原理講義ができるように挑戦しています。

具体的年間方針は一月二十日から二十四日までの全国支部長会議において確認され、出発いたします。

統一思想

十二月四日〜五日と神戸市民大学の生徒さん達に、原理を直接に語らないで、如何にしてみ言を伝えてゆくかという課題を担って、

106

はい。

これの一〇六ページ「本部の動き」というところで学生部のことがいろいろ書いてありますね。「学生部は、昨年暮れ、正月帰省をしないで元旦より伝道に出発しました。」と、次の段落で「一月十六日には都原研と関東ブロックだけではありましたが、大和動会が催されました。」と、学生部というのは、統一教会の学生部ですね。

そうですね。

ここでいう都原研というのは原理研究会のことですね。

はい。

こういうふうに統一教会の機関誌で学生部の動きとして、本部の動きとして、原研のことも並列的に書かれるのだから、一体の組織じゃないのですか。

分かりませんね、それは。

七八年七月頃大阪第一教会の人事になった時に、教会長は寺田敏己さんというふうに伺っていいですか。

はい、寺田敏己さんです。

現在ハッピーワールドの社長ですか。

ハッピーワールドの社長をなさっているということは聞いていますが。

寺田敏己教会長はその後どこかの教会長に人事になっていますね。

そうですね、ちょっとどこだか分かりませんが。

（中略）

大理石壺の展示会でタワー長をした

「寺田敏己」
寺田は教会長などを経てその後ハッピーワールドの社長にもなった。

これは先程辞令書で示した遠藤さんの写真なんですが、あなたと大阪第一教会のホームで一九八二年一月から四月中旬まで印鑑と霊感商法に従事しましたと、この時の店長が堀井さんでしたということで、陳述書を書いているんですが、ここで一緒に二〇人位暮らしていたというのは、かなり人としてはいろいろ入れ代わりはあったわけですよね。

そうですね、それはありました。

それでここでは月に一度展示会を開いていましたと、それでまず大体お客さんに三〇分程霊界の話とかのビデオを見せていましたと、その後、壺とか売ったりするんですと、この月一回の展示会というのはあなた御存知ですよね。

高麗大理石の展示会ですね。

ええ。

それはありました。

先程話にあったタワー室がその時にあって、あなたは大体タワー長という立場でこれ携わっていたんじゃないですか。

展示会の全体の運営ということですか。

はい。

お手伝いはしていたと思いますが。

その名前はタワー長でいいわけですね。

記憶にありません。

「タワー室」
霊感商法を行なうための霊場やビデオセンターなどの個々の活動を指揮する信者（タワー長という）がいて、担当信者を指揮する部屋のこと。

自分は一億円以上売ったと信者に語っていた

それからあなたから大阪、奈良時代の活動の後に東京であなた自身の証詞（あかし）として、あなた自身の経験談として、いろんな人があなたから話聞いているんですが、大阪のマナ展で二億円を勝利したと、目標勝利までやめなかったという証詞をされた元信者がいるんですが、そういう話をあなたした記憶がありますか。

大阪でそういうことをしておりませんが。

そういう証詞をした覚えもないですか。

いろんな自分の経験に基づいた販売の証詞とかそういうふうなことはしていると思いますが、大阪でそういうことがあったということは言っておりませんが。

奈良での株式会社天馬堂、それから有限会社大和一ですか、この当時は高麗人参液のほかに、この会社は何を販売していましたか。

壺とか多宝塔をやっていました。

この時の朝鮮人参液の販売の話を、あなたよく証詞としてしゃべっていますよね。

いろんな話をしてると思いますが。

その中でよく複数の人からあなたの証詞として聞くんだけれども、夜中の三時までかかって、一人の女性に一億円以上の高麗人参液を売ったという証詞をされているんですが、そういう記憶ありますよね。

夜中の三時とか、そういう話はしたことないですね。

じゃあ、区切って聞きますが、一人の女性に一億円以上の高麗人参液を売ったという証詞はしていますね。

　奈良の時に沢山人参を買われた方はいらっしゃいました。

それが一億円を超えるマナであるというふうに伺っていいですね。

　一億円を超えるという覚えはないですけれども。

その売った女性の家に月丘夢路という女優さんを呼んでパーティをしたという証詞もしていますね。

　確か月丘さんは高麗人参の宣伝をしておられましたよね、ですから呼んでというよりは申し出があって御紹介をしたんじゃないかと思いますが。

要するに月丘さんをゲストの家に呼んで、パーティをしたことは事実なわけですね。

　いらっしゃったことは覚えております。

それはあなたが呼んで、企画をしたわけですね。

　私が呼んで企画をしたわけじゃないのです、高麗人参をそんなに愛用して下さる方だったら是非お会いしたいと、そういうふうな話があったということを聞きましたから、それだったらということだったと思います。

あなたの今の記憶でその一人の人に幾ら位売ったんでしょうか。

　ちょっと正確な数字は覚えてないですね。

一億円と言っても遠からずという数字なことは確かなんですね。

　結構多かったですね。

それ何箱になるんでしょうね。

　八万円ですからね。

一億円を八万円で割るととんでもない数になると思うのですが、この人は何に使うと言ったんですか。

月丘夢路の人参液の宣伝チラシ

御自分が飲まれたり、いろんな親族とかに配られたんじゃないのでしょうか。

それは現金で払われたのでしょうか。

そこのところは記憶ないですね。

飲んだりするのだったら、一箱買って、飲み終わってまた買えばいいと思うのですが、八万円ずつ、一億円近いマネーでいっぺんに買うと、何かいいことがあるから、そういうふうに買ったわけですか。

記憶にないですね、分からないです。

一人の人に一億円の朝鮮人参液を売るというのは大変なことでしょう、あなた大変な努力をなさったわけでしょう。

その方を訪問してお話をしたりしたことはありますが。

（中略）

その中で億展を勝利したんだということを言った覚えをあなたはないというのですか。

正確には思い出せないですね。

正確じゃなくても何でもいいですよ、億展勝利という単純な事実をあなたブロック長として人に話していませんか。

展示会がこの位の額をやったということでの一億ですか。

あなたは億展という言葉も知らないですか、あなた言ってませんか。

一億の展示会というのなら分かりますけれども。

それを売り上げたんだということも言ってないですか。

大阪での福寿堂にいた時の展示会の中で、この位やったとか、そういうことは言っていると思うのですが、奈良で人の特定されたことはよく思い出せないですね。


「億展を勝利」

展示会（三日間程度霊場を借りて、客を計画的に動員して売りつける期間のこと）で一億円の売り上げを達成したことを、統一協会ではこのように表現している。

そういう形で自分も億展で勝利したんだと、皆さんも今度の展示会で頑張りましょうと、これをするのがあなたのブロック長としての仕事のかなりウェイトを占めているでしょう。

それは東京に来てからのブロック長時代ですか。

そうです。

いろいろそういう経験は話していると思いますが。

（中略）

［後に提出する甲第一五七号証を示す］

深田直美さん（仮名）の陳述書ですが、これの四ページの七行目に「堀井さんは東大卒で、お父さまに直接用いられている。古田所長に特に可愛がられている。奈良の店舗でマナ展を初めて億展を勝利したとか話していました。(注)奈良の億展というのは、堀井の話によればマナの展示会で一億円の売上を上げたということです。堀井は、奈良県で霊感商法の店舗の店長をしていた当時、あるお客にマナ一億円を買わせたことがあり、その際そのお客の自宅で、『女優の月丘夢路を呼んでパーティーをした』とも言っていました。」という、あなたの証詞（あかし）を聞いたというような陳述をされているんですが、このような証詞をしたことは事実ですね。

いいえ、このようなことを話したかどうか全く記憶にないんですが。

（中略）

トータルビクトリー一〇〇の意味

（注）甲第一五〇号証の他の元信者の陳述書では、堀井証人が西東京ブロックの責任者であった当時、こんな話をしたと述べている。

「目標勝利までやめないとの頑張りで、大阪時代にマナ展で二億円を勝利したとの話。夜中の三時過ぎまでかかって一人のゲストにマナを一億円売り、その後そのゲストの家に月丘夢路を呼んでパーティーを開いた話等が印象に残っています。」

それから「ＴＶ一〇〇」という言葉は知ってますね。

　はい。

どういう意味ですか。

「ＴＶ」というのがどういう意味か、当時の中央本部長をしておられた西井さんでしたか、あの方が、この前の主尋問でもブルーと言われる何か商品群があるとかそういうふうなことで、非常にいろんなことを記号でおっしゃる傾向が強かったんです。で、ＴＶということのＴとＶが何を意味するか、私はいろんな人から話を聞いて「トータルビクトリー」の意味だったのかなぁというふうな漠然とした内容はあるんですけれども。

「一〇〇」という意味はなんですか。

　一〇〇は一〇〇億だったと思います。

そうすると、ＴＶ一〇〇を達成しようと、こういうふうに言った場合はどういう意味になりますか。

　ですからＴＶ一〇〇ということも、正確に何なのか、売上なのか何なのかですね。献金なのかどうか、いろんな意味合いがはっきりしてないんです。ですから私としては、トータルビクトリーですから統一運動全般の、一つの大きな運動の成果の目標というふうには捕らえておりましたけれども。

運動の成果の目標ということですねぇ。例えば売上というふうな意味ではないかとおっしゃいましたね。これはどういう人達の売上なんですか。

　ですから、一〇〇億の意味内容はよく分からないということです。

売り上げなのか献金なのか分からないとおっしゃったでしょう、今。

はい。

売上というふうに解釈した場合、何の売上なんですか。

当時のいろんな会社群がありますよね、その売上の全体じゃないでしょうか。これは推測ですけれども。

「会社群」というと、ハッピーワールドを頂点にした世界のしあわせ各社、それからその下にあるあなたの言う特約店、こういうことを言っているんですか。

そうですね。

いわゆる印鑑、壺、多宝塔を売っていた会社ですね。

その当時ですね。

「献金」という場合には、これはあなたはどういうふうに理解したんですか。だれがだれに献金するんですか。

ですからその意味内容は分からないんです。

でもあなたは献金かもしれないと言ったでしょう。

ですから、例えばの話で言っただけであって。

（中略）

ＴＶ一〇〇は文鮮明のみことば

そうですか。いずれにしても、八六年の後半にはそういう話をしてたわけですね。

はい。

ＴＶ一〇〇というのはだれが言いだしたことなのか、その点についてあなたは聞いてますか。

私は中央本部から聞きましたけど。

中央本部のどなたですか。

西井さんでした。

西井さんはだれから聞いたわけですか。

それは分かりませんね。

でも、西井さんはほかのだれかから聞いているわけですよね。

……分かりませんけれども。

それから、信者の前で文鮮明さんの指示であると、こういうふうな形で話してたんじゃないですか。

だれがですか?

TV一〇〇というのは、文鮮明さんが指示してるんだと。こういう形で話してたんじゃないですか。

私がですか?

ええ。

「指示してる」ということでそういうことを言ったことはないですが。

では、文鮮明さんの話であるということで話したんじゃないですか。

ですから、先回の主尋問の最後で、文先生が世界的な統一運動をもっと拡大していく為には、こんなにたくさんお金が必要だと、そういうふうなことに対して信者さん達が、それだったらもっといろんな献金をしてやっていこうと、そういうふうなことでの目標だったと思いますけれども。

ええ、目標なんですけれどもね。それでＴＶ一〇〇ということを言いだしたのは文鮮明さんだと、こういうふうにおっしゃったんじゃないですか。

それは分かりません。

あなたはどういうふうに話したんですか。

そういうふうには話してないです。

どういうふうに話をしたんですか。

記憶にないです。

じゃ、だれがそういうことを言い始めたか、それについては何かしゃべらなかったわけですか。

ですから、中央本部から自分は聞きましたと。

中央本部からの指示であると、こういうふうに話したわけですか。

……具体的にどういうふうに話したかは記憶にないです。

（中略）

阿部れい子、黛けい子の衆議院選立候補の統一協会による応援

一九八六年の七月の七夕選挙のときじゃなかったですか。

そのころかも分かりません。

出た選挙というのは、衆議院議員の選挙ですよね。

そうですね。

大阪三区からですね。

そういうふうに聞いたと記憶してますが。

あなたは当時、あべれい子さんは信者であったように思うと、こういうことですね。

そんなふうに聞いていたと記憶してますが。

それから、黛けい子さんという方は知ってますか。

直接お会いしたことはありませんが、そういう方の名前もその当時聞きました。

どういう方ですか。

信者さんだったというふうには聞いてました。

やはりその七夕選挙に立候補なさった方ですね。

そうですね。

これは埼玉二区だかそのあたりですね。

そうですね。

その当時ですけれども、マルエスとかあるいはマルエス作戦という言葉が統一教会の内部で使われていましたよね。

信者の組織の中で使われてましたね。

どういう意味ですか。

あの当時の選挙で、これは……いろんな議員さん達を応援していこうと、そういうふうな意味合いだったと思いますが。

「議員さん」というのは、勝共連合か何かの関係の方ですか。

勝共理論をより前向きに受け入れていただいて、そういう意味では勝共推進議員というふうな、一括り的な呼び方もあったというふうに記憶してます。

それでその七夕選挙、一九八六年七月の総選挙の直後あたりなんですけれども、当時あなたは西東京ブロックのブロック長ですね。

八六年はそうです。

その選挙直後に、信者達の前であべれい子さんとか黛けい子さんの選挙結果について話をしたことがありますでしょう。

勝共推薦議院のリスト
（一九九〇年三月二五日付の思想新聞より）

勝共推進議員名簿

「勝共推進議員」は以下名簿掲載分を含め、衆参両院合わせて計百五十人。

＜名簿の見方＞上から選挙区、氏名、所属、新旧、当選回数の順

選挙区	氏名	所属・新旧・当選回数
北海道1区	松浦　昭	自新①
北海道2区	上草　義輝	自前⑤
北海道3区	佐藤　孝行	自前⑨
北海道4区	渡辺　省一	自前⑤
北海道5区	中川　昭一	自前③
北海道5区	武部　勤	自前②
青森1区	田名部匡省	自前⑤
青森2区	木村　守男	自前③
岩手1区	工藤　巌	自前⑤
岩手1区	鈴木　俊一	自新①
岩手2区	菅原喜重郎	民元②
宮城1区	伊藤宗一郎	自前⑩
宮城1区	三塚　博	自前⑦
宮城1区	愛知　和男	自前⑥
秋田1区	佐藤　敬夫	自前②
山形1区	鹿野　道彦	自前⑥
福島1区	金子徳之介	自新①
福島3区	坂本　剛二	自新①
茨城1区	中山　利生	自前⑥
茨城1区	額賀福志郎	自前③
茨城3区	丹羽　雄哉	自前⑤
栃木1区	渡辺美智雄	自前⑩
栃木1区	船田　元	自前⑤
栃木2区	神田　厚	民前⑥
群馬1区	尾身　幸次	自前③
群馬3区	中曽根康弘	無前⑰
埼玉1区	松永　光	自前⑧
埼玉2区	山口　敏夫	自前⑨
埼玉3区	加藤　卓二	自前③
埼玉4区	青木　正久	自前⑦
埼玉5区	和田　一仁	民前⑤
千葉1区	江口　一雄	自前②
千葉3区	石橋　一弥	自前⑥
東京1区	大塚　雄司	自前⑥
東京1区	与謝野　馨	自前⑤
東京2区	新井　将敬	自前②
東京3区	越智　通雄	自前⑥
東京4区	粕谷　茂	自前⑦
東京4区	高橋　一郎	自前②
東京5区	小林　興起	自新①
東京6区	柿沢　弘治	自前④
東京7区	小澤　潔	自前⑤
東京8区	鳩山　邦夫	自前⑤
東京9区	浜野　剛	自前⑤
東京10区	島村　宜伸	自前⑤
東京11区	伊藤　公介	自元④
神奈川2区	原田　義昭	自新①
神奈川5区	亀井　善之	自前④
新潟1区	近藤　元次	自前⑤
新潟2区	佐藤　隆	自前⑧
新潟3区	星野　行男	自新①
新潟4区	高鳥　修	自前⑧
長野1区	小坂　憲次	自新①
長野2区	羽田　孜	自前⑧
長野3区	中島　衛	自前⑤
長野4区	村井　仁	自前②
富山2区	綿貫　民輔	自前⑧
石川1区	森　喜朗	自前⑧
福井全県区	牧野　隆守	自前④
岐阜1区	大野　明	自前⑨
岐阜1区	松田　岩夫	自前②
岐阜2区	古屋　圭司	自新①
愛知1区	田辺　広雄	自新①
愛知5区	村田敬次郎	自前⑧
愛知6区	片岡　武司	自前②
三重1区	北川　正恭	自前③
滋賀全県区	宇野　宗佑	自前⑪
京都1区	伊吹　文明	自前③
奈良全県区	奥野　誠亮	自前⑩
大阪2区	中山　正暉	自前⑧
大阪2区	前田　正	自新①
大阪6区	左藤　恵	自前⑧
大阪7区	北川　石松	自前⑥
兵庫1区	石井　一	自前⑦
兵庫2区	鴻池　祥肇	自前②
兵庫3区	渡海紀三朗	自前②
兵庫4区	松本　十郎	自前⑥
和歌山1区	中西　啓介	自前⑤
和歌山2区	東　力	自前③
鳥取全県区	相沢　英之	自前⑥
島根全県区	細田　博之	自新①
岡山1区	平沼　赳夫	自前④
広島1区	粟屋　敏信	自前②
広島2区	谷川　和穂	自前⑨
広島3区	亀井　静香	自前⑤
山口1区	安倍晋太郎	自前⑪
山口2区	高村　正彦	自前④
香川1区	木村　義雄	自前②
愛媛1区	関谷　勝嗣	自前⑥
福岡2区	麻生　太郎	自前④
福岡2区	三原　朝彦	自前②
福岡3区	古賀　一成	自新①
福岡4区	自見庄三郎	自前③
佐賀全県区	坂井　隆憲	自新①
長崎1区	倉成　正	自前⑫
長崎1区	久間　章生	自前④
長崎2区	虎島　和夫	自前②
長崎2区	光武　顕	自新①
熊本1区	松岡　利勝	自新①
熊本2区	園田　博之	自前②
大分1区	畑　英次郎	自前⑤
大分1区	衛藤征士郎	自前③
大分2区	岩屋　毅	自新①
宮崎2区	中山　成彬	自前②
沖縄全県区	仲村　正治	自元②

……具体的な記憶はちょっとありませんけれども。

したような記憶はありませんか。具体的な内容はともかくとして。

とにかく、六〇〇〇人の信者の前でいろんなところでいろんな話をしてますので、一〇年近い前の話になると、どこで何をどう話したということは本当に記憶にないですね。そういうことを全部、とても覚えられないと思うんですが。

だから、具体的な細かいことを聞いているわけではないんです。あべれい子さんや黛けい子さんは、統一教会の信者だったわけですよね。その人達が、信者としては初めて国政選挙に出たわけでしょう。

ええ、そんなふうに聞いてはいました。


（中略）

西東京ブロック長としての講演テープをつきつけられて堀井は……

［後に提出する甲第一五二号証を示す］(注)
これは録音テープなんですが、ちょっとお聞きください。
（原告代理人はテープをセットし証人に聞かせる）
［後に提出する甲第一五三号証を示す］
これは、今聞いてもらったテープを反訳した反訳書ですが、今テープで聞いていただいたところ、三ページの終わりから五行目、「今朝も会議で、コマンダー中心にね、黛けい子さんを、絶対こんど通すって、あの結団式やったんです。又ね、東京の第五地区は、全面的に応援するようにと言われました。」と、こういうようなことが書い

（注）甲第一五二号証は統一協会の集会で堀井が信者に向かって講演している録音テープである。堀井はこのテープの再生後にわかに表情がかわり、証言がやや正直になった。

てあるんですけれども、この「会議」というのはブロック長会議ですか。

　どういう会議かこれだけでは分かりませんね。

「コマンダー」というのは古田さんですよね。

　これは古田さんです。

古田さんが参加した会議ですね、いずれにしても。

　そうですね。

その中で「東京の第五地区には全面的に黛さんを応援するように」と、こういうふうに言ってますよね。

　そうですね。

古田さんはこういうような形で指示を出すわけですね。

　ちょうど黛さんが、この中では先程埼玉二区とおっしゃいましたよね。第五地区というのが、池袋から練馬、豊島、ですから埼玉二区の中にも信者さんがいらっしゃると。そういう方に応援してもらおうということだと思いますよ。

「東京第五地区は」というふうに言っているじゃないですか。

　第五地区と言っても埼玉のみじゃないですよね。実は沿線で第五地区に所属してるという方の中にも、西武新宿線とかいろいろありますよねあのあたり。

そしたらですね、埼玉二区に住んでいる人には応援してもらうようにしましょうと、こういうふうに言うんじゃないですか。

　ですから、第五地区に所属してる人の中で、埼玉二区に住んでいる人という意味ですよ。

結構です。次に五ページの終わりから六ページの最初の行のところ。「会長がおっしゃいましたね、マルエスの突破口を開くにはＴＶ以外にないんだ、」と、こういうような話をしてますね。

はい。

これは先程テープで聞いてもらったところですけれどもね。この「会長」というのは久保木会長のことでしょう。

久保木先生のことを意味して「会長」という言葉は使ってましたけれども。

マルエスの突破口を開くにはＴＶ以外にないんだと、こういうようなことを会長が言ったと、そう信者の前でしゃべったわけですね。

そうですね。前後を確認すれば分かると思いますけど、「会長」という言葉は久保木先生のことを意味してやってました。

そうすると、この文章の意味はどういう意味になるんですか。

…………。

この「ＴＶ」というのは、先程おっしゃったＴＶ一〇〇のことですよね。

……そうですね。

「マルエス」というのは、勝共議員に対する選挙支援活動ですね。

勝共推進議員の先生方を応援してました。

そうすると、その選挙で勝つにはお金を集めなければいけないんだよと、こういうことを言ったわけでしょう、平たく言えば。

いやぁ、そういうふうにしか取れないでしょうか？……まあ、もう少しこれ全体をよく読んでみないとですね。随分前の話ですから。

ＴＶ一〇〇をなぜ達成しなければならないのか

例えば、どういうふうにあなたとしては読めるというふうに思っているんですか。

ですから、ＴＶ一〇〇と言ってますけども、ＴＶというのは一〇〇以外にも、トータルビクトリーとして考えた統一運動全体の動きがありますから、そういう統一運動全体が発展していくことが、現実的には勝共推進委員の皆さんにもっと理解を深めていただけると、そういう意味だと思いますけれども。

でも、ＴＶというのはＴＶ一〇〇だとおっしゃったでしょう。

はい。ですから、「ＴＶ」というのは一〇〇だけの意味ではないわけですよ。

そうですか。ではその六ページ目の九行目、「ＴＶという、金額そのもので、日本の国が動く、世界は救えるのだ。」と、こう書いてありますね。ＴＶというのは金額という意味でしゃべっているじゃないですか。

ですから、多分これはＴＶ一〇〇ということの内容を言っているんだと思うんですね。

そしたらその前のＴＶは何ですか、同じ意味じゃないんですか？

私の認識としては、ＴＶ一〇〇、一〇〇はありましたけれども、それだけではなかったと。その当時のいろんな、毎年、毎年統一運動の全体的な広がり、進展があるわけですね。

だけどあなたは、ＴＶは「ＴＶ一〇〇」と言われているように、お金のことで言ってたんでしょう。ここじゃそうやってしゃべっているじゃないですか。「金額そのもので日本の国は動くと」、これは結局勝共議員が勝つと、こういうことでしょう。

ですから、一〇〇億という意味で言うときにはＴＶ一〇〇と言ってたんじゃないでしょうか。

ここはＴＶとしか言ってないじゃないですか。

ですから、ＴＶ一〇〇とＴＶというのには、微妙なニュアンスの違いがあったんじゃないでしょうか。

それではその次の行、六ページの終わりから四行目から「アフリカの災害、或いはドイツの機械、中共のハイウエイ、或いは水産、南米のカウサ、ワシントン・タイムズ、こんなものを、全部維持して行く為にはね、ＴＶ、一〇〇ぐらいでは、足りないですよ。」と、こういうこと言ってますよね。

はい。

中共のハイウエイとかワシントン・タイムズ、カウサ、これはあなたのおっしゃる統一運動のことでしょう。

そうですね。

そうすると、それを全部維持していく為にはＴＶ一〇〇、要するにこれ月一〇〇億円だと思うんですけど、それじゃ足りないと、こうおっしゃっているんでしょう。

そうですね。

こういう話もしてたわけでしょう。

はい。

命がけで取り組んで勝利すべきＴＶ一〇〇

「中共のハイウェイ」
中国大陸を東西に貫くハイウェイと日韓を結ぶトンネルで、日本、韓国、中国の交流を深めるという文鮮明の大ぶろしきの構想のこと。

「カウサ」
統一協会が組織し、運営していた南米で勝共活動をする団体のこと。

「ワシントン・タイムズ」
文鮮明が創設し、統一協会からの財源で維持されているタカ派の新聞。この新聞などを用いて、文鮮明はレーガン大統領など共和党幹部に接近した。
このワシントン・タイムズを発行する統一協会系の米国企業ニューズ・ワールド・コミュニケーションズ社が、二〇〇〇年五月にＵＰＩを買収した。文鮮明のマスコミ戦略によるものだが、その買収資金は日本からしぼり取ったものであろう。

次に、八ページ目の終わりから五行目から四行目にかけてを見てください。「そこまでしてでも、命がけで取り組んで勝利すべきなのがＴＶだったんです。」と、こういうふうに言ってますね。

はい。

結局、信者に対してＴＶに関しては命がけで取り組めと、こういうふうに話したんでしょう。

命がけで取り組んで勝利しましょうということですね。

勝利すべきなのがＴＶということじゃないんですか。

もちろん、それは目標として設定したものに対しては勝利しましょうということは、勝利すべきと言うんじゃないですか、普通どんなことでも。

命がけで取り組むべきだと、こういうふうにおっしゃったわけでしょう、皆の前で。

そうですね、そう言ってますから。

その次の行なんですが、これ意味がちょっと分からないんですがね。「ＴＶを絶対やるという純粋な決意を条件として、安着式があったからです。」と、こういう言い方をしてますね。

はい。

これはどういう意味ですか。

……その「安着式」という式の内容ですね、ちょっとよく思い出せないですね……。

次に八ページの終わりのところから九ページにかけて見てください。「だから、お父さまは、日本の幹部が、心から決意したことに、本当に先生はすがしいよ、こん

「安着式」
「父母の勝利が地に安着する日」、つまり、文の妻（お母様）が聖霊の実体として地上及び霊界に認められたことから、エバ国家（日本）の運勢がよくなるので、献金集めをしやすくなるという意味あいの日のこと。

な良い日はないよとおっしゃったんです。それは、ダンベリー、今だダンベリーにいらっしゃるときにね、父母の日に、たまたま帰ることができて、ダンベリーから囚人服のままで、イーストガーデンに帰って来られ、着替える間もなく日本の幹部に言われたんですね。」と。それからちょっと飛ばして九ページの終わりから五行目、「あの、父母の日は違ったんですよ、去年の父母の日はね。囚人服のまま、真っ白なままに着替えもせず、髪を染もせずにイーストガーデンに着いたら、直ぐに日本の幹部を呼ばれたわけです。そして、君達は、この決意をしなければ先生は、……重大な儀式をやることができないと言われたんです。それが、安着式です。」、こういうふうに言ってますね。

はい。

整理しますと、このとき文鮮明さんはダンベリーの刑務所にいたころのようですね。

そうですね。

それで、父母の日にイーストガーデン、これはなんですか。

イーストガーデンは、文先生がアメリカで住んでいらっしゃるところですね。そこに戻ってきて日本の幹部に会ったと。それでその日本の幹部にこう言ったと。要するに「君達は、この決意をしなければ先生……」、これは自分のことなんでしょうけどね。「重大な儀式をやることは出来ない」と、この重大な儀式のことが安着式だと、こういう話ですね。

そうですね。

それで、「君達はこの決意をしなければならない」というのは、先程の八ページの終わりから三行目の「TVを絶対にやるという純粋な決意」というのと一緒ですね。…

「ダンベリー」
文鮮明が脱税の有罪判決を受けて、共犯者の神山威とともに下獄した刑務所の名称。

…だから、要するにＴＶを絶対にやるという純粋な決意を条件として安着式があったというのは、日本の幹部がＴＶを絶対やると、そういう決意をしたから安着式ができたんだと、こういうことですよね。

そうですね、この流れはですね。

文鮮明が日本の幹部にＴＶ一〇〇を語った

そうすると、文鮮明さんが日本の幹部の方にＴＶ一〇〇をやれと、そうじゃないと安着式ができないと、こう言ったわけでしょう。そういう話でしょう。

ちょっとその、アメリカのこの場に直接居合わせたわけではないので。これも多分ブロック長会議とかそういうところで聞いて、そしてお話してると思うんですけれども。

でも、あなたは信者の前でこういうような話をしたわけでしょう。

そうですね。

で、この「日本の幹部」というのは統一教会の幹部でしょう、日本の。

教会の幹部と同時に、信者の組織のいろんな責任ある方もいっていらっしゃったかも分かりませんですね。

でも、父母の日でしょう。

ええ。

先程、日本の統一教会の役員が行くと言ったでしょう。

はい。

だからその関係で行ったんでしょう、向こうの幹部の人は。

いや、それはですから……いわゆる宗教法人統一教会の幹部の方も行かれたでしょうし、信者の組織を代表して行っている方もいらっしゃるんじゃないですか。

日本の幹部というのは、統一教会の役員のことでしょう。

いやぁ、そのへんがごっちゃになっている可能性があると思うんですが。

安着式というのは、統一教会の儀式でしょう。

そうだと思います。

そうしたら、安着式のことを言うのは、普通だったら統一教会の役員に対して言うんじゃないんですか、安着式ができる、できないとかいう話は。

役員でなくても信者でも一緒ではないでしょうか、おっしゃるのは。文先生も、例えば私も、そんなに数は多くないですが、何回か韓国で父母の日の礼拝とかにお伺いしたことがありますけれども、一般信者にも同じように語られますから。

でも、そういう場合に「幹部」というふうに使いますか。

ですから、私が言いたいのは、宗教法人統一教会の幹部の方もいらっしゃれば、信者の組織のより上の人達もいらっしゃったんじゃないでしょうかと。そういう可能性を否定できないんじゃないでしょうかということを申し上げているだけです。

では、この場で文鮮明さんは日本の人達の中でだれに言ったと思いますか。

……コマンダーとか出てますから、古田さんもいらっしゃったと思いますけど。

「会長」とは書いてませんね。

はい。

久保木会長もいたんでしょうね。

一緒にいらっしゃったんじゃないでしょうか。そういうふうに聞いたことを話しているとと思いますけれども。

あなたは普通、日本の幹部と言った場合に、統一教会の幹部のことを言っているんじゃないんですか。

信者の組織の幹部も一括りに言ってますから。

一括り。そうするとあなたの場合、統一教会の幹部と信者の幹部を一括して日本の幹部と言っているわけですか。

そうですね、そういうふうに言ってしまってたんじゃないかと思います。

それほど一体化してたんですか。

一体化というんじゃなくて、そのへんのですから言葉の……信者の組織としての言葉の使い方が非常に曖昧で……。

ノルマを達成するまで三日間断食の指示も

分かりました、結構です。次にいきます。一〇ページの三行目からを見てください。

「この決意の基準はね、お父さま喜ばれたんですよね。で、具体的指示を出されました。全店舗要員の二倍化せよとおっしゃったんですよ、二倍化しただけでは不可能だと、全壮婦総動員だと、二五〇日をね、全壮婦総動員でやれとおっしゃったんですよ。この二つをやれれば一番いいんだ、一番いい、でも、もし、これでもやれなければ、日本の学生は一年、全員休学してでもね、やれとおっしゃったんです。」と、こうい

「壮婦」
既婚の女性信者。結婚した後に信者になり、統一協会の活動に参画している信者のことをいう。

うことを文鮮明さんはおっしゃったんですか。

ですから、その場に私おりませんので、そういう話を中央本部から聞いて話してると思います。

あなたとしては信者の人達に、文鮮明さんの「やれ」という指示、こういう指示だということでこういうことを話したわけでしょう。

私もほかの経験で、例えば信者のブロック長だったですよね、そのとき何人かのブロック長が、そういう教会のいろんな行事の日に韓国に行って、文先生からいろんなお話を聞いたことは何度かありますけれども、具体的な指示を出される云々ということは殆ど経験がなかったわけです。それよりもここでは、例えば統一運動にはこのぐらい必要だということに対して、古田コマンダーが、じゃこんなふうにやりましょうという提言してる可能性もありますよね。

でもこの言葉は、文鮮明さんの具体的指示というふうにしか受け取れませんよ。

……そうですねぇ……。

あなたはこういう具体的な指示についても、文鮮明さんの指示であると、こういうことで信者に語ってたんじゃないですか。だから一生懸命やれと。

……まあ、これは聞いた話をその通り話していると思いますけど。

次に二二三ページの終わりから六行目、「あの、清田さんってね、壮年部長。これが、六、先月なんかもね、ノルマ、全うするぞ、出来なければね、三日断食だー、などと、こんなことを言ってますから。まあすごいな、」と、こういうことを言ってますね。

やっぱりノルマがあったんじゃないんですか。

清田さんですか。

ええ。

……ちょっとそういう方全く記憶ないんですけども。「壮年部長」となってますよね。

ええ。でもいずれにしてもあなたは、「ノルマ」という言葉をお使いになっているでしょう、この話の中で。

まあその、壮年部長のどなたかが「やるぞっ」とおっしゃったということですね。その人がノルマを達成するぞと、こういうふうに言ったということですね。

はい。

そうすると、あなたのおっしゃる信者の組織の中にノルマというのがあったんでしょう。各人にあるいは各組織毎に。

言葉はあったと思いますが、いわゆる目標なんですね。

何で「目標」と言わないんですか。「目標達成するぞっ」と言えばいいことじゃないですか。

いや、それは一般の世の中でもあるんじゃないでしょうか。

いずれにしても「ノルマ」という言葉は使ったわけですね。

はい。

それで、できなければ三日断食をすると、こういうこともよくあったわけですね。

この方はそうおっしゃってますね。


（中略）

●第三回証言

TV一〇〇の意味

〔原告代理人〕

「TV一〇〇」というのは、月一〇〇億円ということのようですが、このお金は毎月ブロックで作りだすようにということなのか、それとも全国で毎月一〇〇億ということなのか、どちらですか。

この前の七月のときははっきりしなかったんですが、あれから、当時古田コマンダーの元で会計関係の責任者をしておられた小柳さん(注)に確認しましたところ、「TV一〇〇」というのは一ヵ月全国で売上を一〇〇億達成しようと、そういう意味だったとお伺いしました。

(中略)

勝共推進議員などに原理講義を受ける約束をさせていた

この録音テープの反訳書の一五ページですが、「今度お父さまから指示がありましたね。」として、勝共推進議員一三五人とその奥さん、それから講演会の役員、秘書達に「原理を三日間、三日修に全員出せと、サインを取れとおっしゃった」とのあなたの話がありますけれども、これは韓国での三日研修に国会議員だけでなく、その関係者も出席させせろという趣旨の話ですね。

どういう意味かちょっと今思い出せないんですけれども。中央本部で聞いた話を

(注) 後に証言した小柳定夫のこと。

そのまま伝えてますので、字面で出てくる内容の如くだと思いますが。

そうすると、今の私の聞いた通りでいいわけですね。

まあそのころ、勝共運動を応援してくださる先生方が、いろんな勉強をしていらっしゃったということも記憶にありますが。

私の質問はそうじゃなくて、国会議員以外、一三五名の奥さんや秘書達、それから講演会役員、これも三日修に出せとあなたはおっしゃっているわけですね、文鮮明の言葉として。

そのときはそういうふうに言っていると思うんですが、今それがどういうことだったのかと聞かれても、定かでないと言っているわけです。

同じところで、「本人たちは、マルエスで韓国に行った。」というあなたの話がありますが、マルエスというのは選挙対策のことですね。

この前もお話したと思いますが、当時は西井さんが本部長でしたけれども、いろんな言葉を暗号でおっしゃっておりましたので、勝共運動を応援してくださる先生方を応援しようという意味合いで使っていたんだと覚えておりますが(注)。

韓国に行ったというのは、韓国に三日修を受けに行ったということですね。

はっきりは分かりません。

韓国に行ったのは、七月の七夕の総選挙前のことですね。

……ちょっと内容よく思い出せないものですから。

〔甲第一三五号証を示す〕

同じ一五ページですが、「今回はね。本人たちは、マルエスで韓国に行った。今回は一三五人のうち殆どの人がサインしてます。」とありますね、この韓国に行ったとい

甲第一五四号証の一、二は韓国統一協会が発行している雑誌「史報」の一九八六年八月号とその日本語訳である。その中で「6月4日日本協会幹部40名が韓国を訪問した。」「特に彼らは日本の選挙を控え、日本の食口が対処すべき事柄について、また日本が進むべき方向について指示を受けたものと見られる。」と書かれている。一九八六年六月四日、日本統一協会の幹部が文鮮明の指示を直接受けていることがはっきり書かれているのである。幹部としては、久保木会長とその妻、小山田副会長、古田元男とその妻がその順番で列挙されており、桜井設雄、斉藤俊樹、梶栗玄太郎らの名が並んでいる。その中に堀井宏祐の名も統一協会幹部として明記されているのだ。

(注)統一協会は、勝共推薦議員の選挙活動を組織的に応援していた。その見返りとして議員に統一協会の教義を聞く機会を設けさせて信者にしようと試みていた。その結果、ほとんど信者になったと評価されている議員もいる。

う話の内容を聞いているんです。これは選挙前に韓国に三日修を受けに行ったという趣旨ですね。

この文章からはそうだと思います。

一三五人中何人ぐらい韓国に行ったんですか。

記憶にありません。

（中略）

中央本部の会計、心霊巡回師など

八〇年代後半の、会計巡回師室長はどなたでしたか。この方はブロック長会議に出ていたからあなた知ってますでしょう。

八〇年代後半は、小柳さんがやっておられました。ブロック長会議にも出ておられました。

それでは、心霊巡回師室長はどなたでしたか。

心霊巡回師室長、そのトップがどなたであったか定かでありません。

櫻井節子さんではないですか。

そのころは、古田コマンダーの奥さんだったと記憶しておりますが。

小柳会計室長についてお聞きしますが、小柳さんは統一教会のお金の管理をするという立場で、その責任者ということでブロック長会議に出席していましたね。

いいえ。小柳さんは、私の認識では、古田コマンダーが中心になって束ねていた信者の組織の中の、様々なお金の件を管理しておられたと認識しておりますが。

「会計巡回師」
堀井証人は主尋問で、各地区やブロックの会計担当者を指導する立場の者を会計巡回師と証言した。

「心霊巡回師」
堀井証人は主尋問で、信者の心の悩みなどの相談にのり、カウンセラーの役割を果たす「マザー」と呼んでいた者を心霊巡回師だと証言した。

元信者の方で、会計をやっていた方のお話を聞きますと、統一教会というのは表のお金と裏のお金があると。この裏のお金の責任者が小柳さんだというふうな報告をしているんですが、そのような事実はありませんか。

それは独断と推測だと思いますが、まあ小柳さんに直接聞いていただいたほうがいいと思いますが。

古田元男が牛耳るブロック長会議の実態

ブロック長会議は毎月月初めの五日ごろ、大体丸一日がかりで行われていたということで間違いないですね。

ええ、月初めに行われてました。

ここで、ブロック長と古田コマンダーが出席して、それから会計巡回師室長と心霊巡回師室長が出席している。それ以外の出席者はだれでしたか。

中央本部のスタッフと言われる方達でしたけど。

福良さんとか宮下さんとかいう方ですか。

……宮下さんというのは記憶にありませんが。福良さんは本部長をしておられましたし、その前は西井さんが本部長をしておられましたし。そういう方達とあとは中央本部のスタッフの方達ですね。特にブロック長と、それぞれのブロックを担当していた会計巡回師や心霊巡回師本人達も参加しておりました。

このブロック長会議を主に取りまとめするのは、古田コマンダーに間違いないですね。

はい。在席されない場合は、中央本部の本部長が取りまとめておりました。

ここでブロック長等から、各ブロックの経済実績というのが報告されますね。

　いや、そういう報告をした覚えはあまりないですが。

「あまりない」というと、では各ブロックで報告するのはどういう内容ですか。

　殆ど一方的に話を聞くことでしたから。

丸一日一方的に話を聞くだけですか。

　はい。

だれが話をするんですか。

　古田コマンダーのお話も非常に長かったですし、中央本部の本部長の話も長かったです。

ブロック長会議というのは、各ブロックの月の実績、これを報告する場ではないんですか。

　話を聞く場でしたね。

ではどこで報告するんですか、各ブロックの実績を。

　結論的なことだけは、中央本部の本部長が報告しておりましたが。

どういう形で報告するんですか。

　殆ど記憶にないですけれども。

あなたブロック長をやっていたんですから思い出してくださいよ。

　……とにかくブロック長会議というのは、お昼前ぐらいから始まりまして、二時、三時ぐらいまでは殆ど古田コマンダーのお話が中心だったんですね。それから休憩があって、中央本部の当時は福良本部長とかそういう方達のお話でした。最後にそういう成績発表のようなものがあった記憶もありますが。


「HG」

早く現金の略語とも、ハッピーゴールドの略語とも言われていた。手っ取り早く統一協会が現金を手に入れるため、信者や信者になりかかった人に、クレジット会社や銀行から借金させたり、不動産を担保にノンバンクから借金させてこれを統一協会に提供させる手口のこと。

あなたの話ではわずかな時間でなされる報告ですね、ここでは経済実績の報告もされますね。

売上のですね。

その売上、経済実績の中にはSK（信者献金）、それからHG、これも含まれてましたね。

そういうことは全部、会計巡回師がまとめてましたので私はよく分かりませんが。

そうしたら、ブロックの会計巡回師からそういう報告があるんですか。

小柳さんが全部まとめていらっしゃったと思うんですけれども。

［甲第一七一号証を示す］

これは、別の裁判で証人となった元信者の富山さん、この方の尋問調書として残っているんですが、この方は八〇年代後半、ブロック長会議にも参加したことがあっていろいろお話してるんですが、これの13ページを見てください。一行目、「小柳さんは会計巡回師室長ということで、いわゆる裏の金、そのとりまとめをしている代表者でしたので、その役目として参加していると思います。」とあります。これは中央連絡協議会のことですが。こういう話は聞いてないですか。

裏の金云々ということは一切聞いておりませんが、小柳さんは古田さんがまとめておられた信者組織の会計担当の責任者でしたから。

次に48ページ以下、51ページあたり。中程を見ますと「前月の実績報告」、これがされると。それから古田コマンダーから報告に対して、罵倒に近いような話もされるんだということが出てきますが、そういうことはなかったですか。

ハッピーワールド関係の企業郡がありますね。私は一時期宝石関係の会社の役員

元信者八木美代子（仮名）の陳述書（甲第一七二号証）には、堀井証人が大阪第一地区でタワー長をしていた頃「店舗」の会計をしていたが、次のように述べている。この陳述内容を示された堀井証人は「分かりません」「記憶にありません」と証言して逃げた。

「身分は有限会社福寿堂の社員ということで、給料二〇万円前後、ボーナス年二回支給という形をとっていました。ただ、給料、ボーナスは、帳簿上だけの数字で、実際には支給されることはありませんでした。」

「委託販売員制度は装う」「実際は、販売代金のすべてが代理店の収入になっているにもかかわらず、帳簿上、販売代金の三〇から六〇パーセント委託販売員に渡した形で記帳している」

S展、M展のタワー室等には、「やらなければ死んでしまうという真剣勝負の心が必要。気狂いの如くやってみよ！死ぬ旨の為死んだ覚悟でとび込め！」というような文鮮明の言葉が掲示されていた。

もしておりましたので、いろんな商品別に売上を評価するというのはありましたけれども。

罵倒に近い言葉が出てくるということはなかったですか。

罵倒ですか……？まあ、いろんな激励の意味できついこともおっしゃってたと思いますが。

（中略）

ブロック直轄の霊能師役（トーカー）たち

あなたは、日の出ハイツというホームはご存じですね。

…………。

近藤さんや石井恵子さん、あるいは深田さん、藤原さん、仙石さん、あなたが既に証言されたような方々、霊能師役としている方々が住んでいたホームです。

日の出ハイツという寮があったことは覚えてますが。

そこにあなたも時々行ってたでしょう。

そうですね、いろんなところに行ってましたから。

その日の出ハイツには、いわゆる霊場であるいは展示会場で霊能師役をする人達が住んでいたんじゃないですか。

日の出ハイツは、一時期日本ジェムのメンバー達の寮でしたけれど。

近藤さんやその他の霊能師役の方々が住んでいたという認識は、ありますか、ありませんか。

「近藤さんや石井恵子さん」西東京ブロックにおいて、因縁トークをして大金を献金させる霊能師役を演じていた人物である。近藤文彦は天道先生、石井は日龍先生と称していた。

ちょっと記憶が定かじゃないです。

霊能師役の方は、だれがどういう形で選ぶんですか。例えば仙石さんを霊能師役にしよう、あるいは斉藤さんをトーカーにしようということは、何を選択基準として決めているんですか。

それは記憶にないですね。

あなたが最終的な決裁をするんでしょう。

最終的な決裁は、先程の例えば人事の話にもあったように、スタッフからいろんな案があれば殆どそれを決裁してたと。

霊能師役の方についてもそういう決裁をあなたはするでしょう。

ただ、上がってきたら決裁するという形ですね。

霊能師役、つまりトーカーになる場合には、必ず心霊巡回師の面接があったんですよね。これは分かってますね。

心霊巡回師はいろんな人の面接をしてましたけど。

それは心情面のチェックをするわけでしょう。

「チェック」という表現は非常に誤解を招きやすいですが。まあ、相談を受けたりいろんな心の整理をしたりとか、そういうことじゃないでしょうか。

そういう役回りをちゃんと果たせるかどうかを、心霊巡回師が一応調査してたわけですね。

「調査」というのも誤解を受けやすい言葉ですね。

〔裁判長〕

証人の言葉で分かるように説明してください。

いわゆる、壺とか多宝塔とかそういうものを販売する販売者をトーカーと呼んでましたけれども、それを担当するスタッフがおりましたので、殆どそのスタッフに任せておりました。

〔原告ら代理人〕

スタッフのトップは生田さんという方ですか。

……いや……？

あなたがブロック長をやっていたころ、トーカー団の責任者はだれですか。

……一時期は佐々木さんという方でした。

その後は。……生田チェッカーという方はいないですか。

生田さんは覚えてます。

チェッカーをやっていたんですね。

チェッカーというか、佐々木さんのスタッフですね。

〔甲第一四九号証を示す〕

先程見ていただいた、藤原さんが作った組織図ですが、巡回師のところの右側から「トーカー団」というのが線が引いてありますね。

はい。

西東京ブロックの直轄のグループとして、トーカー団というのがこういう形であったわけですね。

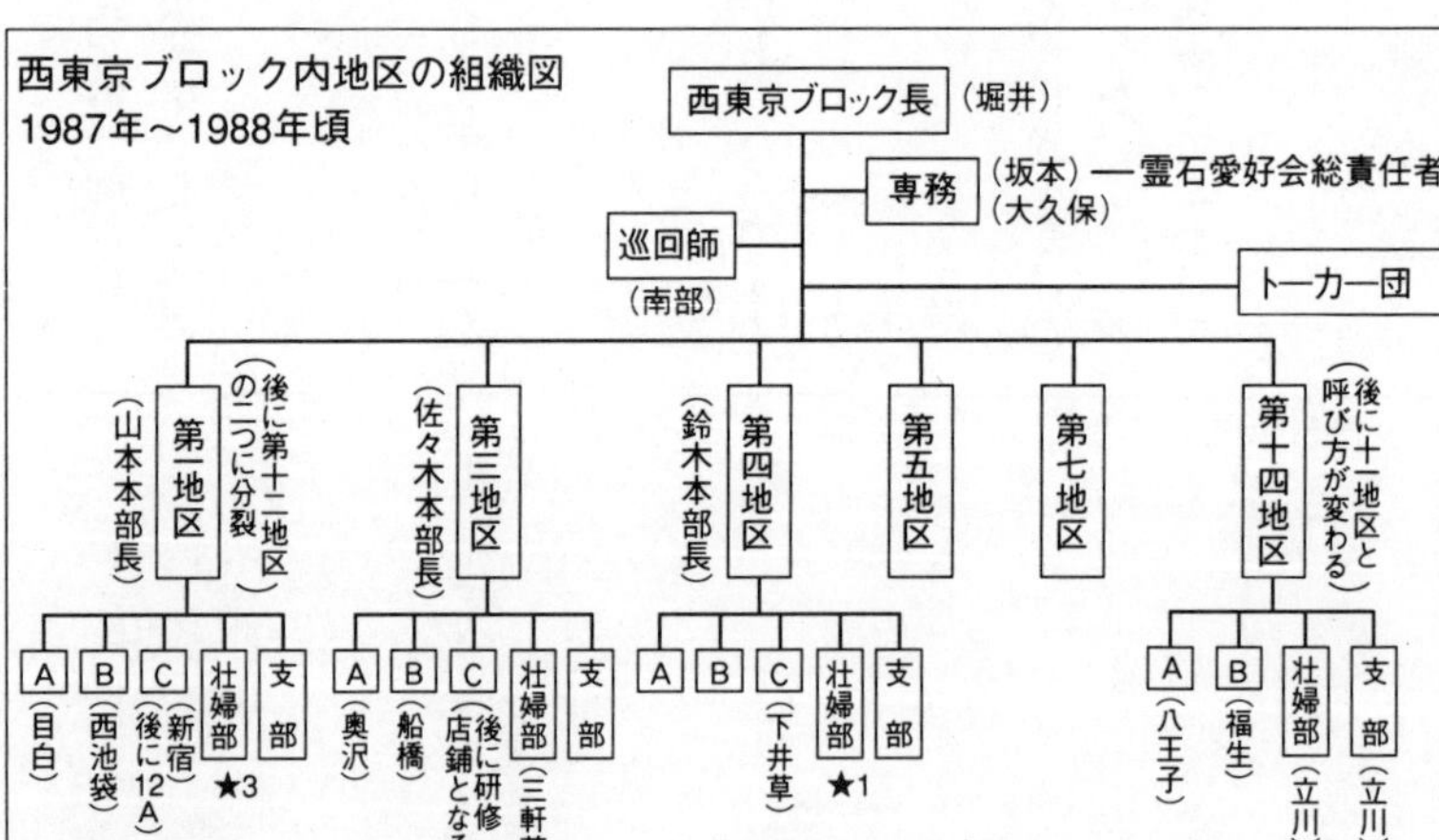

甲第一四九号証

トーカー団というのは、壺や多宝塔の販売ですから。そういうものの責任者は専務だったんですね。ですから専務の元にあるのであって、ここにこういう形であるのではないんです。

では専務直轄ということになるわけですか。

そうですね。

ブロック全体をトーカー団が担当する、こういうことになるわけですね。

各お店の展示会ですね。

第一地区から第一四地区まで書いてありますが、こういうところにある各店舗の展示会を担当するわけですね。

はい。

(以下略)

小柳定夫　証言

一九四三年五月生まれ。九五年九月に証言した時は五二歳だった。六三年に統一協会に入り献身者として伝道活動をしていたが、六五年に幸世物産（後のハッピーワールド）の担当になって以降は一貫して統一協会の事業部門を担当してきた。統一協会の経済活動を牛耳ってきた古田元男の右腕として忠実な金庫番でありつづけた。

小柳定夫は、古田や自分がやってきた壺、人参液などの販売活動やビデオセンターへのさそいこみによる「伝道」などは全て統一協会とは別の「全国しあわせサークル連絡協議会」として行ってきたものだから、統一協会には責任がないという統一協会の主張を裏付けるために証人として法廷に立った。

しかし、これは統一協会の献身者として、霊感商法や「伝道」活動に全てを投げうって従事させられてきた原告らにとって許しがたい嘘である。そもそも、統一協会とは別の団体のためにする資金集めや「伝道」だったならば、信者がその信仰に基づいて「献身」するなんてありえないことだ。全ての活動は文鮮明の指示を実現するためになされたことではなかったのか。

しかも小柳定夫は、統一協会が責任のがれをするために、全国各地の裁判所で同様の嘘をつきつづけている。これを延々と紹介してもしかたがあるまい。ここでは、その証言の二割程度を抜粋して紹介するにとどめる。

●第一回証言

（前略）

中央本部――統一協会の経済部門の実態？

［被告代理人］

［乙第八六号証の一ないし五を示す］

これは堀井さんが作った信者の組織あなたの言う連絡協議会と同じものですが、それについていろいろ書いてあるんですが、これはあなたの乙第一〇八号証と同じものですね。

はい、これはもう少し詳細にわたって地区もしくはブロックというレベルで記述してあります。

（中略）

中央本部の場所としてはどこにあったのですか。

一番最初発足させる時は渋谷でございますけれどもワールド宇田川ビルというところにございました。それからそのそばに正式なビルの名前まで覚えておりませんが、通称ビレッジ八〇と言っておりましたが、そこに移りました。それから渋谷ホームズの一室を借りてやっておりました。それが契約が切れましたので、渋谷ハッピービルの完成とともに渋谷ハッピービルに移りました。その渋谷ハッピービルも手狭になったので、今度はノア渋谷ビルに移しました。

統一協会の本部には中央本部はなかったのですね。

一度もそういうところに置かれたことはございません。

中央本部のスタッフについてお聞きします。

［後出乙第一〇八号証を示す］

ここに中央本部のスタッフとして本部長以下書いてありますが、ちょっと説明してもらえますか。

　一番最初発足する時の中央本部の本部長は古田元男が兼務しました。そしてその後にはそこに別な人を据えました。それで心霊巡回師、会計巡回師がその中にスタッフとしておりました。それからこの通り副本部長、経済担当部長、伝道担当部長、総務部長等々がおりました。

こうしたスタッフで何か会議とかはやるんですか。

　毎月の報告されたデータをもとにして翌月はどのようにするかという、そのような目標会議はやっておりました。

さっき古田元男さんは当初は本部長を兼ねたとおっしゃったのですが、古田元男さんは責任者コマンダーと呼ばれていましたね。

　一時期そのように呼ばれたことございます。

そうするとさっきの乙第一〇八号証の上の方に、古田とあなたの名前が書いてあるんですが、これは本部長より上だということですか。

　はい、そうです。

あなたは古田さんとはどういう関係なんですか。

　私は責任者の補佐役をやっておりました。

古田さんと、小柳さん証人も、中央本部の会合には出られるわけですね。

はい。

ハッピーワールドの社長である古田元男さんがコマンダーというか、責任者ですね。

はい。

それからあなたが副社長で、会計巡回師室長になったということですけれども、これは何かハッピーワールドと中央本部、あるいは各ブロックの結びつきを示すのではないかという疑いが生ずるのですが、その点どうですか。

それは全然別個に運営しておりましたので、事実は少し違います。なぜかと申しますと、中央本部、連絡協議会では、先程も言いましたようにハッピーワールドの取り扱い商品以外のものも、その部

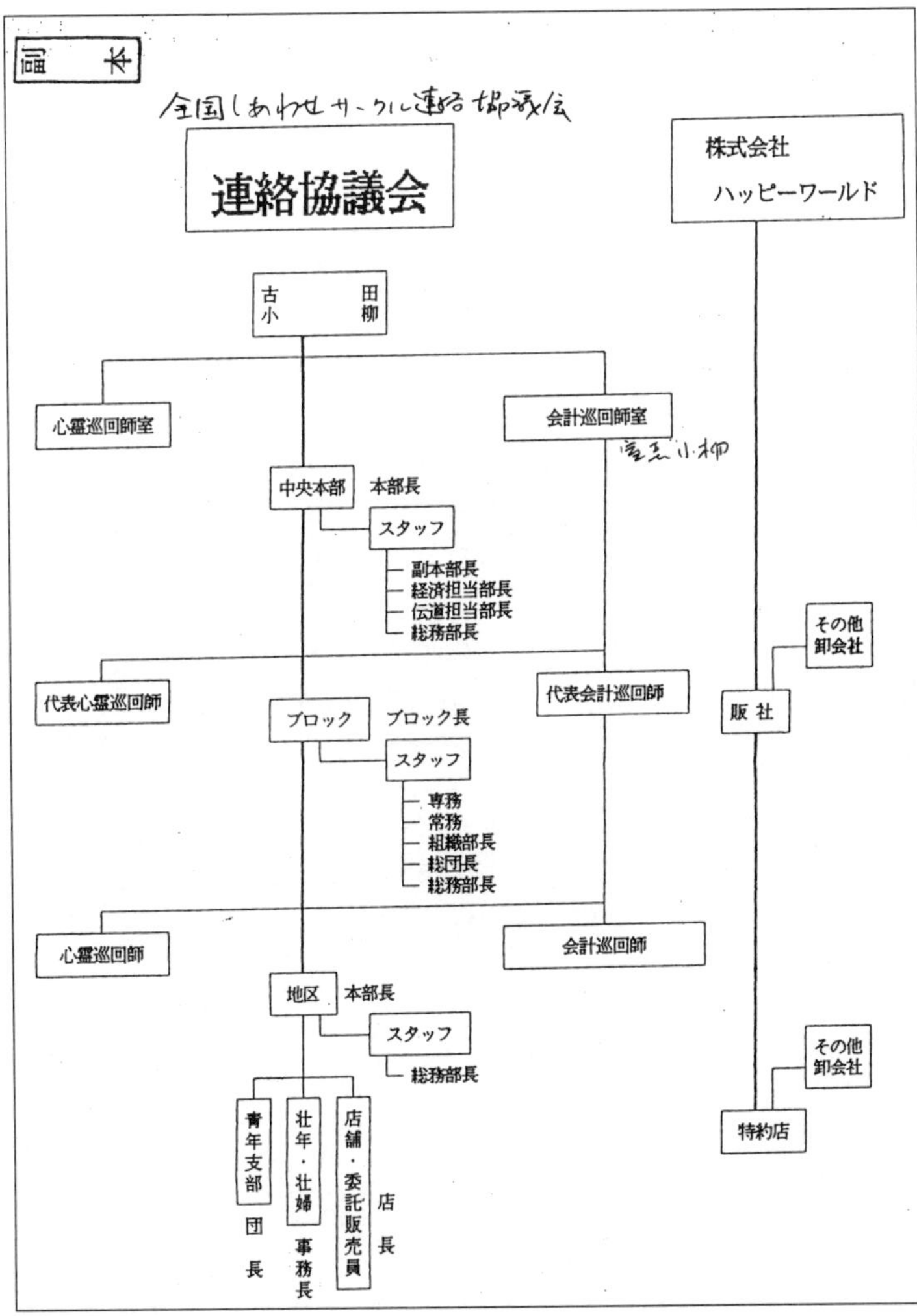

乙第一〇八号証

分で取り扱っておりまして、販売しておりましたし、それの目標も立てておりました。ハッピーワールドは二〇〇名前後の会社として営利法人としてもきちんとした営みをしておりましたので、連絡協議会とハッピーワールドとは全然別個の組織でございます。

それから商品の販売に関して連絡協議会とハッピーワールドとは販社の関係についてはどういうふうになっているんですか。

連絡協議会でいろんな売り上げ目標を立てまして、ハッピーワールド、販社、特約店等々の商品を供給するという関係でございました。

それに対して販社、特約店はどこに商品を供給するのですか。

それは販社から直接じゃなくて、特約店から、先程申し上げましたように、地区の店舗という表現を使っておりました委託販売員達に供給いたしました。

乙第一〇八号証の最後の地区のところに書いてある店舗・委託販売員、ここに持っていくわけですね。

そうです。

この委託販売員に委託販売をしてもらうわけですか。

はい、そうです。

ここに店舗と書いてあるんだけれども、店舗というと店みたいに思うのですが、そうではないのですか。

それはそうではありません、通称店舗と申しておりますが、委託販売員達の集まっていたところです。

（中略）

各地区の会計処理の実情

地区の維持活動費というのはどういったことを言うんでしょうか。

一番大きな地区の例を挙げてみれば、ビデオセンターが最盛期には三箇所か四箇所ぐらいございましたし、そのビデオセンターでつながった人々が集会を開かれる会館というのもございましたし、そういうものが非常に大きな維持経費としてのウエイトを占めておりました。

維持活動費についてもう少し具体的に説明してもらえますか。

一つの例を挙げますと、新宿にビデオセンターを開設したときの開設費用としては六〇〇〇万ぐらいかかりました。それで、地方も非常に目抜き通りの立地条件のいいところを選んでそういうものを開設しましたので、おおむね半額ぐらいはかかっていたと思います。それから、皆さんが集まるところも交通至便の場所でないかぎり集まりにくいということで交通至便の場所を借りておりましたので、池袋に作ったものでは一億前後かかったと記憶しております。そして、新宿のビデオセンターの施設

ビデオセンター開設日

1982.	5. 1.	ニューコスモ（広島）	［14台］
〃	5. 28.	人生情報センター（東京、渋谷）	［23台］
〃	6. 1.	国際希望会館（大阪）	［30台］
〃	8. 1.	ニューライフビデオセンター（宮城）	［20台］
〃	9. 5.	ニューカレント（新潟）	［10台］
〃	9. 18.	新宿教育文化センター（東京）	［33台］
〃	10. 1.	名古屋教育文化センター（愛知）	［22台］
〃	10. 1.	高知サンシャイン（高知）	［12台］
〃	10. 4.	兵庫ライフグレートセンター	［23台］
〃	10. 5.	富山ビデオライブラリー	［11台］
〃	10. 5.	京都ビデオサンアカデミー	［11台］
〃	11. 17.	吉祥寺文化教育センター（東京）	［21台］
〃	11. 23.	大垣未来文化センター（岐阜）	［10台］
〃	12. 8.	ニューフロンティア（神奈川・横浜）	［17台］

韓国統一協会が刊行していた「史報」の八三年一二月号（甲第一一八号証）には、日本で次のように八二年五月からビデオセンターが次々と設立されたと倉原克己の発言に基づいて書かれている。

の維持経費だけで三〇〇万から四〇〇万ぐらいかかっていたと思いますし、池袋の会館の維持管理経費で八〇〇万前後かかっていたと思います。それ以外にも、ホームを借りたりとかあるいはいろいろな活動をするための維持経費が新宿では一〇〇〇万から一五〇〇万ぐらいかかっていましたし、池袋でも一五〇〇万前後かかっていたと記憶しております。

そうすると、設立と毎月のあれを含めてかなりかかるんですね。

ええ、非常に多額の金銭がかかっておりました。

（中略）

幸世物産（後のハッピーワールド）を設立した理由

［原告代理人］

自分たちで企業を起こして事業を行って、給料の中から伝道費用を捻出しようというふうに考えて設立したというのがあなたの説明ですね。

はい。

そうすると、役員報酬とか従業員の給与の中から個人的に統一教会のほうに献金をするということになるわけですか。

と、理解しております。

あなた自身も、その後この会社に入社して自分がもらった給料の中から献金をしておったんですか。

はい。

それは、統一教会に献金していたわけですね。

　はい。

（中略）

それから、その後に作った幸世（しあわせ）商事という会社も役員の人は信者の方なんですね。

　設立のときはそうだったと思います。

この会社の設立当初、従業員は何人ぐらいでしたか。

　設立当初は私所属しておらなかったので、定かに記憶しておりません。

幸世物産と大体同じぐらいの会社なんですか。

　設立されたときはそんな規模はなかったと思います。

幸世商事は、一番多いときで何人ぐらいいたんですか。

　一番多いときは、私が入社して以降どんどん業務を拡大しまして、二五〇名ぐらいになったことがあると記憶してます。

その二五〇名も、大半は信者の方なんですか。

　おおよそは。

（中略）

●第二回証言

信者が給料を天引されて献金・裏金になっていた

〔原告代理人〕

この甲第一四八号証の陳述書を書いた八木美代子さん（仮名）という方は、主として大阪方面で会計を担当していた元信者の方なんですけれども、この陳述書の二ページの一行目に、「身分は、大阪第一地区の末端販売会社である（有）福寿堂（後の（有）愛光堂）の社員ということで、給料二〇万円前後、ボーナス年二回支給という形をとっていました。ただ、給料、ボーナスは、帳簿上だけの数字で、実際には支給されることはありませんでした。」とありますが、なぜこうなったんでしょうか。

それは、私自身は分かりません。私自身が指示していたことは、当然支払うべきものは支払いなさいという話でありますから、現実にこういうふうに言われると、ええっ、こんなことが起こっていたのかなと、私自身も驚く話です。

前回も、脱会した信者の方々からこういう末端の販売会社に対して未払の賃金の請求が多数出ているということをお聞きしましたけれども、それは御存じですね。

争っているという事実は聞いたことはあります。

後日請求があって、実際にあとから支払われているという事実は御存じですか。

そこまでの細かいことはちょっと分かりませんけど、争っているという事実だけは聞いたことがございます。

あなたのほうでは、販社の会計状況を把握している立場にあって、実際に賃金が支払われていたかどうかとか、後日請求を受けてそれについて支払をしたかどうかというのは当然御存じだったんじゃないでしょうか。

販社の会計状況を把握していたというのはどういうことでしょうか。

あなたは、会計巡回師室室長として全国各地の末端販売会社の会計状況、資金繰りを

八木美代子さんの未払給与を統一協会側が払うと約束した示談書の一部

合　意　書

甲と乙との間で本日次のとおり合意が成立した。

第一条　乙は甲に対し、株式会社愛光堂、株式会社天宝堂、有限会社あおば、有限会社青山、有限会社共栄以上六社の甲に対する未払い賃金等の支払いに関する法的紛争の解決金として、金一二四二万五〇〇〇円の支払義務のあることを認める。

その内訳は次のとおりである。

(1)　一九八三年二月より一九八八年一一月までの七〇ヶ月分の内、前期三五ヶ月分の未払い賃金

金五九五万円

（一ヶ月一七万円×三五ヶ月）

(2)　(1)の後期三五ヶ月分の未払い賃金

金六四七万五〇〇〇円

（一ヶ月一八万五〇〇〇円×三五ヶ月）

把握していたんじゃないんですか。

　結果は私のところに来ておりますし、バランスシートとか損益計算書というのは教えてもらいましたから、そういうふうな内容についての把握はしておりますけれども、今おっしゃった事実までどうのこうのということについては、適法なことをやりなさいという指示をした覚えはございますけれども、それ以上の指示はした覚えはございません。

そうすると、あなたは賃金が未払であるという状況が全国的にあるということを一切御存じなかったということですか。

　だから、争われているという事実は知っております。全部が全部そういう事実であったかどうかというのは、今おっしゃったそういうふうに訴える人のみで、全体がそうであったという認識はありません。

後日請求を受けた人に限ってもいいですが、そういう人たちに対して支払われていなかったということをあなたはいつの時点で知ったんですか。

　そういう争いが起こってからしか私は分かりませんし、いつと言われても、私自身はちょっと時間的にいつということについては記憶ないです。

あなたは、何件ぐらい未払の状況を主張されているというふうに認識しているんですか。

　それは個々別々のケースでしょうから、何件どういうふうなことでどういうふうな金額でどういうふうにされたということまでは私はよく分かりません。

何件ぐらいですかと件数だけ聞いているんですよ。

　そういう意味合いでの件数は、企業は別々ですから、一つ一つの企業で行われていることに対してそのようなことがあって、それを集計したかどうかと言われても私はそこまで集計はしておりませんから。

あなたの立場というのは、個々の販売会社の会社単位の資金繰りが回っているとか回っていないとかいうことを把握していたということではないんですか。

会社単位は会社単位ですよ。私が言ったのは協議会ですよ。だから、会計巡回師室の協議会のことは分かりますけれども、会社単位では先日も言いましたようにそれぞれに税理士さんがいらっしゃいますし、企業は企業としてちゃんとやっています。

あなた自身がだれから聞いたにしろ、各販売会社の資金繰りが回っているか回っていないか、赤字になっているのかちゃんと経費を支払っているのかということは知っていたんじゃないですか。

それは、当然それぞれの企業が健全に行われているということの報告はございましたよ。

だれからあったんですか。

それぞれの会計巡回師から私は聞いておりました。

後日、実は賃金が支払われていないということであとから払ったんだというような事実はあなたは聞いているんですか、聞いていないんですか。

そういうふうに和解をしたというケースも何件かあるというように聞いています。

それはだれから聞いているんですか。

それぞれのところからも聞いていますし、その当時の社長であった人からも聞いたことはあります。

井上貴子さんの未払給与についての示談書の一部

示　談　書

第一条　乙は甲に対し、甲の一九八九年五月一日から九三年三月三一日迄の間の未払賃金に関する法的紛争について、金四五〇万円の和解金の支払義務があることを認める。

第二条　乙は甲に対し、前条のうち金四〇〇万円を、本年四月から同年七月迄毎月末日限り四回金一〇〇万円ずつを支払う。

甲第一四八号証の陳述書を書いた八木さんの話によると、この人は会計を担当していたんで、単に自分の給料が支払われていないということではなくて、社員とされている人全員について同様の扱いがなされていたと。つまり、名目上の賃金は払われていなかったというふうにおっしゃっていますけれども、そういうことはあなたは御存じですか。

それは認識の問題じゃないでしょうか。会社が給料を払うのは当然の話ですから、

会社は給料を払っているはずですし。

当然だからということと、実際に払ったかどうかということは別のことですよ。

だから、そこの部分については私自身が実際的な日常業務の一つ一つについて細かくチェックしているわけじゃありませんから。現実的にその企業に対してきちっと適法なことをやりなさいという指示は全部しましたし、税法その他の法律について違法なことをしてはいけないということはいつも言っていたことですから、その事実行為に関してあなた知っていたか知らないかと言われたら私自身は分かりませんと。

後日、あなたの指導に反して適法なことが行われてなかったということを知ったということはあるんですか。

適法であるかどうかという部分については、私は私なりの意見がありますんで、それは違いますが、現実にそういうことが起こったときも、報告を聞いたときには残念なことが起こったなと。どうしてそういうふうな事実をそのときにきちっとしなかったのかという話は聞いたことはあります。

（中略）

給与を支払わなかった問題を認めて、脱会後支払った事例が多数ある

［甲第五〇二号証の一ないし甲第五一一号証の四を示す］

まず、甲第五〇二号証の一というのは、甲第一四八号証の陳述書を書いた八木美代子さんについて後日未払賃金を請求した通知書で、甲第五〇二号証の三と四は、その後話し合って賃金を支払うという合意を一九九一年一〇月三〇日にしたときの合意書ですが、このように、脱会後信者から請求を受けて未払だった賃金を支払ったというケースが多数あるようなんですが、こういうことというのは事後的にあなたのほうに報告はあるんですか。

　私は、この案件までは知らないです。

この案件に限らず、後日未払だった賃金の請求があり、それに対して合意して支払ったという事実は事後的にあなたのところに報告はあるんですか。

　ある場合もありますし、ない場合もあります。すべてそんなことが私の手元に届くわけではありません。

甲第五〇三号証の一ないし一〇までは、広田俊一さんと井上貴子さんという方についての同じような未払賃金の請求書とそれに関連する書類、それから、結果的に合意に達した合意内容を記載した合意書ですけれども、甲第五〇三号証の八というのは、いわゆる給与明細と呼ばれるような書類だということは分かりますね。

　はい。

これは井上貴子さんの給与明細ですけれども、全部ワープロで打ち込まれているのと、

給与明細書

年	月	所属	社員番号	氏名
5	8	01	0007	広

株式会社 セイロモータース九州

支給日05年08月31日

支給	年齢給	勤続給	職能給	役員報酬	役付手当	家族手当	業績手当
	90,300	300	40,000				7,500
			欠勤控除	早退控除	時間外	通勤費	支給合計
							138,100

控除	健康保険	厚生年金	雇用保険	所得税	住民税		
	5,494	9,715	552	3,900	25,000		
					その他		控除合計
							44,661

課税支給額	課税対象額	差引支給額
138,100	122,339	93,439

甲第五〇三号証の一部（税務上、形式的に給料を払ったことにしている）

その下に手書きで書き込んだようなのと、二列セットで同じ月の分が二種類あるんですけれども、一番上で見ますと、上のワープロで打ち込んだほうは、平成四年七月一日支給の基本給が一万五六〇〇円、食費が二万七〇〇〇円というふうになっていまして、その下の手書きのほうでは基本給が一六万二二〇〇円というような記載になっていますけれども、このように二重の計算がなされていたケースがあるということは、事後的にであれあなたは御存じですか。

いや、今初めて見ました。

あなたが何件か報告を受けたというのは、この井上貴子さんのような二重の計算がなされていたというようなものなんじゃないですか。

今の話と私が事後報告を受けて残念だと言った内容とは少し違うんです。

どの辺が違いますか。

私は、いろいろ集めるときも、協力いただくときも、給与をきちっと渡して本人たちの了承の下に集めなさいという話をしてました。だけど、渡さないで勝手に集めたと言われると、それは駄目だと。きちっと渡すべきものは渡して、控除すべきものは控除し、協力いただいて、拠出してもらうものは拠出してもらいなさいという指示はしてましたので、その間をとって、結果が同じだからこういうふうにぱっとやってしまうと、認識として給与をいただいた、そして自分自身がこれだけ献金した、あるいは拠出したという認識はなくなるわけですから、そういうふうなことはやってはいけないと。

あなたは、今おっしゃったようにむしろそういうことをやってはいけないというふうに指導していたということですか。

（注）統一協会信者は当時統一協会傘下の会社で給料を受け取ったことにして税務処理され、実際はその給料は組織によって天引されて、裏金として統一協会に運ばれていた。

はい。

全国的な地域にわたって多数件あなたの指導に反するやり方が行われていたというのは、指導が徹底していなかったということなんじゃないですか。

そう言われればそうで、それを了承するしかないですけれども。

（中略）

霊感商法の会社の設立・解散をくりかえす理由は

なぜ頻繁に作ってはつぶすような行為をしているかということは分かりますか。(注)

それは、それぞれ一つ一つの企業ですからそれぞれに事情があると思います。で、その一つ一つの事情を全部チェックしてお答えしろというんだったらお答えしますけれども。

あなたのほうで、それぞれ設立したり解散したりということについて、相談を受けたり関与したりということはあるんですか。

手続の方法ということについては、複雑なことですからいろいろ聞かれたときにはお答えすることもありますけれども、その事実に対してこれを解散しろ、これを設立しろというふうなことに対してこちらが指示するとかそういうことはございません。

解散するというのはだれの判断でやるんですか。

それは、それぞれの企業の判断でやられると思います。

具体的には、企業の株主が判断するんですか。それとも代表取締役が判断するんです

（注）統一協会傘下の全国に三〇〇程あった霊感商法の会社は、いずれも二、三年程度で解散していた。税務署の調査が入るのは三年おきなので、その前に解散して脱税の調査を免れようとしていたという会計担当者の証言がある。

藤井統一協会会長は、一九九三年一月に被害弁連の弁護士に対して次のような文面の通知書を送ってきた。左はその一部（後日、撤回している）

通知書

一九九二年度に急増した宗教法人に対する抗議文、裁判問題、その他の事件を、すみやかに解決する為に、統一

か。

それは、当然株主総会で決議しないといけないことですから。

だれが判断しているのかということですよ。

具体的な事実がないのにそういうふうに言われても私は分かりません。だから、一つ一つの事実について必要があればそれはチェックしてお答えいたしますとお答えしているんです。

（中略）

統一協会・連絡協議会としての借金はいくら？

HGという言葉をあなた知っていますね。

後程聞いたことございます。

HGの総額というのも中央本部に集計されるわけですね。

はい、借入金ですね。

これは一九九一年度で総額幾らでしたか。

いや、それはちょっと私もそこまでの記憶ないですね。

大体でいいですよ。

すいません、本当に記憶にないのですが。

丁度藤井元会長が我々弁護士に内容証明郵便で「統一教会の借金が四〇〇〇億あるんだ」と言ってきたのが二年前ですか。

ええ、そういう事件がございましたね。

教会並びに天地正教の支払い、返済を一時停止し、根本的に整理し、再出発致します。

（中略）

現在、統一教会をキチガイ集団、親泣せの宗教、霊感商法等々、悪意をもって、大々的に宣伝して下さいました。しかし藤井芙雄は統一教会会長として良心に従って信義を守るように誓います。現在までの統一教会の部下の不始末、説明不足、誤解をお許し下さい。

（中略）

前会長神山威氏より裁判問題の書類も引き継ぎ、信用の厚い裁判所の作成された書類を検証の結果、地方裁判所の作成された書記官の誤り、又は本物そっくりの偽造文書等が多類あることが確認されました。

市民の信頼を集めている、厳正中立のはずの裁判所と、信頼されている弁護士殿との談合の形跡、偽造文書等の不正工作を発見しました。出来る限り負債額四千億円（統一教会三千二百億円、天地正教八百億円）を解決し、裁判問題とウラミ等々の争いが一日も速く終結することを願うものであります。

この四〇〇〇億というのは中央本部が集計した借金ということでいいんですか。

それはどこのデータを基にされたかというところまで分かりませんから、私自身はよく分かりません。

そうすると宗教法人統一協会自身の借金の総額なのか、それとも中央本部の方で集計する借金の総額なのか、あなた分からないということですね。

はい。

大体の数字としては中央本部でつかんでいらっしゃる九一年度の借金の総額と言ったら四〇〇〇億程度ですか、もっとはるかに超えますか。

もっと少ないですけど。

大体幾ら位ですか。

残高としてあったということになると、個人名義とかその他全部含んでも五、六百億というところじゃなかったでしょうか。

（中略）

関連事業への出資金額は？

それからハッピーワールドはパンダ自動車に幾ら出資しましたか。

日銀の許可を受けて七〇〇〇万ドル。

それで何株取得したのですか。

その時の株式数は一株一〇〇〇ドルだったと思います。

統一教会は幾ら出資していますか。

統一教会はその時の出資はなかったと思います。

メコンコーポレーションにハッピーワールドは幾ら出資していますか。

メコンに対してハッピーワールドは出資はいたしておりません。

統一教会はメコンコーポレーションに幾ら出資をしていますか。

いたしておりません。

統一教会は国際ハイウェイ事業、これには幾ら出資していますか。

先日聞いたところによるとトータルで一〇〇億前後というふうに聞きました。

これは貸付金なんですか、どういう形式で一〇〇億円が出されているんですか。

すいません、それも統一教会に聞いてもらった方がいいと思います。

あなた知らないのですか。

はい、法人が違いますし、私がやっていたのは統一教会ではございませんから。

あなた経理の専門家だから、資金が流れていると言ったら貸付なのか、形式はすぐお分かりになると思って聞いているんだが、分かりませんか。

分かりません。

沢山の信者がパンダ摂理と言ってお金を出しているんですよ、こうした信者のお金というのはどのような処理がされていますか。

いや、先日もちょっと主尋問の時に述べましたけれども、パンダ摂理と言って、パンダという自動車会社がございます、これは純然たる経済行為ですから出資という形をとっております。それ以外にその時に中国が丁度天安門事件が発生する前後でした、それで社会的政治的にもいろんな運動的にも応援してあげなければいけないということで様々な国際会議が開かれました。その国際会議ということ

「メコンコーポレーション」

古田元男らが工作して、ベトナムに一九九二年自動車組立工場を設立したことがあった。その会社の名であるが、後にフィアットに買収されている。


「パンダ摂理」

一九八八年広東州の土地を賃借してそこに自動車工場を作ると称して日本人信者から大量の資金を集めた。結局この計画は挫折している。中国政府へ取り入る策のひとつであった。

については国際的なことですから協議会というのは直接そこには応援はいたしておりません。教会を通じていろいろ応援がされている、その教会に献金をされたことはあると思います。

そうすると多くの信者はパンダ摂理と言ってお金を出しているけれども、出資という形になっている方はいないのですか。

いや、一部あるかも知れません。それは細かくチェックしてみないと私分かりませんけど。

大部分はハッピーを通じていろいろなところに流れたのですか、それとも統一教会を通じていろいろなところに流れたのですか。

両方ですね、一つは結局その事実については、どの位の金額がどうだというのは分かりませんけど、経済行為ですから、出資していただいたという事実はあると思います。それと統一教会を通じてそういう様々なる会議を応援されたという事実はあると思います。

（中略）

それから信者に対してアメリカ大統領選挙支援とか、あるいは世界言論人会議のためとか、あるいはアメリカにケーブルテレビジョンを作るとか、韓国に修練所を作るとか、いろんな名目でお金を集めていることはあなたご存じですね。

いろんな話がございました。

これは中央本部の活動ですね。

その中の一部分はそうですね、すべてがすべてというわけじゃないと思います。韓国に修練所を作る時には韓国の財団にそれぞれ献金しておられると思います。

「世界言論人会議」
統一協会が資金を提供して、世界各国のマスコミ関係者を招待して集会することを宣伝材料とした。この会議で最も目立ったのが一九九〇年四月にモスクワで開かれた会議であり、この会議にはゴルバチョフ大統領（当時）や磯村尚徳（元NHK）などが参加した。

「ケーブルテレビジョン」
統一協会は、ワールド・コミュニケーションズという統一協会傘下の会社を通してワシントン・タイムズを経営していたが、その外ケーブルテレビ局を買収するなどとして献金を集めた。二〇〇〇年五月にUPIという通信社を買収したのもその延長線上のもの。その財政負担は日本の信者にかかっている。

それから言論人会議なんかは世界宣教の一部分としては応援はされていると思います。それからケーブルテレビジョンに対する云々というような時には、これは出資をしたんじゃなかったかと思いますけど。

信者それぞれがアメリカのケーブルテレビの……。

　そういうことじゃなくて、あの時はどうしたのかな、ちょっとすいませんそこまで言われると少し私の頭の中は混乱しておりますので、必要であれば調べてお答えをいたします。

メキシコに文鮮明の息子がピストル工場を作るから、お金を集めるといって、かなりお金を集めたのだけれども、これは中央本部の活動ですか。

　いや、それは存じておりません。

アメリカ大統領選挙支援でお金を集めるというのは、もちろん中央本部の仕事ですね。

　いや、そういう政治的なことにあまり関与したことはございません。

そうするとこれは宗教法人統一協会の活動ですね。

　そうでもなくて、国際勝共連合でいろいろやったんじゃないでしょうか。

どちらなんですか、これは国際勝共連合の活動になるんですか。

　政治活動は国際勝共連合がやってますので、そういう活動をしたと思います。

一部でも中央本部がそうやってお金を集めて海外にどうやって送金したのですか、例えば世界言論人会議で聞きましょう。

　世界言論人会議は統一教会が海外宣教として応援してるはずです。だからそれに協力しようという声をかけていると思います。

そうするとケーブルテレビジョンについてはあなたはご存じない。

Arms Maker Tied to Unification Church Exploits Niche in Market

MOON, From A1

tween the church's business network and Kahr Arms. Kahr, whose factory is in Worcester, Mass., is controlled by Kook Jin "Justin" Moon, 28, the elder Moon's fourth son and slated to be second-in-command of the multibillion-dollar Moon empire when the 79-year-old father dies. Justin Moon and his siblings are revered by church members as the Messiah's "True Children."

Some former members and gun industry critics perceive a contradiction between the church's teachings and its corporate involvement in marketing weapons promoted for their concealability and lethality.

"I see an irony, if not hypocrisy, that someone who professes peace and says he's completing Jesus's work also manufactures for profit

National Rifle Association, allowing people to carry concealed weapons. Moreover, in 1994 the government banned manufacture of guns able to hold more than 10 bullets. Now unable to sell popular models shooting up to 21 bullets, the industry searched for new products to sell.

Gun firms—with Kahr at the head of the pack—responded to these changes by finding a new market niche to exploit—small but well-made pistols that fire eight or fewer relatively large 9mm and .40-caliber bullets.

Emergency room physicians blame the spread in the last decade of 9mm and .40-caliber guns for dramatic increases in more devastating and at times fatal gunshot wounds. The NRA says the nation is safer because of the 2 percent or so of adults who always carry handguns, and it cites stud-

submachine guns. The company was founded in 1916 to develop a portable machine gun that its inventors hoped would win World War I. The "Trench Broom" arrived too late for the war but was snapped up by gangsters like John Dillinger and Machine Gun Kelly.

Now Kahr manufactures Auto-Ordnance's line of semiautomatic weapons and is awaiting a federal license that will allow it to make the fully automatic machine guns once beloved by gangsters.

One reason for the Unification Church's expansion into the gun business may be that Moon has often placed money in ventures in which his children have a personal interest. He bought a Manhattan recording studio for a son who was a heavy-metal rock musician, and horse farms for two other children who rode on Korea's Olympic equestrian teams. In the

Preaching Peace, Making Guns

The Unification Church has financial ties to prosperous Kahr Arms, a gun manufacturing company. Its Kahr K9, reviewed in a March 1996 Guns & Ammo article below, is marketed as a small but potent weapon.

「文鮮明の息子」

文国進（クッチン）は、メキシコにピストル製造工場を創立させ、そこでカー・ケイ・ナイン（Kahr K9）というピストルを大量生産して利を図り、問題になっている。左はその報道をする米紙。

いや、それは今本当にすいません、記憶に戻ってきませんので。

あなた会計の責任者をやっていたと言っても、かなり重要な事実だと思うのだけど、こういう事実も知らない、記憶にないのですか。

いや、いつ頃そんなにいって集めたかというのはちょっと私ども記憶の中にないですね。皆さんから重要だと言われるのですが、日常業務に追込まれていて、中々そういうこと一つ一つの事実を記憶の中に留めるということは難しいこともございまして、すいません。

あなたの認識で聞くんですが、日本でそうやってお金を集めて中央本部が海外に送るという送金の方法はどういう方法があるんですか。

そういう事実はございません。

海外での活動のためだと言って中央本部がお金を集めて実際は送らないのですか。

どこにそういう事実があるんですか。

例えばさっき言ったケーブルテレビジョンの場合とか、ほかにもいろいろあるでしょう。

だから今いったケーブルテレビジョンについてはすいません私自身が次回があるんだったら、それまでにはチェックしてみます。

その他のケースはどうですか。

その他のケースで陳述書にも述べていますけれども、協議会から直接海外に送金する事実はございません。

（中略）

●第三回証言

文鮮明に会うため訪韓した統一協会幹部に小柳も入っていた

［甲第一五四号証の二を示す］

一九八六年の韓国統一教会の機関紙史報の日本語訳の一部ですが、あなたは史報というのはもちろん御存じですね。

　韓国で出版されているとは聞いたことがございます。

一九八六年六月四日、日本の四〇人の統一教会幹部の一人としてあなたが文鮮明の師事を受けるために韓国に行かれたことは事実ですね。

　日にちまでは記憶しておりませんが、それが史報に書いてあればあったと思います。

あなたは六番目に名前が書かれていますが、この四〇人の日本の統一教会の幹部(注)の序列としては、大体ここに書かれている順番どおりの序列があるということでよろしいですか。

　いや、これは序列ではないと思います。

じゃ、どういう順番ですか。

　順不同で書かれたものじゃないでしょうか。

一番の久保木さんは、あなたがかつて代表取締役をやっていた統一産業の取締役をやっていた方ですね。

　ずっと以前にはなさっていたことがあるかもしれません。

（注）甲第一五四号証の一、二に出てくる幹部について次の尋問があった。

久井は一九七八年福岡第一教会の教会長だった。その後世界のしあわせ名古屋の代表取締役。

長沼純は、ユニバーサル東京（旧世界のしあわせ）の取締役だったが、七八年には佐賀教会の教会長をしている。

丸岡正策は、世界のしあわせ（ユニバーサル東京）の代表取締役だったが、七八年には和歌山教会の教会長だった。

畠山は八二年に中野ブロック長を担当すると共に有限会社丸扇の取締役だったが、八〇年には東京第六教会の教会長、七七年には栃木教会の教会長だった。

佐々木昭作は九州ブロック長、生立商事（旧世界のしあわせ九州）の取締役を担当したが、七八年には山形教会の教会長だった。

斎藤俊樹は、東北ブロック長を担当した後宗教法人統一協会本部の責任役員、総務局長を担当しているが、七七年には宮城教会教会長だった。

それから、宗教法人統一教会の代表役員、会長もやった方ですね。

　そうですね。

それから、三番の小山田さんも世界日報の取締役をやって、宗教法人統一教会の代表役員、会長もやった方ですね。

　世界日報のことまでは詳しく分かりません。

八番の櫻井さんは、現在代表役員で会長の方ですね。

　そうですね。

かつて、光言社とか世界日報とかの取締役、それからワンワールドプロダクション、ワンワールドテレビジョンの、それぞれの代表取締役をやっていた方ですね。

　私はそこまで詳しいことは分かりません。

一五番の久井さんも、中央本部長をやったことがありますね。

　福良さんと久井さんと二人で東と西を分けてやったことがございますので、そういうときにやった経験があると思います。

（中略）

それから、三八番の梶栗さんは、前回あなたに示した統一教会の機関紙ファミリーなどで古田さんと一緒に局長として紹介されている方ですが、この方が統一教会の本部建設委員長をやっていたことは御存じですか。

　私の記憶にはちょっとございません。

宗教法人統一教会の責任役員をやっていた経歴をお持ちであることは御存じですか。

　この方はなさっていたと思います。

この方は、一九八三年から一〇年、一成総合建設の代表取締役をやっていたことは御存じですか。

　ええ。お願いしたことはございます。

梶栗さんは、パンダモータースのどういう役員をなさっていますか。

　なさっておられないと思います。

こうやって見ていくと、宗教法人統一教会とあなたが言う中央連絡協議会とは、人事の交流というか、以前教会長をやっていて中央本部長の役職をやっているとか、たくさんいるじゃないですか。

　先生のおっしゃる人事というのは、どなたかから命令を受けると、普通人事とはそういうふうに使います。我々自身が、実力のある方をいろいろスカウトしたことは事実でございます。

それから、幸世建設の社長の松山貢三さんは御存じですね。

　はい。

この方は、一昨年天地正教の役員になっていますね。

　ああ、そうですか。

知らないですか。

　知りません。

この甲第一五四号証の二の名簿の中で、中央本部とは今までも現在も関係ないという方はどなたですか。

　それは、時間とともに調べてみないと、私自身も今これを見せられて的確に回答しろと言われると少し難しいです。

宗教法人統一教会の職員、教会長をやっていた方を、例えば中央本部に来てもらうというのはだれが決めていたんですか。

私と古田社長なんかがその方とお会いしていろいろお話し合いをしました。

古田さんと小柳さんで相談して決めていたということですか。

いえ、そういうことじゃありません。その本人の了解がないと異動するわけにはいきませんから、本人の了解をいただいてスカウトしたことはございます。

（中略）

青森事件——恐喝で有罪——について

あなたは、昭和五八年七月に起こった青森事件は御存じですね。

はい。

判決が翌年の五九年一月にありましたね。

はい。

あなたの組織では、青森事件で何がまずかったと評価したんですか。

脅迫とか、あるいはそういうふうなことが事実として認定されてしまいましたので、あのときは個室で長時間にわたってという言葉をいただきましたので、そういうことはやってはいけないと。

個室で長時間という点がよくないということですか。

はい。

それは、その後もずっと続けられているんじゃないですか。

そんなことはないと思います。

「青森事件」
一九八三年青森県で主婦らを「水子の霊」が出たと脅して、人参液などを強引に売りつけた霊感商法の一味が逮捕された。一九八四年一月一二日、青森地方裁判所弘前支部で、三人の被告全員が恐喝罪で有罪判決を受けた。判決文は左のとおり。

（罪となるべき事実）
被告人らはほか数名と共謀の上、青森県弘前市に居住するK・K（当時四七年）の家庭が不幸続きであることを知るや、これを利用して同女から金員を喝取しようと企て、昭和五八年七月二七日午前一〇時ころ、右K方において、同女に対し、被告人岩井が、「あなたのまわりには悪霊がついている。悪霊を取り除かなければ、いつまでも不幸が続く。悪霊を取り除くためには先生に祈禱してもらわなければならない。」などと申し向けた上、翌二八日午前九時三〇分ころ、同女を同県青森市所在のホテルに連れ込み、同日午前一一二〇〇万の金額を要求したこと自体はどうなんですか。この事件で一二〇〇万だったということは知っているでしょう。

　一二〇〇万だったように記憶しておりますけれども、定かにはございません。

その金額についてはどうですか。

　現実に脅迫という認定をされたんですから、それはいけないと。

こういう金額自体が法外すぎるというあなたなりの反省はしてないの。

　物の売買にはもっと高額なものもございますので、正当なる商行為であればそれはもっと高額になることもあると思います。

それから、鹿児島の薬事法違反事件で何人か捕まったでしょう。

　教会での事件だったと思いますけど。

宗教法人の、組織の問題だということですか。

　いえ、そういうことじゃございません。ちょっと混乱をしておりまして。鹿児島であったことは事実です。

薬事法違反や窃盗で信者が逮捕されたこと

薬事法違反で捕まって、何人かに罰金が科せられたんでしょう。

　薬事法違反だったかどうかというそのところまで私の記憶になかったものですから。

あなたは、人参販売部門の責任者だったでしょう。

　あの当時は私自身がやっておりませんでしたので。

○時三〇分ころから同日午後八時ころまでの間、同ホテル四二二号室において、同女に対し、被告人大沼が、「あなたがおろした子供や病死した前夫が成仏できずに苦しんでいる。苦しんでいる霊を成仏させせないと幸せにはなれず不幸が続く。お盆前に今の夫との間に生まれた子供に大変な事が起こる。娘は酒乱の男と結婚して不幸になる。全財産を投げ出せば霊を成仏させてあげる。財産を全部出しなさい。霊が苦しんでいるのにお金を出さないのか。一五〇〇万円出しなさい、一二〇〇万円でもよい。」などと繰り返し申し向けるとともに、被告人太田が、前夫の霊が乗り移ったと称して同室内を走り回って右Kに殴りかかり、あるいは同女を同室の窓から外へ投げ出そうとする素振りを見せ、ついで、ほか数名の者が堕胎児の霊が乗り移ったと称して同室内の床を這って右Kににじり寄り、これに畏怖した同女が同室から脱出しようとすると出入口に立ち塞がってこれを阻止するなど執拗に同女を脅迫して金員の交付方を要求し、同女をして、右要求に応じない場合は、自己及び自己の家族がいかなる災厄に見舞われるかもしれず、また、引き続き同所に留め置かれ自己の身体にどのような危害を加えられるかもしれない旨畏怖させて現金一二〇〇万円の交付方を約束させこれを喝取したものである。

そうすると、この薬事法違反事件であなた方の組織は何を反省したのか。

私がまだ幸世商事に入社する前の出来事だったと思うんですけど。

昭和六〇年ごろ、東京で迷惑防止条例違反で信者が検挙されたのは知っていますか。

いや、私の記憶にはないです。

つまり、住民が個別訪問でしつこく家の中に入ってほしくないと。それを無理やり入ろうとしたということで迷惑防止条例で捕まったという事件です。そういう事実があったことも知らない。

それと私とどのような関わりがあるんでしょうか。

あなた方が言っている中央本部傘下の販売会社で起こった事件だから言っているんですよ。

その事実関係を知らないので。

マイクロの青年が、窃盗で逮捕され起訴されていることも知らないんですか。

いつごろのことでございましょうか。

そういう事実があったかどうかも知らないんですか。

一度か二度かはそういうふうなことがあって、なぜそういうことが起こったのかということで我々非常に胸を痛めた記憶があります。

マイクロの青年が、過労で居眠り運転をして一緒に乗っていた女の子を死亡させたことも何回かありますね。

交通事故が起こったことはございます。

その原因は、マイクロの青年の過労じゃないですか。

いや、そんなことはないと思いますけど。


鹿児島地裁昭和五二年一月七日付の薬事法違反事件の判決は次のとおり。

> 被告人は、日本薬局方に収められていない医薬品である「高麗人参濃縮液」と称する製品を販売するに際し、あらかじめ、鹿児島県知事の許可を受けず、かつ法定の除外事由がないのに、別紙一覧表記載のとおり、昭和五一年八月三日ころから同年九月五日ころまでの間前後四回にわたり、鹿児島市ほか三か所において、前記高麗人参濃縮液が高血圧や神経痛等の疾患に効果があり、血液を浄化し、病気に対する自然治癒能力が増すなどの薬効を有する旨申し向けて、前記高麗人参濃縮液三〇〇グラム入り合計八箱を代金合計四四〇、〇〇〇円で販売し、もって業として医薬品を販売したものである。

例えば、マイクロの青年の過労で尾鷲で死亡事故があったのは知っていますね。

　尾鷲の事件はございました。

調書は読んでないんですか。

　調書までは読ませていただいておりません。

日本人の信者の女の子がアメリカで伝道や物品販売をしているでしょう。

　本人たちの希望によってアメリカに行っていることは事実でございます。

そこで強姦や殺人に遭ったこともありますね。

　ございました。

壺、多宝塔、人参液販売のシステム

昭和六二年当時には、都内に展示会場は幾つぐらいあったんですか。つまり、あなた方が言う不当な弾圧を受けはじめたころです。

　…………五、六箇所ぐらいはあったと思います。

新宿、池袋、北千住、五反田、大塚、そういう場所ですね。

　それだけだったかな。もう少しあったかもしれません。

立川にもありましたよ。

　はい。

そういうところを、各地区で日程調節してダブル展やマナ展の会場として使うわけですね。

　そういうふうにブロックで調整していたとは思いますけど。


「ダブル展」

印鑑を売りつけたあと、その客を霊場につれ出して大理石壺や多宝塔を売りつけるための説得の機会を信者らは「ダブル展」と称していた。


「マナ展」

ダブル展の被害にあった客から更に金を支払わせるため、血統転換などと称して一本八万円の人参液をできるだけ大量に買わせるための機会を設定するもので、信者らは人参液のことを旧約聖書にあるマナとなぞらえていた。

大体三日間を一つの期間として、ダブル展あるいはマナ展をやるわけですね。

いや、もっと、四日も五日もあったんじゃないですか。

あなたは、ダブル展、マナ展というのは知っていますね。

ダブル展、マナ展という言葉そのものでなされていることは知っています。

それぞれ、動員目標あるいは販売目標を立てて頑張ろうということでやるわけでしょう。

やります。

あなたがマナ展の出発式で話をしているのを聞いた原告もいますが、そういうことをやっていますね。

いろいろなところにお伺いしましたので、そういうことがあったと思います。

絵画展やCB展でも、信者がお客さんの動員その他組織的にやっていますね。

組織的かどうかというのは評価の問題ですからいろいろあると思いますけど、絵画展もやったことはございます。

そういう絵画展の出発式というものにもあなたは出ていますね。

招かれて出席したことはあると思います。

八八年五月京都でのビジネス研修会

昭和六三年——一九八八年の五月から、京都の嵯峨亭でビジネス研修会なるものを開催しましたね。
なされたことがあると思います。

「絵画展」

統一協会が資金をかせぐため信者にやらせていた絵画を売りつけるための展示会。


「CB展」

クリスチャンベルナールというブランド名の宝石、指輪、ネックレス、ペンダント、時計などを売りつける展示会。今はブランド名がかわったのか「宝飾展」などと称している。


「出発式」

朝信者を集めて、今日一日必死にやらねばならないとふるいたたせるための集会。


「京都の嵯峨亭」

統一協会が保有、管理していた宿泊施設。

五月一〇日からの第一回には、古田さん、あなた以下本社スタッフ、本部長、店長が参加してますね。

　参加した記憶はございます。

[甲第五二四号証の一ないし五を示す]

そのビジネス研修会で配られた資料なんですが、これが配られていましたね。

　いや、どういう資料が配られたということまでは私存じ上げておらないです。

あなたは、この研修会で副社長として話をしたでしょう。

　ええ、しました。

甲第五二四の一は印鑑・念珠の販売戦略、甲第五二四号証の二は呉服マニュアルですが、こういうものが配られたんじゃないですか。

　いや、そこまでは存じ上げておりません。

しかし、この研修会で印鑑・念珠の販売戦略、あるいは呉服、CB、絵画、それから甲第五二四号証の五は男女美——化粧品のようだけれども、こういうものをどういう形で販売促進するかという研修をやったんじゃないですか。

　そこで取扱商品の説明をさせてもらったことはございます。

[甲第五二五号証を示す]

甲第五二四号証の一（統一協会事業部の内部資料）

印鑑・念珠の販売戦略

○印鑑は新規商品として、数々の利点を持っている。

1、プライベートな世界まで解るので、心情関係を結べる。
2．利益率が良い。
3．心情的主体に立てる。
4．信仰の指導が出来る。
5．み言の応用が出来る。
6．入金が早い。
7．教育のシステムにのる。
8．商品管理が簡単である。
9．在庫がいらない。
10．印鑑の宣伝がいきとどいている。

新規商品の要素として、これらの要素を持っていなければならないが、今のところ印鑑以上に、それらの要素を持っているものを、発見出来ない。

○現在の課題は、前線における経験者が少ないという事において、教育が必要である。我々としては、日常の個々の学習の為に、印鑑・念珠等の小冊子（胸ポケットに入る）を作成中。

○人気を呼ぶ印鑑念珠セット
　２１万、４０万の印鑑念珠のセット商品を出しましたが、人気が有りましたので今度は１２万、３０万のセット商品を出す事に致しました。

その研修会に出た人が取っていたノートなんですけど、前から一九枚目、上に「副社長」、「久居部長」とありまして、「天の栄光を表わす私達であれ」という書き出しになっているんですが、これはあなたがお話しになった内容のノートということでよろしいですか。

　いや、どうでしょうか。私はちょっとそういうふうな部分では記憶にないです。

「お父様は韓国人と似よという」と。あるいは、「思想をもて、自分でやってゆく」、「お母様はどうして美しいのか、神から愛されてるから」と、こういう趣旨のことをあなたはいつもおっしゃっているでしょう。

　いや、日本人のような団体主義は駄目、お父様は韓国人と似ればよいというふうに言っているとか、そういうふうなことは私自身は常日頃言いません。

ブロック長会議の実情

ブロック長会議はハッピービルの会議室で行われてましたね。

　はい、すべてがすべて、そこで行われたわけではございませんが。

そこでやられたこともありますね。

　はい。

司会は古田さん、あるいはあなたですね。

　いえ、司会は中央本部の本部長がやってました。

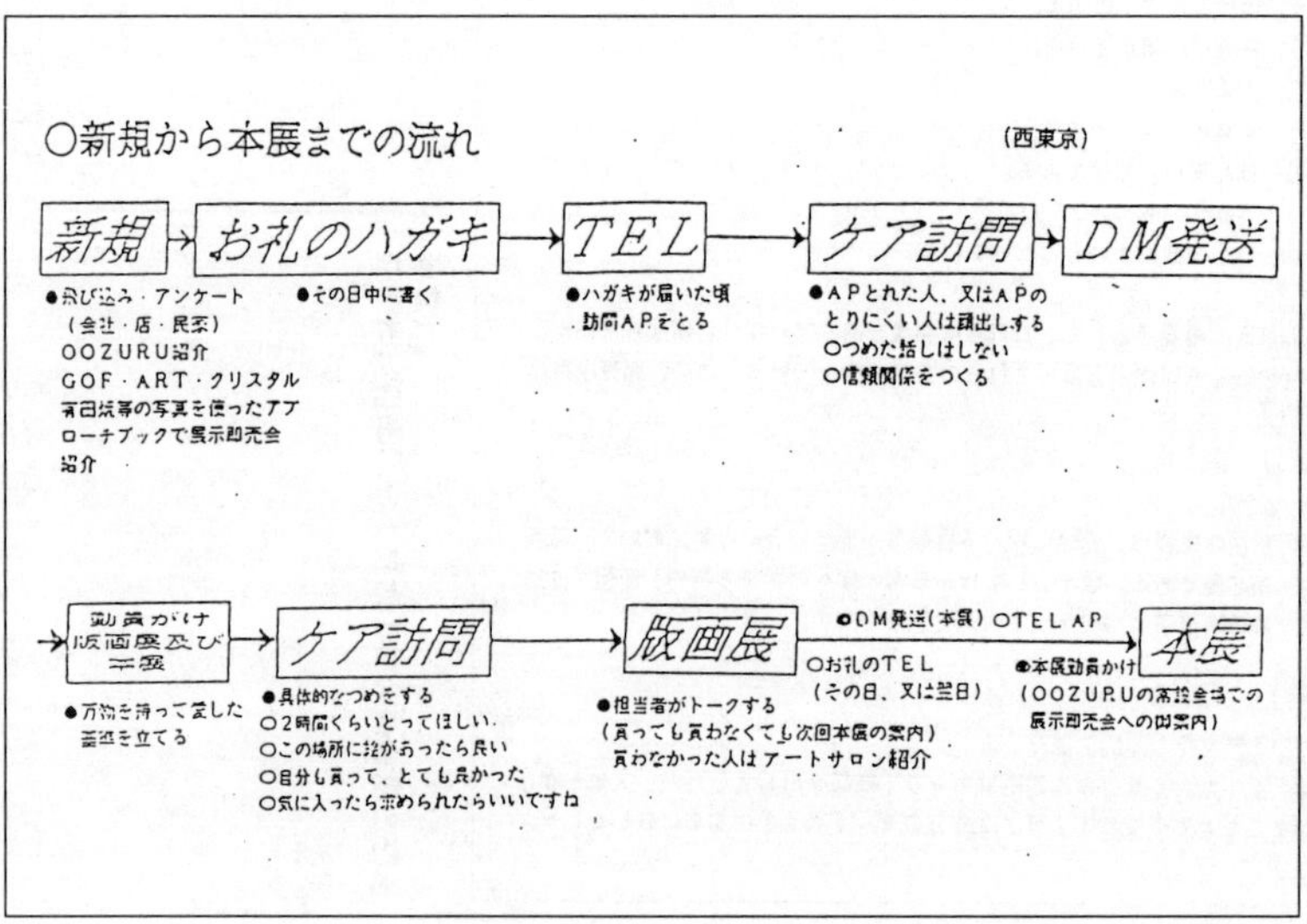

甲第五二四号証の四の一部（統一協会の絵画部門の内部資料）

だれがやるんですか。

西井さんとか、福良さんとかですね。議事進行係はそういうメンバーがやっていましたから、司会ということになると、議事進行係のことであれば彼らがやっておりました。

まず販売実績やコース決定の報告をしますね。

ええ。

そこではSKやHGや物販の別でも項目ごとに実績が報告されるわけでしょう。

その場所ではそんな細かい報告はございませんでした。

SK幾ら、HG幾らという位な数字は出てくるんじゃないのですか。

いや、そこではそういうふうなことはやっておりませんでした。

この実績として出てくる数字は当然絵画やCBや印鑑、念珠も含む数字ですね。

はい。

実績が出なかったブロックについては「信仰が足りない」ということで、古田さんからの叱咤があるという目撃者がいますが、どうですか。

そんなことはないと思いますが。

少なければ少ないで、叱咤されるでしょう。

それは当然「一生懸命頑張ってください」という話はします。

あなたがそんなことないというのは「信仰がたりない」という叱られ方をするわけじゃないということですか。

そういう話はなかったと思います。

その後今月の目標が示されますね。

はい。

内的目標と、外的目標とあるでしょう。

そんなことがありましたか。

あなた知らないの。じゃあ、こう聞きましょう。信仰面での目標と、経済面で、あるいは伝道面での目標ですよ。

それを内的外的と表現したらどうかということは記憶にないですけど。

信仰面で今月はどういう心構えでいくのか、あるいは経済や伝道でどれだけの目標を示すのか、そこらへんの提示があるわけでしょう。

スローガンはいろいろあったと思います。

そのうえで今月は幾ら、何人という目標を示すわけでしょう。

売り上げ目標と、それからビデオセンターでどれだけより多くの会員を募れるかという目標を定めたことはございます。

それを示すのは古田さんですね。

いえ、古田さんと、私と、その時の中央本部長が様々討議して、その時々に発表しておりましたので、だれがどれを担当したとか、そういうふうなことは固定的にはなかったと思います。

沢山の信者が今月の目標は幾らということを古田さんがアボジから直接聞いていると、こう聞かされて末端でやっていますよ。

ええ、そのように伺っております。

つまり古田さんがアボジから直接聞いてくるんでしょう。

そういうことはございません。

内的目標の例

1）私の国統一
　B．スローガン
2）1．真の子女の確立（個団精神）
　“開拓の精神・完全自立の精神”
　（実子の心情）　（責任心情）
　2．伝統の確立（侍義の信仰）
　“中心性・一体化”
　3．原理観の確立（神の心情路程）
　“自分の原理観に自信を持とう”
　4．長子権復帰の確立（完全投入）
　“愛する限界を越えていくことが最大の蕩減条件”
　5．4000個団の勝利（日本大作戦）
　“お父様と個人的因縁を持つ事のできる最後のチャンス”

そうすると末端の信者が誤解してると、こういうこと。

いや、我々も安易に使ったかもしれませんが、文先生とお名前を出すと皆さんが一生懸命頑張っていただけるので、文先生というお名前を出した経過があると思います。

韓国にあなたも度々行っていますね。

時々参っております。

その時、久保木さんや小山田さんとも同行していますよね。

同席することもございました。

あなたは石井光治さん知っていますね。

はい、知っています。

統一産業の社長ですよね。

ええ。

ハッピーワールドは統一産業の機械販売部門を引き継いだ事実がありますか。

ございます。

（中略）

なぜ今ごろになって連絡協議会か

ところで霊感商法の訴訟は昭和六二年、一九八七年から起こされていますよね。

後半期から起こってきたと思います。

その時からあなたの去年の証言まで八年位ありますよ、この間あなたは各販社や、統

外的目標の例

1）春季（１～４月）
　　実輩　　　　１０名／月
　　GⅡ基盤　１００名
　　ＳＫ　　　５００　／月
　　GW４Ｄ　　　５０名
2）教育部
　　Ｎ－　１２（後）　　　　　　４Ｄ－３２（後）
　　Ｋ－~~７００~~（遠）７５０　　　来中－２０（福）
　　　ＳＫ－　　５００（梶）　　実輩－~~１２~~（福）
　　　Gof－1/１００（遠）　　　　　　８
　　　ＣＢ－3/１００（~~遠~~）福田所長
　　　マナ　　　５０（遠）
　　　中Ｓ－１５０（SK·CB）　初Ｓ－　５０（CB）
　　　準中－２００（GOF）　　準初－４００（SK）

「アボジ」
信者が教祖文鮮明を真の父として「お父様」と呼んでいる呼称の韓国語版。

一教会や、あるいはハッピーワールドや、末端の販売会社がどういう答弁をしてるか知っていますか。

一言一言の文言までは知りませんけれども。

かれらの主張は基本的には統一教会はやってない、それから原告の言う主張の被害者が言っている手口は違うと、知らんと、基本的にそういう主張ですよ。

はい。

しかし、少なくともこの七年間あなたが法廷に立つまで、全国しあわせサークル連絡協議会という名前は出てこなかったと。

その通りです。

ただあなたが統一教会の幹部とも、あるいは各販社の、あるいはハッピーワールドの、訴訟担当者と会うこともできたし、何回も会っていますよね。

それはいろいろ様々なところで面会していると思います。

何でこれまでこの八年間、全国しあわせサークル連絡協議会なるものの名前が出て来なかったのでしょう。

それは私も誤解があったわけですけれども、中央本部ですべてのことが足りると思って中央本部という名称を使っておりまして、中央本部ということですべてのことが足りておりました。それですべての人々が中央本部は認識しておりましたので、それで私自身の認識として十分であるというふうに誤解をしていた面があると思います。

（中略）

岩見沢教会の会計帳簿について

あなたは岩見沢教会の会計帳簿が報道されたり、問題になっているのは知っていますね。

　マスコミの話題になりましたし、先日の先生方のあれに出ていましたので、見せていただきました。

[甲第五一六号証、五一七号証を示す]

甲五一六号証の表紙になりますが、ここに教会長、佐藤三佳さん以下の組織図が出ていますね。

　はい。

各教会はこういう形の組織立てになっているようですね。

　なっているかどうかについて分かりませんけど、初めて見た時にええと、私はこのようになっているという認識はございませんでした。

あなたの認識だと、この岩見沢教会のこの組織は宗教法人の組織なんですか、それともあなたが言う全国しあわせサークル連絡協議会の組織なんですか。

　岩見沢教会というところは教会だと思いますけど。

宗教法人の教会なんですか。

　マスコミではそういうふうに言われてたので、私の認識ではそういうふうになっていました。

ここにトップの教会長の下にフレッシュライフとか、フレンズとか、その他のセクションの名前が出ていますね。このフレッシュライフというのは販売会社ですよ。これ

宗教法人 世界基督教統一神霊協会
北海道教区
教区長　本田武男
〒001 札幌市北区北十六条西四丁目二十一番地
電話（〇一一）七五七－一五〇五番

会計帳簿を信者の夫にわたした人物が差出した名刺

が各教会傘下の組織として明記されてまして、販売会社であるフレッシュライフや、それからビデオセンターであるフレンズが全体の信者の数が岩見沢で一五〇名、それから江別地区で指導者以下三二名出ていますよ。

はい。

こういう組織はほかの地域の組織図としてもあるんですよね。

その事実は分かりませんから、何とも申し上げられません。

あなたはこの組織図を見て、宗教法人統一教会の末端組織は、こんなふうだなという認識ですか、それともこれはあなたのおっしゃる信徒会と宗教法人のチャーチが一緒になっちゃっているという認識ですか。

これはどなたがどのような立場でお作りになったのか私は存じあげておらないので、評価することは難しいですけれども、こういうふうにフレンズがビデオセンターであり、フレッシュライフが企業法人であり、タマルということになるかどうか分かりませんけれども、もし企業法人であればこういう図面は間違っていると思います。

あなたの認識でタマルってなんですか。

昔はよく販売店等にタマルと付けておりました、そういうことがございますので、こういうふうなところもそうじゃないかと予測できることからすれば、これは間違っていると思います。

合同結婚式参加者の献金が教会の帳簿に記録されていた

甲第五一六号証の一部

カードローン返済表

（３月）月間管理予定表

年　月　日作成

今月の目標

作成者　印

	NO. 項目		2 3 4 5	6	7	8	9	10 '93 3月	4月	5月	6月	7月	8月	9月	10月	11月	12月	'94 1	2	3	4	5	6	7	8	9	10	11	12	備考
									33.2				17.2		28.2			27.2	26.2				25.2				29.2		22.2	
'93 7月借入	[redacted]	20	空知信用金庫 歌志内 / 山田美由子 338647	10日 / 10000		カード		済 10000	済	済	1.0																1.0	/	/	
〃	[redacted]	150	[illegible] 本店 / 安田(?) 7446329	10日 / 20000		手渡	4月29日 1030	済 21000	済	済	2.0																			6月,12月ボーナス(4.0)プラス 利息 11.7
3月借入	[redacted]	15	札幌BK 岩見沢 / 福田(?) 315572	10日 / 10000		カード		済 10000	済	済	1.0											1.0	/	/	/	/	/			
'93 3月借入	[redacted]	20	北海道BK 岩見沢 / 柳本芳紀 0774608	1日 / 10000		振込		/	済 10000	済	1.0																	1.0	/	
	[redacted]	10	空知信金 栗沢支店 / 坂東一夫 326272	10日 / 10000		振込		/	済	済	1.0							1.0	/	/	/	/	/	/	/	/	/	/	/	利息 13% [illegible]で振込
4月	[redacted]	150		10.0ずつ		手渡						10.0	10.0	10.0	10.0										10.0	10.0	/	/	/	
'93 4月借入	[redacted]	20	北海道BK 岩見沢 / 柿東一夫(?) 0253675	1日 / 10000		振込				済	1.0		/																	12.4%
	[redacted]	10	空知信金 岩見沢本店 / [illegible]	10日 / 10000		手渡				済 10000	1.0																			13%
5月借入	[redacted]	30	北海道BK 砂川 / 前田裕美(?) 0484168	1日 / 10000		カード						10000																		12.6%
	[redacted]	10	岩見沢労働金庫 / 柴田[illegible]	8日 / 10000		手渡						10000									1.0	/	/	/	/	/	/	/	/	11.7%
	[redacted]	30	札幌BK 岩見沢 / [illegible] 219883	10日 / 10000		振込						10000																		13.7% 全て振込

あなた方は一九九二年八月の三万双の合同結婚式で準備献金が六〇万、感謝献金が七〇万で、参加者一人一三〇万であったという認識はありますね。

詳しい数字までは私記憶がないですが、準備献金と感謝献金があったというふうには存じております。

[甲第五一五号証を示す]

一番後ろ、ここには夫婦復帰家庭名簿ということで、それぞれの合同結婚式参加カップルが、三拝敬礼式、礼拝参加、それから入金が済んでいるかどうか、そのチェックがされていますよ。それから三枚目以下には三万双のそれぞれの参加者が準備献金と感謝献金合計一三〇万をいつ幾ら支払って、完済したのかどうか、それをチェックする形になっていますよ。こういう活動は全国の各教会でなされていたようですし、ホームでもなされていたようなんだけれども、組織をあげてやっていたんですかね。

それは信者さんがいらっしゃるところは、どこでもこれはやったと思います。

つまりそれはチャーチと言わず、販売会社と言わずということになりますか。

それは当然教会の活動ですから信仰をもっていると、私が今所属してるところは青葉台教会でこういうデータをとるでしょうし、そこに所属してるメンバーはそのようにやるでしょうし、我々自身も信仰の先輩として自分のもとにいるメンバーがそういうことができたのか、できないのか、そういうことは一人一人に対して聞くこともございますし、応援してあげることもございますので、信者さんのいらっしゃるところはいろいろそういうことはなされていたと思います。

信者への給料が教会の収入——献金——として記入されていた

１９９２年度（7-）月結果報告　　毎月２７日中提出

夫婦復帰家庭名簿　　92，3．24作成　NO．6

NO	地区	氏名	年令	生年月日	入会日	区分	三拝敬礼式	礼拝参加	
	西6	[redacted]	34	57.[redacted]	83. 6.16	F	○	○	
1	TC	[redacted]	35	55.[redacted]	90. 6.18	B			
		[redacted]	32	59.[redacted]	86.10. 9	N	○	○	
2		[redacted]	30	61.[redacted]	87. 4.26	N			
		[redacted]	48	43.[redacted]	86. 8.29	N	○	○	
3		[redacted]	53	38.[redacted]	86.12.14	N			
		[redacted]	42	49.[redacted]	85. 1.21	N	○		
4		[redacted]	43	48.[redacted]	89. 1.16	B			
		[redacted]	40	51.[redacted]	81.10. 8	N	○	○	済
5		[redacted]	43	48.[redacted]	89. 4.24	B			
		[redacted]	50	41.[redacted]	85.11.21	F	○	○	済
6		[redacted]	56	36.[redacted]	89. 1.23	B			

甲第五一五号証の夫婦復帰家庭名簿

［甲第五一七号証を示す］
これは一九九三年の一月から五月までの経費の明細、及び収入の明細が書かれています、二月分からお聞きします。94年2月経費とタイトルがありますが、一年間違っているけれども、ここに「おこずかい江別（吉川美子）」とあって、おこずかい一万五〇〇〇円、食ヒ三万六〇〇〇円と、五万一〇〇〇円支出したことになっていますよ。もうひとり「おこずかい店舗（村田淳子）」おこずかい一万五〇〇〇円、食ヒ二万七〇〇〇円と、こうありますよ。そのほかチャーチと江別それぞれ別々にまとめて、おこずかいと食費が出ていますよ。こういうふうに、おこずかいが一ヵ月一万五〇〇〇円、それから食費として四万足らず、全国の販売会社あるいはビデオセンターで活動してる人達は一律にこういう処理だったのですがね、あなた知らんわけじゃないでしょう。

ホームでおこずかいとして渡すの

'94. 2月　経費

		4806972			4806972
2.1	修練会参加費			75000	
	おこずかい　江別　ピ×5人分			50000	
	CH　ピ×1人分			10000	
	おこずかい　江別　[redacted]		おこずかい 15000 食ヒ 36000	51000	
	修練会参加費			75000	
	おこずかい　店舗　[redacted]		おこずかい 15000 食ヒ 27000	42000	4503972
2.2	おこずかい			90000	
	〃　江別			25000	
	〃　CH			185000	
	食費			247000	
	〃　江別			153000	
	〃　CH			195000	
	雑費			6000	
	保育料			9670	
	公費			40000	3553302
2.3	経費　江別			224660	
	事務局			30500	
	総務			5500	
	EC			39000	
	保育			33000	
	フレンズ			33000	
	CH			300000	2887642
	F.L より　給料分として	884860			3772502
2.6	㊛　婦人精算			206380	
	ガソリン代　〃			43789	
	〃			14991	
	大会参加費			5000	
	食費			11734	
	文房具			1163	3489445

甲第五一七号証の一部

はそうだったと記憶しております。

つまり販売会社で活動してる人も、ビデオセンターで活動してる人も、一律にこうでしょう。

ホームに入居しておられる方はそういうふうになっていたと思います。

甲五一七の二月分のところを聞いていますが、この下の方にFLより、つまりフレッシュライフですよ、フレッシュライフとして給料分として八八万四八六〇円の収入があったことになっていますこの組織では、つまりフレッシュライフに勤めている人たちの分で、給料として出した分を実際には逆に収入としてこういう形で計上してるじゃないですか、毎月そうなっていますよ。

それはどういう意向でその帳簿を付けられたか、私は意向が分かりませんので、

例えば先程言いましたように図面も間違っていると私が思うことがございます、

それでこれは先生にご指摘される内容であれば、私も確認してみないと……。

前回も既に証拠を出していますからね、確認をしてないの。

明細	岩見沢	江別	CH	合計
M	127.85	37.9	25.7	191.45
DJ	10.251	0.777	2.1	13.128
San	0	0	0	0
ホケ・コース	6.1	2.3	0	8.4
Blue	58.0	0	5.28	63.28
その他S	1.0	7.0	0	8.0
その他	0.14	2.032	0	2.172
	203.341	50.009	33.08	286.43
HG	479.0	30.0	360.0	869.0
TK	98.0	150.0	30.0	278.0
	577.0	180.0	390.0	1147.0
NT 月例	9.1789	2.73	49.32	61.2289
NT	3.0	73.7	0	76.7
その他	127.94	6.6586	5.36	139.9586
	140.1189	83.0886	54.68	277.8875
合計	920.4599	313.0976	477.76	1711.3175
岩・江 合計	1233.5575			

		予定	済	残
店舗	経費	440	440	0
	返済	598	598	0
	利息	2	2	0
	リベート	28	28	0
	税金	0	0	0
CH	経費	112	112	0
	返済	109	109	0
	利息	0	0	0
合計		1289	1289	0

552-TG を3Kと 289

K 20　Cash 841

(3月分給与含む)

甲第五一七号証の一部

すいません、先生がFLがフレッシュライフと言われましたけれども、私はFLがフレッシュライフを指すとは今初めて認識いたしました。

週刊文春で、これの問題は既に報道されているでしょう。

報道されたという事実は分かりますけれども、この細かいことまで読んでいませんでした。

この毎月の収入を見ますと、この岩見沢教会の会計全体の中でMつまりマナ、人参液の販売代金ですね、それからDanjobiの販売代金、チケット・コースの販売代金、それからHG借り入れですね、その収入、それから御生誕日献金、こういう収入が全部岩見沢教会の収入として計上されていますよ。これはホームじゃなくて教会の帳簿なんですよ。例えば二月の収入支出の家計簿のようなものがあって、最後に2月28日の集計としてCash841万という数字が一番下に出ていますね。

ありますね。

その上にMマナつまり人参液ですね、DJ、San、チケ・コース、Blue、その他S、その他と、こういう集計があって、岩見沢では二〇三万三四一〇円それからHGとTK、TKというのは献金のことですね。

いや、そこまで分かりません。

HGとTKの合計が五七七万、そのほかいろいろあって収入として合計九二〇万余と、こういう数字がはっきり出ていますよね。つまり岩見沢の組織として人参液やDanjobiその他のものを収入として計上してるじゃないですか。

いや、私はホームの会計のものであればこういうことは起こり得るだろうと思います。教会そのものの帳簿であるかどうかというのは、私にはちょっと確認できませんので、そこのところについては「こんなことはあり得ないけどな」というふうな感想が私の心の中の素直なところです。

そこから支出として団長のアパート代を含めて出していますよ、各地域の組織がそういう形で処理されていたでしょう。

それは岩見沢と言えば、北海道の非常に小さな地域ですから、それだけ人数がいなくてこういう混同が起こっている部分があるかも知れません。

A会計とB会計のからくり

いえいえ違いますよ、甲第一四八号証で八木美代子さんという方が、近畿のメッコールの会計担当だったということで陳述書を出していますよ。これも読んだでしょう。

読みました。

どこか違いますか。

この方はホームの会計と会社の会計ということを非常に混同して書いてあります、ホームはホーム、会社は会社ですから、ホームに住んでいた人とか、会社の人々が大半住んでいましたから、この方は非常に混同して書いておられるので、この事実に対しては疑問が沢山ある書証でございました。

そうすると会社の会計を八木さんはA会計、ホームの会計をB会計と、あなたの言っていることじゃ、そう認識してたようですな。

そうです。

内田さんという鹿児島のブロックで会計の責任者してた人の陳述書もお読みになった

でしょう。

ええ、読みました。

違ってましたか。

その方も同じことがございます。

つまりホームの会計と表の販売会社の会計とごっちゃにしてると。

ええ、この方も兼任しておられましたので、それを混同して陳述してるようです。

ほかの会計の方から聞いても裏と表がある、それで要するに人件費として払ったことにして、実際はそれを献金に振り分けている、この会計処理のことは皆さんおっしゃいますよ。

それについては私自身として非常に残念な気持でございます、なぜかと言うと法人が給料を払うのは当然なことでございますから、法人は給料を払う、そして本人たち自身と了解の上でホームでそのお金はいったん預かりなさいと、こういうふうなことは申しておったんですが、いつのまにか本人と了解するとか、あるいはいったんその人にきちんと給料が出てるとか、そういう認識の手間ひまを抜いてしまって、結果としてお互い同士が信頼しあっているから結果が同じじゃないかということで、そういう手抜きをしてしまったところが陳述書の中を見せていただくと非常に沢山ございました。これは私自身の指導の至らなかったところと、そういうふうなことを本当に徹底化させなかった、そういう結果で非常に混乱を来しているということが言えると思います。

話変えます、一八（いちわ）ビジネスという組織を知っていますね。

はい、ございました。

毎年四月頃、この一八ビジネスというところで決算研修会をしてるでしょう。

毎年四月頃であったかどうかは定かな記憶はございませんが、決算研修会、会計研修会等々実施したことはございます。

仙石屋で研修会をやった時にあなたが出席してるのを八木さん見ていますよ。

ええ、私もお伺いしています。

献金や借入は統一協会の責任か信者の団体の責任か

それからあなたは福岡地裁で一昨年の五月に信者の献金が違法だと、統一教会に法的責任があると、判決が出されたことは知っていますね。

ええ、存じ上げております。

これは昭和六三年から平成元年の頃の被害事件ですから、あなたが言う中央本部があった頃の事件ですね。

だと思います。

この事件の評価として、あなたはどう考えていますか。

これは争っているという事実がございます。

統一教会側は「信者組織がやったことであると、だから違法性はない」と、こう主張してるようですが、あなたは中央本部の責任者として、この事件についてどう認識しているんですか。

それはブロック本部に所属した、あるいはブロック傘下の店舗に所属したメンバーが、そのようなことをお願いした形跡はあると思います。

「仙石屋」統一協会系企業が保有・管理している宿泊施設。

それでこれは宗教法人統一教会じゃなくて、あなたがいう中央本部傘下の信者たちがやったと、こういうことになるわけですか。

はい。

これは統一教会の領収書があるんだけれども、それでもそういうわけ。

いや、それは、私は統一教会の信者です、と同時に、私はハッピーワールドの社長を務めております。私自身の立場はその二つございます。それで今私が発言してるのはあくまでも連絡協議会の責任者としての発言をいたしております。そうすると私は三つございます。その一つ一つの行動について、例えば私が信仰的な話をした時に、それは統一教会の責任なのか、ハッピーワールドの責任なのか、それから協議会の責任なのかといったことについては、個々別々の業務の内容によって決定することであって、私の発言がそれぞれにおいて、そこでなされた行為によって決まることだと思います。

そういう発言をあなたが末端の信者さんたちの前で話をすれば、統一教会の偉い方が話してると末端の信者が受け止めるでしょう。

いや、私はハッピーワールドの副社長も務めております。その当時はそう申しましたし……。

東京地裁で合計五六億円の被害にあったということで、その一部の被害が裁判になっているということは知っていますね。

どなたの件でしょうか。

高田明治さん（仮名）の事件です。

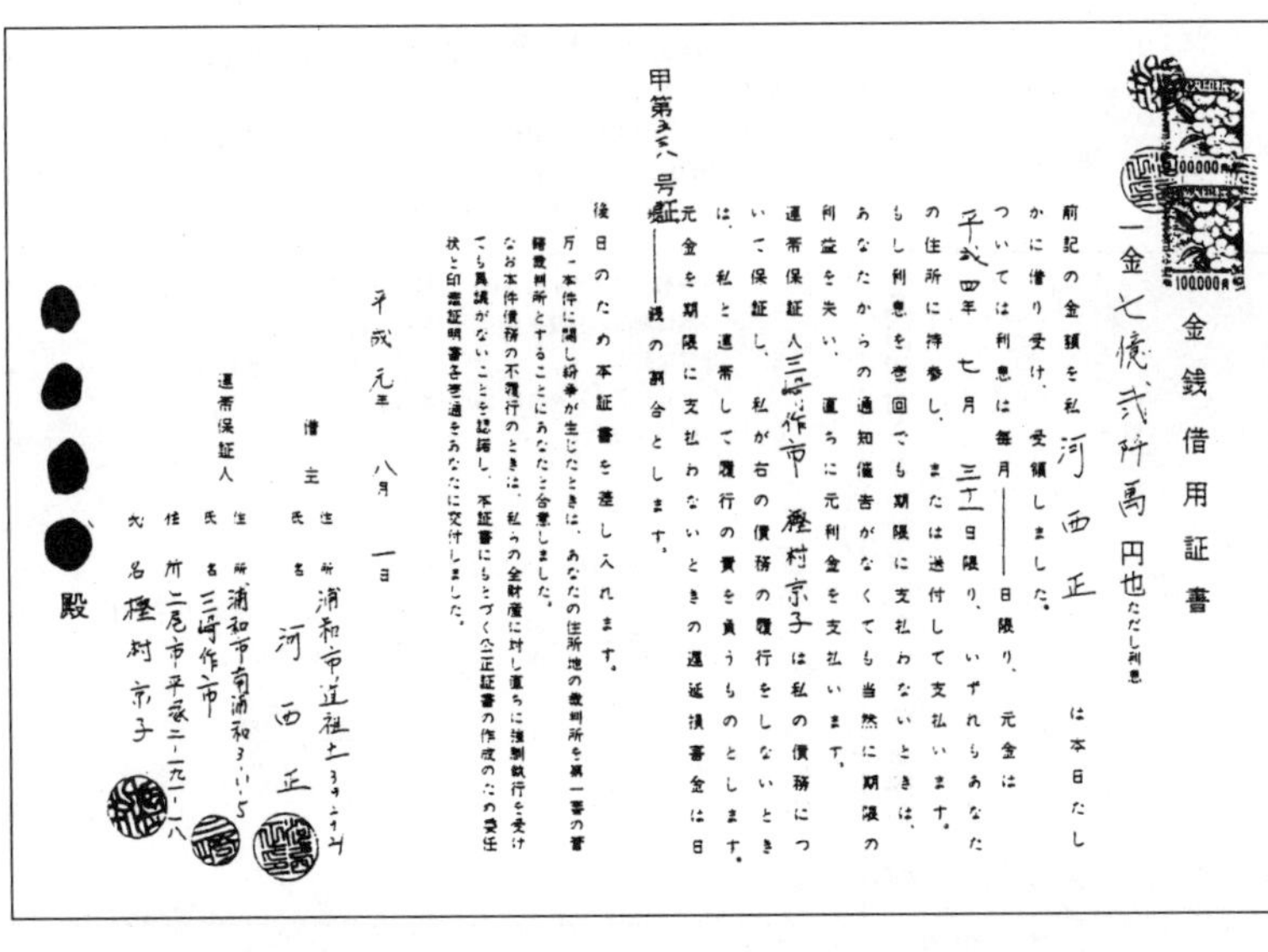
金銭借用証書

一金七億弐阡萬円也ただし利息

前記の金額を私河西正　は本日たしかに借り受け、受領しました。
ついては利息は毎月——日限り、元金は平成四年七月三十一日限り、いずれもあなたの住所に持参し、または送付して支払います。
もし利息を壱回でも期限に支払わないときは、あなたからの通知催告がなくても当然に期限の利益を失い、直ちに元利金を支払います。
連帯保証人三崎作市　樫村京子は私の債務について保証し、私が右の債務の履行をしないときは、私と連帯して履行の責を負うものとします。
元金を期限に支払わないときの遅延損害金は日——銭の割合とします。

甲第3六八号証

後日のため本証書を差し入れます。
万一本件に関し紛争が生じたときは、あなたの住所地の裁判所を第一審の管轄裁判所とすることにあなたと合意しました。
なお本件債務の不履行のときは、私らの全財産に対し直ちに強制執行を受けても異議がないことを認諾し、本証書にもとづく公正証書の作成のための委任状と印鑑証明書各壱通をあなたに交付しました。

平成元年　八月　一日

借主　住所　浦和市道祖土3-2-14
　　　氏名　河西正

連帯保証人　住所　浦和市南浦和3-11-5
　　　　　　氏名　三崎作市
　　　　　　住所　二尾市平泉二-一九一-一八
　　　　　　氏名　樫村京子

[redacted]殿

統一協会の領収証の例

はい、それは存じております。

これも昭和六三年八月から平成二年にかけての事件ですよ。そうするとあなたの言う中央本部があったその頃の事件ですよね。

はい、そうです。

これはあなた事実関係を確認しましたか。

高田さんにもお会いしたこともございます。

そうするとこれは宗教法人の責任になるんですか、それともあなた方の組織の責任になるんですか。

その事実については我々の責任だと思います。

中央本部の傘下に、サミットというセクションがあったということになるわけですか。

はい。

（中略）

脱税のための研修かそれとも……？

［統一協会代理人］

［甲第五二三号証を示す］

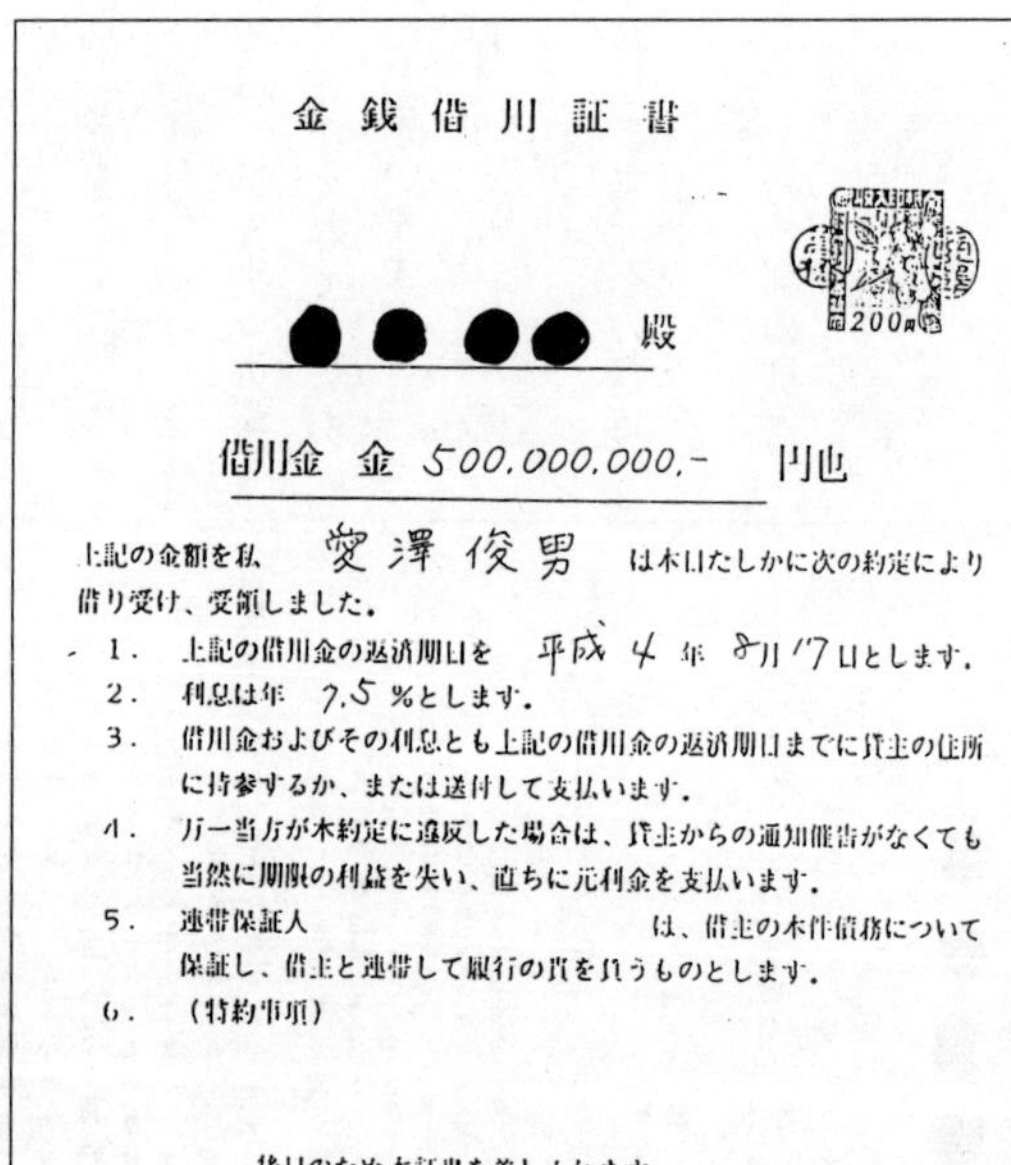

金銭借用証書

200円

[redacted] 殿

借用金　金 500,000,000.- 円也

上記の金額を私　愛澤俊男　は本日たしかに次の約定により借り受け、受領しました。

1．上記の借用金の返済期日を　平成4年8月17日とします。
2．利息は年　7.5 %とします。
3．借用金およびその利息とも上記の借用金の返済期日までに貸主の住所に持参するか、または送付して支払います。
4．万一当方が本約定に違反した場合は、貸主からの通知催告がなくても当然に期限の利益を失い、直ちに元利金を支払います。
5．連帯保証人　　　　は、借主の本件債務について保証し、借主と連帯して履行の責を負うものとします。
6．（特約事項）

後日のため本証書を差し入れます。

平成2年1月26日

借主　住所　武蔵野市吉祥寺本町1-36-12
　　　氏名　愛澤俊男　㊞

連帯保証人　住所
　　　　　　氏名　　　　㊞

高田明治さんの被害についての証拠の一例

四ページで八木さんという人が「池谷会計巡回師からアボジはAとBがわからないんだよな。現金を持って来いとしか言わないんだ。Aのお金は動かせないのになあ。」とあなたが言ったというふうなことを聞いたというのだけれども、どうですか。

いや、私はそんなことを発言するわけがございません。

あなたは池谷さんにこういうことを言ったことはない。

はい、記憶にございません。

それに似たような話をした記憶はありますか。

いやー、そんなこともございません。

それから研修会というのがありましたね。

はい。

八木さんは「その研修会は税金を支払わないようにする決算処理を指導する内容だった」と五ページで述べていますが、その通りですか。

そんなことはございません、会計研修会、そしてその上にありました決算研修会は、日本の法律がどのようになっているのか、そして税法がどのようになっているのか、ということを教える会議でございました、そしてその勉強するところでございます、ただ単純に無知から来ることですけれども「こういうふうな会計をやったり、こういうことをやったら脱税になるよ」とか、あるいは「こういうふうなやり方をやったら脱法行為になるよ」とか、そういうふうなことはその会議の中で発言はされていると思います。だからそういうふうなことを記述しておられるんじゃないでしょうか。

この研修会の主催はだれが主催したのですか。

研修会の主催は一八ビジネスというところに我々が依頼をして、開催していただきました。

この研修会に統一教会の役職員とか、教会の会計担当者が参加したことはありますか。

そんなことはございません。

それで原告の方はA会計、B会計、表会計、裏会計ということを言っているんですけど、その根拠として、給料とか、委託販売手数料については計算上出てくるんだけれども、実際はお金もらってないと、それが裏会計であるということを言っているんですけれども、この点もう一回よく説明してもらえますか。

私も徹底した指導をしなかったと点でそういうことが起こっているんだと思いますが、法人が給与を出して、本人に渡すのは当然のことでございますから本人に渡す、そしてホームはそういう人々のお金を拠出していただいて、そして全体で一つにして運営するという形になっておりました。それから委託販売もホームにはそのような形で自分の可処分所得を持ち寄って、そこでいろいろ資金の出し入れをやるということはございました。そのことがAだBだ、そして本人に手渡すという行為が結果的に集まってくるお金が同じものですから、途中ではしょってしまって、そのような事実になっていたことをAだBだ、あるいは表だ裏だというふうに表現しておられるのは非常に残念に思っております。

（中略）

原告に迷惑をかけたことについて生涯をかけて誠意をつくす

［被告代理人］

最後に、何か言いたいことがあったら言って下さい。

いろんなことについては、私も自分の指導不足及びいろんな指示の不徹底によって、統一教会また先程渡辺先生が言っておられた原告の方にいろんな誤解を招いてしまったことには非常に私残念でありますし、その時に中央本部と言っておりました全国でまとめていたのを、その時はそれが一番ベストであろうと思ってこういうふうに分散したことが、その当時の景気の変動とか、いろんなことで、それがベストではなくて、今の結果からして見ればその時の判断があまり正しくなかったということを今更ながら反省しております。今後もそういうことにおいては微力ながら私自身、また再びそういうことができるのであれば、皆さんの力を結集して、そしていろんな方の助力を得て、いろんな迷惑をかけている方々に対しては最大の誠意をもってお応えしていきたい、生涯をかけて一生懸命やらなければいけないと思っております。

［原告ら代理人］

［甲第五二六号証を示す］

内田さんの陳述書（第三）の末尾に付けられた鹿児島地区組織表というものがありますね、これを見ると一番上にブロック長が書いてあって、B会計に内田さんの名前も明記され、右の欄の真ん中辺りに教会長の名前、あるいは総務部長や会計の名前が出ています。これは内田さんのお話によると鹿児島教会の総務部長の小林さんが作成したものなんだということなんですが、これについて何かコメントがありますか。

ございます。小林さんにそういうふうなことが言われて「これが出されているけ

1991年4月度　鹿児島地区　組織表（献身者）　（小林栄治

№.	氏　名	所属	責任分担	年齢	信仰歴	祝　福
01	O．T	※	ブロック長			1800双
02	O．Y	※	本部長	37	18.8	1610双
03	O．M子	※	巡回師	38	19.1	1610双
04	内田　●●	※	B会計	34	6.10	6516双
05	T．Y子	※	会計補佐	31	9.7	未
06	T．M子	※	休養	37	15.7	6000双
07	T．S子	※	HG担当	25	5.7	未
08	M．H	※	B総務部長	26	4.1	未
09	N．Y	※	統推協壮年	30	8.3	6516双
10	S．M	DT	店長	31	8.2	6516双

甲第五二六号証の一部

ど、なぜこういうふうな組織表というものを作ったんだ」と聞きました、そしたらその当時の本部長だった奥好市さんに「今鹿児島にはどういう人がいて、どういう仕事をしているのか知りたいから、そういう表を作って欲しい」と言われて自分は作りましたと、ただどういう方がどのような行動してるのか、どういうふうになっているのかという単純なことを記しただけで、何の意図も目的もこの表にはございませんと、小林さんはそういう回答でございました。

あとがきにかえて

自分を取り戻して

元原告　T　M

統一協会時代……自分の教えられていた教義だけが正しいと、正義感を燃やし走っていた姿……。

血相を変えた両親から、私の教えられた教義に間違いがないと確信があるならば相手の主張に耳を貸してほしいと言われて、フェアに話し合おうと考え、話し合いが始まったあの時……。

原理講論の誤りと文鮮明の実情を知らされ、それでも……と食ってかかって抗議をしたけれども、嘘で塗り固められたものを覆すことは出来なかったあの時……。そして、その時の無念さ……。

虚像がはがされていく過程の、精神の空っぽさ、白っぽさ……そして、はっきりと現実の世界を意識するまでの一年有余の不確かな時の流れ……。自分の行為に自信がもてなかった不安な時の流れでもありました。

私には、この話し合いの当時から常に精神的サポートを一手に引き受けてくれた現在の主人がいました。疑問に思うこと、理解出来ないこと、私自身の判断に間違いはないか、との確認。統一協会においてマインドコントロールを受けてから、私が本来の私自身に戻るまでの過程において、数多くの力添えをしてくれました。当時のことを思い出す時、通常よりも恵まれた環境の中にいたはずの私でさえ、自分自身が不安でした。特に物事を決定することにおいては、一事が万事、誰かに聞いて確認していたように記憶しています。自信がないのです。全てに……。

今、振り返れば、それ程マインドコントロールは精神の思考過程を崩していたのです。この期間を、温かく、辛抱強く、見守ってくれた主人には、ほんとうに感謝の言葉もありません。

脱会して二年目、主人のお父さんが亡くなりました。統一協会の教義で言うならば「サタンに打たれてしまった」ことになるのです。でも、誰一人として私を責めませんでした。年齢からくる当然の死として、主人を含め全ての人が、お父さんの死を受け入れていました。自然の理を、道理として、自然体で受け止める姿こそ力強いと、私はこの時感じました。

勧められるままにでしたが「青春を返せ裁判」にも参加しました。証言台にも立ちました。混乱しながらも、一生懸命証言したことで、「私の中で統一協会が卒業出来た」と、自分の中に確信をもつことが出来ました。特異な経験をした者は、このような特異な場所に立ち自分の心の中の整理をつけていくことも、大切な癒しの過程となることを学びました。

証言台に立つ日には、法廷で霊の親との久方ぶりの再会もありました。

印鑑を購入した時の、あの優しそうでにこやかな笑顔は、影をひそめていました。私の陳述書に対する被告として出てこられたわけです。無表情で能面の顔に、私の心は非常に痛みました。統一協会の教義以外、何ものにも耳を貸すことが出来ない結果がこれなのか……と愕然としました。痛ましい現実がここにある、と思いました。しかし、彼女が悪いわけではありません。宗教を語り、人の本能を揺さぶり、脅し、がんじがらめにして、どうにも動きがとれなくなった時、宗教団体の実益を上げるために詐欺行為を行なわせる……そんな宗教団体が社会に実在することが悪いのです。

関わった一人の者として、司法のもとで、宗教を隠れみのとして詐欺集団と化しているこのような組織を、断固として断罪していきたいと思いました。

山口弁護士を初めとする方々の地道な一〇年余りの歩みで、このような問題も大きな社会問題として世間の人々が認識するようになりました。統一協会の裁判においても勝訴を勝ち得ています。

幸いにも私は、統一協会に献金したほとんど全ての金額をも弁護士の力によってとり戻すことが出来ました。正当性に価し、純粋に神のために献金が捧げられている現状であったならば、自分の心の喜びもあったでしょう……。しかし現実は、文鮮明ファミリーとその所有する企業に私達の尊いお金がつぎ込まれているとなると、こんなに空しい献金はありません。

社会に目を向けることの大切さ、社会に訴えていくことの大切さを、この裁判により学んだように思います。そして、統一協会を脱会してから、自分の頭で考えていくことの重要性を学びました。

今は、十分な社会復帰をして、一個の人間として、生活していることに喜びを感じています。

「青春を返せ裁判」を振り返って

元原告　N　Y

一九九二年二月に統一協会を脱会し、その年の四月頃裁判に途中参加しました。裁判の中で一番印象的だったのは堀井宏祐の証人尋問でした。西東京ブロック長だった数年間、私のアベルでした。絶対的存在であった堀井でしたが、証人台の姿はどこか哀れで、ありもしない信徒会に責任を擦り付け見苦しいものでした。「絶対的中心性」を叩き込まれていた錯覚の威厳だったことが確認できた裁判でした。

四季の美しさにさえ心を奪われないようにノルマに追われた一〇年間は不自由な生活の連続でした。地球に居ながら違う星に暮らしていたような感覚があります。今、平和な日常生活をしみじみと歓ぶ事ができるのは貴重な二〇代を統一協会に奪われていたせいなのです。一人でも囚われの身のかたが救われることを願っています。その為にご尽力されている方々には心から感謝しております。

原告として

元原告　M　S

ザザーッ。

顔から、指の先から、全身から、「血がひいていく音がする！」と思いました。一〇年経った今でも、あの瞬間を思い起こすと、耳鳴りのような感覚を覚えます。

それが、「気づいた瞬間」でした。

（大変だ……、大変だ……）

何年か振りに、自分の頭で考えることができるようになった時、ただ、この言葉を繰り返していました。大変なこと。それは、一九歳から二五歳までの青春を、台なしにしたこと、ではありません。数えきれない程、多くの善良な人々をだまし、お金を巻き上げ、組織に引き入れ、その家族をバラバラにし……。そして、今の今まで、「それは全て正しい」と信じてきたこと。悔やむことも、ましてや、償うこともできない、と思いました。

（私は、誰も傷つけたいと思わなかったし、むしろ、人の為に生きたいと思っていたのに、一体、何故、こんなことになってしまったのか。何故、「信じた」のか。普通なら、とても受け入れられそうもない教えなのに……）

少しずつ、自分を取り戻していく中で、入信の経過を振り返りました。そして、気づいたのです。「信じた」のではなく、巧妙に「信じこまされた」のであり、そこから逃れることは、ほとんど不可能だったのだと。

でもそれだけなら、不運だった、とあきらめたかも知れません。

今も、多くの青年たちが、自分の将来、家族、あらゆるものを犠牲にし、正しいと信じ込まされて、犯罪行為を続けている！

そう思うと、いても立ってもいられなかったのです。それが、「青春を返せ訴訟」を起こしたきっかけでした。

統一教会によって奪われた私達の青春が、金銭を含む何らかの形で取り戻せる、と考えている被告は、一人もいません。しかし、何か行動を起こすことで、少しでも、あのようなカルト集団の活動が制限を受け、被害を受ける人が減るならば、私達の青春も、無駄に奪われたわけではない、という期待はありました。

正直なところ、和解という終結を得て裁判を振り返る時、法廷で、かつての仲間と対決した時の切なさだけが、残ります。彼らもまた、統一教会の犠牲者だからです。残念ながら、本当に裁かれるべき統一教会は、今も健在であり、このようなカルト集団に対して日本の社会は、今も無力です。

ただ、この裁判を始めとする、一つ一つの活動が、目には見えない巧妙な犯罪に対して、社会の目が開かれていくきっかけとなることを信じたいと思います。

編著者略歴

青春を返せ裁判(東京)原告団・弁護団

1991年4月から1999年3月まで、統一協会の「伝道」や信者管理の実態をあばき、その違法性を問う東京地方裁判所における裁判を担ってきた原告の元信者42名と弁護団53名から成る。
この原告団・弁護団の活動は、1999年3月に統一協会側が幹部信者名義で原告に3900万円を支払って和解し、終了した。その活動の成果は同年8月、新たに提訴された違法伝道訴訟(原告3名)に引き継がれた。

【連絡先】東京都新宿区新宿郵便局私書箱231号
TEL 03-3358-6179
FAX 03-3353-4679
霊感商法被害救済担当弁護士連絡会 事務局内

青春を奪った統一協会——青春を返せ裁判(東京)の記録

2000年10月5日 初版第1刷発行　　定価5800円十税

編著者 青春を返せ裁判(東京)原告団・弁護団
発行者 高須次郎
発行所 株式会社 緑風出版
〒113-0033 東京都文京区本郷2-17-5 ツイン壱岐坂102
[電話] 03-3812-9420 [FAX] 03-3812-7262
[郵便振替] 00100-9-30776
[E-mail] info@ryokufu.com
[URL] http://www.netlaputa.ne.jp/~ryokufu/

装 幀 堀内朝彦
写 植 N 企 画
印 刷 長野印刷商工/巣鴨美術印刷
用 紙 木邨紙業
製 本 トキワ製本所　　E1000

ISBN4-8461-0011-1 C0036　　Printed in Japan